抽 选 的 复 兴

The Revival of Sortition

政法 ——中国与世界

主办单位

北京大学国家法治战略研究院

主编

章永乐

编委会（按姓氏笔画排序）

于 明　华东政法大学法律学院

孔 元　中国社会科学院欧洲研究所

田 雷　华东师范大学法学院

刘 晗　清华大学法学院

陈 颀　中山大学法学院

邵六益　中央民族大学法学院

欧树军　中国人民大学政治学系

赵晓力　清华大学法学院

常 安　西北政法大学人权研究中心

章永乐　北京大学法学院

强世功　北京大学法学院

魏磊杰　厦门大学法学院

抽选的复兴

The Revival of Sortition

王绍光/主编

欧树军/译　王绍光/校

| 总 | 序 |

　　自古以来，中国就以"修身齐家治国平天下"作为最高政治理想。中国人始终致力于建构一整套文明秩序来囊括和整合不同的地理空间和社会风俗，由此形成一套独特的政教体系。革故鼎新，生生不息，天下一家，万物一体。这一切始终构成着中国文明的精神，体现了中国人的核心价值观。由此，中国文明的生成演化过程体现出不断传播、不断吸收和不断上升的过程。用今天时髦的话来说，这个过程也就是不断推动走向全球化、一体化的过程。商周帝国的视野差不多囊括了整个东亚地区，从秦汉以来的丝绸之路到宋代以来南洋贸易圈的逐渐形成，直至明清朝贡贸易体系卷入全球贸易体系中，中国逐渐成为全球化的积极推动者、参与者和建设者。由是观之，辛亥革命以来中国不断探索国家治理体系和治理能力的现代化，到今天"一带一路"倡议和积极参与全球治理，都是中国文明在推动全球化的历史进程中不断自我更新、自我发展、自我提升的内在环节。

　　在这样的历史时空中，我们不可避免地要面对过去五百年来中国文明秩序和西方文明秩序相互接触、沟通、学习、冲突、征服和更新的历史。就政治而言，这可以看作是西方威斯特伐利亚体系和中国天下体系之间的冲突，这无疑是两种文明秩序之间的冲突。从目前流行的西方中心主义的历史叙述来看，这一冲突过程被描述为西方文明的普适主义不断扩张，将中国天下体系及其背后的文明秩序降格为一种作为文化传统的"地方性知识"，将中国从一个文明秩序改造为威斯特伐利亚体系所要求的民族国家，从而纳入到西方文明秩序中，以完成普适主义进程的历史终结。这个过程也是一些人所说的现代化过程,即中国人必须抛弃中国古典天下秩序的文明构想,系统接受西方文明秩序中形成的资本主义经济秩序和民族国家体系的政治秩序,以及由此形成的市场经济、自由人权、民主法治等"普适价值",并按照这些"普适价值"来系统地改造中国。

从这个角度看问题,全球化的历史很容易被理解为西方文明的扩张史。对中国而言,这样的现代化无不打上西方化的烙印,从器物技术、法律制度到政教体系莫不如此。因此,法律移植、法律现代化很容易在"冲击—回应"的框架下沦为西方中心主义的意识形态教条。而与此同时,基于法律地方性想象的"本土资源"论说,也不过是在相反的方向上与西方中心主义的法律全球化叙述构成合谋,以至于法学界虽然一直为"刀制"("法制")与"水治"("法治")的区分争论不休,但二者似乎分享了对法律的规则化、技术化和中立化的普遍理解。法律主义(legalism)的技术化思路正随着法律共同体的成长在思想意识形态领域日益获得其普遍的正当性,并逐渐渗透到政治和文化思想领域,从而侵蚀着政治和文化思想领域的独立性和自主性。以至于中国文明除了放弃自身的历史传统和价值追求,按照所谓西方普适价值的要求与西方"接轨"之外,不可能有任何正当的前途。

这种西方中心主义背景下的"普适价值论"和"接轨论"不仅造成了对中国文明传统的漠视,而且包含了对西方文明传统的简单化误解。为此,我们必须区分作为过去五百多年真实历史中的"全球化进程"与冷战结束后作为意识形态宣传的"全球化理念"。如果用西方政治哲学中的基调来概括,前者乃是主人的世界,即全球不同文明秩序相互碰撞、相互搏斗、相互征服、相互学习、相互形塑的过程,这构成了全球历史活生生的、动态的政治进程,而后者则是末人的世界,即试图以技术化、中立化因而普遍化的面目出现,试图将西方文明要求变成一项普遍主义的正当性要求,以历史终结的态度拒绝回应当下的历史进程,拒绝思考人类文明未来发展的任何可能性。

由此，全球化在今天展现出前所未有的内在矛盾：一方面全球化正以生机勃勃的历史面貌展现出来，特别是全球秩序因为技术革命、阶级冲突、政治冲突以及文明冲突释放出新的活力，激活了每个文明来构思全球秩序的活力；而另一方面，西方启蒙运动以来形成的普适主义叙事已变成历史终结论的教条，窒息着对全球化进程和人类文明未来的思考。由此，西方启蒙思想正在滋生一种新的迷信，也就是对西方文明秩序中普遍主义叙述的迷信。这不仅无法面对全球化带来的挑战，而且丧失了探索重构全球文明秩序、追求更好生活方式的动力，以至于我们似乎进入了一个追求表面浮华但内心空空荡荡的时代，一个看似自由独立却身陷全球资本主义秩序不能自已、无力自拔的时代。

"启蒙就是从迷信中解放出来。"启蒙运动曾经勇敢地把欧洲人从中世纪基督教神学构想的普适价值和普遍秩序的迷信中解放出来，从而塑造了西方现代文明。而今天能否从西方中心主义的迷信中解放出来，从法律主义的迷信中解放出来，从对法律的技术化理解中解放出来，则意味着我们在全球化陷入经济危机、债务危机、福利社会危机和政治危机的时刻，在西方文明塑造的世界体系因文明冲突和地缘冲突趋于崩塌之际，在西方文明不断引发虚无主义阵痛的时刻，能否重新思考人类文明的未来，重建天下文明秩序。

政教秩序乃是文明秩序的核心。在现代西方文明秩序中，法律乃是建构政教秩序的重要工具。法律不仅建构了国家秩序，而且建构了社会生活秩序，由此产生与之相匹配的价值体系。然而，在现代法律高度发达所推动专业化和技术化的过程中，滋生出一种"法律主义"倾向，其以为通过法律主义的技术化思路可以解决一切社会问题，甚至试图用法律来解决政治问题和文化价值问题。由此，不少法律学人开始弃"政法"而张"法政"，陷入法律规则不断自我繁殖、法律人不断膨胀扩张、制度沦为空转的"恶循环"之中。这恰恰是西方现代文明试图通过技术化手段来推动西方文明普适主义扩张的产物。

"法令滋章，盗贼多有。"试图用法律技术来解决社会问题等于砍"九头蛇"的脑袋。中西古典文明的伟大哲人很早就对"法律主义"提出了警告。我们对法律的理解需要反思技术化的"法律主义"，反思西方普适主义的法治理念，反思西方文明秩序中理解普适主义的路径。这意味着我们不是把法律从政教秩序中抽离出来进行简单的技术化思考，而应当恢复法律的本来面目，将其作为构建社会关系和安排政治秩序的有机纽带，而重新安置在政教秩序和全球文明秩序中。法律需要扎根于政治社会文化生活中，扎根于心灵秩序中，成为政教秩序的一部分，成为人们生活方式的一部分。这意味着我们需要重新思考中国古老的礼法传统和现代的政法传统，中国文明如此，西方文明亦如此。无论礼法还是政法，这些概念可能是来自中国的，而其意义恰恰是普适的。柏拉图和亚里士多德无疑是西方礼法传统的典范，而现代政法传统原本就是西方启蒙思想家开创的。

"法是由事物的性质产生出来的必然关系。"以政法的眼光来思考法律问题，恰恰是恢复到"法"的本来意涵。"天命之谓性，率性之谓道，修道之谓教。""命–性–道–教"的广大世界必然有其内在的"法"，而法律不过是对其内在法则的记载，只有重返这个广大世界中，才能真正找回它本源的活力。这不仅是政法学人的治学路径，也是思考中国文明秩序和重构全球文明秩序的必经之途。唯有对西方政法传统有深刻的理解，才能对中国文明秩序的正当性有更深切的体会，而唯有对中国礼法传统有真正的理解，才能对当代西方文明秩序陷入困境有更真切的感悟。一个成熟的文明秩序就在于能够在"命–性–道–教"的世界中将一套完整普遍的最高理想落实到具体的政教制度、器物技术、日常伦理和生活实践之中。

然而，在全球化的历史进程中，当代中国文明由于受到西方文明的冲击，不仅在价值理想上存在着内在的紧张和冲突，而且在制度、器物、风俗、生活层面都呈现出拼盘特征，虽然丰富多彩但缺乏有机整合。我们不断引进西方各国的"先进制度"，但由于相互不配套，以及与中国社会的张力，其日常运作充满了矛盾、摩擦和不协调，因为每一种技术、制度原本就镶嵌在不同的政教体系和文明秩序中。如果说，近代以来我们在不断"拿来"西方政教法律制度，那么在今后相当长的时间里，我们则面临着如何系统地"消化"这些制度，合理组装，逐渐把这些西方文明中的有益要素吸收在中国文明的有机体中，生长出新的文明秩序。这就意味着我们必须直面全球化，重新以中国文明的天下视角来思考全球秩序，将西方文明所提供的普遍主义吸纳到中国文明对全球秩序的思考和建构中。

全球秩序正处于动荡中。从过往西方中心主义的视角看，全球秩序发展距离"历史终结"似乎只有一步之遥，目前已进入了"最后的斗争"。然而，从中国文明的漫长发展的历史进程看，过去一百多年来的动荡不安不过是中国文明在全球化进程中自我更新的一段插曲。"风物长宜放眼量"，对当下西方文明的认识无疑要放在整个西方文明的漫长历史中，而对中国文明未来的理解则更需要放在整个人类文明的历史中来理解。"旧邦新命"的展开，无疑需要中国的政法学人持续推进并贯通古今中西的工作。我们编辑出版《政法：中国与世界》文丛，无疑希望在此伟业中尽微薄之力：鼓励原创思考、精译域外学术、整理政法"国故"、建构研讨平台，将学人的思想火花凝聚成可代代传递的文明火把。

是为序。

丛书编委会

目 录

总序 1

王绍光
引言：失而复得的民主利器 1

理查德·G. 马尔干
作为民主选拔手段的抽签 36

弗雷德里克·恩格斯塔德
通过抽签分配政治职位 57

休伯图斯·布克斯坦
恢复政治理性的随机性：一种随机民主理论的诸要素 83

依维斯·辛特默
随机遴选、共和自治与协商民主 111

约翰·费雷约翰
公民大会模式 136

奥利弗·道莱恩
古代智慧与现代困境：政局稳固与随机遴选公民 160

吉尔·德拉诺伊　奥利弗·道莱恩　彼得·斯通
作为民主制度的抽签 184

菲利普·佩蒂特
代表：回应与标示 234

亚历克斯·扎卡拉斯
抽签与民主代表：一个温和建议 247

海伦·兰德摩尔
伯克与反联邦党人之间：一个描绘性代表的认知论 273

海伦·兰德摩尔
是的，我们可以（补回来）：对批评的回应 307

译后记 362

引言：失而复得的民主利器

王绍光

民主与抽签的历史渊源

"民主"是个极其时髦的词，人们几乎每天都能见到它，听到它。说到"民主"理念的实现方式，人们首先联想到的恐怕是一人一票的选举，是自由的、不受约束的、竞争性的、多党之间的选举。在很多人的理解中，民主与选举几乎是同义词：民主就意味着选举，选举就表明有民主。

然而，在被很多人奉为"民主发源地"的古希腊雅典城邦，民主不仅没有采取一人一票的方式进行选举，而且选举根本就不是古希腊城邦实现民主的主要方式。古希腊城邦实现民主的主要方式是随机抽签！[1]

在《抽签与民主、共和：从雅典到威尼斯》（中信出版社，2018）一书中，我用详尽的史料证明民主、共和与抽签（而不是选举）原本有极大的、久远的关系。从公元前6世纪直到公元18世纪末，在两千多年的历史中，抽签在民主与共和制度中扮演着极为关键的角色；缺少了抽签，古希腊城邦民主就不是民主了，罗马共和国、佛罗伦萨共和国、威尼斯共和国也就不是共和了。

对大多数读者而言，这种说法也许完全出乎意料，甚至可能感

---

[1] 在本书中，"抽签"是外延比较宽的概念，"抽选"是外延比较窄的概念，"抽选"专指单纯用抽签的方式选取官员。

到有点不可思议。在他们看来,抽签是非理性的、荒唐的、不负责的,而本书收集的11篇文章告诉大家,如果摆脱20世纪以来流行的"民主""共和"观念,回到民主、共和的本源,在政治中运用随机抽签实际上是很有道理的、经过深思熟虑的、有助于实现民主和共和理念的。在现代社会,对诊治漏洞百出的西式代议民主,重新启用抽签恐怕不啻为一剂良药。

不过,在19世纪以后的两百多年里,随着"共和""民主"的呼声增大,民主与抽签绵延两千多年的内在关系却被剥离、割断了。抽签逐渐淡出人们的视线,政治辩论中很少有人提及它,政治实践中它几乎完全绝迹,以至于现在绝大多数人,包括绝大多数学者几乎完全不知道,在民主、共和的传统中,抽签曾经扮演过举足轻重、不可或缺的角色。

取而代之的是,曾被历代思想家看作寡头政治标志的选举变成了"民主"的标志:争取"民主"就是争取选举权、争取扩大选举权、争取普选权。法国旅美学者伯纳德·曼宁(Bernard Manin)1997年出版的《代议制政府原则》一书专门有一章讨论"选举的胜出",他用"令人震惊"(astonishing)来形容这个对民主釜底抽薪的突变。[1]

选举说到底就是挑出一批精英治国。"民主"不再意味着由占人口绝大多数的平民自己直接当家做主,而意味着人民拱手将治国理政的权力交由一小撮获得较多选票的精英打理。民主的实质被抽空了,换上华丽的外套;偷梁换柱之后,民主已变为选主。而抽签之所以被腰斩,也许正是因为作为民主、共和的利器,它过于锋利,危及了那些对民主口是心非的统治精英。

---

[1] Bernard Manin, *The Principles of Representative Government*, New York: Cambridge University Press, 1997, p. 79.

普选权的实现与代议民主的危机

经过底层民众一百多年的争取,到 20 世纪六七十年代,普选在欧美各国终于基本实现了。[1] 这时,有人开始意识到,即使完全实现一人一票的普选,代议民主也未必是真正的民主。[2]

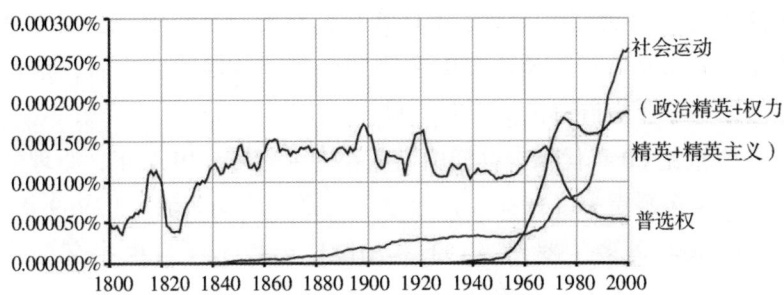

图 1:谷歌 Ngram 中"普选权""政治精英""权力精英"
"精英主义""社会运动"出现的频率

图 1 显示,从 1840 年前后开始,普选权(Universal suffrage)曾在之后 100 多年的历史中成为各方关注的焦点。不过,从 20 世纪 60 年代末开始,随着普选权的实现,人们对它的关注度迅速消退。与此同时,人们逐步意识到,虽然代议民主在理论上赋予每个人相同的政治权利,现实政治却始终牢牢掌握在极少数"政治精英"或"权力精英"手中;熊彼特津津乐道的精英集团内部竞争丝毫无助于削弱政治中的"精英主义"。[3]

1956 年,当赖特·米尔斯出版《权力精英》一书,揭开美国

---

[1] 例如,美国 18 岁男女的普选权直到 1971 年才实现,瑞士妇女的普选权直到 1990 年才实现。

[2] Mogens Herman Hansen, *The Tradition of Ancient Greek Democracy and Its Importance for Modern Democracy*, Copenhagen: The Royal Danish Academy of Science and Letters, 2005, p. 23.

[3] 约瑟夫·熊彼特:《资本主义、社会主义与民主》,吴良健译,商务印书馆 1999 年版,第 360—413 页。

民主面纱背后的军事、经济、政治精英网络时,[1] 他曾遭到不少批评家的嘲讽,他们认为他的研究不够专业。[2] 但四年之后,谢茨施耐德(1892—1971)出版了《半主权的人民》一书,从另一个角度揭示出相同的事实:民主、共和两党的动员对象主要是社会的中上阶层,忽略了人口的另一半——几千万不参与投票的选民。他对风行一时的多元民主理论提出了强烈的批评,指出:"那种认为有压力集团的存在就可以自动代表所有人的看法,不过是个神话";"多元主义天堂的问题在于,在天堂合唱中,上层阶级的音调太响亮"。[3] 谢氏那时刚刚卸任美国政治学会主席,谁也无法以不专业为借口挑他研究的刺。

20世纪60年代末,这样的出版物多了起来。1967年,心理学家威廉·多姆霍夫(1936—)出版了《谁统治美国》;[4] 1969年,政治学家西奥多·罗伊(1931—2017)出版了《自由主义的终结》。[5] 前一本书十分畅销,后一本书引起学界热议;两本书都再次对多元民主理论产生巨大冲击。的确,虽然社会中存在种种利益集团,但它们之间并不存在多元民主论所说的平等竞争。相反,在政治影响力的角逐中,某些有强大财力做靠山的利益集团占据压倒性的优势地位:它们可以雇佣专业游说人士,可以为选举提供金钱支持,可以用种种方式对政府决策施加影响(比如威胁政府把投资移往别处)。这些强势利益集团也许会摆出一副追求公众利益的姿态,但那不过是掩盖其寻租行为的幌子。利益集团之间这种不对称的竞争,根本不是民主,只会导致公共政策的议程设置被少数人绑架,使政府成为特定阶级的工具。

从图1我们可以清楚看到,在20世纪60年代末70年代初,

---

[1] C. Wright Mills, *The Power Elite*, Oxford: Oxford University Press, 1956.

[2] John H. Summers, "The Deciders", *New York Times*, May 14, 2006, http://www.nytimes.com/2006/05/14/books/review/14summers.html?pagewanted=all&_r=0.

[3] Elmer Eric Schattschneider, *The Semisovereign People: A Realist's View of Democracy in America*, New York: Holt, Rinehart and Winston, 1960, pp.30-36.

[4] G. William Domhoff, *Who Rules America?*, Englewood Cliffs, N.J: Prentice-Hall, 1967.

[5] Theodore J. Lowi, *The End of Liberalism*, New York: W. W. Norton, 1969.

"政治精英"(Political Elite)、"权力精英"(Power Elite)、"精英主义"(Elitism)引起了人们极大的关注。也许是意识到票选内在的局限性,一些人群开始通过动员的方式推动体制外活动,由此形成了一轮政治参与高潮和所谓"新社会运动"高潮,如反战、反核、环保、女权、少数族群、社区等运动。[1] 投身社会运动,使一大批民众迸发出参与政治的极大热情,展现出非凡的能动性。[2] 一波接一波的游行、示威、静坐、抗议、占领突破了西方既有体制的束缚,将一系列以往被遮蔽的经济、社会、政治问题提上议事日程;用德国学者克劳斯·奥菲(1940—)的话说,"新(社会)运动的行动空间就是非制度化政治的空间,这是被自由民主与福利国家的理论与实践排除在外的空间"。[3]

当时占统治地位的代议民主理论对蓬勃兴起的参与热潮无法作出内洽的解释。如此一来,新社会运动的兴起不仅造成社会运动理论生机勃勃的局面,[4] 也激发一批理论家开始反思代议民主理论,提出一些倡导民众直接参与政治的新理论,如"直接民主"(Direct democracy)、"参与民主"(Participatory democracy),以及后来出现的"协商民主"(Deliberative democracy)(见图2)。[5]

---

[1] HanspeterKriesi, et al., *New Social Movements in Western Europe: A Comparative Analysis*, London: UCL Press, 1995; J. Craig Jenkins and Bert Klandermans, eds., *The Politics of Social Protest: Comparative Perspectives on States and Social movements*, Minneapolis: University of Minnesota Press, 1995; Michael P. Hanagan, et al., *Challenging Authority: The Historical Study of Contentious Politics*, Minneapolis: University of Minnesota Press, 1998; Charles Tilly, *Social Movements*, 1768-2004, Boulder: Paradigm, 2004, Chapter 4 "Twentieth-Century Expansion and Transformation", pp. 65-94.

[2] Russell J. Dalton and Manfred Kuechler, eds., *Challenging the Political Order: New Social and Political Movements in Western Democracies*, Cambridge: Polity Press, 1990; Terry Nichols Clark and Michael Rempel, eds., *Citizen Politics in Post-Industrial Societies*, Boulder, Colo.: Westview Press, 1997.

[3] Claus Offe, "New Social Movements: Challenging the Boundaries of Institutional Politics", *Social Research*, Vol. 52, No. 4 (Winter 1985), p. 826.

[4] Steven M. Buechler, "New Social Movement Theories", *The Sociological Quarterly*, Vol. 36, No. 3 (Summer, 1995), pp. 441-464.

[5] Graeme Duncan and Steven Lukes, "The New Democracy", *Political Studies*, Vol. XI, No. 2 (1963), pp. 156-177.

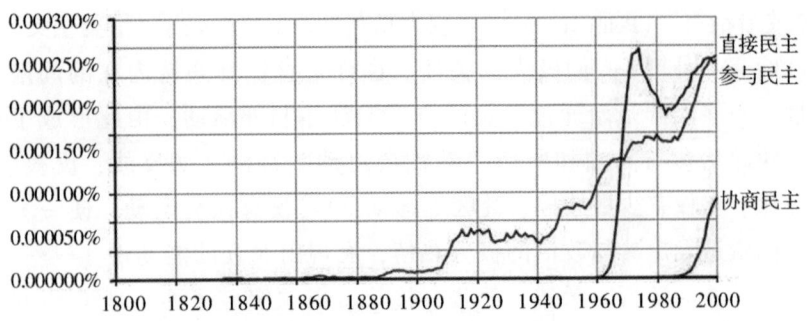

图2:谷歌 Ngram 中"政治参与""直接民主"
"参与民主""协商民主"出现的频率

终结历史的黄粱梦

突破代议民主框框的政治参与对现有经济、社会、政治秩序构成巨大挑战,引起保守思想家们的忧虑,甚至恐慌。他们认为,在常规政治之外,各个社会群体的"非常规"政治活动(即投票选举以外的活动)对政府提出了"过多"的要求,导致政府管的事越来越多,政府财政不堪重负。[1] 更严重的是,这些"非常规"政治活动严重削弱了政府的权威,人们对政治领袖与政治体制的信任度急剧下滑。保守派在学界的代表人物塞缪尔·亨廷顿(1927—2008)于1975年发表的一篇文章,用"民主瘟疫"来形容当时的局面,他确信,"60年代展现出来的民主活力,给70年代的民主提出了统治能力(Governability)的问题"。[2] 同一年,亨廷顿与一位欧洲学者、一位日本学者代表美、欧、日三边委员会提供了一份报告,即《民主在危机中》。报告第一段话为西式民主描绘了一幅近乎四面楚歌的图景。虽然报告声称对"民主制度"

---

[1] Samuel Brittan, "The Economic Contradictions of Democracy", *British Journal of Political Science*, Vol. 5, No. 2 (April 1975), pp. 129-159; Allan H. Meltzer and Scott F. Richard, "Why Government Grows (and Grows) in a Democracy", *Public Interest*, No. 52 (Summer 1978), pp. 111-118.

[2] Samuel P. Huntington, "The Democratic Distemper", *Public Interest*, No. 41 (Fall 1975), p. 11.

仍有信心，但它所说的"民主制度"有特定的含义。[1] 亨廷顿严辞驳斥了这样一种说法："治疗民主罪恶的唯一处方是更多的民主"；他坚信，在当时的情况下，用这个处方只会火上浇油，造成更糟糕的局面。在他看来，当时各种问题的根源是"过度民主"；其处方只能是用两种策略对民主进行限制：一是很多问题不必政府管，不必用民主的方式处理；二是民主制度的有效运作需要一定程度的政治冷淡，需要一些人与一些社会集团不参与政治。如果实在做不到第二点，他希望所有社会集团都能自我约束；[2] 显然，这无异于缘木求鱼。

很快，随着撒切尔夫人于1979年担任英国首相、里根于1980年赢得美国大选，一场新自由主义风暴席卷全球。[3] 打着"私有化"与"自由市场"的旗号，新自由主义实行的就是亨廷顿推荐的第一种策略："让国家缩水"。[4] 这实际上就等于"把民主私有化"，[5] "让民主缩水"，[6] "消解人民"，[7] "民主的终结"。[8] 亨廷顿推荐的第二种策略无法大张旗鼓地推行；作为替代，欧美各国（尤其是美、英两国）采取了一种以攻为守的策略：向全球推销西式民主（亦即代议民主），其潜台词是告诉其本国人民：你

---

[1] Michel Crozier, Samuel P. Huntington, and JojiWatanuki, *The Crisis Of Democracy: Report on the Governability of Democracies to the Trilateral Commission*, New York: New York University Press, 1975.

[2] Samuel P. Huntington, "The Democratic Distemper", *Public Interest*, No. 41 (Fall 1975), pp. 36-38.

[3] David Harvey, *A Brief History of Neoliberalism*, Oxford: Oxford University Press, 2005.

[4] Harvey Feigenbaum, Jeffrey Henig, Chris Hamnett, *Shrinking the State: The Political Underpinnings of Privatization*, Cambridge: Cambridge University Press, 1998.

[5] Joel D. Wolfe, *Power and Privatization: Choice and Competition in the Remaking of British Democracy*, London: Palgrave Macmillan, 1996, Chapter 8 "The Privatization of Democracy", pp. 171-185.

[6] Lisa Duggan, *The Twilight of Equality: Neoliberalism, Cultural Politics, and the Attack on Democracy*, Boston: Beacon Press, 2003, Chapter 1 "Downsizing Democracy", pp. 1-21.

[7] Wendy Brown, *Undoing the Demos: Neoliberalism's Stealth Revolution*, New York: Zone Books, 2015, Chapter 1 "Undoing the Demos", pp. 17-46.

[8] Jason Hickel, "Neoliberalism and the End of Democracy", in Simon Springer, Kean Birch and Julie MacLeavy, eds., *The Handbook of Neoliberalism*, New York: Routledge, 2016, pp. 142-152.

们拥有的政治制度就是丘吉尔所说的、唯一的、最不坏的选择。从20世纪80年代初起，创立于1941年、预算主要来自美国政府的"自由之家"开始变得空前活跃起来；1983年，美国政府又新设了美国国家民主基金会。这一策略至少在短期内产生了效果。从图2我们可以看到，从20世纪70年代末到整个80年代，关注"直接民主"的人减少了，对"参与民主"的讨论没有增温。

在那个年代，撒切尔夫人有一句口头禅：你别无选择（There Is No Alternative）。有人统计，她在讲话中使用这个口头禅达五百多遍，以至于有人给撒切尔起了个绰号，就叫TINA。她所谓"别无选择"是指，除了在经济上的私有制、自由市场、政治上的代议民主，世界已别无选择。1989年初夏，美国国务院日裔官员福山把撒切尔"别无选择"的说法上升到了历史哲学层面，发表了一篇题为《历史的终结》的文章。在这篇名噪一时的文章中，福山说："20世纪开始时，西方对自由民主的最终胜利充满了自信；到20世纪接近尾声时，似乎转了一个圈又回到了原点。结局不是像某些人曾预料的那样，出现了'意识形态的终结'或资本主义和社会主义之间的趋同，而是经济和政治自由主义完完全全的胜利。"福山之所以敢大胆预测"历史的终结"，是因为在他看来，人世间已不再有关于"大问题"（例如资本主义还是社会主义）的斗争与冲突；人类社会已抵达意识形态演化的尽头，西式自由民主制度已无可争议地变为各国独一无二的选择。此后，人类面临的唯一问题是如何实施西式自由民主的具体技术细节。在那篇文章的结尾，福山几乎难以掩饰自己的得意，但又故意流露出一丝胜利者不再有对手的失落感。他说，历史终结以后的世界将会变得非常无聊：不再有艺术与哲学；只有在博物馆里才能看到它们的痕迹。[1]

福山的文章发表后不久，苏东前社会主义国家纷纷易帜，发展中国家也纷纷踏上了"民主化"的道路。一时间，"民主化"成为西方社会科学研究的显学，历史似乎真的走到了尽头：虽然代议

---

[1] Francis Fukuyama, "The End of History?", *National Interest* (Summer 1989), pp. 3-18.

民主不能尽如人意，但它仿佛是人类的唯一选择。

然而，庆祝西式民主最后胜利的狂欢很快被证明不过是一枕黄粱梦。

事实上，全球的"民主化"障碍重重。"民主化"开始仅仅几年后，就有一批国家遭遇了"民主崩溃"（democratic breakdown）或"民主逆转"（democratic reversals）。剩下的转型国家虽然每隔几年就会来一场轰轰烈烈的竞选，但选举的过程与结果让西方怎么看怎么别扭，出现了一大批非驴非马的"民主制"。[1] 于是，西方学者不得不煞费苦心为这些"民主制"加上前缀修饰词，如"非自由民主"（illiberal democracy）、[2]"有限民主"（limited democracy）、"受限民主"（restricted democracy）、"受控民主"（controlled democracy）、"威权民主"（authoritarian democracy）、"新世袭民主"（neo-patrimonial democracy）、"军人主导的民主"（military-dominated democracy）、"半民主"（semi-democracy）、"低质民主"（low-quality democracy）、"伪民主"（pseudo-democracy）等等，不一而足。后来发生的几场"颜色革命"不仅没有挽救"民主转型"的颓势，反倒加剧了人们对"民主转型"的疑虑。如果说，开始时，对"民主转型"的失望仍局限于学界讨论，近年来，这种失望已扩散至大众媒体。《经济学人》2014年3月的专辑"民主到底出了什么问题"，引起了全球媒体的广泛关注。[3] 到2015年，以推动全球民主化为己任的美国《民主研究》（美国国家民主基金会的官方刊物）推出了一组七篇特邀文章，标题是"民主衰退了？"虽然标题中故弄玄虚地带了一个问号，但这份刊物的两位共同主编都承认，全球民主确已陷入低潮。[4]

---

［1］ Thomas Carothers, "The End of the Transition Paradigm", *Journal of Democracy*, Vol. 13, No. 1 (2002), pp. 5-21.

［2］ Fareed Zakaria, "The Rise of Illiberal Democracy", *Foreign Affairs*, Vol. 76, No. 6 (Nov/Dec 1997), pp. 22-43.

［3］ The Economist, "What's Gone Wrong with Democracy", March 1, 2014, http://www.economist.com/news/essays/21596796-democracy-was-most-successful-political-idea-20th-century-why-has-it-run-trouble-and-what-can-be-do.

［4］ 这七篇文章后被收入由美国前国务卿赖斯作序的书，见 Larry Diamond, Marc F. Plattner, *Democracy in Decline?*, Baltimore: Johns Hopkins University Press, 2015。

代议民主的颓势

在全球"民主化"踯躅不前的同时,西方自身的代议民主制度也经历着前所未有的危机。这表现在四个层面。

第一,代议民主实际上不是"民主"而是"选主"。前文已反复提到,"代议民主"偷换了"民主"的概念:"民主"原指"民治"(by the people);"代议民主"不是民治,而是由人民选举产生的代议士行使治权(rule by representatives elected by the people)。换句话说,代议民主不再是人民当家做主,而是由人民选出精英来为自己做主。我在2008年出版的《民主四讲》一书中把代议民主称作"选主";[1] 无独有偶,同一年,哈佛大学法学院的拉尼·吉尼尔教授也发表了一篇文章,题为《超越选主:反思作为陌生权贵的政治代表》。[2]

第二,代议民主选出来的"主"不是全体人民选出的,不是"民有"(of the people),而是小部分选民选出的。在35个经济合作发展组织成员国中,投票率最低的为38.6%,最高的为87.2%;投票率最高的5个国家中,3个实行强制投票;在35国中,美国的投票率排在第31位,低于60%。[3] 这里的投票率是全国性关键选举的投票率;其他类型选举的投票率一般要低得多。以美国为例,国会议员选举的投票率基本上在40%左右波动;[4] 地方选举,如州一级、县一级或者镇一级的选举,投票率一般都在25%

---

[1] 王绍光:《民主四讲》,生活·读书·新知三联书店2008年版。
[2] 拉尼·吉尼尔:《超越选主:反思作为陌生权贵的政治代表》,载王绍光主编、欧树军译:《选主批判:对当代西方民主的反思》,北京大学出版社2014年版,第87—134页。
[3] Pew Research Center, "U. S. Voter Turnout Trails Most Developed Countries", August 2, 2016, http://www.pewresearch.org/fact-tank/2016/08/02/u-s-voter-turnout-trails-most-developed-countries/. 美国2016年总统大选的投票率为59.7%,见The United States Elections Project, "2016 November General Election Turnout Rates", http://www.electproject.org/2016g。
[4] The United States Elections Project, "National General Election VEP Turnout Rates, 1789-Present", http://www.electproject.org/national-1789-present。

以下。[1] 别国情况大同小异。[2] 由于当选者得票往往是刚刚超过投票者的半数，甚至低于半数，可以说，代议民主制下选出的"主"几乎没人能得到超过半数合资格选民的支持，是少数人而不是多数人选出来的"主"（rule by representatives elected by minority of the people）。

更麻烦的是，自 20 世纪 60 年代末以来，不管是在全球，还是在欧美，很多国家的投票率都呈下降趋势，即参与选举投票的人越来越少。[3] 很明显，只要不是所有合资格选民都参加投票，选举参与就是不平等的；投票率低的国家，选举参与不平等程度就高；投票率越低，选举参与的不平等程度越高。不平等对谁有利呢？一般而言，不管在哪个国家，占有越多社会资源的群体，投票参与的意愿与能力越高；占有越少社会资源的群体，投票参与的意愿与能力越低；因此，社会资源分布不均会直接反映到投票参与度上去。在代议民主制下，参选人士最关心的是有可能投票的那些群体手中的选票。为了赢得选举或赢得再次当选，他们会推动对哪个群体有利的政策？答案可想而知。[4] 对此，见多识广的雅克·巴尔赞（1907—2012）在其 93 岁出版的《从黎明到衰落：西方文化生活五百年，从 1500 年至今》一书中这样评说："在

---

［1］ Mike Maciag, "Voter Turnout Plummeting in Local Elections", Governing the State and Locals, October 2014, http://www.governing.com/topics/politics/gov-voter-turnout-municipal-elections.html#graph; Daniel Denvir, "Voter Turnout in U.S. Mayoral Elections Is Pathetic, but It Wasn't Always This Way", Atlantic Citylab, May 22, 2015, http://www.citylab.com/politics/2015/05/mayoral-election-voting-turnout/393737/.

［2］ 英国最近的例子，见 Daniel Wainwright, "Council Elections: Five Ways to Get More People to Vote", BBC News, May 3, 2016, http://www.bbc.com/news/uk-england-36047612。

［3］ Mark Gray and Miki Caul, "Declining Voter Turnout in Advanced Industrial Democracies, 1950 to 1997: The Effects of Declining Group Mobilization", Comparative Political Studies, Vol. 33 No. 9 (November 2000), pp. 1091-1122; Mark N. Franklin, Voter Turnout and the Dynamics of Electoral Competition in Established Democracies since 1945, Cambridge: Cambridge University Press, 2004; World Bank, World Development Report 2017: Governance and the Law, Washington, DC: World Bank, 2017, p. 228.

［4］ 王绍光：《祛魅与超越：反思民主、自由、平等、公民社会》，中信出版社 2010 年版，第 212—256 页。

西方真正民选的政府中,这一制度已经离它原来的目标和运作模式渐行渐远。首先,选民投票率大为下降;国家大选的胜出者常常是以不到选民人数一半的票数当选的;人民已不再为有选举权而自豪。这种漠然出自对政治家的不信任和对政治的轻蔑,尽管这两者正是代议制政府的机构。政治成了贬义词,被冠以此词的行动或机构被人们嗤之以鼻。"[1]

第三,表面看来,选民手中的选票可以决定谁当选、谁落选;实际上,只有极少的人可以成为候选人;选民只能在特定候选人中做选择。在代议民主制下,候选人几乎都是通过政党推举出来的。谢茨施耐德的经典著作《政党政府》开宗明义在第一段话中便说:"政党创造民主;没有政党,现代民主是不可想象的。"[2] 类似的话,还有其他不少著名政治学者重复过。[3] 他们这么说的言下之意是,选举需由政党组织;没有政党,选举无法进行。当政党制度运作正常时,选民要么支持台上这个党的候选人,要么支持几年前下台那几个党的候选人。这好比朝三暮四或者暮四朝三,选民其实没有多少选择余地;无论他们怎么选,其结果都是精英统治。麻烦的是,欧美各国政党制度的运作越来越不正常,其最明显的标志是,认同政党的人越来越少。1972 年以前,超过七成美国人要么认同民主党,要么认同共和党。此后,对两党都不认同的"独立人士"(independents)越来越多,但依然少于两大党中的某个党。[4] 2009 年以后,美国政党政治出现重大变化:"独立人士"的比重既超过了共和党,也超过了民主党。假如他们构

---

[1] 雅克·巴尔赞:《从黎明到衰落:西方文化生活五百年》,林华译,世界知识出版社 2002 年版,第 790—791 页。

[2] Elmer Eric Schattschneider, *Party Government*, New York: Holt, Rinehart and Winston, 1942, p. 1.

[3] David Robertson, *A Theory of Party Competition*, London: Wiley, 1976; Richard S. Katz, *A Theory of Parties and Electoral Systems*, Baltimore: Johns Hopkins University Press, 1980; Seymour Martin Lipset, "What are parties for?", *Journal of Democracy*, Vol. 7, No. 1 (1996), pp. 169-175.

[4] Pew Research Center for the People & Press, "Trend in Party Identification: 1939 - 2012", June 1, 2012, http://www.people-press.org/2012/06/01/trend-in-party-identification-1939-2012/.

成一个单独政党的话，它已是美国第一大党，占美国民众的45%左右;[1]但在美国那种"赢者通吃"(winner-take-all)的选举制度下，这些选民支持的独立候选人当选的机会微乎其微;在某种意义上，他们手中的选票都成了废票。[2]同样，欧洲的政党制度也开始衰落，其表现形式是各国登记为政党党员的人数大幅下降，各党党员占选民比重大幅下降，使得几乎所有欧洲政党都不得不放弃继续维持大众组织的假象。[3]政党的边缘化被不少观察者看作西式民主面临重大危机的证据之一。[4]2013年，当代欧洲最著名的政党研究学者彼特·梅尔(1951—2011)出版了一本书名为《虚无之治》的书，副书名是"西式民主的空洞化"。在梅尔看来，今天政党已变得无关紧要，公民实际上正在变得毫无主权可言。目前正在出现的是这样一种民主，公众在其中的地位不断被削弱。换句话说，这是不见其"民"的空头"民主"。[5]

第四，由于两大支柱（选举制度与政党制度）都有严重的内在问题，代议民主必然是一种"不平衡的民主"[6]"不平等的民主";[7]是少数人受益的"民主"，而不是"民享"(for the people)的政体。近期一份在西方引起很大舆论震动的研究，分析了美国政府在1981—2002年间制定的1800项政策，其结论是"经济精英与代表公司的利益压力集团对美国政府政策有显著的影响力，

---

[1] Gallup, "Party Affiliation: Trend since 2004", February 2, 2017, http://www.gallup.com/poll/15370/party-affiliation.aspx?version=print#top.

[2] See "List of third party performances in United States elections", http://en.wikipedia.org/wiki/List_of_third_party_performances_in_United_States_elections.

[3] Ingrid van Biezen, Peter Mair and Thomas Poguntke, "Going, Going, …Gone? The Decline of Party Membership in Contemporary Europe", *European Journal of Political Research*, Vol. 51, No. 1 (2012), pp. 24-56.

[4] The Economist, "What is Wrong with Democracy?", *The Economist*, March 1, 2014, http://www.economist.com/news/essays/21596796-democracy-was-most-successful-political-idea-20th-century-why-has-it-run-trouble-and-what-can-be-do.

[5] Peter Mair, *Ruling the Void: The Hollowing of Western Democracy*, London: Verso, 2013.

[6] Zoltan L. Hajnal, *America's Uneven Democracy: Race, Turnout, and Representation in City Politics*, Cambridge: Cambridge University Press, 2009.

[7] Larry M. Bartels, *Unequal Democracy: The Political Economy of the New Gilded Age*, Princeton, NJ: Princeton University, 2008.

而代表普通民众的利益集团与一般老百姓的影响非常小,甚至完全不存在"。[1] 主持该项研究的学者相信,在美国,政治影响力分布得如此不平衡、不平等,它的政治体制实际上已不是民主制,而是寡头制。[2]

其实,这也正是研究古典民主那些学者的结论。丹麦学者汉森在其 2005 年出版的著作中说:"就政治制度而言,美国已不再是民主制,而是寡头制。"[3] 著作等身的剑桥大学古希腊史学者保罗·卡特利奇(1947—)2016 年刚刚出版了一本书,书名为《民主:一部生命史》;[4] 他对代议民主的评论更是一针见血:古希腊人绝对不会把所谓"现代民主体制"认作民主,因为它们全都是"寡头制",不是民有、民治、民享,而是少数人有、少数人治、少数人享。[5]

西方政治制度已病得不轻,关于这一点,几乎没人可以否认。但不少人还是只愿承认这国或那国出现了这种或那种"病症",却不愿承认代议民主本身已是沉疴难起。最近的一项研究给了这种幻觉致命一击。利用"世界价值调查"(World Value Surveys)1995—2014 年间获取的数据,这项研究发现,在欧美各国,人们不仅对他们的领导人越来越不喜欢,他们对作为一种政体的代议民主制也越来越疑虑重重,越来越不相信自己能对公共政策产生任何影响,甚至越来越倾向否定代议民主制,接受与代议民主不一样的政体。尤其是在越年轻的人群中,这些趋势越加明显。项目主持

---

[1] Martin Gilens and Benjamin I. Page, "Testing Theories of American Politics: Elites, Interest Groups, and Average Citizens", *Perspectives on Politics*, Vol. 12, No. 3 (September 2014), p. 565.

[2] Jeffrey A. Winters and Benjamin I. Page, "Oligarchy in the United States?", *Perspectives on Politics*, Vol. 7, No. 4 (December 2009), pp. 731–751; Jeffrey A. Winters, *Oligarchy*, Cambridge: Cambridge University Press, 2011, pp. 211–253.

[3] Mogens Herman Hansen, *The Tradition of Ancient Greek Democracy and Its Importance for Modern Democracy*, Copenhagen: The Royal Danish Academy of Science and Letters, 2005, p. 23.

[4] Paul Cartledge, *Democracy: A Life*, Oxford: Oxford University Press, 2016.

[5] Paul Cartledge, "Ancient Greeks Would Not Recognise Our 'Democracy' —They'd See An 'Oligarchy'", *The Conversation*, June 3, 2016, http://theconversation.com/ancient-greeks-would-not-recognise-our-democracy-theyd-see-an-oligarchy-60277.

人的判断是：在千禧一代（指1981年后出生的人，到千年期结束时达到成年）中，民主的合法性正在遭遇全面危机。以前，不少政治学家一厢情愿地以为，代议民主制一经确立，便不再会垮台。对此，该项目主持人用两篇论文的标题说出了自己的判断：一篇为《分崩离析的危险》，另一篇为《分崩离析的迹象》。[1]

抽签浴火重生

正是在代议民主逐步陷入危机的过程中，更严肃的思考者开始试图跳出选主的框框，重新审视一些在他人看来不是问题的问题，如民主的含义到底是什么？选主到底是不是实现民主的唯一方式？实现民主还有哪些更可欲、更可行的方式？[2] 自20世纪60年代中期以来，世界各地的人们已提出了种种代议民主的补充方案或替代方案，如"人人拥有财产的民主"[3] "参与民主"[4] "激进民主"[5]

---

[1] Roberto Stefan Foa and Yascha Mounk, "The Danger of Deconsolidation", *Journal of Democracy*, Vol. 27, No. 3 (July 2016), pp. 5–17; Roberto Stefan Foa and Yascha Mounk, "The Signs of Deconsolidation", *Journal of Democracy*, Vol. 28, No. 1 (January 2017), pp. 5–15.

[2] 王绍光主编：《选主批判：对当代西方民主的反思》，欧树军译，北京大学出版社2014年版。

[3] J. E. Meade, *Efficiency, Equality and the Ownership of Property*, London: George Allen & Unwin Ltd., 1964.

[4] Carole Pateman, *Participation and Democratic Theory*, Cambridge: Cambridge University Press, 1970.

[5] Stanghton Lynd, "The New Radicals and 'Participatory Democracy'", *Dissent*, Vol. 12, No. 3 (July 1965), pp. 1–10; Macpherson, C. B., "The Life and Times of Liberal Democracy", Oxford: Oxford University Press, 1977.

"协商民主"[1] "直接民主"[2] "经济民主"[3] "E-民主（数码民主）"[4] "包容民主"等。[5] 正是在对代议民主一波又一波的反思热潮中，抽签也趁势浴火重生了。

抽签上一次有可能成为代议民主替代是在约一个世纪之前（如图3所示）。在19世纪最后十几年里，曾出现过一批与抽签有关的出版物，其中既有学术性研究，也有政论小册子。亚里士多德的《雅典政制》被发现（1879、1890）与出版（1891）也起到了推波助澜的作用。[6] 在这些出版物中，有的直截了当地呼吁用抽签代替票选；[7] 有的用抽签作为区分古典民主制、共和制与现代代议制的一个指标；[8] 还有的会指出抽签的长处、票选的短处。神奇的是，至少有三份出版物都用同一个词形容票选会选出什么样的人：幕后人、操纵者（wire-pullers）；而抽签不同，它选出

---

[1] Joseph M. Bessette, "Deliberative Democracy: The Majority Principle in Republican Government", in Robert A. Goldwin and William A. Schambra, eds., *How Democratic is the Constitution?*, Washington, D. C.: AEI Press, 1980, pp. 102-116; Joshua Cohen, "Deliberation and Democratic Legitimacy", in Alan Harmlin and Philip Petit, eds., *The Good Polity*, Oxford: Blackwell, 1989.

[2] Benjamin R. Barber, *Strong Democracy: Participatory Politics for a New Age*, Berkeley: University of California Press, 1984.

[3] Robert A. Dahl, *A Preface to Economic Democracy*, Berkeley: University of California Press, 1985. 这表明达尔的民主观点发生了变化，认识到多元民主无力解决经济不平等带来的政治不平等问题，亦见 David Held, *Models of Democracy*, 3rd edition, Cambridge: Polity Press, 2006, pp. 169-172。

[4] Christa Daryl Lowder Slaton, *Televote: Expanding Citizen Participation in the Quantum Age*, Ph. D. dissertation, University of Hawaii at Manoa, 1990, http://scholarspace.manoa.hawaii.edu/bitstream/10125/10119/2/uhm_phd_9030581_r.pdf; James H. Snider, "Democracy On-line: Tomorrow's Electronic Electorate", *The Futurist*, Vol. 28, No. 5 (September-October 1994), pp. 15-19; Barry N. Hague and Brian D. Loader, *Digital Democracy: Discourse and Decision Making in the Information Age*, London: Routledge, 1999.

[5] Takis Fotopoulos, *Towards an Inclusive Democracy*, London: Cassell, 1996.

[6] Aristotle (Translated by Frederic G. Kenyon), *On the Constitution of Athens*, London: George Bell and Sons, 1891.

[7] Anonymous, *Election by Lot the Only Remedy for Political Corruption*, Montréal: Dawson Brothers, 1884.

[8] Arthur M. Wolfson, "The Ballot and Other Forms of Voting in the Italian Communes", *The American Historical Review*, Vol. 5, No. 1 (Oct., 1899), pp. 1-21; A. H. J. Greenidge, *A Handbook of Greek Constitutional History*, London: Macmillan and Co. Ltd., 1896, pp. 163-164.

的是听话的人（sycophant）。[1] 不过，这些出版物似乎没能在政界掀起波澜。此后半个多世纪，几乎没有人再谈及抽签在现代政治中可能的运用。

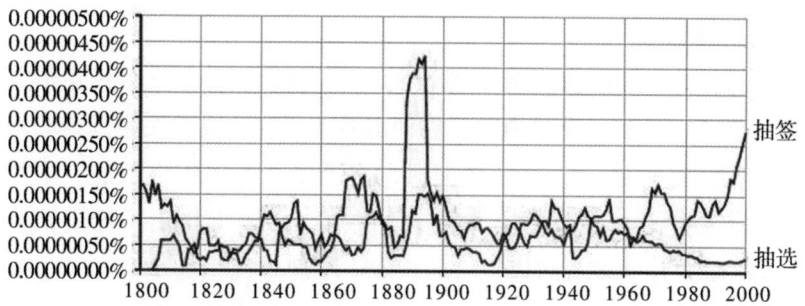

图3：谷歌 Ngram 中"抽签""抽选"出现的频率

当代最早倡导抽签的人可能是黑人马克思主义理论家 C. L. R. 詹姆斯（1901—1989）。他于1956年发表了一篇鼓吹直接民主的论文，标题是"每一位厨娘都可以治理国家"，副标题是"古希腊民主研究与其对今天的意义"。[2] 这里，标题明显借用了列宁的说法，[3] 副标题则明示论文的重点是古希腊的民主制。詹姆斯详细讨论了抽签在雅典民主制中的作用，他确信这种机制同样适用于当代，因为他完全赞同列宁的理念：经过学习，普通劳动人民

---

[1] G. F. Schomann, *Athenian Constitutional History: As Represented in Grote's History of Greece*, London: James Paeker and Co., 1878, p. 81; Anonymous, *Election by Lot the Only Remedy for Political Corruption*, Montréal: Dawson Brothers, 1884, pp. 7, 14, 20; James Wycliffe Headlam, *E-lection by Lot at Athens*, Cambridge: Cambridge University Press, 1891, p. 36.

[2] C. L. R. James, "Every Cook Can Govern: A Study of Democracy in Ancient Greece, Its Meaning for Today", *Correspondence*, Vol. 2, No. 12（June 1956）, pp. 1–32.

[3] 在1917年十月革命前的几周，列宁曾说过这样一段话："我们知道，不是随便哪一个粗工和厨娘都能马上参加国家管理的。在这一点上，我们同立宪民主党人，同布列什柯夫斯卡娅，同策列铁里是意见一致的。我们同这些公民不一致的地方是我们要求立刻破除这样一种偏见，似乎只有富人或富人家庭出身的官吏才能管理国家，才能担任日常管理工作。我们要求由觉悟的工人和士兵来领导学习管理国家的工作，并且要求立刻开始这样做，即立刻开始吸引一切劳动者、一切贫民来学习这一工作。"见列宁：《布尔什维克能保持国家政权吗?》（1917年9月底—10月1日〔14日〕），载《列宁全集》第32卷，人民出版社1985年版，第306—307页。

也具备治国理政的潜质。不过，由于詹姆斯的激进身份，他的观点并没有在主流学界和政界引起广泛的关注。[1] 此后十几年间，只有在1959年出版了两份研究政治中抽签的论文，一位作者是考古学家，另一位是社会学家，其文章都属纯学理性质，完全不涉及民主理念。[2]

1970年，当人们对政治精英的反感（图1）、对直接民主的兴趣（图2）达到一个峰值时，在西方政治界，尤其是民主理论领域占有举足轻重地位的罗伯特·达尔出手了。他那年出版的一本小书《革命之后？美好社会中的政治权威》。该书指出，代议民主（达尔称之为"多头政体"，Polyarchy）与理想民主的距离必须以光年（light years）计，它有三大问题：资源分布严重不平等，大公司权力巨大，所谓民主政府权力巨大。为了进一步推动多头政体的民主化，达尔认为至关重要的是重启抽签这种机制。更具体地说，达尔建议，为多头政体中每一位重要官员（市长、州长、众议员、参议员、总统）配备一个顾问委员会；这些官员每年必须定期与其顾委会见面，回答他们的问题，听取他们对重要议题的辩论，考虑他们提出的政策建议。每个顾委会由几百位抽签产生的成员组成，他们任期一年，不得连任；如果成员是穷人或失业者，他们可以为参与顾委会活动获得津贴。达尔深知，在抽签与有关抽签的讨论消失近200年后，很多人会对他的提议感到震惊。因此，他书中涉及抽签的部分主要是为了回应各种可能的疑问。[3]

尽管达尔在西方政治学界的地位很高，在该书出版前不久，刚卸任美国政治学会会长，但他的这项提议以及他这本书在当时遭

---

[1] 到2017年初，谷歌学术搜索显示，这篇论文共被引用12次。

[2] Mabel Lang, "Allotment by Tokens", *Historia: Zeitschrift für Alte Geschichte*, Bd. 8, H. 1 (January, 1959), pp. 80–89; Vilhelm Aubert, "Chance in Social Affairs", *Inquiry*, Vol. 2, No. 1–4 (1959), pp. 1–24.

[3] Robert A. Dahl, *After the Revolution? Authority in a Good Society*, New Haven: Yale University Press, 1970, pp. 122–125.

到冷遇。[1] 不过，达尔并没有放弃这个想法。在其后几十年间，他至少在五个出版物中一而再、再而三地提出用抽签机制改造代议民主，[2] 其中最著名的是在1989年出版的《民主及其批评者》一书。这本书的一个基本论点是，民主在历史上已经走过了两次转型：第一次转向民主城邦，第二次转向共和主义、代表制与平等。该书的最后一部分题为"迈向第三次转型"；在这里，达尔勾勒了一幅民主的未来图景，抽签是其中一个关键机制。他认为，克服代议民主下政治不平等的一个有效途径是，用抽签的方式在立法机构之外创造出一个可以代表大众的"微型大众"（简称"微众"）。其具体建议是，在全体公民中随机抽取大约1000人，组成"微众"，它的任务是就某一个政策议题展开为期一年的商讨，并最终公布其政策建议。这些人不必聚集在一处开会，可以借助现代通讯工具"碰面"。还可以设想，由一个"微众"设置政策议程，另设多个"微众"，每个"微众"专就政策议程上的某个议题进行商讨。各级政府都可以设置这种"微众"，也可以选派一些学者、专家、政府工作人员为这些"微众"提供咨询服务。"微众"还可以召开听证会、委托研究机构提供背景报告，对民众关心的政策问题展开讨论与辩论。由于"微众"是随机产生的，在达尔看来，他们完全可以代表全体公民；他们的判断就是全体公民的判断。[3] 不过，达尔并不主张用抽签取代选举，它只是对现行政

---

[1] 谷歌学术搜索显示，该书在达尔所有著作中引用率几乎是最低的，且大多数引用发生在1990年以后。

[2] Robert A. Dahl, "On Removing Certain Impediments to Democracy in the United States", *Political Science Quarterly*, Vol. 92, No. 1 (Spring, 1977), p. 17; Robert A. Dahl, "Sketches for a Democratic Utopia", *Scandinavian Political Studies*, Vol. 10, No. 3 (1987), pp. 204–206; Robert A. Dahl, "Political Equality in the Coming Century", in Keith Dowding, James Hughes, and Helen Margetts, eds., *Challenges to Democracy: Ideas, Involvement, and Institutions* (London: Palgrave, 2001), p. 15; Robert A. Dahl, "Democratic Polities in Advances Countries: Success and Challenge", in Atilio A. Boron, ed., *New Worldwide Hegemony: Alternatives for Change and Social Movements*, Buenos Aires: CLACSO, 2004, pp. 63–65.

[3] Robert A. Dahl, *Democracy and Its Critics*, New Haven: Yale University Press, 1989, p. 340; 罗伯特·达尔：《民主及其批评者》，曹海军、佟德志译，吉林人民出版社2006年版，第480—481页。

治体制的补充。[1]

耶鲁学派的兴起

达尔本人论述中有关抽签的部分一般都很简短，但我们不应由此得出结论，抽签在他思想中无关紧要。一批曾在耶鲁大学学习、工作过的人后来成为抽签的倡导者，这不完全是偶然的，恐怕都直接或间接受到过达尔的影响。

例如，曾于20世纪70年代在耶鲁大学求学的詹姆斯·费希金成为协商式民调的主要推动者。在1991年出版的《民主与协商：民主改革的新方向》一书中，他颇具创意地提出了一种"协商式民调"；这种民调与普通民调的相同之处是，从人口中抽取统计上具有代表性的样本；不同之处是，被抽签出来的人要集中起来对某个议题进行深入讨论（协商），之后才对他们进行调查，其意见可以作为政策建议。换句话说，协商式民调就是抽签与协商的结合物。[2] 从20世纪90年代初到现在，费希金已在这方面出版了几本书，发表了很多文章，从规范与实证的角度阐述协商式民调的可行性、可欲性。[3]

与费希金一样，伊森·里布从本科到政治学博士学位都是在耶鲁大学获得的。里布在2004年出版了一本书，书名为《美国的协商民主：有关设立第四权的建议》。这里所谓第四权是指，在立法、行政、司法三权之外，再设立一种不受金钱、权势影响的民

---

[1] 20世纪90年代，本人在耶鲁大学政治系任教时，曾与达尔教授讨论过抽签的利弊。他当时仍持这种看法。

[2] James S. Fishkin, *Democracy and Deliberation: New Directions for Democratic Reform*, New Haven: Yale University Press, 1991.

[3] James S. Fishkin, *The Voice of the People: Public Opinion and Democracy*, New Haven: Yale University Press, 1995; Bruce Ackerman and James S. Fishkin, *Deliberation Day*, New Haven and London: Yale University Press, 2004; James S. Fishkin, *When the People Speak: Deliberative Democracy and Public Consultation*, Oxford: Oxford University Press, 2009. 布鲁斯·阿克曼（Bruce Ackerman）是耶鲁大学法学院与政治学系双聘教授。

众权，它由525位经过分层随机抽签的个人组成。该书十分详细地解释了第四权的构成、运作方式，其与其他三权的关系。费希金的构想中，抽签产生的机构只有建议功能，而里布构想中的第四权则享有立法功能。[1]

另一位从耶鲁大学获得政治学博士的学者凯文·奥利里，于2006年出版了《拯救民主：在美国实现真正代表制的方案》一书，他的构想同样新颖、大胆。他建议，在美国国会的435个选区，分别建立435个民众大会（Assemblies）；每个民众大会由在当地选民中随机抽取的100位公民组成；它们将就本地、国内和国际主要政策议题进行辩论与商讨。这43 500位居住在全国各地的人构成"人民院"（People's House），可对参、众两院的立法进行否决，也可提出法案供参、众两院考虑。奥利里的设想受到不少人的好评，包括他在耶鲁大学求学时的老师罗杰·史密斯（Rogers Smith），其评语是："说到美国政治，一个巨大的丑恶现实是，虽然我们在海外贩卖民主，却没几个美国人奢想可以影响他们自己的政府。也许，现实只能如此。也许，在一个三亿人的国度，只能由精英统治，民主至多只能偶尔把几个无赖赶下台。但是，越来越多勇敢的思想家与行动家相信，我们可以做得更好；奥利里就是其中的佼佼者。"[2]

还有一些人虽然不曾在耶鲁大学求学，但在那里的工作经历也让他们对抽签产生了强烈的兴趣。我本人于20世纪的最后十年在该校的政治学系工作时，曾与达尔有过不少接触。从曼宁1997年出版的书中，[3] 我第一次了解到抽签在政治制度史、思想史上的地位。为此，我专门约达尔见面，希望听听他对抽签的看法。现在

---

[1] Ethan J. Leib, *Deliberative Democracy in America: A Proposal for a Popular Branch of Government*, University Park, PA: Pennsylvania State University, 2004.

[2] Kevin O'Leary, *Saving Democracy: A Plan for Real Representation in America*, Stanford: Stanford University Press, 2006.

[3] Bernard Manin, *The Principles of Representative Government*, New York: Cambridge University Press, 1997.

回想起来，没有那次对谈，也许我根本不会有编这本文集的计划。

现在芝加哥大学任教的约翰·麦考米克曾在耶鲁大学政治学系工作过五年。在2011年出版的《马基雅维利式民主》最后一章中，他笔锋一转，开始设想如何改造美国现有的代议民主制。他提议，成立一个类似罗马共和国时期的保民院，由51名不富有、无官职、年龄超过21岁的普通公民组成，经抽签产生，任期一年，不得连任，不得重复担任。保民院是授薪职，每周工作5天，每天工作6个小时；雇主必须为其成员保留原有工作。该机构的主要职责是研究、讨论联邦政府事务；它可以邀请学者、专家提供相关背景信息；它有权以多数表决方式否决国会立法、行政命令和最高法院的判决，也可以召集全民公投；如果51票中有38票以上赞成，保民官在其一年任期内有权对现任联邦官员启动弹劾程序。[1]

现任耶鲁大学政治学系副教授的法国人海伦·兰德摩尔对抽签作用的解释颇有新意。她于2013年出版了《民主的理由：政治、集体智慧与多数统治》，为的是给民主提供一个认识论基础。亚里士多德有句名言"几个脑瓜比一个脑瓜好"（many heads are better than one），与中国体现民间智慧的成语"人多智广""三个臭皮匠，顶个诸葛亮"如出一辙。兰德摩尔的新书力图论证，这就是民主的认识论基础。[2] 除了这本书以外，她还发表了一批论文（包括本文集所收的两篇论文），试图从认识论角度为用抽签方式挑选人民代表提供支持论据。[3] 有意思的是，兰德摩尔这方面的思考受到一位在芝加哥洛约拉大学财务系任教的华裔教授的影响。从那位教授两篇论文的标题就可以看出是什么吸引了兰德摩尔：一篇是

---

[1] John P. McCormick, *Machiavellian Democracy*, Princeton: Princeton University Press, 2011, Chapter 7 "Post-Electoral Republics and the People's Tribunate Revived", pp. 170-188.

[2] Hélène Landemore, *Democratic Reason: Politics, Collective Intelligence, and the Rule of the Many*, Princeton: Princeton University Press, 2012.

[3] Hélène Landemore, "Deliberation, Cognitive Diversity, and Democratic Inclusiveness: An Epistemic Argument for the Random Selection of Representatives", *Synthese*, No. 190 (2013), pp. 1209-1231.

《异质主体的问题解决》;[1] 另一篇是《不同类型问题解决者组合可以超越强能力问题解决者组合》。[2] 这两篇论文证明,解决问题时,重要的是参与者的多样性、异质性,而不是参与者个体的能力。这就从根本上消解了对抽签的疑虑,因为不少人对抽签有保留的理由是,抽出来的人不如选出来的人聪明。而抽签产生的组合肯定比选举产生的组合更具多样性、异质性。

如果说抽签只是达尔理论体系中的一环的话,在他的学生与年轻同事那里,抽签已是他们论述的重心。由于这么多在耶鲁大学学习或工作过的人从事与抽签相关的研究,有人称他们已形成了一个"民主改革的耶鲁学派",其最显著的特征就是,通过不同途径共同推动抽签在政治中的运用,如达尔的"微众"、费希金的"协商式民调"、里布的"第四权"、奥利里的"人民院"、麦考米克的"保民院"、兰德摩尔的"集体智慧"。[3]

其实,自达尔出版《革命之后》起,世界各地学者对抽签的研究兴趣越来越大,掀起了一波又一波浪潮;所谓"耶鲁学派"只不过是一簇比较引人注目的浪花而已。

世纪之交的转折

在达尔之后,20 世纪 70 年代对抽签进行研究的主要不是政治

---

[1] Lu Hong and Scott E. Page, "Problem Solving by Heterogeneous Agents", *Journal of Economic Theory*, Vol. 97, No. 1 (2001), pp. 123-163.

[2] Lu Hong and Scott E. Page, "Groups of Diverse Problem Solvers Can Outperform Groups of High-Ability Problem Solvers", *Proceedings of the National Academy of Sciences*, Vol. 101, No. 46 (2004), pp. 16385-16389.

[3] J. H. Snider, From Dahl to O'Leary: 36 Years of the "Yale School of Democratic Reform", *Journal of Public Deliberation*, Vol. 3, No. 1 (2007), http://services.bepress.com/jpd/vol3/iss1/art9/.

学者,而是经济学者、[1] 历史学者、[2] 统计学者、[3] 决策学者,[4] 且这些研究基本上是纯学术性的,不涉及对现有政治体制的改革。唯一由政治学者撰写的书呼吁美国人不再参与毫无意义的选举,转而投身于一场宪制革命:取消参、众两院,代之以一院制的国会;国会议员的50%—60%应由随机抽取,其余40%—50%的议员仍由选举产生。[5] 这是比达尔更为激进的主张;也许正因为如此,这本印制粗糙的书没有产生任何影响,几乎被人忘却了。[6]

尽管如此,这本书可以看作发出了1980年代的先声。在接下来的80年代,情况的确发生了变化。几位思路开阔的人士不约而同地提出,应该用抽签替代或补充票选。

一位是从天主教教士转化为社会主义者的澳大利亚哲学家约翰·本海姆,[7] 他于1981年发表了两篇题为"统计民主"的文章,历数票选的弊端,建议用随机抽签的方式构建决策机构。[8] 几年后,他出版了一本书,即《民主是可能的吗?选举政治的出路》,更系统地鼓吹抽签,并把这种在统计意义上具有代表性的民

---

[1] Dennis C. Mueller, Robert D. Tollison and Thomas D. Willett, "Representative Democracy via Random Selection", *Public Choice*, Vol. 12 (Spring 1972), pp. 57–68.

[2] E. S. Staveley, *Greek and Roman Voting and Elections*, London: Thames & Hudson, 1972.

[3] Stephen E. Fienberg, "Randomization and Social Affairs: The 1970 Draft Lottery", *Science*, Vol. 171, Issue 3968 (January 1971), pp. 255–261.

[4] Peter C. Fishburn, "Acceptable Social Choice Lotteries", in Hans W. Gottinger and Werner Leinfellner, eds., *Decision Theory and Social Ethics: Issues in Social Choice*, Boston: D. Reidel Publishing Company, 1978, pp. 133–152.

[5] Ted Becker, *Un-Vote for a New America: A Guide to Constitutional Revolution*, Boston: Allyn and Bacon, 1976, pp. 183–185, 192–193.

[6] 谷歌学术搜索显示,截至2017年2月7日,这本书共被引用5次,除去1次作者自引,2次俄文引用,其余剩下的2次引用来自同一位作者。

[7] 见他的自传 John Burnheim, *To Reason Why: From Religion to Philosophy and Beyond*, Sydney: Sydney University Press, 2011.

[8] John Burnheim, "Statistical Democracy", *Radical Philosophy*, No. 27 (1981), pp. 5–12; John Burnheim, "Statistical Democracy: How Is a Socialist Democracy Possible?", *Thesis Eleven*, No. 3 (1981), pp. 60–71.

主改称为"抽签民主"(Demarchy)。[1]

另一位是新西兰政治学家理查德·穆根,他在 1984 年的文章中回顾了抽签在雅典民主中发挥的独特作用,并倡导在基层治理中广泛运用抽签这种民主机制。[2] 在新西兰后来的选举制度改革中,穆根发挥了积极作用。

还有两位奇人在 1985 年出版了一本小册子《公民立法机构》,其中一位作者是欧内斯特·卡伦巴赫,小说家、电影评论家、生态乌托邦的倡导者;另一位是迈克尔·菲利普斯,银行家、世界上第一种信用卡——万事达卡的创立者。这本小册子建议用随机的方法来挑选美国国会众议员,而不是用选举来挑选。与本海姆的看法相似,《公民立法机构》主张废除选举,但不抛弃代议制(用抽签选代表,而不是票选代表),借以消除代议民主与参与民主之间的对立。这两位作者认为,如果采取抽签的方式,任何政治、经济势力都不再能造成不平等的利益代表或社会区隔。这样一来,就不必浪费竞选所需的时间及金钱了,所有的社会群体都有均等的机会进入国会,国会议员的构成就能在很大程度上反映人口的构成。[3]

除此之外,在 20 世纪 80 年代中期,本杰明·巴伯出版了一本影响很大的著作《厚实民主》。[4] 他把代议民主称作"浅薄民主"(Thin democracy),把普通公民直接参与其运作的政治体制称作"厚实民主"(Strong democracy)。该书的最后一章提出改造代议民主的十

---

[1] John Burnheim, *Is Democracy Possible? The Alternative to Electoral Politics*, Sydney: Sydney University Press, 1985, 可在此下载: http://setis.library.usyd.edu.au/democracy/。哈耶克大概是最早发明"Demarchy"这个词的人,但哈耶克赋予这个词的意义是"受到限制的民主",与本海姆的用意完全不同,参见 F. A. Hayek, "The Confusion of Language in Political Thought", *Occasional Paper*, No. 20 (1968), the Institute of Economic Affairs, London, pp. 31-36。

[2] Richard G. Mulgan, "Lot as a Democratic Device of Selection", *Review of Politics*, Vol. 46, No. 4 (October 1984), pp. 539-560.

[3] Ernest Callenbach and Michael Phillips, *A Citizen Legislature*, Berkeley: Banyan Tree Books, 1985.

[4] 中译本把书名译为"强势民主",似乎容易引起误解。本杰明·巴伯:《强势民主》,彭斌、吴润洲译,吉林人民出版社 2006 年版。

二条方案，其中至少四条都与随机抽签相关。[1]

1988 年，一位政治学者敏锐地捕捉到了新的时代气息，他在一篇对几本新书（包括本海姆的《民主是可能的吗》）的书评中指出，民主理论正在开辟"新的方向"。[2]果然，达尔在次年出版的《民主及其批评者》中再次阐发抽签的民主潜质。再过两年，费希金出版了《民主与协商》，力推带抽签环节的协商式民调，把它看作"民主改革的新方向"。从图 4 中可以看到，20 世纪 80 年代的确是抽签重生的转折点。在这个十年里，有关抽签的出版物数量达 136 件，是 70 年代相关出版物的两倍多，相当于 1749—1969 年这 220 年间同类出版物的总量！

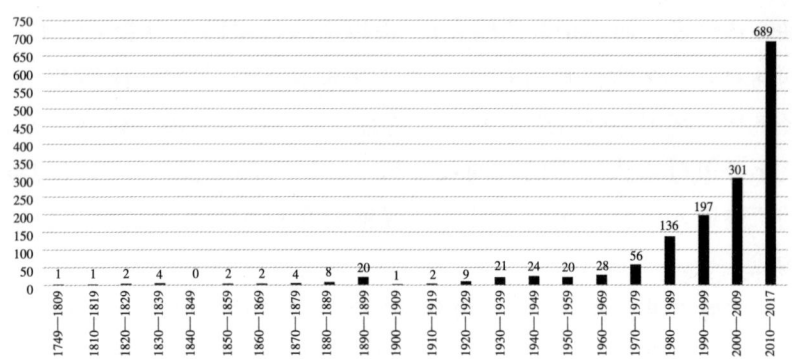

图 4：与抽签（Sortition）相关的学术出版物数量，1749—2017 年
数据来源：Google Scholar

进入 20 世纪最后十年，如图 2 所示，协商民主理论异军突起，引起了学术界内外的广泛关注。大多数读者对此的注意似乎集中在"协商"过程上，但值得关注的是，参与协商的人如何产生？

---

[1] Benjamin R. Barber, *Strong Democracy: Participatory Politics for a New Age*, Berkeley: University of California Press, [1984] 2003, Chapter 10, "The Real Present: Institutionalizing Strong Democracy in the Modern World", pp. 261-311.

[2] Barry Holden, "New Directions in Democratic Theory", *Political Studies*, Vol. 36, No. 2 (1988), pp. 324-333.

能否用抽签的方式产生？抽签具有何种优势？同样，其他各种替代或补充代议民主的方案似乎也可借助于抽签，使得这十年中有关抽签的出版物数量再上一个台阶，达到近200种（图4），其中一些现在已成为该领域的经典，如费希金的三本书《民主与协商》（1991）、《正义对话》（1992），[1]《人民的声音》（1995），[2] 芭芭拉·古德温的《抽签正义》（1992），[3]《迈向新社会主义》（1993），[4]《小群体中的民主》（1993），[5] 美、德三位学者主编的《公民参与中的公平与能力》（1995），[6] 艾米丽·霍普特曼的《将选择放在民主之前》（1996），[7] 伯纳德·曼宁的《代议制政府原则》（1997），[8] 两位英国社会活动家的《雅典式选择：大刀阔斧改革英国上院》（1998）。[9]

抽签理论：从边缘到主流

21世纪刚刚过去了十六年，但我们已经可以说，这将是抽签重生的世纪。图4很直观地告诉我们，本世纪头十年，有关抽签的出版物数量接近此前二十年的总和；而过去七年有关抽签的出版

---

[1] James S. Fishkin, *The Dialogue of Justice: Toward a Self-Reflective Society*, New Haven: Yale University Press, 1992.

[2] James S. Fishkin, *The Voice of the People: Public Opinion and Democracy*, New Haven: Yale University Press, 1995.

[3] Barbara Goodwin, *Justice by Lottery*, Chicago: University of Chicago Press, 1992.

[4] W. Paul Cockshott and Allin Cottrell, *Towards a New Socialism*, Nottingham: Bertrand Russell Press, 1993.

[5] John Gastil, *Democracy in Small Groups: Participation, Decision Making, and Communication*, Philadelphia: New Society Publishers 1993.

[6] Ortwln Renn, Thomas Webler, and Peter Wiedemann, eds., *Fairness and Competence in Citizen Participation: Evaluating Models for Environmental Discourse*, Boston: Kluwer Academic, 1995.

[7] Emily Hauptmann, *Putting Choice before Democracy: A Critique of Rational Choice Theory*, State University of New York Press, 1996.

[8] Bernard Manin, *The Principles of Representative Government*, New York: Cambridge University Press, 1997.

[9] Anthony Barnett and Peter Carty, *The Athenian Option: Radical Reform for the House of Lords*, London: Demos, 1998.

物数量几乎相当于此前260年的总和！最近一些年，涉及抽签的理论探索大幅增加。有出版社已推出了"抽签与公共政策"系列丛书，现已出版九本专著。[1] 一些大学与研究机构举办了相关的研讨会，如2005年，加拿大英属哥伦比亚大学举办了有关公民大会的专题研讨会；[2] 2008年，普林斯顿大学举办了研讨会，讨论"超越选举：新型代表的民主正当性"；[3] 巴黎政治大学（Sciences Po）政治研究中心（Cevipof）分别于2008年、2011年与2012年举办了三次有关抽签的研讨会；[4] 爱尔兰的都柏林三一学院于2012年10月举办了研讨会讨论"作为民主体制的抽签"。[5] 另外，一些学术刊物出版了与抽签相关的特刊，如《星座：批判与民主理论国际季刊》（*Constellations: An International Journal of Critical and Democratic Theory*）于2010年出版了有关抽签的专刊，其中包括当代著名政治理论家菲力普·佩蒂特收入本文集的文章；[6] 又如《美好社会》（*Good Society*）于2011年出版了八篇评论约翰·麦考米克《马基雅维利式民主》一书的专辑。[7]

20世纪90年代以前，除个别例外，参与抽签讨论的多是学术界的边缘人物；但随着巴伯、费希金、曼宁、麦考米克等人加入，

---

〔1〕 见Imprint Academic 出版社的网页http：//www.booksonix.com/imprint/bookshop/category.php？09。

〔2〕 研讨会的成果是上文提到的Mark E. Warren and Hilary Pearse, eds., *Designing Deliberative Democracy*。

〔3〕 见研讨会网页http：//lapa.princeton.edu/eventdetail.php？ID=243。

〔4〕 第一次研讨会的成果被收入Oliver Dowlen and Gil Delannoi, eds., *Sortition: Theory and Practice* (Charlottesville, VA: Imprint Academic, 2010) 一书。第二次研讨会的主题是"直接民主与抽签"，其论文集可在此下载http：//www.cevipof.com/fichier/p_publication/978/publication_pdf_cahier.56.23.pdf。第三次研讨会的广告见http：//www.cevipof.com/fichier/p_rencontre/210/rencontre_programme_fr_programmesortition3rd.pdf。

〔5〕 研讨会的初步报告可以在此下载，http：//www.tcd.ie/policy-institute/assets/pdf/Lottery_Report_Oct12.pdf。

〔6〕 *Constellations*, Vol. 17, No. 3 (September 2010).

〔7〕 Symposium, "John McCormick's Machiavellian Democracy", *Good Society*, Vol. 20, No. 2 (2011).

越来越多的学术界主流人物也开始参与其中,如布鲁斯·阿克曼、[1] 乔恩·埃尔斯特、[2] 桑福德·列文森、[3] 尼尔·达克斯伯里。[4] 2010 年以前,讨论抽签的场合往往是小型研讨会,难以引起广泛关注;现在这类讨论已开始登堂入室,进入大型学术活动。在美国政治学会的 2011 年大会上,主席卡罗尔·佩特曼的年度演说谈及了抽签在民主参与中的作用。[5] 一年后担任同一职务的简·曼斯布里奇也对抽签很感兴趣,[6] 她在自己的年度主席演说中再次提及抽签对民主的意义。[7] 到了 2016 年,美国政治学会的年度大会不仅专门安排了一个圆桌讨论,关注"抽签与民主理论转型",还有多个小组讨论涉及与抽签相关的议题,这在以前是从未出现过的。[8] 在这次大会上,一本刚刚从佛兰芒文译为英文并受到欧美大众媒体广泛关注的小书《为民主而反对选举》也引起了政治学家们的热议,而这本书倡导的正是,以抽签为基础重构民主制度。[9] 该书的主张也得到了古希腊史学家保罗·卡特利

---

[1] Bruce Ackerman and James S. Fishkin, *Deliberation Day*, New Haven and London: Yale University Press, 2004.

[2] Jon Elster, *Securities against Misrule: Juries, Assemblies, Elections*, Cambridge: Cambridge University Press, 2013.

[3] Sanford Levinson, *Our Undemocratic Constitution: Where the Constitution Goes Wrong (and How We the People can Correct It)*, Oxford: Oxford University Press, 2006.

[4] Neil Duxbury, *Random Justice: On Lotteries and Legal Decision-Making*, Oxford: Oxford University Press, 1999.

[5] Carole Pateman, "APSA Presidential Address: Participatory Democracy Revisited", *Perspectives on Politics*, Vol. 10, No. 1 (March 2012), pp. 7-19.

[6] Jane Mansbridg, "Should Blacks Represent Blacks and Women Represent Women? A Contingent 'Yes'", *The Journal of Politics*, Vol. 61, No. 3 (August 1999), pp. 628-57; John Parkinson and Jane Mansbridge, eds., *Deliberative Systems: Deliberative Democracy at the Large Scale*, Cambridge: Cambridge University Press, 2012.

[7] Jane Mansbridge, "APSA Presidential Address: What Is Political Science For?", *Perspectives on Politics*, Vol. 12, No. 1 (March 2014), pp. 8-17.

[8] Ahmed R Teleb, "Sortition finally in the public eye? A Report-back from APSA in Philadelphia", *Equality by Lot, The Blog of the Kleroterians*, September 5, 2016, https://equalitybylot.wordpress.com/2016/09/05/sortition-finally-in-the-public-eye-a-report-back-from-apsa-in-philadelphia/.

[9] David Van Reybrouck, *Against Elections: The Case for Democracy*, London: The Bodley head, 2016.

奇的呼应。[1]

最近参与关于抽签讨论的学者有一个共同特点，那就是敢于跳出主流民主理论的无形紧箍咒，探索在现代条件下重新启用抽签这个民主、共和利器的必要性与适用性。抽签可以从哪些方面弥补以选举为特征的代议民主的弊端？抽签在多大程度上可以实现更高质量的代表性？抽签与协商应如何结合？从认识论角度看，抽签有何种价值？抽签适用于哪些领域？只是特定领域，还是可以适用于所有决策领域？抽签适用于哪些层级？只是基层、地区、全国，还是也包括像欧盟那样的超国家组织？由抽签产生的机构产生的协商结果应在多大程度上影响政府最终决策？它们是只具有参考价值，还是也应具有约束力？这些都是他们试图回答的问题。尽管他们的看法不尽相同，但努力的方向却是一致的，即必须进一步开发抽签的民主潜能。

抽签逐步摆脱边缘地位，引起越来越多主流学术界人士的关注，这说明代议民主框架内的思考已近枯竭，有必要另辟蹊径，探索民主新路。同等重要的是，可以说，一大批学者试图发展与抽签相关的理论，这在历史上是前所未有的。从古希腊到古罗马，再到意大利城邦共和国，抽签之所以被采用，往往没有任何理论的引领，几乎都是为解决实际问题不得已而为之。政治思想家们对它基本上视而不见；即使对它有所评论，往往不过是只言片语，导致有关抽签的思考无法系统化、理论化，难以隔世流传。结果，威尼斯共和国于18世纪末消亡后，抽签在政治中的应用便从人们的记忆中彻底消失近200年。这也就是说，缺乏相关理论大概是抽签长期一蹶不振的重要原因。[2] 反过来，抽签理论的逐步繁荣也

---

[1] Paul Cartledge, "Ancient Greeks Would Not Recognize Our 'Democracy' —They'd See An 'Oligarchy'", *The Conversation*, June 3, 2016, http://theconversation.com/ancient-greeks-would-not-recognise-our-democracy-theyd-see-an-oligarchy-60677; Paul Cartledge, "And The Lot Fell on⋯Sortition in Ancient Greek Democratic Theory & Practice", March 31, 2016, https://blog.oup.com/2016/03/sortition-ancient-greece-democracy/.

[2] Oliver Dowlen, *The Political Potential of Sortition: A Study of the Random Selection of Citizens for Public Office*, Exeter: Imprint Academic, 2008, pp.217-218.

会促进抽签在实际政治的复兴。

抽签实践：遍地开花

的确，在对抽签的理论探索一步步深入的同时，抽签试验也遍地开花了。从20世纪70年代起，一些国家出现了一系列抽签/抽签的实践。如德国的"计划单元"（Planning Cells）、[1] 丹麦的"共识会议"（Consensus Conference）、英国的"公民审议团"（Citizens' Jury）、巴西的"参与式预算"（Participatory Budgeting），等等。[2] 这些试验的共同特点是，除了都包含着参与、协商的成分外，这类活动的参与者都是经过抽签挑选出来的普通民众。与古希腊和中世纪城邦不同，这时的抽签已经没有了宗教的神秘主义意含，挑出的人不再被看作神的选民。经过欧洲与俄罗斯统计学家在19世纪末20世纪初的探索，无论在操作上还是在理论上，随机抽样已被确定为在人口中挑选出有代表性样本的方法。[3] 因此，随机抽签出来参加这些活动的人具有了代表人口整体的正当性。在20世纪的最后二十多年，世界一些地方基于抽签的试验在代议民主的大池塘中引起了阵阵涟漪。

进入21世纪后，抽签方面涌现出两大类引人注目的试验。一

---

[1] Detlef Garbe, "Planning Cell and Citizen Report: A Report on German Experiences with New Participation Instruments", *European Journal of Political Research* Vol. 14, No. 2 (1986), pp. 221-236.

[2] See Ortwln Renn, Thomas Webler, and Peter Wiedemann, eds., *Fairness and Competence in Citizen Participation: Evaluating Models for Environmental Discourse*, Boston: Kluwer Academic, 1995; Usman Khan, *Participation Beyond the Ballot Box: European Case Studies in State-Citizen Political Dialogue*, London: UCL Press, 1999; Brian Wampler, *Participatory Budgeting in Brazil: Contestation, Cooperation, and Accountability*, University Park, PA: The Pennsylvania State University Press, 2007.

[3] 参见 Jelke Bethlehem, *The Rise of Survey Sampling*, Hague: Statistics Netherlands, 2009。如果说以前对如何抽取有代表性的样本还有争议，奈曼在1934年发表的论文被认为在这方面是具有里程碑意义的转折，见 Jerzy Neyman, "On the Two Different Aspects of the Representative Method: The Method of Stratified Sampling and the Method of Purposive Selection", *Journal of the Royal Statistical Society*, Vol. 97, No. 4 (1934), pp. 558-625。

类是"协商式民调"(Deliberative Polling),另一类是"公民大会"(Citizens' Assembly)。

协商式民调的主要推动者是前面提到过的詹姆斯·费希金,这种民调与普通民调的相同之处是,从人口中抽取统计上具有代表性的样本;不同之处是,被抽签出来的人要集中起来对某个议题进行深入讨论(协商),之后才对他们进行调查,其意见可以作为政策建议。[1] 换句话说,协商式民调就是抽签与协商的结合物。到目前为止,已有十几个国家进行过协商式民调,而中国是试点最多的国家,包括浙江的温岭、台湾地区、香港特别行政区和澳门特别行政区。[2]

公民大会的大规模试验始于加拿大的两个省。英属哥伦比亚省于2004年、安大略省(加拿大最大的省)于2006—2007年举办过有关选举制度改革的公民大会。其参与者都是从本省各个选区以抽签方式挑选出来的,每个选区一男一女,他们都是普通公民,不是职业政客。选举制度的改革之所以不让选举产生的议会搅和,是因为议员们都各怀鬼胎,让他们改革自己从中受益的选举制度,无异于与虎谋皮。让没有既得利益的普通民众讨论选举改革,结果才会更客观、更公正。公民大会经过反复协商形成的改革建议,最后需要经过高门槛的全民公投批准。[3]

---

[1] James S. Fishkin, *Democracy and Deliberation: New Directions for Democratic Reform*, New Haven: Yale University Press, 1991.

[2] 有关协商式民调的试点,见斯坦福大学协商民主研究中心的网站:http://cdd.stanford.edu/polls/。实际上,温岭的做法并非是受到费希金理论的启发,而是本土智慧的产物,参见慕毅飞:《温岭公共预算民主恳谈的实践与思考》,载刘平、鲁道夫·特劳普-梅茨编:《地方决策中的公众参与:中国和德国》,上海社会科学院出版社2009年版,第106—115页。除了温岭市的泽国镇以外,近十余年来,江苏无锡市、黑龙江哈尔滨市、上海闵行区、河南焦作市、四川巴中市白庙乡、安徽淮南市、广东佛山市顺德区等地都进行过参与式预算改革,其中有些地方参与群众是由随机抽取的方式产生的,如云南省盐津县的四个镇,参见马骏:《盐津县"群众参与预算":国家治理现代化的基层探索》,载《公共行政评论》2014年第5期,第5—34页。

[3] Mark E. Warren and Hilary Pearse, eds., *Designing Deliberative Democracy: The British Columbia Citizens' Assembly*, Cambridge: Cambridge University Press, 2008; Patrick Fournier, Henk van der Kolk, R. Kenneth Carty, André Blais, and Jonathan Rose, *When Citizens Decide: Lessons from Citizen Assemblies on Electoral Reform*, Oxford: Oxford University Press, 2011.

与以前的试验相比,近年来的抽签试验适用范围更广、影响力更大。抽签的理念开始引起越来越多国家政治人物的关注。

在法国,2006年总统大选时的社会党人候选人塞格琳·罗雅尔(Segolene Royal)许诺,如果当选,她将组建一个由抽签产生的市民议会;市民议会将与现存的国民议会一道参与修宪的讨论,最后拿出草案提交全民公决。[1]

在荷兰,2007年全国性的选举制度改革采取了加拿大模式,由142位由抽签选取的公民经过大半年的讨论、最后向议会提交改革建议。[2]

在冰岛,2008年金融危机导致了其银行体系的崩溃,由此引发了民众对政府的极度不信任。2010年,议会决定启动修宪,但不允许政党染指新宪法的准备与起草过程。[3]作为替代,冰岛设立了"国事论坛"(the National Forum),由计算机随机选出950个18岁以上的公民,提出他们认为应该被列入新宪法的议题,并且将讨论结论公开于网络上。而制宪会议(the Constitutional Assembly)的25名成员不是来自体制内的政治精英(议会成员不得参选),而是从522位来自各行各业的普通公民中选出,包括教授、记者、学生、工会工作者、物理学家、牧师等。这25人起草宪法的过程完全透明,时时与民众沟通。[4]虽然这次修宪因程序问题(实质是

---

[1] 罗雅尔建议的英文版见 http://www.southsearepublic.org/article/626/read/royals_participative_democracy。

[2] Patrick Fournier, Henk van der Kolk, R. Kenneth Carty, André Blais, and Jonathan Rose, *When Citizens Decide: Lessons from Citizen Assemblies on Electoral Reform*, Oxford: Oxford University Press, 2011, pp. 25-26; J. H. Snide, "Citizens Assemblies: A Mechanism for Enhancing Legislative Transparency and Accountability", June 19, 2007, http://www.w3.org/2007/06/eGov-dc/papers/NAS-eGovernmentPositionPaper.pdf.

[3] Björg Thorarensen, "Why the making of a crowd-sourced Constitution in Iceland failed", Constitutional Making and Constitutional Change, http://constitutional-change.com/why-the-making-of-a-crowd-sourced-constitution-in-iceland-failed/.

[4] BjörgThorarense, "Constitutional Reform Process in Iceland: Involving the People into the Process," paper presented at Oslo-Rome International Workshop on Democracy, November 7-9, 2011, https://www.uio.no/english/research/interfaculty-research-areas/democracy/news-and-events/events/seminars/2011/papers-roma-2011/Rome-Thorarensen.pdf.

政治精英的抵制）并未最终完结，但它被哈佛大学法学院教授劳伦斯·莱西格称为全球宪政史上最民主的修宪过程。[1]

在芬兰，政府也考虑借鉴冰岛的经验，让集体智慧在未来决策中扮演更重要的角色。[2]

在爱尔兰，2011年设立的制宪大会（the Constitutional Convention）借鉴了加拿大模式，它的100位成员中，66人是随机抽取的普通公民，33人是政党推选的政客，主持人由政府任命。[3] 制宪大会共提出18项宪法修改建议和20项对其他法律的修改建议。为了应对另外几项极具争议的政策议题（如堕胎、公投、议会任期限制、气候变化），爱尔兰于2016年设立公民大会，其成员由99位随机抽取的普通公民组成，外加一名由政府提名的最高法院法官担任主席。公民大会最终会向议会提交修法建议。[4]

在英国，早已有人建议用抽签的方式改造上议院，[5] 区域性的公民大会也已有先例，[6] 现在议会上、下院已开始认真讨论是否有必要建立全国性的制宪会议。[7]

---

[1] Paul Fontaine, "Why Does The New Constitution Matter? An Interview With Dr. Lawrence Lessig", *Reykjavík Grapevine*, November 11, 2016, http://grapevine.is/mag/interview/2016/11/11/why-does-the-new-constitution-matter-an-interview-with-dr-lawrence-lessig/.

[2] Tanja Aitamurto, "Crowdsourcing for Democracy: A New Era in Policy-Making" (Parliament of Finland, January 2012), http://cddrl.fsi.stanford.edu/sites/default/files/Crowdsourcing_for_DemocracyF_www.pdf.

[3] Alan Renwick and Jean-Benoit Pilet, *Faces on the Ballot: The Personalization of Electoral Systems in Europe*, Oxford: Oxford University Press, 2016, pp. 208-209.

[4] 抽签过程中共抽取99位成员与99位替补，如果被抽中的成员因种种原因无法到任，则由替补接任。见公民大会官方网站，https://www.citizensassembly.ie/en/。

[5] Anthony Barnett and Peter Carty, *The Athenian Option: Radical Reform for the House of Lords*, London: Demos, 1998.

[6] Citizens' Assembly project, "Citizens' Assembly Pilots", http://citizensassembly.co.uk/#.

[7] The Political and Constitutional Reform Committee, Do we need a constitutional convention for the UK? March 28, 2013, http://www.parliament.uk/documents/commons-committees/political-and-constitutional-reform/CC-Report-FINAL-to-TSO.pdf; The House of Lords Library Note, "Constitutional Conventions: Possible Options in the New Parliament", March 20, 2015, http://researchbriefings.files.parliament.uk/documents/LLN-2015-008/LLN-2015-008.pdf; Lucinda Maer, "Citizens' Assemblies and Constitutional Conventions", *House of Commons Library Briefing Paper* No. 07143 (July 28, 2016), http://researchbriefings.files.parliament.uk/documents/SN07143/SN07143.pdf.

除此之外,美国加利福尼亚州也曾有人提议为选举制度改革设立公民大会。[1]

从过去四十余年的演变可以看出,一度失传的抽签现在已失而复得。它在20世纪末还只是激起一阵阵涟漪,现在已经扩展为一波波浪。未来,它有可能形成巨浪吗?让我们拭目以待!

这就是我们选编这本文集的时代大背景。我们之所以选编这本文集,不是为了证明抽签是实现民主理念的唯一正确方式,也不是为了证明选举一无是处。在不同的时代、不同的历史文化背景下,实现民主理念也许可以采取很多种甚至无数种方式,根本不存在某种唯一正确的方式,选举不是,抽签也不是。推进民主应该多轮驱动,不应单轮驱动。如果这本文集有助于释放大家对民主理念实现方式的想象力,我们的目的就达到了。

---

[1] iSolon. org, "Government Reports & Legislation Completed Citizen Assemblies", http://jhsnider. net/CitizensAssembly/GovernmentDocuments. htm.

作为民主选拔手段的抽签

理查德·G. 马尔干[*]

Richard G. Mulgan, "Lot as a Democratic Device of Selection", *The Review of Politics*, Vol. 46, No. 4 (Oct. 1984), pp. 539–560.

【摘要】作为一个民主的选择手段,抽签可能是选举的替代物。古代雅典是其政治作用的最佳历史例证。抽签是雅典民主分子平等承诺的重要表达,比选举更平等,而选举假定的是机会平等而非应得平等。抽签还有某些重要的政治效果,比如减少党争,维护公民大会的权威。它有助于让公民议事会和法庭获得超越其组成部分的代表性。在现代民主社会,抽签作为一种民主手段并不罕见,但很少用于选拔政治官员。选举对于大型政治体仍然更民主、更高效,但抽签更值得像希腊城邦那样的小型融洽共同体认真考虑。

一

当民主主义者需要选拔官员、组建委员会,或任命代表时,他们很自然会把选举作为最恰当的选拔方式。其他方式,比如世袭继承、官职拍卖或当权者任命,比较而言,似乎都不够公平、公正,因为它们不允许整个群体平等参与任命过程,因为它们剥夺

---

[*] 理查德 G. 马尔干(Richard G. Mulgan),生于1940年,澳大利亚国立大学克劳福德经济学与政府学院荣休教授。

了同样合格人士被选拔的同等机会。只有选举看上去对所有人机会平等。但是，另一个同样民主的选拔方式往往不受重视，这就是抽签或者"抽选"。研究民主历史的学者注意到，抽签是古希腊的一项关键制度，但它今天看起来比较古怪，也许它在非常不同于古代雅典的环境下仍然适用，但不一定适用于现代民主。[1] 晚近以来认真对待抽签的重要政治理论家是卢梭。卢梭和他所引用的孟德斯鸠一样，[2] 认为抽签是最适合民主的选拔方式，尽管民主本身所允诺的所有公民平等参与政府的行政、立法等所有职能，是一个不可能实行的理想。[3] 在18世纪，古代雅典仍然是最佳的民主范例，人们认为古代雅典制度就是民主的自然典范。但是，卢梭以后，城邦失去了在政治思想中的地位，除非是出于纯粹的历史兴趣。随着民族国家取代了城邦，代议制政府而非公民大会的统治，被确立为大众政府的最恰当形式，并被界定为"民主"。因此，选举这个代议制政府的关键手段，自然就被视为选拔领袖的最民主机制，抽签也就不再有用、不再重要，进而被弃若敝屣。很不幸，现代民主主义者忽视了抽签。这并不是说应该废除选举，用抽签选拔所有代表；即使在古代雅典，选举也总是和抽签并用；正如我们将会看到的，选举具有民主观念所说的显著优势。但是，雅典的抽签经验值得重视，因为结果表明，抽签的根基正是仍然被视为民主基石的那些原则。此外，在现代共同体的一些场合，抽签也许可以视为比选举更民主而恰当的选拔方式。

二

我们先简要考察一下抽签在"民主的雅典"所处的位置。我

---

[1] 比如，下述文献并未提及抽签，Robert A. Dahl, *A Preface to Democratic Theory*, Chicago and London, 1956; Giovanni Sartori, *Democratic Theory*, Detroit, 1962; Jack Lively, *Democracy*, Oxford, 1975; Carole Pateman, *Participation and Democratic Theory*, Camridge, 1970; J. R. Pennock, *Democratic Political Theory*, Princeton, 1979.

[2] Montesquieu, *De L'Esprit des lois*, 2: 2.

[3] Rousseau, *Contrat Social*, 4: 3; cf. 3: 4.

们所说"民主的雅典",是指从公元前 5 世纪中期的埃菲阿尔特斯和伯里克利改革到公元前 4 世纪末被马其顿吞并这段时间的雅典。首先,抽签被用于组建两个重要机构,五百人议事会和法庭,它们帮助公民大会(the assembly)处理公共事务。五百人议事会为公民大会做各种准备,并监督公民大会决定的执行。这个议事会的起源要比古老的贵族长老议事会——战神山会议(Areopagus)晚些,它有五百个成员,每个部落(tribes)每年通过抽签选派五十人(部落是军事和行政单位,由来自不同地区、城市和乡村的公民组成)。[1] 五百人议事会又分为十个五十人团(prytany),天天开会。五十人团的执政顺序通过抽签确定;议事会成员也通过抽签确定,谁负责哪天主持五十人团和五百人议事会;如果公民大会当天开会,也由此人主持。人民法庭由几百位,有时甚至是几千位公民"审判员"组成,裁决大多数私人法律诉讼,以及一些比较特殊的政治问题,比如前官员行为的合法性(但是,法律问题与政治问题之间的区别完全不清不楚。证据采信的自由度极大,很多貌似私人争执,实际上又是政治性的)。法庭被视为代表作为整体的公民采取行动,法官从六千名公民中抽签选出[2](雅典公民的规模在古代并不确定,波动很大。通常估计在三万至四万之间)。[3]

抽签也是最常用的公共官员选拔方式。例外主要是各种军事领导人,包括总指挥、将军(strategoi),还有略小一点的军官,比如部族长官(taxiarchs)、骑兵长官(hipparchs),他们是选举产生的。[4] 处理财政事务的官员也是选举产生的。但是,所有其他官员都通过抽签选拔。通过抽签产生的最有声望的官员是十执政官(archons),他们承担重要的法律与宗教责任,比如收集法律证据、主

---

[1] Aristotle, *Constitution of Athens*, 43.2.
[2] Ibid., 24.3, 63–69.
[3] Cf. A. W. Gomme and R. J. Hopper, "Population (Greek)", *Oxford Classical Dictionary*, 2nd ed., Oxford, 1970, pp. 861–63.
[4] Aristotle, *Constitution of Athens*, 43.1, 61.

持法庭、组织宗教仪典。[1] 在任期结束后，执政官就加入战神山会议（Areopagus）。早期的执政官在雅典举足轻重，拥有很大的司法和行政权力。他们一直是通过选举从最富有的家族中选出。后来抽签逐渐取代选举：开始，从十大部落各选派五十人组成的五百人预选团中选出。[2] 后来，预选本身也通过抽签完成。除了执政官以外，还有很多行政官员通过抽签选拔。雅典的做法是在大量不同的委员会中分配行政责任，每个委员会都有具体的、明确界定的责任范围。[3] 在《雅典政制》中，亚里士多德讨论了负责发包公共契约的十位雅典娜司库（poletai）、[4] 十位收款人（apodectai）、[5] 十位城市法监（astynomoi）、十位市场法监，[6] 等等。根据重要的民主轮换原则或者亚里士多德所描述的轮流统治与被统治原则，[7] 所有官职任期均为一年，并且几乎全部禁止连任。

抽签的参与主要出于自愿，公民大会也是这样。官职候选人必须接受事先审核（dokimasia），但只涉及几个简单的技术性资格问题，比如候选人是不是公民，有没有做过官；并不包括更广泛的问题，比如行政能力或适不适合该职位。[8] 候选人的数量是否超过职位数量，这一点并不确定。如果不是这样，抽签的效果就会大打折扣；选择通常发生在更早的阶段，即决定谁的名字进入抽签库的时候。五百人议事会的五百人每年都要换新人，每个公民一生当中最多只能服务两次，因此议事会总是需要招募候选人，这成了德谟（demes，雅典境内的基层行政单位）或村社领导的义务［德谟本身以民主的方式组织，有自己的公民大会和德谟长

---

[1] *Ibid.*, 56-59.
[2] *Ibid.*, 22.5.
[3] A. H. M. Jones, *Athenian Democracy*, Oxford, 1969, p. 104.
[4] Aristotle, *Constitution of Athens*, 47.1.
[5] *Ibid.*, 48.1.
[6] *Ibid.*, 51.1.
[7] *Politics*, 1317, 61-2.
[8] Aristotle, *Constitution of Athens*, 55.3-4; C. Hignett, *A History of the Athenian Constitution*, Oxford, 1952, p. 232.

(demarchs),德谟长是民主任命的,但不清楚究竟是通过抽签还是选举〕。[1] 参加议事会是苏格拉底承担过的少数公共义务之一,说明这是大多数公民的义务,即便那些不热心公共生活的人也不例外。[2] 似乎大多数想做审判员的人都能做,[3] 但通过抽签防止他们或其他任何人事先知道自己属于哪个法庭或者审理哪个案子。各种各样的行政委员会的候选人数量通常超过职位数量,尽管偶尔可能未经抽签,这时就会有人指责,某些希望稳操胜券、自动当选的候选人可能收买了潜在的竞争者。[4]

希腊使用抽签的理论依据是什么?尽管抽签与公元前5世纪和4世纪的激进民主特别有关,但抽签的源起更古老。在现存最早的希腊文献《荷马史诗》中,抽签出现过几次,用于在没有明确理由区分谁好谁坏的情况下决定优先考虑谁。因此,在《伊利亚特》结尾的葬礼竞赛上,竞赛者参加战车竞技赛是通过抽签决定排序的。[5] 同样,在《奥德赛》中,当奥德修斯决定派出一半的人去侦查喀耳刻的房子的时候,是通过抽签决定哪一半人去、哪一半人留的。[6] 有时候抽签或抓阄的过程,还伴有祭祀,请神选择最佳人选。比如,在《伊利亚特》的某处,阿凯亚人必须选拔一名勇士和赫克托单打独斗。九名战士志愿报名并把他们的信物放在阿伽门农的头盔里。同时,

> 人们举起双手向诸神祷告。然后凝视辽阔天空喃喃自语:"天父宙斯啊,提丢斯之子狄俄墨德斯啊,黄金迈锡尼之王啊,请让艾亚思赢得抽签。"他们这样说着,乌拉尼亚的马人内斯特

---

[1] Hignett, *Athenian Constitution*, p. 136 n 5.
[2] Plato, *Apology*, 32b.
[3] Jones, *Athenian Democracy*, p. 37.
[4] E. S. Staveley, *Greek and Roman Voting and Elections*, London, 1972, pp. 51, 110–11 n 80.
[5] *Iliad*, 23: 350–56.
[6] *Odyssey*, 10: 206.

摇晃着签，一支签从头盔里跳出来，那正是所有人所希望的，艾亚思之签。[1]

　　这一段和类似段落说明[2]，希腊人抽签的理据是宗教或超自然的。[3] 就此而言，通过抽签的选择，与其说是一个随机选择，不如说是一个求助于诸神的决定，当人不知道正确答案的时候，神知道。[4] 下述事实支持这种抽签的宗教基础假设，抽签是在宗教背景下使用的，比如决定向祭祀或先知提交的请求顺序。[5] 此外，在《法篇》中，柏拉图不怎么支持用抽签挑战政治领导人，但坚持把"抽签的神圣机会"作为选拔祭司的恰当方式，把选择托付"给神本身，来确保神的喜悦"。

　　抽签的宗教解释还可以在圣经社会找到类似的实践和态度支持。耶稣用抽签划分大地，[6] 决定谁投入战斗。[7] 在《箴言书》中，所罗门建议用抽签来解决那些影响上帝意志的争论。

　　签放在怀里，事由上帝。[8]

　　在《使徒行传》中，人们找到一个替补来取代犹大作为第十二个信徒，提出了两个名字，通过抽签二选一。在这个场合，抽签就与祭司相伴。

> 然后，他们做了祷告并说，"主啊，你知悉所有人的内心，请宣告这二人谁应得此职司，得此使徒身份，犹大已经放弃了它们，往他自己的所在去了。"他们抽了签，签落在马提亚身

---

[1] *Iliad*, 7: 177-82 (translated Richmond Lattimore).
[2] Cf. *Iliad*, 3: 316.
[3] See N. D. Fustel de Coulanges, *The Ancient City*, New York, 1959, p. 182; cf. J. W. Head-lam-Morley, *Election by Lot at Athens*, Cambridge, 1933, p. 7 n 2.
[4] Aeschylus, *Eumenides*, 32; Euripides, *Ion*, 416.
[5] *Laws*, 579c.
[6] *Numbers*, 26: 52-6. 感谢道格拉斯·坎贝尔（Douglas Compbell）提供圣经参考文献。
[7] *Judges*, 20: 8-10.
[8] *Proverbs*, 16: 13; cf. 18: 18.

上，他随即成为十二使徒之一。[1]

那么，我们可不可以由此判断，古代雅典人通过抽签选拔执政官或议员，与其说是把决定交给机遇，不如说是把决定交给诸神。对抽签的宗教解释一直存在巨大争议。[2] 人们会说，如果抽签是在表达神意，那么，通过抽签选拔的官员在法庭上面对针对自己政治生涯的攻击时，本可辩称这是神的偏好。但没有官员这么做。没有清晰证据表明任何人会把自己的选择归功为神的直接干预。相反，通过抽签选拔的人通常认为自己获得任命"全凭运气"。[3]

此外，反对使用抽签也不被视为渎神。比如，如果抽签所做的决定果真一直被视为神圣的决定，苏格拉底等人对抽签所做的著名批评就会被视为违背了宗教虔诚。然后，在苏格拉底的诸多不同论述中，找不到暗示说这些批评曾经被归因为不虔诚。事实上，正是色诺芬这个苏格拉底的编年史家，非常关心对其宗教正统的证明，他给出了苏格拉底反对抽签的最充分论述。[4]

同时，对抽签进行完全理性和世俗的解释也可能是错误的。抽签在宗教仪典上的持续使用，用于选拔宗教官员，表明抽签保留了神圣权威的气息，至少在某些场合对于一些人来说的确如此。宗教与社会生活的其他领域紧密关联，包括政治。一个适合特殊宗教背景的程序，在选拔政治官员时，不可能**完全**不带有类似的联系。进而，把选择归功于运气本身也不能证明抽签完全是理性的。尽管幸运女神（Tyche）不同于更个人化、更亲切的诸神，比如奥林匹亚诸神或本地诸神，它仍然被视为一种神圣的力量。[5] 诗人品达称她是宙斯的女儿，索福克勒斯塑造的一个人物认为她具

---

[1] *Acts* I: 24-36 (New English Bible).

[2] Headlam-Morley, *Election by Lot*, pp. 4-12.

[3] *Ibid.*, pp. 10-11. 柏拉图在《理想国》中建议，统治者应该隐藏在一个巧妙的抽签体系下挑选婚姻伴侣，这样一来，那些表现不好的人就会埋怨运气而不是统治者（460a）。

[4] *Memorabilia*, 1.2.9.

[5] See E. R. Dodds, *The Greeks and the Irrational*, Berkeley, 1951, p. 42; cf. K. J. Dover, *Greek Popular Morality*, Oxford, 1974, pp. 138-41.

有"神圣"的品质。[1] 重要的是，柏拉图在《法篇》中讨论抽签的时候，把"神"与运气连接起来作为后者的指引：

> 有必要运用抽签的平等性……并且，在用抽签做祈祷、召唤神和好运来指引它们的时候，抽签就指向了最高的正义。[2]

这些段落表明，一些古希腊人认为，通过抽签选拔公共官员是受一种神秘的超自然力量指引，就像其他无法预测、明显随机的现象那样，比如天气变化或者个人事故。就此而言，抽签过程伴有祭司诉诸运气的结果也是恰当的。[3]

然而，尽管幸运女神可能指引抽签的到来，可能值得用祭司鼓励，这本身并不能为使用抽签而非选举或世袭继承等其他选择方式提供决定性的理由。所有传统做法都有宗教基础，都以某种方式与诸神关联。对抽签而非选举的偏好，不应被视为明显偏好神的决定而非人的决定，而更应被视为偏好一种神旨表达方式，并非另一种方式。区别在于，抽签的运作不是通过人的判断或控制，而其他方式却是这样。因此，决定使用抽签，就是决定退出对一件事或一个选择做出有意识的决定。这个选择本身不可能诉诸诸神，但必然依赖人的判断，依赖累积的智慧，依赖对优劣的权衡。如此说来，即使我们承认希腊人把抽签视为神圣的决定，如果我们希望发现导致他们使用抽签的各种原因，我们也应该先搁置宗教因素，集中关注现实经验世界。

那么，雅典民主为什么会如此大规模地使用抽签呢？一个重要原因是，它表达了民主的政治平等承诺。正如亚里士多德所承认的，不同政体拥戴者之间的政治冲突（比如贵族制、寡头制和民

---

[1] Pindar, Olympian Odes 12.1; and Sophocles fragment, cited Hugh LloydJones, *The Justice of Zeus*, Berkeley, 1971, p. 162, n 6.

[2] *Laws*, 757e; cf. 690c.

[3] 亚里士多德论运气，参见 *Physics*, 4-6，人们将会铭记，他假定尽管运气事件很反常但不是非随机事件的产物。

主制的拥戴者之间）不仅仅是或不主要是不同的自利集团之间为谋取权力和财产的斗争。它们也是不同的正义概念之间的意识形态争论，也就是分配社会产品的不同原则或标准之间的争论。[1] 民主特有的正义概念是，社会产品应该在所有自由民中间公平分配。[2] 公平分配隐含在民主分子的最初口号"均权"（isonomia）里，希罗多德称之为"最公平的词",[3] 因为它融合了平等（ison）概念和法律权利（nomos）概念。在民主制下，平等分配的产品是政治官职。希腊社会的价值观一直强调由村社认可或验证的成功和成绩。[4] 领导职位和公共权威自然与德性、声望关联在一起。拥有官职就是因为某个人足够优秀而应该得到城邦的尊重。实际上，一个常用来描绘"官职"的希腊词是 tîmê，通常意味着"荣誉"或"报酬"。政治官职因此本身就是一种产品，一种社会价值，就像财富或军事实力，人们会羡慕并愿意竞逐它们。因此，在民主制下，政治官职就像任何其他"荣誉"或产品一样，应该在公民中间公平分配。

很多不同的制度机制都可用来实行政治平等。所有重要议题都在公民大会这个主权实体中决定，其中所有公民拥有同等发言权。正如我们已经看到的，其他决定也经由公民的广泛参与作出，载体是行政功能不同的、大量的委员会，其任期受限，通常只有一年。抽签也是这种权威平等化的基本要件。[5] 因为抽签是在被认为同样有资格的人中间做出选择的传统方式，通过抽签选拔行政官员，尤其是占据有声望权位的官员，比如执政官或者五百人议

---

[1]　Cf. *Politics*, 3.9.
[2]　*Ibid.*, 1280a, 24-5, 1317b, 2-7.
[3]　*History*, 3.80.
[4]　Cf A. W. H. Adkins, *Merit and Responsibility* (Oxford, 1960), chaps. 3, 8, 10.
[5]　斯特夫利认为，轮换是非常关键、非常便利的选拔方式，一旦决定，官职就会轮流担任，而抽签只是辅助性的。See *Greek and Roman Voting*, pp. 54-57。当然，轮换是一项重要的民主原则（cf. Euripides, *Suppliant Women*, 405-8；Aristotle, *Politics*, 1317b, 20-22），抽签常与轮换相结合，来确定谁按照什么顺序交替。但是，抽签本来就有表达分配平等的独立价值。

事会和公民大会的主席，体现的就是对所有公民一律平等这一民主承诺。

雅典民主总是承认，某些职位，尤其是军事指挥，要求特殊才能，需要免于抽签。用亚里士多德的话来说，民主制把抽签用于所有官职，或者所有**不要求经验和技能**的职务。[1] 如果需要特殊技能，通常的民主选拔方式是选举，选举所预设的平等程度与抽签不同。即便职位空缺向所有公民开放，即便所有公民在选举中都有投票权，选举选拔的仍然是最有资格或非常有资格的候选人，而不是有同等资格的候选人。实际上，就此而言，我们把选举视为贵族制的，可以将其称为"绩优制"而非民主制的手段，因为选举的目的是发现最好的候选人。[2] 选举也许隐含着所有公民对功绩拥有同样好的判断，但并不是说他们同样出色。因此，民主选举鼓励的是政治机会平等而非严格的政治平等。修昔底德笔下的伯里克利在其对雅典民主的著名褒扬中，强调了民主的这个方面，即政治职业向能者开放：

> 担任公职的权利不属于哪个家族，而是贤者方可为之。家境贫寒不成为其障碍。无论何人，只要为祖国效力，都可以不受阻碍地从默默无闻到步步荣升。[3]

很明显，抽签在葬礼演说中隐而不彰，尽管其他作者，比如希罗多德[4]、柏拉图[5]和亚里士多德[6]，把它作为民主的突出特征，这也许是钟情于选举的现代民主分子格外青睐葬礼演说的原

---

[1] *Politics*, 1317b, 22.
[2] *Ibid.*, 1273b, 40-1.
[3] Thucydides, 2.37 (translated Crawley).
[4] *History*, 3.80.
[5] *Republic*, 561a-b; 557.
[6] *Politics*, 1317b, 20-1.

因之一。[1]

抽签假设很多公共官职不要经验和技能,这让反对民主的人很震惊,如苏格拉底和柏拉图。比如,苏格拉底在色诺芬的《回忆录》中抱怨,没有人会通过抽签选拔舵手、木匠或乐师,尽管如果这些职位用人不当所导致的伤害远远小于糟糕的政治任命。[2]但应该强调的是,使用抽签并不意味着**难以辨识**卓越的才华和经验,它们只不过并非空缺职位所**必需的**。雅典人当然不可能意识不到通过抽签任命填补的不同职位所需要的能力差异。比如,公民大会主席是通过抽签选拔的,但必须是履职比别人更优秀的在职者。同样,在不同的委员会中,部分成员的贡献必须非常突出,其他人必须获得同事认可。雅典政府的其他特征,比如定期更换和设置委员会而非设置个别行政官,都有助于防止在职者个体造成伤害;实际上,这正是其理据的一部分。无能现象当然存在,但可以放心地忽略不计,除了至关重要的行政职能比如军事指挥。参与各种公职是一种荣誉,应该尽量平等地为所有公民分享,即便代价是牺牲一定的效率,抽签作为一种随机选拔公民的手段是至关重要的,无论其个人水平如何。

应得的平等因此就成为使用抽签的基本伦理假设。但是,抽签的其他政治效应也将有助于形成其全面理据。比如,通过抽签遴选的一个后果是,减少政治职位的竞争,减少党争。亚里士多德认为选举竞争可能导致革命,并提到了赫拉伊亚(Heraea)城邦的经验,在那里,为了避免选举阴谋和官职竞争,人们用抽签取代了选举。[3]同样,冒名亚里士多德的《亚历山大修辞学》认为抽签可以减少僵局或者政治失序,[4]我们可以假定这一点是希腊

---

[1] Cf. Frank M. Turner, *The Greek Heritage in Victorian Britain*, New Haven and London, 1981, p. 187; George Grote, *History of Greece*, London, 1862, pp. iv, 267-75; J. S. Mill in *Essays on Philosophy and the Classics*, ed. J. M. Robson, Toronto, 1978, pp. 333-34.

[2] See above, n 33.

[3] *Politics*, 1305a, 28; 1303a, 14-16. Cf. W. L. Newman, *The Politics of Aristotle*, Oxford, 1887-1902, pp. 4; 306-307; *Plato Laws*, 757e.

[4] 1424a, 12-20.

政治思考中的普遍看法。抽签在雅典的使用没有完全消灭党争或者政治竞争。在公民大会内部或在法庭上,政治对手们通常观点冲突,并寻求破坏对方的声望。选举产生的职位常常存在激烈竞争,比如将军职位。然而,考虑到每年要填补大量职位,抽签选拔有助于降低冲突水平,将其限定在更重大的议题上。

从民主的视角来看,更重要的是,抽签如何帮助雅典民主维系其主要宪制原则,即公民大会的统治。民主的宪法是克里斯提尼、埃菲阿尔特斯和伯里克利这类领导人创造的,这些贵族把自己的巨大影响力归功于公民大会里民众的支持,并担心自己的寡头对手在其他领域的影响力。政府的其他分支,比如五百人议事会、法庭和各种行政官,不是按照现代民主分子所期望的那样去制衡公民大会的权力,反倒是去维护它。就此而言,抽签有很多优势。比如,由于抽签结果既不受控制又无法预测,个别官员或机构不大会被敌对势力收买。参加公民大会的人都无法预测谁主持会议,这是因为,不仅官员的选用是通过抽签,他们的具体职责分配也是在就职前一刻通过抽签决定的。更一般而言,抽签有助于削弱公民大会至上地位所赖以存在的行政权力。在心理上,通过抽签的选拔有助于打掉当选者盛气凌人的优越感。正如我们已经看到的,通过抽签的选拔被归因于运气。尽管一些人认为运气是一种神秘的超自然力量,但被抽签选中并不能看作是具备任何特定才能或技巧的证据。相比之下,某个通过大众选举任命的人自然会被视为具有某种特殊才能,至少他的公民同胞会这么看。被抽签选中的人大概不会觉得自己的看法一定比公民同胞高明。出于这个原因,他更可能追随作为一个整体的公民大会的愿望,无论是实际的还是预期的。[1] 这也将减少公共官员和行政委员会篡夺公民大会权力的倾向。

如果重要决策无法由公民大会做出,它们会尽可能转交给那些会像公民大会一样行事的机构。这尤其适用于五百人议事会和法

---

[1] Hignett, *Athenian Constitution*, p. 231.

庭，它们拥有实质性的政治与法律责任，如果发展成为独立的权力源泉，就可能严重削弱公民大会的权威。在这两种情况下，抽签都可以通过选拔一个很有代表性的公民样本来保护公民大会。人们应该铭记的是，人民法庭的创建本来就是公民大会的直接延伸。在早期，公民大会只是一个上诉法院，后来成为一些重要政治指控的初审法院，比如叛国。公民大会整体审理的案件非常少。[1] 但是，当埃菲尔阿特斯改革把几乎所有事务的裁决权都交给了人民，业务量所要求的"人民"的开会频率远远超过公民大会的全体会议频率。因此，人们就创造了更大的会审组织来代表公民大会。作为全体公民的一个横切面，人们期望会审组织就像公民大会审理所有案件那样行动。同样，民主议事会的创建是为了公民大会的利益免受更古老、最初也更贵族化的长老议事会（战神山会议）伤害。就公民议事会而言，每年彻底更换成员至关重要，以防它一步步攫取权力，演变成一个资深政客的俱乐部，就像斯巴达或者罗马共和时代的元老院那样。不过，就法庭而言，抽签所提供的随机样本，有助于确保其成员的代表性。[2]

通过抽签所选拔的实体需要满足两个条件，才能成为公民大会的有代表性的横切面。第一，所有公民均有被选拔资格。资格的重要性看上去很明显，但有时候会被忽略，尤其是在讨论执政官

---

[1] 这类法庭的历史，See *ibid*., pp. 96-97, 200.

[2] 这些实体不总是全体公民的精确样本。在公元前5世纪的陪审团里，来自贫穷阶级的老年公民占多数，他们是被每日津贴吸引来的；在公元前4世纪，法庭和五百人议事会中的贫穷公民略低于其应占比例。而且事实上只有少数合格公民定期参加公民大会。因此，公民团体的样本并不必然是全民大会的样本，反之亦然。然而，我们在公民大会和法庭或公民议事会都没有看到永久或根深蒂固的冲突；这证明了下述假设：在陪审员小组或者任何年份的公民议事会成员，在抽签任命的情况下，足以接近作为整体的全体公民的样本（Jones, *Athenian Democracy*, pp. 106, 123-24）。

身份的历史发展的时候。[1] 如果每个人都有资格，抽签就是民主的；如果只有少数人有资格，正如亚里士多德所言，[2] 抽签实际上就是寡头制的，那就比选举更不民主，因为在选举中，至少所有公民均有投票权，尽管只有富人有任职资格。第二，被任命到任何机构中的公民数量必须足够多。法庭和五百人议事会有可能反映公民大会的各种愿望，不仅是因为它们的成员是通过抽签从全体公民当中选取的，而且也是因为它们的规模宏大，它们都由成百上千位公民组成。组织规模越大，它成为全体公民的横切面的可能性就越大，它被个人或部分利益篡夺的可能性就越小。法庭和议事会都是协商机构而非行政机构。它们可以听取辩论，做出决策或者对决策的执行者进行常规监督。但是，很多行政和执行责任因为太大而无法执行，必须委托给更小的团体或者个体。在这里，防止偶尔选出一些缺乏代表性、有所偏颇的人会更难一些。埃索克拉底正是借此批评民主分子，这位生活于公元前4世纪的著名演说家反对当时的彻底民主，却满怀思古之情，羡慕据说由索伦创立的、被理想化的所谓温和民主形态。他反对忽略功绩差异的抽签方式，鼓吹选举才是确保获得高明领导人的方式。他

---

[1] 这一发展可以分为三个阶段：(1) 由所有公民选举，候选人来自最富有的阶级；(2) 由所有公民选举，候选人来自最终通过抽签选拔的富人；(3) 通过抽签在所有公民当中选拔（Staveley, *Greek and Roman Voting*, pp. 33-40）。这个发展过程看上去也许是朝向更大的民主的进步（Hignett, *Athenian Constitution*, pp. 173-92; W. G. Forrest, *The Emergence of Greek Democracy*, London, 1966, pp. 204-212）。然而，从第一个阶段到第二个阶段的变化，从直接选举到混合从事先选拔的大规模组织中进行抽签的方式，削弱而非增强了普通公民对执政官的控制。当执政官由选举产生的时候，人民可以确保这些做出重要法律决定并对公共政策拥有极大影响力的执政官大体上是同情多数公民的，即便他们全都来自富裕阶级。尽管执政官职位仍然被富人把控，但抽签的引入会减少出现平民领导人的可能性；它更可能产生富人的样本，富人支持富人而非穷人的利益。因此，第一个变化，从选举到抽签，有时候被视为雅典人民力量的不可阻挡的发展，其意图可能是反动的，即旨在削弱平民主义与执政官职位的关联。如果真是这样，这种想法终将失败，因为在选拔执政官时引入抽签，将降低这一职位本身的地位和重要性，将把名望与政治影响力转交给选举产生的将军。实际上，人们可以认为这才是这一变化的真正目的，即通过变更选拔方式，从授予地位和权威的选举转向没有这种功能的抽签，来削弱执政官的重要性，无论这一具体改革的实际动机究竟是什么[《雅典宪制》(22.5) 对这一变革的枯燥描述，也缺乏确凿的历史依据]，我们可以看到，抽签不是一个民主的方式，除非所有公民都有被选拔资格。

[2] *Politics*, 1300 b 2.

还辩称，选举比抽签更民主：

> 在抽签之下，运气将决定议题，寡头党派分子经常获得官职；而在选择最相称之士的计划之下，人民将有权力选择那些非常热爱现行宪制的人。[1]

在实践中，正如我们已经看到的，抽选官员的可能损害，可以通过下述方式降低：把政府事务细分为大量界定清晰的职能，从而严格限制个人主动性的范围以及授予官员的自由裁量权。但这并不总是可行的。如果把很大的自由裁量权委托给极少数人，埃索克拉底的论点就更有说服力：使用抽签实际上会威胁公民大会的利益。

然而，正是针对这类职位（例如将军），雅典人放弃了抽签，转而依赖选举。正如我们已经看到的，通过选举选拔将军和其他军事指挥官的一个理由是，这些职位需要更出众的才能和经验。但现在又出现了另一个理由：选举促使这些官员更负责任。通过一位位地选举将军，可以让公民确信，他们正在选拔的大体上是站在民主宪制一边的人；他们也可以选择那些支持特定战略或政策的人。此外，重复任职的可能性增强了这种责任制。希望再次当选的雅典将军们得到公民大会的信任。与定期更换搭配，抽签肯定会削弱身份因素，使得官员生怕人民步调不一致。但是，选举和再选在被选者与其所代表的选举者之间建立起正式的个人联系。在这种情况下，偶尔选出特立独行者的可能性更小，尽管选举提高了当选者的地位和权威，但它也让他们个人对选举者更负责任。抽签与选举之间的这个比较可以用两种代表来描述。一方面，抽签，尤其是在与大数目相结合的时候，是一种选拔"典型"或"描绘性"代表的方式，也就是说，作为一个整体的全体公民的真正代表或者典型，他们具有相同的特征。另一方面，选举是

---

[1] *Areopagiticus*, 23.

选拔代理人意义上的代表的恰当方式，他们代表人民行动，追求人民的利益，但不必然是人民的典型成员。[1]

我们可以对希腊如何使用抽签做如下总结。首先，当在平等的人群中分配公认的好处（或坏处）时，抽签通常被视为一种恰当的、具有神圣约束力的公平分配方式。实际上，它的使用意味着，在面对人与人之间并不平等这样的说法时，有意识地决定把人民视为人人平等。在政治意义上，抽签表达了民主分子的下述信念：所有公民都有资格平等地分享公共荣誉和职位回报。它还有特定的政治后果。（1）它是减少围绕官员任命发生的党争和竞争的一种手段。（2）它有助于防止公民大会的敌对利益收买或不当影响特定团体或官员。（3）与轮换和责任分工相结合，它有助于削弱受权代表公民大会的官员的权威。（4）一方面，如果所有公民均有资格，并且大量公民能被选中，抽签可以产生作为一个整体的全体公民的典型代表组织，可委以后者代表公民大会行动的重任。另一方面，与抽签相比，当需要才能和经验时，当有必要授权个体（无论是单个人还是小团体）代表公民大会行使权力，但这样做有可能严重损害或大大促进公民大会利益时，选举是恰当的民主手段。在这种情况下，选举那些被公认既有才能又很忠诚的人，而不是冒险依赖抽签的随机性，更可能服务于人民的利益。

三

抽签在现代民主社会有何作用？在日常社会生活中，抽签仍然是一种确定无疑的公平分配方式。在群体成员之间分配某种好处或坏处的时候，在没有哪个成员比其他人更有资格的时候，在好

---

[1] Cf. A. H. Birch, *Representation*, London, 1971, p. 15; Hanna F. Pitkin, *The Concept of Representation*, Berkeley, 1967, chaps. 4, 6.

处或坏处无法区分的时候,最恰当的方式仍然是把决定留给运气。[1] 扔硬币、切牌、掷色子,很多不同的方式深深嵌入我们的日常行为模式,正如它们在荷马时代或亚里士多德时代那样。

很多抽签场合很单调或者微不足道,比如决定谁先荡秋千,谁吃最后一块饼,哪个队先开球。如果其他决策方式不分胜负或陷入僵局,抽签也可能是最后的手段。比如,广告竞赛有一个标准规则,如果通过初赛的作品数超过获奖数,就通过抽签决出优胜者。但是,有些场合非常重要,抽签往往不是最后诉诸的手段。常用抽签的普遍场合是分配新的经济收益机会。分配稀缺资源的常见商业方式是,允许市场将资源配置给出价最高的人。但这种方式不见得总是恰当或公平。在分配新的土地份额或者重新分配土地的时候,人们仍然接受抓阄。抓阄分地的权威来自古典文献和圣经,并且经常被使用,尤其是在殖民社会或者新开发社会,当那里的殖民公司或者政府开发了新土地时。比如,在新西兰,最早的殖民公司之一新西兰公司就通过抓阄分区、分配城市和农村的土地,[2] 在满怀抱负的年轻农民中分配新农地时,或者在建房合作社成员间分配抵押贷款权时,抓阄仍然是常见的方式。

抽签还用于决定终极的生死问题。某种形式的抓阄常用于决定谁应服兵役。某类人可能会因为身体不合格而被排除,或者被看作国内急需人才,但是在其他人中做出选择是招人反感的,因为这意味着判断一些人的生命在本质上比别人更珍贵,民主社会及其政府也许不愿意做这个判断。同样,抽签也可在一些生死存亡的悲剧困境中发挥作用;这时,某些生命必须牺牲,而另一些生命得以保存,必须有意识地权衡一个人的生命与另一个人生命的

---

[1] Cf. Brian Barry, *Political Argument*, London and New York, 1965, pp. 88 - 89; John Rawls, *A Theory of Justice*, Oxford, 1971, p. 374; Bruce A. Ackerman, *Social Justice in the Liberal State*, New Haven and London, 1980, pp. 285-89.

[2] W. H. Oliver with B. R. Williams, editors, *The Oxford History of New Zealand*, Oxford and Wellington, 1981, p. 60.

价值。在 19 世纪著名的美国诉霍尔姆斯案件中,[1] 船只失事后,那些登上超载救生艇的人,为了保住自己的命,把一些人扔进了海里。法院判决他们触犯了谋杀罪,但值得关注的是,法院认为,如果他们通过抓阄决定抛弃谁,那他们原本可为自己的行为做辩护。更晚近的是,人们一直很严肃地把抽签视为分配稀缺和昂贵医疗资源的可能方式之一,比如人工肾。然而,在这种情况下,医疗权威和公众一直不愿意公开接受抽签所暗含的、彻底的"应得的平等"概念。由于暗示同样有资格的人的生命未必能得到保全,抽签产生了令人不愉快的后果,突出了社会本来可以避免的稀缺。另一方面,其他方式,比如把决定权授予医疗专家和(或)门外汉小组,冲击力就没有那么大。它们考虑了应得的程度,并至少提供了配置给最应得者的表象。与抽签不同,它们并不要求有意牺牲某个人,哪怕他与保全者同样有资格活下来。[2]

因此,在面对具备同等资格的情况下,抽签仍然被公认为是一种做决定的方式。如果用抽签选拔公共官员又怎么样呢?至少在一个此类领域,即陪审员的选拔,抽签是常规方式。通过抽签选拔陪审员的理据与古希腊人非常接近。陪审团审案,不是专家审案,而是"正直之士"审案,是普通公民审案,或者至少是那种没有因为某种过错或犯罪而丧失资格的普通公民审案。雅典的会审团规模更大,自由裁量和裁决权更大;但是,现代与古代的陪审团审案的审判理念相同,即随机的公民抽样代表作为整体的全体公民。此外,通过抽签遴选,不可控也无法预测,这个事实明显是用它来任命陪审员的主要长处之一。人们期望法院在审判案件时无党无私,对个体做出公正裁决。抽签降低了富人和强大利益集团腐化陪审员的可能性。

---

〔1〕 *United States v. Holmes*, 26 Fed. Cas. 360, cited GuilloCalabresi and Philip Bobbitt, *Tragic Choices*, New York, 1978, n 114.

〔2〕 *Ibid.*, pp. 41–44. See also Douglas Rae, *Equalities*, Cambridge and London, 1981, note 9, pp. 172–73.

然而，在别的场合，现代民主几乎完全依赖选举作为民主的遴选方式。考虑到我们对选举的民主收益所做的结论，这并不很令人惊讶。正如我们已经看到的，在需要特殊技能的地方，在个别官员被赋予很大的主动权和自由裁量空间的场合，选举特别重要。现代代议制政府符合这两个条件。随着大型专业官僚机构的增加，治理本身变成了一个复杂而专业的职业。立法机构与普通公民之间的距离让选举提供的个人责任制变得特别必要，也很有价值。因此，没有人会质疑选举是现代民主的关键手段，也没有人会严肃地主张通过从公民中抽签任命议员来增加大众对政府的控制。

但是，中央政府不是适用或不适用民主程序的唯一范围。正如托克维尔和密尔所意识到的，以及最新的民主理论所重新发现的，[1]一个民主社会应该在一国之内所有群体和组织的决策中，让人们享有平等的参与机会，包括中央与地方的、政治与非政治的。就规模和利益内聚力而言，很多这种群体非常接近孕育希腊民主程序的那种社会。在很多机构中，比如工会、学校、教会、体育俱乐部和其他社区联合会，其必要的整体事务常常是通过向所有成员开放的全体会议执行的，日常事务则是由极少数官员或者一个委员会来处理的。这些官员通常是在年度全会上通过选举选拔的。在这种情况下，民主对抽签的反对就没么有说服力了。家长-教师联谊会、教区委员会或者工会执行委员会所承担的大多数任务，都可以由随机选拔的成员小组完成。实际上，从民主理论的角度看，使用抽签而非选举有很多长处。抽签任命的官员尊重成员整体意愿的倾向，会大大增强组织整体对自身业务及以其名义所做之事的控制。此外，还可以在不损害政治平等的情况下避免与竞争性选举关联的分歧。最新的一份极有见地的小群体民主研究指出，小型共同体极为重视和谐团结；[2]因此，个人不愿冒险采取选举竞争这种会导致冲突的行动。但是，在选举没有竞

---

[1] E. g., Pateman, *Representation*.
[2] Jane J. Mansbridge, *Beyond Adversary Democracy*, New York, 1980, pp. 59-71.

争的地方，任命权转到了提名人手中，通常也是已经拥有官职的那些人。某些人，尤其是善于表达、专业化的中产阶级，倾向于垄断领导职位，支配那些对自身能力不大自信、不大愿意毛遂自荐的人。这种系统性的不平等一直是相信草根参与或者小规模民主的民主分子理想幻灭的主要原因。抽签，加上轮换和职责分工等附加手段，将非常适合解决涉及每个人的困境，而不会导致冲突，并让参与机会在共同体内部的分布更为广泛。

必须承认，通过抽签遴选不会自动让不太自信的人更积极主动，如果参与抽签是自愿的，就更是如此。但是，抽签打破了当选与个人特质之间的壁垒，将更可能鼓励那些怀疑自我价值的人去参与。很多民主理论家相信人与人之间的平等，相信政治参与的教育效果。因此，令人惊讶的是，人们一直没有把抽签作为一个选择机制来认真对待。在我们的社会生活中，很多其他方面并没有使用投票作为公认的分配手段。然而，在选拔官员上，选举而非抽签，被自动视为民主的手段。例如，作者本人不时建议服膺民主理念的学生们，通过抽签任命课代表。对我这看似古怪的建议，他们会礼貌地说它很有趣；但当意识到我是认真的时，他们往往吃惊不已。

我们不愿用抽签选拔官员的理由必然是深层次的，这里能做的只是简要提出一些可能的解释。

第一，现代民主分子似乎不仅坚信能力的不平等，而且坚信这与行政和政治责任的分配高度相关。在召开全体大会时，我们也许相信群体作为一个整体的判断能力，但不太相信个体成员的能力。我们相信每个人都有相同的功绩判断能力；由此，民主分子普遍支持普选或者公投。但是，除此之外，占主导地位的原则是机会平等，或者政治职位向能人开放，而不是严格的平等参与（通过轮换和随机遴选实现）。几乎对所有职位而言，肯定有一些人会比别人做得更出色；但我们似乎没有像希腊人那样，准备为了实现更大的平等，而去忽视这些明显的差异。

第二，我们还坚持自愿原则，任何组织的行政杂务均应由那些想做这些工作的人去做。只要有足够的自愿者站出来，或者在职者愿意继续干，别人就将愿意允许他们这样做，而且不觉得自己有参与义务。实际上，只要自愿者数量足够多，社会压力、担心表现得莽撞或者对官职有野心，都会阻止更多人主动站出来。这使大多数组织中的寡头制得以不断延续。也许我们比希腊人更不倾向于把官职看作一种荣誉、一种应该在所有成员中平等分配的好处。我们从更工具化的视角看待政治与政治职位，对它们的判断，更多的是看它们为其他人提供非政治产品的能力，而不是它们自身卷入的活动。我们更重视民主**权利**，更重视在我们希望实现某些特定目的之际施加影响的可能性，不怎么重视拥有官职的内在价值。在这方面，希腊民主之前的贵族制为希腊民主助了一臂之力。以前被贵族垄断的职位、在邻近城邦仍被贵族垄断的职位，现在落入普通公民手中，这种骄傲和愉悦是新鲜的、浓烈的。不管怎么说，即便我们对贵族特权的集体记忆模糊不清，即便政治官职已经失去排他性的光环，任何职权，无论多么单调乏味，都带有某种集体尊荣与权威。任何重视社会与政治平等的共同体，都应在其成员中间尽可能平等地分享这些职位。为此目的，忽略个人特征和个人差异的随机抽签，至少应该在民主分子的武器库里占一席之地。

通过抽签分配政治职位

弗雷德里克·恩格斯塔德*

Fredrik Engelstad, "The Assignment of Political Office by Lot", *Social Science Information* 28.1 (1989), pp. 23-50.

【摘要】为了理解抽签为什么运用、如何运用及其政治效率和社会整合效果，本文详尽考察了政治抽选机制。西方经历的政治变化可以概括为，权力在大型国家实体集中到很小一群人手中。政治治理的基础是最大限度的可预期性。正是在这种发展的基础上，民主与政治参与的理念相辅相成。我们所熟知的现代民主，不是由小型城邦或农村公社那种政府形态发展而来，而是民族国家整体权力结构进一步发展与回火的结果。这种中央集权与抽选过程所要求的不可预测性尖锐对立。抽签曾一度运作于小型社会，但在当代大型实体中却不见踪影，这不一定是一种规模效应。更可能的是，允许社会的权力和规模扩大的权力结构，与作为一种选拔机制的抽选不相匹配。但反过来，不断增长的中央集权已导致社会变得更加复杂，强化了人们对政治参与的渴望。也许，这将在政治与其他领域激发人们重新把抽签程序纳入自己的视野。

---

* 弗雷德里克·恩格斯塔德（Fredrik Engelstad），生于1944年，奥斯陆社会研究所所长。作者感谢乔恩·埃尔斯特（Jon Elster）、莫恩斯·赫尔曼·汉森（Mogens Herman Hansen）和莫里斯·波普（Maurice Pope）颇富教益的评论，以及斯文·林德布莱德（Sven Lindblad）的文献协助。作者本人对可能的错误或误解负责。

导言

对习惯了现代政治过程的人来说，通过抽选机制分配政治职位似乎比较怪异，对某些人来说这甚至是不符合民主程序的。[1] 但是，抽签在我们视为现代民主先驱的各种社会政治制度中历史悠久，其中包括著名的古代雅典、文艺复兴早期的意大利公社和18世纪的瑞士。

因此，为了理解抽签为什么运用、如何运用及其政治效率和社会整合效果，似有必要更详尽地考察政治抽选机制。

本文只处理政治职位的选拔，不讨论官员用抽签做决策，比如恺撒抽签决定是否穿越卢比孔河，或者英国下议院抽签决定是否处理个别议员的法案（Richards, 1984：162）。而且，本文只处理政治职位，不处理学术（Burckhardt, 1916）、宗教或其他职位。《旧约》和《新约》都有无数通过抽签选任神职的例子。这在古希腊也很普遍（Hansen, 1979：30）。宗教抽签的关键在于解释上帝的意志，不管是选人、做决定，还是判罪，都是如此。我在此只集中关注纯粹的政治问题，这里可以用理性来解释为什么使用抽选，因为可以看到其效果。

最后，我区分了抽选与职位轮换，尽管这两种机制经常混淆，因为二者的适用领域都主要是小型的非科层机构（Weber, 1922, 1972：169ff., 796ff.）。轮换经常与职位流动并用。这意味着职位任期较短，并通常禁止连任。如果职位和候选人数量相等或者前者更多，就会出现更频繁的轮换。在这种情况下，就必须确立某种原则，来决定任职次序。一个例子是丹麦的村庄，那里依据农地相对太阳运动的位置来确定村长职位的轮换次序（Rockwell, 1972：417）。

---

[1] 1988年4月，挪威一个市镇决定通过抽签在四个申请者中分配卖酒执照。在随后的挪威议会辩论中，社会事务部长认为，这种做法违反了公共行政的一般原则。

另外，抽签这个选拔机制可以独立用于大量候选人或者任期。因此，更频繁轮换的预设是，每个人都将在某个时点任职；而抽选则意味着任何人都可以被选拔。

一、抽选政治职位的主要例证

古希腊的几个城邦可能都抽选过政治职位。但是，我们只有关于雅典的系统信息。在严格意义上的雅典政治制度领域，存在三种抽选职位：执政官、十人委员会和五百人议事会。在雅典政治史上，尽管各个机构在政治上的重要性以及它们之间的相互关系都曾经历了巨大转变，但在宪制不断演化的过程中，它们可以说相对稳定。

在公元前6世纪一段长时间的僭主统治之后，克里斯提尼自公元前508年至公元前507年起进行了几次宪制改革。其中一项改革是改造雅典的部落结构，这对选区形成具有决定意义。雅典分为大约140个小德谟（*demes* 是雅典最基层的行政区划），德谟又组成了十大部落。官职的提名、选拔和分配在三个层面进行：德谟、部落和城邦。五百人议事会也是克里斯提尼改革创建的，并且可能从一开始就通过抽签选任。在接下来的半个世纪中，当雅典人达至政治权力的巅峰时，抽选获得更多运用。自公元前487年起，执政官通过抽签选拔（Buck, 1965），可能在接下来的二三十年中，其他行政官也通过抽签选拔。

公元前5世纪，雅典大体有约700个承担各种行政任务的行政官（*archai*），包括五百人议事会在内，共约1200个政治职位（Hansen, 1980）。如果把平民会审团算在内，* 每年有几千个任务通过抽签分配。在不通过抽签配置的职位中，最重要的是军事指挥官十将军（*strategoi*）和其他军职。一些财政和宗教任务也通过选举分

---

* 此处把 juries 译为"会审团"而不是"陪审团"，因为雅典没有专业法官，因此陪审无从谈起，juries 的职责不是"陪审"，而是会审。——译者注

配。所有这些官员都在公民大会由选举产生。

所有类型的职位任期通常只有一年。任何公民在一生当中担任公民议事会议员的次数不得超过两次，同样，如果一个人之前担任过某个职务，那他就丧失资格，但一个人担任不同行政官的数量没有限制。官职的高轮换率，让每个年满30岁的男性公民都有望至少担任一次公职，在一生中也许可以担任几次。

尽管希腊哲学决定性地影响了整个西方世界，但雅典政治体系却不是这样。抽签也发生在罗马政治中，但或多或少是为了给选举产生的各种委员会分配任务。罗马政治体系的精神气质非常不同于雅典。然而，从中世纪到文艺复兴的兴盛时期，意大利北部诸城邦有很多政治抽签的例证。但即使在这种情况下，也很少有任何理由假定是希腊灵感在发挥作用。

多数意大利城邦都有某种6人或12人组成的政府，任期很短，只有两个月。抽签是这种政府委员会选拔成员的一种方式，但也可能涉及其他职务。佛罗伦萨使用政治抽签的时间最长，从1328年一直到15世纪末。

作为替代选择，抽签也用于指派选举人委员会，委托其任命城邦的主要执政官。威尼斯就是非常鲜明的例证。除了意大利，据说15世纪的巴塞罗那也有这种安排（Carrere, 1968: 39）。

16世纪的英格兰也有零星的抽签报道，用于选拔市镇理事和国会议员（Kishlansky, 1984），但没有发展成一个稳定的制度安排。

在1640年到1837年的近两百年中，瑞士某些邦民大会（Landsgemeinden）一直用抽签选拔市长（Rambert, 1889: 226f., 276f.）。在这种情况下，运气机制主要用于解决分配冲突。拥有政治职位，就意味着有获取经济利益的可能性，如通过给外国亲王招募雇佣兵。这种收入就落入了村社领导者的腰包。随后，很快就出现了下述观念，每个人都应有同等机会来获得这种职位收益。结果，这个职位就通过抽签来选任了。如果没有手段利用职位自肥的穷人赢得了抽签，他们有权把职位卖给出价最高者（Rambert, 1889: 227）。

巴塞尔城在 18 世纪用抽签选拔官员。引入抽签似乎主要是为了避免选举人被收买（Burckhardt, 1942: 78）。

在现代政治体中，除了圣马力诺的利立浦特邦（Lilliput）以外，我没有找到通过抽签分配官职的例子。然而，在某些情况下，抽签的引入是工业公司民主化努力的一部分。埃默里（Emery, 1985）提到过用抽签来决定公司董事会或规划部门构成的例子。布鲁姆也报告过（Blum 1968, cited after Pateman, 1970: 80），在一个工人所有制公司里，有一个特别委员会是从所有雇员中抓阄组成的。这个委员会的职责是决定公司氛围是否足够好、董事会是否值得雇员们信任。

二、抽签选拔政治职位的理由

在政治理论文献中，没有出现过有关抽选官职清晰而系统的表述，没有详尽讨论过其强项和弱势；但在古希腊、文艺复兴时期和启蒙时代的哲学家那里，可以发现零星讨论（Engelstad, 1988）。后来的理论家大部分只是好奇，或者干脆完全忽略它。因此，讨论抽选的正当理由，在很大程度上就必须依赖从各种描述或不经意之言中重建理据。

使用抽签的正当理由可能主要有两种。首先，我们可以区分规范理由和效率理由。规范理由可从两个角度来看：一个关乎个体，另一个关乎政治体系。效率理由也可以分为两类：与过程相关的、与结果相关的。

1. 分配型理由

支持抽选的最强规范性理由是社会平等和个体福祉观念。在未经加权的抽签中，每个人被选中的机会完全相同。从表面上看，选举也是这样。在现代民主制下，任何人都可以被选为总统或议员。但是，候选人被选举的实际机会分布非常不均匀，原因在于彼此之间重要的非正式差异，这涉及社会资源，比如"公共形象"、演说才华、竞选资金,甚至拥有发出"某人不当选的话,就会大难临头"之类威胁的权势,如此等等。抽选消除了这些非正式差异的效果,从而阻止了政治精英的形成。

在个体层面,平等这个理由可能与个性塑造、自我价值息息相关,或与外在物品的分配紧密相连。在前者中,自我实现也许是最主要的。在亚里士多德学派看来,参与国家事务是人的最伟大活动。因而,在民主制下,获得官职的机会应该人人平等。孟德斯鸠呼应了这个看法,但颠倒了其规范意义上的重点。他并没有把参与决策的平等机会作为抽选的理由,而是强调为祖国效力的同等机会 (L'esprit des lois, i. 2. ii)。

一方面,抽签也可以用自尊的平等来论证。(抽签的)输家没有必要把没获得官职归结为个人缺陷所致,孟德斯鸠提过这一点。另一方面,赢家也将不得不抑制赢得选举所产生的洋洋自得之情。他们将会知道,他们拥有官职不是因为自己不同于大多数人的个人特质 (Mulgan, 1984: 549)。出于类似原因,16 世纪的英格兰偶尔用抽签选拔国会议员 (Kishlansky, 1984: 15, 67ff.)。候选人通常经由一个共识形成过程在本地贵族中招募。然而,如果严肃认真的候选人在数量上超过席位数量,人们就可以诉诸抽签来避免出现与现行名誉准则不符的选拔过程。

履行职位也可能会产生物质或非物质的收益。在某种程度上,这些收益是与职位相连的,人们可以主张人人都应有同等机会获得该职位。这种收益不一定采取货币或商品的形式。在特定情况下,社会关系同样重要。一个人任职一段时间,可以有更好的机会获得政治上的自我教育,与其他权势人物建立联系,这些都可能是任期结束后获得利益的投资。不过,拥有官职也可能在好处或时间上处于劣势。卢梭就把官职需要付出时间和精力作为抽选的首要理由 (Du Contrat social 4. iii)。

2. 代表

最常见的民主代表概念包含某人代理别人行动的观念。代表体现选民的公意（the general will）、利益和偏好，通常的中介是政党体系。与这种观念不同的是描绘性代表观（Pitkin, 1967）。这种观念认为，代表是"替你"（standing for），而不是"代你"（acting for）。或者用约翰·亚当斯的话来说，议会"应该是全体的缩微镜像"（Pitkin, 1967：60）。

如上文所述，这一观念与一个信念紧密关联，即公民应该是自主的、平等的。但它也有另一重含义，与代表的构成相关。如果选举倾向于把候选人局限于富人或受过良好教育的人，选民的利益和偏好在某种程度上得不到代表就难以避免。即使代表有心体现人民意志，他们也很难做到这一点，因为作为一个统治集团，他们不会不考虑自己的个人利益。

因此，通过抽签选拔代表可能是把多数利益带进代表组织的最佳方式。毫无疑问，为了准确描绘全体人口的图像，公民大会的规模必须相当大。但如果公民代表大会的规模只有400—700人（即便由抽签产生，这么小的规模未必能准确代表全体人口），真正重要的是，它所代表的将与选举的代表推动的"公意"不同。

3. 与过程相关的效率

与很多方式相比，抽选所需要的开支和其他资源通常较少。如果只需做出单个决定，就更是如此。事情可以通过掷硬币解决，不需要漫长的辩论。这个节省的理由一直被用于支持抽签，比如，在离婚案件中，使用抽签决定父、母的监护权，可以避免给父母孩子都会造成情感伤痛的冗长法律诉讼（Elster, 1987, 1988）。

此外，当候选人数量众多且难以确定谁具备参选资格时，抽签也许是非常简便的处理方式。可以像古以色列挑选替罪羊那样，把候选人分组。首先，从十二个部落中抽出一个部落，从这个部落中抽出一个家族，从这个家族中抽出一个家庭，从这个家庭中抽出一个人。20世纪60年代美国的征兵抽签与之类似。抽签单位不是直接的个人，而是生日（Fienberg, 1971）。

另一种程序效率主张指向我们提过的事实，在抽签中，候选人的非正式资源变得无关紧要。这意味着竞选和类似活动所消耗的社会资源可以更有成效地用于实现社会目标。

同样，抽选也可以用来避免选举人为"搞定"选举结果而不正当结盟或贿选。例如，在选拔市议会议员的过程中，"做手脚"（*Praktiken*）横行，这是 18 世纪的巴塞尔引入抽签的首要理由（Burckhardt, 1916: 31）。亚里士多德也提到过一个类似的例子（*Politics* 1303a: 15）。

抽签还可以防止重大社会冲突。选举竞争容易导致候选人不必要地走极端、信口作出选举承诺，从而引发社会群体对峙。如果通过一个外界不容易影响的中立机制来做选择，就不必承担这种社会成本（Aristotle, *Politics* 1305a: 28）。

4. 与结果关联的效率

在抽签中，人们不可能知道谁会获选担任政治职位，这个时候也许有助于减少社会伤害或浪费。一个显著的例子是负责在比雷埃夫斯港监督军舰建造和维护的雅典官员群体。他们每年通过抽签选拔。船主很难贿赂管理委员会（Headlam 1933: 162）。

对针对国家的阴谋也可作如是观。如果没人知道一个月或一年内谁将担任市议员，就很难刺杀主要官员。此外，抽选机制还可以抑制阴谋。潜在的阴谋家也许会在下次被抽中，这也就把阴谋消弭于无形之中。在佛罗伦萨的政治环境中，常常有人提出这种主张（Najemy, 1982: 302f.）。

雅典也有相关的思维方式。与短任期和禁止连任相结合，抽选阻止了官员特权集团的形成；否则，久而久之，这些人可能会演化为一个新的统治阶级。实行抽选与轮换，这意味着最大的权力留给了公民大会（Popular Assembly）。然而，应该注意这不是必然的结果，尽管这是雅典民主分子所希望的。公民大会的权力不单单取决于官员自身的流动，也取决于其他政治职位的稳定性。5.1 将深入讨论这一点。

三、反对政治抽选的主张

反对在政治过程中使用抽选的主张也可以分成规范理由和效率理由。规范理由分成两类：与规范前提性有关或与结果有关。

1. 反对抽签的规范性前提

反对抽选的最常见主张以理想的理性为出发点。社会的存在本身实际上很不理性，人类的使命就是让它更理性一点。这样，在政治过程中引入运气机制是一个错误的方向（Fishburn, 1978: 137）。

与这种想法紧密相关的是人类责任论。法官或政治家等人是负责做出社会决定的人，有责任把所有相关论据考虑在内，做出可能最好的决定。在各种可行的决定中，总有一个是最好的，选出它是决策者的责任。这是威廉·古德温的主张（Godwin, 1793, chap. ii. 6. x）。

这个观念还有更弱化、更实际的版本。的确，在某些情况下，不可能找到最好的决定。这时，人们可以通过掷色子做出抉择。然而，如果允许这样做决定，碰到其他麻烦的选择时，人们很可能也会倾向于用抽签的方式解决，哪怕这些选择必须是理性、负责任的。

2. 与结果有关的规范性理由

通过抽签选拔可能间接削弱当选者的道德义务。由于他们被选中是靠运气，所有他们可能不会像被公民同胞们选举出来的人那样，对社会负有责任感。因此，尽管抽选减少了发生腐败行为的可能性，但它也有产生增加当权者道德败坏可能性的负面效果。

在社会层面，正如伊索格拉底所指出的（*Areopagiticus*, 23），政治抽签可能会降低公意得以执行的可能性。官职候选人投身实现社会目标和多数人价值观的意愿不尽相同。他们解释和执行公意的能力也不同。因此，尽管选举会导致出现社会精英的阶层，但也提高了控制即将拥有官职的人的可能性。

3. 效率

反对政治抽选最常用的理由是,抽选不会把最有才华的人选出来担任官职(Socrates in Xenophon's *Memorabilia*, 1.2.9)。在很多情况下,抽签会导致社会效率蒙受巨大损失;在极端的情况下,还可能会带来社会灾难。然而,社会效率的净损失也许不怎么惊人,因为一个每个人都有资格的体系会产生激发大家奋发向上的收益。

如果提高预选的标准(见4.2),把效率作为反对抽签的理由,说服力就会下降。在"能者统治"的贵族制社会,预选往往发生在官员选拔之前,依据是出身或财产。最严格的预选例证出现在政治领域之外,即18世纪巴塞尔大学的教授任命。在最终选拔中,抽签在教授委员会认定胜任的三个候选人中进行(Burckhardt, 1916)。然而,在大多数有意思的政治抽选案例中,基于才能的预选并不占据显著地位。即使在14世纪佛罗伦萨这样的寡头制社会也是如此。因此,从经验的角度看,还不能把有关才能的看法说成毫不相干。

很难想象抽选在一个社会中是官员选拔唯一的机制。在实践中,某些职位的正式选举、血亲关系或其他纽带所衍生的非正式选拔也扮演着重要角色。因此,关键问题在于,抽签是否以及在多大程度上与其他选拔过程相结合。雅典的做法达到了某种平衡:一方面,通过抽签选任民事行政官;另一方面,通过选举选任军事、财政行政官;另外,全体男性公民均可参加公民大会。才能问题也可以通过职位结构设计予以抵消。通过抽签分配的位置主要是各种委员会的委员,不是单个官职。在雅典,十人委员会是最常见的形式,一个委员来自一个德谟(译者注:应该是一个部落)。在这种方式中,有才能之士被抽中的可能性相当高。

人们经常含蓄地认为,抽选只限于小团体或小型社会(也有人明确提出这一论点,Mulgan, 1984:555)。然而,这个论点应该也是来自才能论。在小团体中,由于团体内部的动态联系,才能差异可能不那么明显。很难看出为什么群体规模本身会让抽签比选举或其他选拔程序低效（见 2.3）。因此，不应把规模问题视为一个独立的论点。

四、抽签在选拔过程中的位置

当然，抽签的要点在于它是一种随机决策机制。但是，决定运用和如何运用这一机制也许不是随机的。实际上，可以设想各种"元抽签"（metalotteries），用来随机决定什么时候使用随机机制，并给不同选项分配不同的权重。但是，如果决策群体本身被剥夺了预测可能结果的可能性，抽签的使用很容易变得毫无意义。[1]

接下来，我将尝试"铺陈"经由选人任职进行的政治决策过程，并讨论抽签如何在不同阶段进入这个过程及其对结果的不同影响。为此，有必要区分两种选拔过程：一种过程最终将由抽签选拔候选人，另一种过程把抽签作为选举候选人的辅助机制。这种区别并不是非此即彼，因为两种机制可以混在一起。但无论如何，有必要单独处理最终候选人不是通过抽签产生的情形。

1. 作为辅助机制的抽签

我在本节中描述抽签的四种可能用法：（1）作为验证选举结果的一部分程序；（2）作为选举程序的一部分；（3）作为选举人的选拔机制；（4）从几个同时被选中的候选人中，确定任职顺序的方式。

斯巴达为我们提供了一个用抽签验证选举的实际结果的例证。选民的欢呼被用作投票的指标。吉尔伯特（Heinberg, 1926）描写了斯巴达的长老选举，人们聚集在公民大会上，候选人按照事先经抽签确定的顺序穿过公民大会。人们给谁的欢呼声最大，谁就当选。欢呼声大小由关在靠近公民大会的一座房子里的人判断，他们可以听到欢呼声，但看不到公民大会（Heinberg, 1926: 54f.）。

---

[1] 一部有趣的小说生动地描述了元抽签的复杂性，参见 *The Dice Man* (1971) by Luke Rhinehart。

在古罗马，抽签很少用于政治，但有个重要的例子与投票程序有关。政治集会上的投票按照部落分组进行，一个投完后另一个再投。投票顺序通过抽签决定。在第一个部落投完后，就公布结果。通过抽签决定投票顺序的原因之一是，第一组的投票可能影响后面各组的投票（Staveley, 1972：155）。基于决定选举结果的规则，波普提出了另一种解释（个人交流，see also Pope, 1986）。获得半数选票的候选人视为当选。剩下的票就不用投了。如果一次选举有两个候选人，他们在选民中获得同等支持，谁的支持者先投票，谁就有决定性的优势。

进一步，抽签也可用于决定选民范围。罗马还有另一个例子：拉丁人不是罗马部族，但在该城有投票权，却又不被允许作为独立组别投票。因此，就通过抽签决定把拉丁人分到哪个部族，而这有时对该部族的投票可能产生决定性的影响。

用抽签决定选民的更突出的例子，出现在文艺复兴时期意大利的几个城邦。其中最知名的是威尼斯，其总督选举过程非常复杂，持续五天，分十个阶段，每天两个阶段。整个过程在大议事会开始，先通过抽签选出 30 个人，再抓阄将其减至 9 人，由这 9 个人选出新的 40 人，每个人必须获得 7 票才能当选。按照这种方式，整个过程经历九个阶段，五次抽选、四次选举，直到第五天，选定一个 41 人的小组。最终由这些人选举大公（Finlay, 1980：141f.）。尽管威尼斯的这个过程比在大多数城邦都更复杂，但意大利的其他城邦博洛尼亚、帕尔马、布雷西亚、维琴察，也有类似情况（Wolfson, 1899：11f., 19f.）。16 世纪的英格兰也用相同的程序选拔市镇官和国会议员（Kishlansky, 1984：36）。

巴塞尔城在 18 世纪实践了一个混合体系。事先确定一个选举人团。但是，选举人又通过抽签分为三组或六组，每组提名一位候选人任职。然后，在被提名的候选人中抽签（Burckhardt, 1916：35）。

最后，如果已由其他程序产生出候选人，也可用抽签决定他们的任职顺序。雅典五百人议事会的任期分成十段，每个部落的五十个代表分别在一段时间内主持会议。部落的顺序由抽签决定。13 至 14 世纪的锡耶纳也有类似的程序。在某些场合，市议会事实上就像是选民，负责挑出将来有资格任职市议会的候选人。根据一套复杂的规则，候选人分成九人一组；在以后的日子里，每个九人组将相继组成市议会。写着组名的小纸条封入蜡球，存放在箱子里。每次随机抽出一个球来决定哪组人马成为新的市议会（Bowsky, 1980: 60）。这一安排的效果在很多方面与下文将要描述的佛罗伦萨类似。

2. 选拔候选人

如果候选人由抽签产生，这个过程必须至少包含两个阶段。首先决定谁有资格，其次在候选人中进行抽签（Aristotle, *Politics*, 1300b: 2）。第一个阶段更有意思。一旦候选人被确定，接下来的程序或多或少便自动展开，即便候选人的挑选会影响最终的选拔程序，反之亦然。我回头来讨论这种情况。

首先要为什么人够格参与政治过程设定正式规则。在雅典，规则随所要填充的官职不同而不同。在梭伦宪制中，只有两个上层税收阶级的人有资格担任官员。后来，四个阶级中的第三阶级重装步兵，也可担任。各种行政官委员会和五百人议事会把财富最少的阶级排除在外，但只是在法理上排除（Jones, 1978: 105）。此外，如果不是雅典公民，即雅典父母所生的居民，也不得担任官职。

除了这种正式的分界线，还经常有实质上的分界线来排除被视为没有能力或不配任职的候选人，这是因为各种政治机构常常觉得有必要防止疯子或潜在的卖国贼混入。在佛罗伦萨，一个由值得信任的人组成的委员会担负这一责任，他们不时被召集起来审查所有公民担任政治职位的资格。这个委员会的正式目标是防止选出不被多数信任的人。但是，尽管没明说，委员会也把排除低下层阶级的候选人作为目标。文艺复兴时期的佛罗伦萨被贵族、金融巨头和商人之间的不稳定联盟所统治。这些集团构成了政治职务最重要的招募基础。同时，寡头与中产工匠、小工匠之间的持续冲突笼罩着佛罗伦萨政治。一个争议的焦点是参加市议会即十二人议事会的资格标准（译者注：这里恐怕有误，佛罗伦萨的最高行政机构——执政团——并不是由 12 人组成）。在 1378 年下层阶级起义之后，候选人库大大扩张，终于把中产工匠和商人囊括在内。

很自然，进入这种审查委员会的权利也成了政治冲突的标的。从预测并在某种程度上阻止这种冲突的角度看，使用抽签是有意义的。在佛罗伦萨，一个选拔审查委员会的复杂过程应运而生，包含几个阶段。这个过程要进行几轮抽选，方式有点类似威尼斯总督选举人的挑选方式（Najemy, 1982: 122）。

然而，资格不仅仅是正式的公民身份或政治信任问题。在佛罗伦萨，十二人议事会议员的任职期限是两个月，还有其他限制：如成员在两年内不得再度当选；又如潜在候选人也许在国外旅行，无法任职；再如被判负债坐牢，也没有资格。正如上文已经提及的，在佛罗伦萨，议事委员会成员的选拔是从特殊的袋子里抽出名字。如果候选人暂时丧失任职资格，他们的名签会存放入更小的抽签包（*borsalino*）里。小抽签包最初只是用来存放暂时丧失资格的那些候选人的名签。很长一段时间之后，逐渐形成了一套非常复杂的规则，包括同时从小包和大包中进行抽签。这个安排有利于已经担任过议事委员的人，即寡头们，它是寡头们对 14 世纪后半叶合格候选人库扩大的回应。当资格规则被置于政治压力之下时，如果容许抽签过程发生细微变化，候选人选拔可能会经历缓慢的变迁；单独来看，这些也许无关紧要，但久而久之可能会累积出一个重大结果。

在雅典，控制候选人的体系远不如文艺复兴时期的意大利复杂。一方面，在抽签之前，没有组建委员会判断每个人候选人是否合格。另一方面，那些被选中任职的人要接受全方位且非常严格的控制。在任职前，他们必须在平民法庭作演说。所有被挑选的候选人都必须回答与其家庭和既往行为有关的各种问题。在任期中或任期末，还要接受新的听证，涉及每位官员的履职方式。

如果人们普遍不愿担任公职，建立合格候选人库就可能比较复杂。雅典人经常难以找到足够的志愿者。因此，经常有必要招募抽选候选人。人们不愿担任公职至少出于两个理由。对候选人来说，担任某些官职的时间和金钱成本很高（Hansen, 1979：38）。此外，很多公民，尤其是下层阶级的，可能担心通不过审查听证，尤其是担心可能会受到上层阶级的轻蔑和侮辱。

雅典和佛罗伦萨都有一个重要原则，即候选人应该是城邦中更小的地理单位的代表。佛罗伦萨从6个城区各选两人组成十二人议事会。在雅典，十个部落各选派50人组成五百人议事会，但其代表大致上与德谟成比例，后者的规模大小不一（Headlam, 1933：56）。对大多数行政官员和议事会内职能的分工而言，候选人都是由部落选拔的。

3. 各类两阶段抽签

两阶段抽签在雅典的历史也很长。然而，这个安排只涉及执政官选拔，[1] 不涉及议事会议员或其他官员。每个部落抽签选出十位执政官候选人，第二步再从每个部落的候选人中抽取一人。乍一看这么做似乎没有意义。为什么不直接挑选一个候选人？

两阶段抽签可能是从此前的两阶段执政官选举而来的：先由每个部落提名候选人，再由长老议事会最终选拔（Buck, 1965）。但是，历史先例不能解释为什么这个做法持续了超过150年。因此，我们应该探寻两阶段选拔的某些基本特性。

斯特夫利提出一个假设，通过抽签预选可以确保足够的候选人参加最终的执政官选拔。如果候选人数量太少，官员可以用征召的方式扩大数量，然后从被招募者中抽签（Staveley, 1972：37f.）。这

---

[1] 事实上，也可能会出现三阶段抽选。除了候选人选拔的两个阶段以外，还通过抽签把不同任期的执政官职务分配给各部落（Lang, 1959：88）。

种体系的意外后果是，不怎么乐意的人很容易被选中，而那些尽力争取执政官官职的人却不一定被选中。

这个假设还可以朝不同的方向解释。如果一步到位从志愿做官的人中挑选执政官，最有野心的候选人将非常容易被选中。这将提高执政官政治权力扩张的可能性。而抽选的重要功能之一却是降低执政官和其他精英官职的重要性。两阶段选拔过程可以确保足够的候选人，进而也真正提高了普通公民当选的可能性。

两阶段抽签的其他形式也值得注意。在由抽签产生的成员中用抽签的方式分配任务，可以视为一个事后的两阶段抽选过程。五百人议事会的内部分工就是这种形式的最显著例子。公元前5世纪的雅典还在很长时间里实践了一种事前两阶段程序，当时大量行政官由德谟一级产生。由于德谟的规模不同，分配到各德谟的官员数量根据人口确定。在重要的忒修斯庙抽签中，每年在德谟之间重新分配几百个官职，然后通过抽选在每个德谟产生。然而，由于部分德谟开始卖官鬻爵，这个程序就被放弃了。

五、用抽签填充官职的后果

基于两点，使用抽签的效果应与引入抽签的理由区别开来：（1）如果机制受到扭曲，可能不会实现预期的结果；（2）可能会出现未曾预期到的重要后果。在预期结果中，需要聚焦的是分配问题，因为这也许能让我们发现理想与现实之间的重大差异。

1. 分配后果

我们都知道，只要避免作弊，未经加权的抽选就会为所有候选人创造同等机会。但仅仅认识到这一点意义不大。随机机制都是在某种制度安排下运行的。重要的问题在于，在特定制度背景下，对同一批候选人，抽选是否比其他选拔方式创造了更大的平等。我们可以比较抽选与直接选举，考察两种情形下被选中的可能性哪个更大。如果我们分析雅典和佛罗伦萨的情况，答案可能是，这两种情形中，抽选是更平等主义的机制。

就雅典而言，由于富裕的候选人展开竞选的机会比贫穷的候选人多得多，人们之间存在非正式的差别化；此外，控制机制也有利于饱读诗书之士，他们受过良好的修辞训练，习惯面对大议会。贫穷的候选人必须在金钱或能力、修辞术上与富人竞争。他们在能力和修辞术方面也许处于劣势；而在金钱方面则更毫无希望。因此，有理由相信，直接选举体系久而久之将会比抽选能更好地为富人利益服务。但事实如何？有人曾问过，五百人议事会在多大程度上被富人占据？（Jones, 1978: 106）。而人口方面的证据表明，几乎每个公民都曾在议事会任过职（Hansen, 1979: 36）。

在佛罗伦萨，候选人之间的重要区别不在于财富，而在于社会影响。它的体系总的来说相当封闭，但据记载，只要某人获得提名，他最终被抽中的机会很大。至少在很长时间内，抽选过程更多的是用于决定候选人的履职顺序，而不是决定一位候选人是否能任职（Najemy, 1982: 115）。人们承认候选人的范围很有限，但几乎可以肯定这个体系的运行方式比直接选举更平等。如果举行一轮轮的选举，但候选人是同一批人，几乎不可能出现所有候选人都会当选，只是前后顺序不同的局面。

如果一部分而非全部官职由抽签分配，就会遇到另一个分配后果问题。这是雅典政治体系的一个重要特征，军事长官在公民大会通过选举选任。一个人连任军官的次数没有限制。这一体系的明显后果是，与民事行政官相比，将军的权力扩大了。因此，即便抽选在政治体系的某个领域将权力平等化，这种安排可能会相对削弱这个特定领域。

然而，这条推理线应该被两个因素修正。第一个关乎人民掌握多少权力。如果行政官员是选举产生的，甚或任期很长，这无疑会增加其制衡军官势力的可能性，军官的权力将会削弱；然而这对平民参与没有任何帮助，受惠的只是行政官员群体。在某种程度上，为了对抗将军们的权力集中，平民参与将会变成牺牲品。

第二个应该考虑的是正当性问题。尽管制度效率会因为抽选机制而有所损失，这在一定程度上可以获得补偿，因为抽签增强了政治参与的正当性。这两个论点表明，即使"抽签与选举的结合会导致权力集中到当选者手中"（Hansen, 1979: 36），这并不一定意味着，其他选拔模式会导致权力分布更平等。

2. 社会整合效果

抽选的分配后果也可能影响社会整合。我已经提过抽签可能阻止各种阴谋。这个论点可以概括为，公民对政治制度的支持，将会因为他知道自己可能会被抽中而增强。他被抽中的可能性自然很小，但不是一点儿没有，并且谁也不比谁更大（我们讨论过一些保留因素）。相反地，想被选中但没如愿的人也不能怪罪别人。

除了与机会平等有关的整合效果以外，抽签的仪式层面也会产生社会整合效果。抽签行为本身常常既庄严肃穆又令人兴奋。[1] 古代与文艺复兴时期的抽签仪式很不一样。在雅典，抽签公开进行。很少人知道确切程序；有些抽签在每个德谟进行（Jones, 1978: 105），但也有一些是在汇集了几千人的市中心进行，会审员的选拔也是这样（Dow, 1939）。无论如何，这些肯定都是公共仪式的重要来源。

每年都有几千个职位和任务通过抽签分配。获得提名的候选人当然就更多。因此，政治体系的整合不仅仅可以归功于机会平等，每个公民都多次担任候选人也会推动体系的整合。不是候选人的人也必然经常观看这个令人兴奋的游戏。尽管源于完全不同的时代，一份有关瑞士邦民大会的记载大概保留了此类事件的余温。兰伯特描述了长者们如何回忆那些命运决定选择的时光：

> 但是，老年、中年男子都记得，他们曾经不止一次看到那八个黑色球是如何运作的，并且都认为，现在的选举机制与之

---

[1] 雪莉·杰克逊（Shirley Jackson）在其1965年的简短小说《抽签》中生动描述了抽签过程如何令人兴奋。

相比显得苍白无力。抽签时，所有人都对命运的眷顾翘首以盼；结果一经公布，他们有的喜悦，有的惊讶，有的郁闷，一起爆发出来，场面蔚为大观。（Rambet, 1889: 276f.）

文艺复兴时期意大利北部城邦的情形很不一样。除了庄严的开幕式以外，抽签既不喜庆也不热烈。相反，其特征是在很大程度上充满神秘感，尤其是候选人的提名过程。在锡耶纳，抽签在秘密会议上进行，只有少数执政官和神父出场见证（Bowsky, 1980: 60）。被提名人的名字在佛罗伦萨也是保密的。除了审查委员会，任何公民都不知道自己是否获得提名（译者注：此处应有误，佛罗伦萨不公布的是通过审核的候选人名单）。但是，他们可以抱持希望（Najemy, 1982: 302）。不公开提名的一个好理由在于，如果被拒绝的人发现自己被拒绝了，他们对城邦的敌意将会变大。人们也许会问，保密所带来的不确定性，会不会远远超过被抽中的机会所提高的社会整合度，以至于这样做的后果总体上是负面的？对这种质疑的回应是，在中世纪与文艺复兴时期之交，秘密决策，哪怕它们与个人生活息息相关，似乎非常普遍，也被人广为接受（Waley, 1969）。很多行会的仪式也是如此。

如果不提出因果方向的问题，人们可能会认为，雅典与佛罗伦萨之所以在秘密与公开方面做法不同，大概与不同时代的宗教观有关。雅典人认为诸神无常，但完全可以理解。然而，与之相反，14世纪的人认为上帝之道高深莫测，其智慧超越人类的理解能力，其存在方式优雅无比。

六、使用政治抽签的一些可能的解释

寻求构建解释抽选任职的一般理论的努力可能是徒劳的。每个历史情境都是独特的，必须用特定情境下出现的各种因果要素来解释。为了理解任何社会之所以使用抽选，有必要描述社会行动者的意图和计划如何与他们活动其中的结构性环境互动。详尽解释本文提及的那些案例中的抽选运用，需要进行历史研究，明显超出了本文范围。然而，我会廓清某些更具普遍性的因素。

1. **意图因素**

正如第三部分所讨论的，把抽选引入政治有很多不同理由，其中很多已经或明或暗地出现在前面引用过的案例中。这些正当理由包括防止选举人被收买、避免社会冲突、分配暗含额外收益或负担的官职，或者拓宽政治参与的基础。

分别来看，这些理由可以解释为什么在特定时间引入抽签，但不足以解释这种安排为什么会发展成为一种维持了几十年甚至几个世纪的社会制度。

保全抽选的一个可能的理由在于规范性结构。政治抽选起源时可能会获得来自宗教习俗的规范性支持。其他规范性理由可能源于世俗的意识形态，比如政治平等的意愿。然而，政治制度只在特殊情况下才能仅靠规范性因素来解释。在一个争夺政治与军事权力的世界里，如果不时时理性地考量手段与目标，任何社会都很难生存。因此，宗教根源或者政治理想可以解释抽签的引入，但无法解释其为什么能长期维持。

如果抽选不是社会生活中短命的古董，社会行动者必须有能力处理与社会效率有关的各种问题。他们不一定完全理解这些问题，但他们必须至少能找到某种权宜之计，构建起一座不需要能人在其中扮演重要角色的社会大厦，或把一个个职务融入委员会或其他能确保最低个人能力的结构中去。

从原则上讲，这种社会制度的建构过程是试错的过程，或者是随机决定发挥作用的过程。但是，必须指出，为了做到这一点，很多外围条件必须恰好吻合。在政治抽签扮演显著角色的各种社会中，情况并非如此。这些都是高度理性的社会，是出现过哲学和艺术重大突破的社会。雅典和佛罗伦萨是很明显的例子，17世纪的巴塞尔也拥有非常杰出的学术文化。政治行动者能够在智识上把握抽签的运行,能够评估抽签的各种不同后果。

也许需要问的是,如何说明这个理性实际上是什么。正如上文所引述的,一个常见的说法是,抽签的运用意味着理性的退场。根据这种看法推断,理性在这些社会相当不成熟。它们在人类理性史上处于一个不成熟甚至幼稚的位置。与此相反,人们也可以争辩说,它们表现出了超常的理性水平,符合帕斯卡所说的"直观精神"(L'esprit de finesse):最深刻的理性是这样一种理性,它理解理性的局限性,进而理解什么时候放弃理性才是理性的(Neurath, 1914)。

我们也许无法明确无误地确定某个运用政治抽选的社会究竟是处于传统社会与理性社会之间的灰色地带,还是表现出了更深层的理性。但也许这并不重要。就我们的目的而言,指出政治抽选最容易在两类社会中发展就足矣:一类社会走在理性的半途,站在社会生活形成更强理性的门槛上;另一类社会则是"后理性主义社会",也就是说,社会制度安排反映出这样一种深刻见解,即在某种环境下,放弃理性可能恰恰是理性的。

2. 社会结构因素

原则上,政治抽签可以在任何类型的社会条件下形成。然而,聚焦雅典和佛罗伦萨的某些共同因素也许很有意思,尽管这本身无法解释人们为什么接受或拒绝政治抽签。

在这两个案例中,我们面对的都是拥有强烈公民精神的城邦。形成这种志同道合感的条件,包括长期的经济增长,以及由此引发的社会阶级结构变化。城邦中不同阶级与派系之间之所以形成新的妥协,是因为权力基础的拓宽、下层阶级政治参与的增强。

这些结构性特征适用于希腊和意大利北部的大片地区。在一个社会迅速变化的时期,大量城邦的形成使得这些地区变成了政治宪制的天然实验室。这样,从宏观层面看,抽选是试错中形成的众多可能程序之一种,然后接受了实践的检验。

但是,这种安排是不会自我引入和维护的,必须有一个或多个群体支持它，并认为保护它符合自身利益。雅典无疑就是这样。对于下层阶级来说，在众多可供选择的制度安排中，抽选是他们的选择，是实现全体公民参与可能性的最清晰路径。同时，从公民视角看，抽选的效果不错，确保了每个公民均可进入的公民大会拥有最大的影响力。政治抽选之所以被采纳，很重要的原因是，下层阶级把它看作是打破精英共识的一个利器。

在佛罗伦萨，情况有点不同。佛罗伦萨政治体系的寡头制特征比雅典更明显。抽选的引入，部分是为了限制上层社会血亲集团之间的派斗。就此而言，抽选的后果与雅典的相反，它反而提高了精英共识。同时，出于与雅典类似的理由，这一安排也部分符合下层阶级的利益。抽选让人们有可能以恰当的方式提出下述问题：谁真正有资格担任公职？1378年的叛乱以剧烈的方式提出了这个问题。然而，抽签也有助于维护精英权力，只要精英可以秘密决定谁可以成为正式候选人。

一个社会制度的成功不仅仅取决于它所服务的利益；也是各种后续后果所决定的。我们可以区分三种后果，提出三个相应的问题。首先是预期后果。它们是否真的实现了？其次是意想不到的后果，包括积极或消极两方面。权衡之下，行动者如何评估意外后果的净值？最后可以提出下述问题，抽选是否适与其他社会制度和实践匹配？最后一点的讨论与可能导致废弃抽选的因素相关。

上述讨论表明，在雅典和佛罗伦萨，与平等有关的预期后果在一定程度上都实现了。此外，减少贿赂或者腐败的预期大体上也实现了。有人指出，政治抽选可能对社会团结有积极影响。做候选人的经历、抽签的仪式，以及当选带来的兴奋感，都有助于增强政治体系的正当性。同时，这些效果都与引入抽选没有什么关系。因此，它们可以解释抽签为什么得到维持，却不能解释抽签为什么被引入。

3. 废弃抽选的理由

作为官职选拔的一个程序，抽选保留下来，对这个事实有各种解释。马上能想到的是军事征服。抽选在希腊和意大利北部之所以被废弃，是因为征服它们的国家不愿容忍这种制度安排。然而，这个论点说服力不强，很明显抽签也可以用相同的方式扩散到别处；这发生在希腊，在他们征服的城邦，雅典人也推行自己的政治安排。因此，军事理由不足以解释为什么现代社会不再有政治抽签。

如果抽选与其他制度和实践不匹配，就会出现内在张力。韦伯把理性化作为历史的动力，根据这种观点，抽选也许是一种"前理性模式"，当社会制度转向理性验证过的安排时，便出现不兼容。然而，我们已经指出，理性的退场并不必然是非理性的。相反，在特定环境下，这可能涉及对理性行动内涵的深刻理解。因此，这种一般性解释有三个支点：（1）雅典和佛罗伦萨这样的社会没有实现对理性的深刻理解，还相当"前理性"；（2）社会理性的增长必然经历一个理性提升的阶段，但缺乏这种见识；以及（3）只有在较晚的一个阶段，人们才可以期待确立更深层的理性。我们在此不对这些假设进行实质性的讨论，但至少可以说它们很有说服力。

作为简短的结论，我勾勒一个思路，它包含上述要点，但以某种更复杂的方式把它们串在一起。西方经历的政治变化可以概括为，权力在大型国家实体集中到很小一群人手中。政治治理的基础是最大限度的可预期性。正是在这种发展的基础上，民主与政治参与的理念相伴成长。我们所熟知的现代民主，不是由小型城邦或农村公社那种政府形态发展而来，而是民族国家整体权力结构进一步发展与回火的结果。这种中央集权与抽选过程所要求的不可预测性尖锐对立。抽签曾一度运作于小型社会，但在当代大型实体中却不见踪影，这不一定是一种规模效应。更可能的是，允许社会的权力和规模扩大的权力结构，与作为一种选拔机制的抽选不相匹配。但反过来，不断增长的中央集权已导致社会变得更加复杂，强化了人们对政治参与的渴望。也许，这将在政治与其他领域激发人们重新把抽签程序纳入自己的视野。

参考文献

Aubert, V. (1959), "Chance in Social Affairs", *Inquiry*, 2: 1-24.

Bowsky, W. M. (1980), *A Medieval Italian Commune: Siena Under the Nine, 1287-1355*, Berkeley: University of California Press.

Buck, R. J. (1965), "The Reforms of 487 BC in the Selection of Archons", *Classical Philology*, 60: 96-101.

Burckhardt, A. (1916), "Uber die Wahlart der Basler Professoren, besondersim 18. Jahrhundert", *Basler Zeitschriftfür Geschichte und Altertumskunde*, 15: 28-46.

Burckhardt. P. (1942), *Geschichte der Stadt Basel*, Basel: Helbing & Lichtenhahn.

Burnheim, J. (1985), *Is Democracy Possible?*, Cambridge: Polity Press.

Carrère, C. (1968), *Barcelone – centreéconomique à l'époque des difficultés, 1380-1462*, Paris: Mouton.

Dow, S. (1939), *Aristotle, the Kleroteia and the Courts*, Cambridge, MA: Harvard University Press, Harvard Studies in Classical Philology, Vol. 50.

Elster, J. (1983), *Ulysses and the Sirens*, Cambridge: Cambridge University Press.

Elster, J. (1987), "Solomonic Judgments", *University of Chicago Law Review*, 54: 1-45.

Elster, J. (1988), "Custody by the Toss of a Coin?", *Social Science Information*, 27 (4): 517-35.

Emery, F. (1985), "Cities, Markets and Civilized Work, Anno 2000", *Human Relations* 38: 1101-12.

Engelstad, F. (1988), "The Assignment of Political Office by Lot", Oslo: Institute for Social Research (working paper 1/88).

Fienberg, S. (1971), "Randomization and Social Affairs: the 1970 Draft Lottery", *Science* 171: 255-61.

Finlay, R. (1980), *Politics in Renaissance Venice*, London: Ernest Benn.

Finley, M. I. (1981), *Economy and Society in Ancient Greece*, London: Chatto&Windus.

Fishburn, P. C. (1978), "Acceptable Social Choice Lotteries", in H. W. Gottinger and W. Leinfellner (eds) *Decision Theory and Social Ethics, Issues in Social Choice*, pp. 133-52. Dordrecht: D. Reidel.

Forrest, W. G. (1966), *The Emergence of Greek Democracy*. London: Weidenfeld and Nicolson.

Godwin, W. (1793), *Enquiry Concerning Political Justice* (1st ed), London, England: G. G. J. and J. Robinson.

Hansen, M. G. (1979), *Det athenskedemokratii 4. arhundre f. kr.*, Vol. 5: Embedsmaendene. Copenhagen: Museum Tusculanum.

Hansen, M. G. (1980), "Seven Hundred Archai in Classical Athens", *Greek, Roman, and Byzantine Studies* 21: 151-73.

Headlam, J. W. (1933), *Election by Lot at Athens*, 2nd ed., Cambridge: Cambridge University Press.

Heinberg, J. G. (1926), "History of the Majority Principle", *American Political Science Review* 20: 52-68.

Jackson, S. (1965), "The Lottery" in *The Lottery*, New York: Avon Books.

Jones, A. H. M. (1978), *Athenian Democracy*, Oxford: Basil Blackwell.

Kishlansky, M. A. (1984), *Parliamentary Selection, Social and Political Choice in Early Modern England*, Cambridge: Cambridge University Press.

Lang, M. (1959), "Allotment by Tokens", *Historia* 8: 80-9.

Macchiavelli, N. (1891), *The History of Florence*, Edited by H. Money. London: George Routledge and Sons.

Mulgan, R. B. (1984), "Lot as a Democratic Device of Selection", *The Review of Politics* 46: 539-60.

Najemy, J. M. (1982), *Corporatism and Consensus in Florentine Electoral Politics, 1280-1400*, Chapel Hill, NC: University of North Carolina Press.

Neurath, O. (1914), "The Lost Wanderer of Descartes and the Auxiliary Motive", published in O. Neurath (1983), *Philosophical Papers 1913 - 1946*, Dordrecht: D. Reidel.

Pateman, C. (1970), *Participation and Democratic Theory*, Cambridge: Cambridge University Press.

Pitkin, H. F. (1967), *The Concept of Representation*, Berkeley, CA: University of California Press.

Pope, M. (1986), "Athenian Festival Judges-Seven, Five, or However Many", *Classical Quarterly*, 36: 322-6.

Rambert, E. (1889), *Les Alpes Suisses. Etudes historiques et nationales*, Lausanne: Librairie F. Rouge.

Rhinehart, L. (1971), *The Dice Man*, New York: W. Morrow.

Richards, P. G. (1984), *Mackintosh's the Government and Politics of Britain*, 6th ed. London: Hutchinson.

Rockwell, J. (1972), "The Danish Peasant Village", *Journal of Peasant Studies*, 1: 409-61.

Staveley, E. S. (1972), *Greek and Roman Voting and Elections*, London: Thames and Hudson.

Suffian, M. T. (1976), *An Introduction to the Constitution of Malaysia*, 2nd ed. Kuala Lumpur.

Waley, D. (1969), *The Italian City-Republics*, London: Weidenfeld and Nicolson.

Weber, M. (1922), *Wirtschaft und Gesellschaft*, Studienausgabe, 1972. Tübingen: J. C. B. Mohr.

Wolfson, A. M. (1899), "The Ballot and Other Forms of Voting in the Italian Commune", *American Historical Review*, 5: 1-21.

恢复政治理性的随机性：
一种随机民主理论的诸要素

休伯图斯·布克斯坦*

Hubertus Buchstein, "Reviving Randomness for Political Rationality: Elements of a Theory of Aleatory Democracy", *Constellations* Vol. 17, No. 3, pp. 435–454 (2010).

【摘要】政治领域有随机决策的传统，当代民主有必要包含通过偶然因素来改进政策过程，运用随机性往往可以增强而非削弱现代民主中的理性潜能。本文指出，抽签在政治领域中有五大潜在功能，美国建立的通过抽签挑选陪审员的制度，其他国家出现的很多运用偶然机制来决定政治组织成员资格的试验和项目，让人们得以重新重视偶然因素对于民主的创造性作用，及其对于民主的协商理论与实践的范式意义。不管就政策改革而言，还是就概念本身而言，都有必要建构一种政策改革意义上的随机民主理论，把随机遴选的理性潜能融入下述元素在现代民主实践中的综合运用，即选举、推举、委派和最适合现代民主制的各种投票技术。抽签是一件失而复得的民主利器，有助于提高民主的理性潜能。

---

* 休伯图斯·布克斯坦（Hubertus Buchstein），德国格拉夫瓦尔德大学政治理论教授。他最近的著作有 *Demokratietheorien in der Kontroverse*（2009）和 *Demokratie und Lotterie*（2009）。本文原为德语文章，由桑德拉·勒斯蒂格（Sandra H. Lustig）译成英文，中译文依据英文版译出。

一、导言

长期以来,政治理论一直对偶然(chance)这个概念耿耿于怀;政治理论家和哲学家显然很难控制自己试图驾驭偶然因素的冲动。对他们来说,把某件事称为"偶发事件"就等于智力不足,甚至叫骂。在康德哲学中,"碰巧"(by chance)意味着"仅凭经验",暗示某件事完全是随意的、未经深思熟虑的。[1] 而对黑格尔来说,不仅荷马史诗,而且哲学科学、精良的刺刀和大炮都与偶然毫无关系,一切都归功于伟大的"造物主精神"(Compositeur Geist):[2] "《伊利亚特》不是掷骰子掷出来的",这是黑格尔"流水账"(Wastebook)中的一句格言。[3]

长期以来,认识论的核心信念完全不承认偶然有什么正面意义,政治左派尤其如此。在他们的社会政治思考中,法国大革命期间的激进左派、乌托邦社会主义者、卡尔·马克思和弗里德里希·恩格斯以及所有其他左翼思想流派,都把偶然视为非理性因素。马克思和恩格斯的著作充满了对资本主义体系下人民受偶然的非理性力量支配的批判;只有尚未来临的社会主义和共产主义才有可能克服偶然的霸道,理性与计划才能畅通无阻。[4] 奥古斯

---

[1] See Immanuel Kant, "On the Old Saying: That May be Right in Theory But it Won't Work in Practice" [1793], *Political Writings*, Cambridge, UK: Cambridge University Press, 1991.

[2] 这是作者的翻译。See also Hegel's introduction to the "Vorlesungen über die Geschichte der Philosophie" (1832) as well as the section on "Reality" in the second volume of his "Logik" (1816) regarding his critique of the concept of "pure chance".

[3] Georg Wilhelm Friedrich Hegel, "Aphorismenaus dem >Wastebook<" [1803], Ders., *Jenaer Schriften 1801-1807*, Frankfurt/M.: Werke Band 2, 1996, pp. 540-567, 561.

[4] 这也适用于马克思对黑格尔法哲学的早期批判。See Karl Marx, "Critique of Hegel's Philosophy of Right", [1843] Cambridge, UK: Cambridge University Press, 1977: 33-36 to Friedrich Engels, "Anti-Dühring" [1878], *Herr Eugen Dühring's Revolution in Science*, New York: International Publishers, 1966, 296, 309-316; "Dialectics of Nature" [1883], *The Origins of the Family, Private Property, and the State*, New York: International Publishers, 1973, pp. 18-23, and "Origins of the Family" [1884], *The Origins of the Family, Private Property, and the State*, 157-159 all the way to Marx, *Capital*, Volume 3, Harmondsworth: Penguin, 1981, pp. 287-289, 966, published posthumously.

特·倍倍尔（August Bebel）将资本主义的堕落归咎于这种随着无计划的偶发市场决策起舞的经济体系缺乏效率，他遵循的是相同的逻辑。[1] 对"偶然"的批评以及对历史必然性甚至革命意志（两者都被用来反抗偶然性）的借助，在革命马克思主义的不同思想流派身上都留下了印记，一方面如从早期卢卡奇到托洛茨基，另一方面如沃尔夫冈·阿本德罗思（Wolfgang Abendroth）的改良社会主义和社会民主党的左翼。[2]

同时，把偶然当作一份事业来推动的，主要是追随阿瑟·肖彭豪尔（Arthur Schopenhauer）的一批保守主义者，包括令人啼笑皆非的、不可救药的乐观怀疑论者，比如奥多·马夸特（Odo Marquard）或者利奥塔之类后现代思想家。[3] 在哲学界的约翰·罗尔斯著作引起争议之后，围绕随机决策在正义理论中的地位出现了一场艰难而又微妙的新辩论。[4] 此外，1970年代和1980年代以来，受经济学影响的决策理论领域产生了大量模型和辩论，它们也为这个话题的复兴做出了贡献。在第一份有关随机决策中的理性潜能的重要研究中，乔恩·埃尔斯特把它们融合在"二级理性"这个标签下。[5]

---

[1] See August Bebel, *Women Under Socialism* [1878], New York: University Press of the Pacific, 2004, pp. 233-236.

[2] See Georg Lukacs, *History and Class Consciousness: Studies in Marxist Dialectics* [1923], Cambridge: Cambridge University Press, 1972, pp. 98-103 and Leo Trotzij, "The Russian Revolution", Speech Delivered in Copenhagen, November 1932, as well as Wolfgang Abendroth, "ZumBegriff des demokratischen und Sozialen Rechtsstaatesim Grundgesetz der Bundesrepublik Deutschland" [1954], Der., *Antagonistische Gesellschaft und Demokratie*, Berlin: Neuwied, 1972, pp. 109-138, 132.

[3] See Jean-Francoise Lyotard, *The Postmodern Condition* [1979], Manchester: Manchester University Press, 2005 and OdoMarquard, *Apologie des Zufälligen*, Stuttgart: Reclam 1986.

[4] See Bernard Williams, *Moral Luck. Philosophical Papers*, Cambridge: Cambridge University Press, 1981; Barbara Goodwin, *Justice by Lottery*, Chicago: Chicago University Press, 1994; and Peter Stone, "Why Lotteries are Just", *The Journal of Political Philosophy* 15 (2007), pp. 276-295; "The Logic of Random Selection", *Political Theory* 37 (2009), pp. 375-397.

[5] See Jon Elster, *Salomonic Judgements*, Cambridge: Cambridge University Press, 1989; and Neil Duxbury, *Random Justice. On Lotteries and Legal Decision Making*, Oxford: Oxford University Press, 1999.

一旦确信有时偶然性不应该受到批判反而值得赞扬，下一步就是主动设计随机决策。在日常生活中，这是通过抓阄或者扔硬币实现的。设计出来的高级随机决策被称为"抽签"。[1] 在漫长的抽签历史中，我们可以发现各种各样的技术工具和机制，从带记号的木棍、事先准备好的石头和球，一直到特殊装置、机器和计算机系统。

过去几十年，在世界各地的现实生活中，求助于抽签手段的随机决策已经在各种社会领域中变得更有吸引力。这超出了兴旺发达的赌博市场，也超出了 iPod 为你的每周慢跑随机排序播放列表。不，随机性现在已经在更严肃的场合得到应用，比如挑选纳税申报单的审计对象，运动员药检、卫生检查和食品检查样本，在首次公开募股中股份购买权的分配，招募新兵入伍，分配热门活动的购票权（比如 1967 年的滚石演唱会、2009 年的迈克尔·杰克逊追悼会），在继承人中间裁决有争议的房产归属，或者分配稀缺但必需的医疗供给，或者向想要孩子的北欧女性捐献精子。

这份清单并不完全，但已勾勒了整体图景的初步轮廓。尽管与其他分配方式相比，诉诸随机决策仍然更多是例外而非规则，但自从 20 世纪的最后三分之一以来，抽签原则实际上已经在现代社会日常生活的各个领域变得越来越普遍，获得了越来越多的认可。

但是，抽签是否因此就适用于政治领域呢？可以确定的是，政治领域实际上有随机决策的传统，人们马上就会想到古雅典民主广泛使用抽签来填补公共职位。但是，伯纳德·曼宁在追溯观念史时发现了他所说的"选举对抽签的胜利"[2]。这能否无可辩驳地证明：政治抽签时代已经一去不复返了，并且最好保持这个状况？毕竟，今天在理想上政治被视为一个理性论辩、通过明智权

---

[1] 抽签的形式特征及其公平性的条件，See Ben Saunders,"The Equality of Lotteries", *Philosophy* 83（2008）, pp. 359-372 and Peter Stone, "Lotteries, Justice and Probability", *Journal of Theoretical Politics* 21（2009）, pp. 395-409.

[2] See Bernard Manin, *The Principles of Representative Government*, New York: NYU Press, 1997, p. 79.

衡利弊进行决策以及尽责代表的领域，而不是一个根据偶然原则运作的过程。

在下文中，我将展示，就政策改革而言，当代民主有必要包含偶然因素，并展示如何实现这一目标。为此，我将参考一些意图在现代政治体系中再次给偶然性一个机会（至少不时这样做）的新观念与新建议。[1] 下面的讨论将尝试证明运用随机性（尽管经常招致不满）为什么常常可以增强而非削弱现代民主中的理性潜能。我把这个课题称为一种"随机民主理论"，随机这个词源于拉丁文中的 alea（骰子）。

首先，我将列举抽签在政治领域中的五个潜在功能；作为政策改革意义上随机民主理论的一个构件，每个功能均可细加阐释（第二部分）。接下来，在当下对于协商民主概念缺陷辩论的背景下，我将讨论其中几个因素。非同寻常的是，在这个问题上，四十多年前人们就已经重新发现了偶然因素对于民主的创造性作用，起点是美国建立了用抽签挑选陪审员的制度。鉴于它们对民主的协商理论具有范式意义，我至少会简要提到它们（第三部分）。后来，随机遴选的观念从挑选陪审员扩展到与政治参与相关的概念。与此平行的另一个发展是，近年来对民主的协商概念内含的缺点与脆弱点讨论的更加全面（第四部分）。迄今为止，已经出现了很多运用偶然机制来决定政治组织成员资格的试验和项目。我将评估这些项目最重要的发现对于协商民主的实践有多大意义（第五部分）。我将提出一个论点来结束本文：不管就政策改革而言，还是就概念本身而言，随机民主的潜能还没有得到充分发掘。鉴于抽签所能发挥的各种功能，可以形成值得讨论和实践检验的进一步改革建议。

---

[1] See Lyn Carson and Brian Martin, *Random Selection in Politics*, Westport: Praeger, 1999; Anja Röcke, *Losverfahren und Demokratie*, Berlin: Münster, 2005; Yves Sintomer, *Le pouvoir au peuple. Jurys citoyens, tirage au sort et démocratie participative*, Paris: La Découverte, 2007; and Oliver Dowlen, *The Political Potential of Sortition. A Study of the Random Selection of Citizens for Public Office*, Charlottesville: Imprint Academic, 2008.

二、随机遴选的功能多样性

长期以来，对于古雅典抽签实践的激进民主阐释，使政治生活中的偶然机制相形见绌。然而，考古学早就证明这种看法并不合理。古代贵族制肯定也曾运用过抽签；即使在亚里士多德称之为雅典的"激进民主"时代，抽签也只是众多程序之一，而这些程序是混合在一起的。[1] 激进民主的（不正确的）想象对偶然性在现代民主中复兴的前景有害而无利，即使今天依然妨碍对抽签的客观检验。因此，为了合理评价抽签在民主理论中的潜力，第一步必须归纳一下它们的功能。

在有关抽签的研究文献中，有人曾试图大致区分抽签的不同功能，但还没有人提出全面的类型学。[2] 总而言之，偶然机制在政治领域中至少有下述五种潜能：

第一，随机遴选是一种中立、自主的偶然机制，总能产生一个决定。这使之特别适合打破均衡，也就是说，在双方势均力敌之时仍能形成一个决定。甚至杰里米·边沁也在一次向法国革命者演讲时赞扬抽签在议会议事时的这种功能，[3] 当今世界上几乎所有议会都会运用这一程序。

第二，当涉及个体成功机会时，未加权的抽签完全是平等的。在民主制中，这一特征不仅可用来在公民之间分配资源使用权，也可以用来分配公共官职。

---

[1] See Herman Mogens Hansen, *The Athenian Democracy in the Age of Demosthenes*, 2. ed., Oxford: Oxford University Press, 1999.

[2] See Hank Greely, "The Equality of Allocation by Lot", *Harvard Civil Rights / Civil Liberties Law Review* 12 (1977), pp. 113–141; Fredrik Engelstadt, "The Assignment of Political Office by Lot", *Social Science Information* 28 (1989), pp. 23–50, 27–31; Elster, *Salomonic Judgements*, pp. 36–61; Goodwin, *Justice by Lottery*, pp. 45–77; Duxbury, *Random Justice*, pp. 43–82; Carson and Martin, *Random Selection in Politics*, pp. 34–36; as well as Röcke, *Losverfahren und Demokratie*, pp. 133–135; Dowlen, *The Political Potential of Sortition*, 2008; and Stone, "Lotteries, Justice and Probability", provide good starting points.

[3] See Jeremy Bentham, *Political Tactics* [1791], Oxford: Oxford University Press, 1999.

第三,随机遴选可以免除决策者及受其决策影响者的负担(这就是为什么有时候它被用于在医学领域分配稀缺而又致命的重要移植器官)。在现代民主制下,抽签可用于(根据需要加权或不加权)规管稀缺资源或优先权(比如幼儿园、学校或住房津贴)的分配。

第四,抽签产生的结果无法提前决定,从而导致不确定因素。这有助于反腐败。系统运用随机元素分配官僚机构内部的公共职位,让利益相关方难以预料应接近谁、贿赂谁,腐败的代价将更加高昂并且风险重重。

第五,抽签可用来定期挑选个体公民填补公共职位。每次使用抽签的结果都不确定,参与者都有希望最终"轮到自己",从上一任手中接管权力。这就是抽签保障威尼斯贵族共和国几百年政治稳定的原因,对于所有显贵家族来说,等待下一次抽签比发动一场内战更为经济。这一稳定效应同样适用于现代民主制。

有了这五个潜在功能,就不难理解作为一个政治工具的抽签为什么再次获得关注。

三、随机遴选重回美国用于挑选陪审员

在政治领域(重新)发现抽签,是从政府的司法部门内部触发的。自1968年以来,美国州一级陪审员的选拔就不再是自上而下的,而是抽签的结果。此前,在审理来自下层阶级(往往是黑人)的被告时,来自(白人)上层阶级的陪审员在裁决中往往公然审判不公,这引发了长达几十年的激烈政治辩论,并最终导致了这场改革。[1] 一些国家(比如法国和英国)借鉴美国经验也开

---

[1] See Jon van Dyke, *Jury Selection Procedures*, Cambridge: Cambridge University Press, 1977; Jeffrey Abramson, *We, the Jury. The Jury System and the Ideal of Democracy*, Cambridge, MA: Harvard University Press, 1994, and Akhil Reed Amar and Adam Hirsch, *For the People. What the Constitution Really Says about Your Rights*, New York: Touchstone, 2006, on the history of this reform and current practice in the USA.

始随机遴选陪审员。[1] 在美国，这一体制为在其他社会背景下持平地考虑将随机遴选作为替代程序扫清了道路，比如在越战期间征召士兵服役，或者分配稀缺医疗资源（捐献器官、透析）。此外，引入随机遴选来分配陪审义务，意味着对成功实施协商程序所需社会前提条件的了解开始拓宽。这里，随机遴选陪审员及其所引发辩论的意义就在于，它提出了协商程序参与者的社会构成问题。随机遴选陪审员模式牵涉到现代民主理论必须面对的三个关键问题：公平代表问题、公民直接参与的作用以及共同协商的结果必须是理性的这一要求。

随着随机遴选陪审员方面经验的积累，有这样几种支持在挑选陪审员时运用偶然性的说法：

第一个说法基于独立性假设。随机遴选的陪审团是独立的，因为在审判开始前，不可能对陪审员候选人施压、敲诈或者贿赂。

第二个说法是，当陪审员来自非常不同的社会背景时，实证研究观察到各种附带效应。其中一个效应是：在共同协商期间，来自不同社会群体的陪审员会改善彼此的判断。

第三个是规范意义上的说法，基于下述论点：所有公民拥有相同的权利担任陪审员、参与决策过程。担任陪审员不应该是一个特权，而应该尽量向所有公民开放。任何其他任命形式，无论是选举还是指派，都将削弱公民担任陪审员的平等机会。

第四个说法基于公平性原理的协商概念。被告有权获得代表其社区全部社会多样性的陪审团的裁决。因为陪审员不仅仅注意事实，也被假设有能力理解动机、个人的陈述及其可信度，他们会在裁决中不由自主地涉及伦理和道德因素。根据这种对公平性原理的解释，只有具备社会异质性的陪审员才可能在共同协商期间思虑周全。就此而言，如果可能，有必要让相关地区内的所有公民都参加陪审员的遴选抽签，这种说法的逻辑将允许在全体人口

---

[1] See Neil Vidmar, ed., *World Jury Systems*, Oxford: Oxford University Press, 2000.

中为某些群体设置抽签配额。

第五个说法是指陪审义务对本国法律文化的某种影响。[1] 在尽力做出公正裁决的过程中，陪审员们会与自己及同僚争斗，其后他们将要在公民同胞面前、在公共场合为自己的裁决辩护；长此以往，这在法律文化意义上有助于社会整合。支持随机遴选陪审员的这五个说法，在某种程度上类似于民主理论中围绕协商政治机构制度化展开的辩论。因此，接下来的内容将循着这个思路展开深入讨论；到本文的结尾部分，我们重新回来讨论抽签的潜在功能。

四、民主的问题与协商民主中的协商

认为陪审团制度与协商过程之间存在某种关联，这个想法由来已久。黑格尔就将陪审员的活动描述为"法庭成员的协商"。[2] 今天，协商已经是一个重大话题，尤其是在民主理论背景下。自从1980年代末被构想为一个政治方案以来，协商民主理论就在民主理论领域留下了自己的印记。协商民主理论之所以有可能成功，主要是因为其代表人物成功构建了与民主理论的其他学派相连的概念桥梁。[3] 尽管这肯定有助于协商民主理论获得重视，但这种接近度也将其带入其他民主理论学派固有的"输出理性"至上的漩涡。

协商民主的提倡者强调，协商民主的一个重要长处在于，它特别适用于搭建一个超越民族国家范围的民主概念框架。对约翰·德赖斯齐克（John Dryek）来说，协商民主"特别有助于国际社会，

---

[1] 当然，这一论断只适用于那些法律诉讼不受保密要求约束的国家。

[2] Hegel, *Fundamental Principles of the Philosophy of Right* [1821], Oxford: Oxford Unviersity Press, 2008, § 224.

[3] 协商民主理论的一个综述，See John S. Dryzek, *Deliberative Democracy and Beyond*, Oxford: Oxford University Press, 2000; as well as the contributions in James Bohman and William Regh, *Deliberative Democracy*, Cambridge, MA: MIT University Press, 1997; and Maurizio D'Entréves Passerin, ed., *Democracy as Public Deliberation*, New Brunswick/London, 2006.

因为与传统民主模式不同，它不必那么重视国与国之间的边界问题"。[1] 在将焦点从民族国家框架中的公民社会行动者转向国际组织和超国家组织时，协商民主理论悄然改变了其正当化起点，加入了"民主理论理性化"的大潮。最初协商民主理论在激进民主传统中占有一席之地，后者试图在改革政策方面有所贡献，在强化参与论坛的意义上推动"民主的民主化"（Claus Offe）。尽管如此，它的正当化却不断转向将"合理的结果"作为规范性的参照点。这一趋势在欧盟所谓"专家委员会研究"（comitology research）中看得特别明显。在多层次的欧盟体制内，成员来自不同国家的专家机构不仅就彼此利益进行协商，而且在交流论点后做出无数决定。当研究发现这些现象后，这些机构被看作成功的协商政治过程的最佳范例。[2]

尤尔根·哈贝马斯最近在解释这一转向时指出，"这是在呼吁进一步调整政治理论的概念结构"，[3] 如果我们想让民主理论跟得上超国家的现实世界的话。考虑到哈贝马斯对民主规范核心的理解，这意味着强调"我们也看重民主意愿形成的认知功能"。[4] 在其"认知程序主义"路径中，[5] 民主程序的正当化权力"不仅并且主要不是来自参与和意愿表达"，而是来自一个协商程序的普遍可及性，这个协商程序的结构为期待理性上可接受的结果奠定

---

[1] Dryzek, *Deliberative Democracy and Beyond*, 129.

[2] See Christian Joergesand Jürgen Neyer, "From Intergovernmental Bargaining to Deliberative Political Processes", *European Law Journal* 3 (1997), pp. 273-299; and Joerges, "Deliberative Supranationalism-Two Defenses", *European Law Journal* 8 (2002), pp. 133-151.

[3] Jürgen Habermas, "A Political Constitution for the Pluralist World Society?", *Between Naturalism and Religion. Philosophical Essays*, Cambridge: Polity Press, 2008, pp. 312-352.

[4] Habermas, "The Postnational Constellation and the Futures of Democracy", *The Postnational Constellation. Political Essays*, Cambridge, MA: MIT Press, 2001, pp. 58-112, 110. 对协商民主理论的认知解释，See also José Louis Mart, "The Epistemic Conception of Deliberative Democracy Defended", Samantha Besson, ed., *Deliberative Democracy and its Discontents*, Aldershot: Ashgate Publishers, 2004, pp. 27-56, 32ff。

[5] Habermas, "Political Communication in Media Society", *Communication Theory* 16 (2006), pp. 411-426, 413.

了基础。[1] 哈贝马斯期望这一"认知转向"[2]特别有利于使协商民主理论符合对超越国家界限的民主加以概念化的要求。这样做使哈贝马斯可以比较轻松地争辩说，那些认为民主首先意味着公民必须拥有相同的机会，通过选举或公民投票来表达自己的真实偏好以影响决策的看法，属于"唯意志论"。[3] 这样，在哈贝马斯那里，民主概念中的参与元素就被看作了期待政治过程所具备理性的因变量。这一看法的逻辑后果在于，民主参与从属于现代政治对理性的不合理要求。当涉及其输入维度时，按照这个脉络解释的协商民主理论就会在其民主性上面临困境。[4]

通过在保障理性的制度"结构"方面提出问题，[5] 哈贝马斯处理了协商民主理论的第二个软肋。对协商实践的更新研究发现，在三个领域中，协商民主制度在其实践中证明自己很难达到对它们的规范性预期：

第一个困难是**策略性利用问题**。即便协商实践有时候会逐步在小型组织内部形成一个普遍的规范特征，它们仍然很容易受到具有策略意识的行动者的影响，这样的行动者只是在形式上参与辩论，但同时千方百计用花言巧语来争取自己的最大收益。如果协商过程的参与者面临其政治委托人期望的压力，这一策略因素就会增强。鉴于这方面的易感性，乔恩·埃尔斯特得出结论说，最好放弃哈贝马斯对公共审查的要求，因为有时候闭门协商可以让协商过程运转得更好。[6]

第二个困难是**动机问题**。并非所有协商环境都能同样激发其参

---

[1] Habermas, *The Postnational Constellation*, p. 110.
[2] Rainer Schmalz-Bruns, "Den GrenzenderEntstaatlichung", Peter Niesen and Benjamin Herborth, eds., *Anarchie und kommunikativeFreiheit*, Frankfurt/M.: Suhrkamp Verlag Kg, 2007, pp. 269-293, 274.
[3] Habermas, *The Postnational Constellation*, p. 110.
[4] On this criticism, see Peter Niesen, "Deliberation ohneDemokratie", Regina Kreide and Andreas Niederberger, eds., *TransnationaleVerrechtlichung*, Frankfurt/M: Campus Verlag; Auflage, 2006: 240-259.
[5] Habermas, *The Postnational Constellation*, p. 110.
[6] See Elster, *Salomonic Judgements*.

与者为实现理性对话的要求而在认知与道德方面尽力。专业主持人的娴熟工作可以部分解决动机困境。不过,参与者常常权衡协商过程的成本与收益,质疑如果政治协商不产生有约束力的政治决策,自己的努力参与是否划算。[1]

最后,第三个困难是**极化问题**。一个协商过程的成功在很大程度上取决于参与者的总体构成。很明显,社会背景同质化不会引发理性交流,它引发的不过是参与者反复确认自己及彼此的意见而已。[2] 如果我们依据卡斯·桑斯坦(Cass Sunstein)的论点,下一步由社会心理研究迸发,人们甚至可以构想出一个"群体极化法则"。[3] 根据这个法则,同质群体的讨论,或者明显有一种观点占据霸权地位的群体的讨论,不会产生打开视野的效果,反倒会导致整个群体(或构成多数的群体)在辩论后采取更极端的立场。另一方面,研究者已经发现,异质群体的所有参与者做了更多准备进入对话,与辩论中的其他参与者展开协商。[4]

换言之,协商民主理论的问题显然不仅是民主的问题,而且也是协商的问题。

在协商民主理论遭遇这两组问题的背景下,我愿意更仔细地考察一些学者的建议,他们认为美国随机遴选陪审员是一个将抽签引入政治体系各组成部分的契机。对这里的讨论而言,有意思的是,这些建议不是简单地将政治参与对所谓合理结果要求的从属性再度翻转。而且,这里所考虑的建议提供了一个重建的视角:

---

[1] See David M. Ryfe, "The Practice of Deliberative Democracy: A Study of 16 Deliberative Organizations", *Political Communication* 19 (2002): 359-377, 366f.

[2] See Diana C. Mutz, *Hearing the Other Side. Deliberative versus Participatory Democracy*, Cambridge: Cambridge University Press, 2006, 16.

[3] Cass Sunstein, "The Law of Group Polarization", James S. Fishkin and Peter Lasslett, eds., *Debating Deliberative Democracy*, Oxford: Oxford University Press, 2003, pp. 80-101, 81. 这一论点的社会心理基础, See Eva J. Schweitzer, *Deliberative Polling. Ein demoskopischerAuswegaus der Krise der politischenKommunikation?*, Wiesbaden: Deutscher Universitäts-Verlag, 2004, 91-97 and Ryfe, "Does Deliberative Democracy Work?", *Annual Review of Political Science* 8 (2005), pp. 49-71, 54-60.

[4] 对这些发现的讨论, See James N. Druckman, "Political Preference Formation", *American Political Science Review* 98 (2004), pp. 671-686。

它试图证明如果包含抽签机制，协商也会显得更有力。

五、随机遴选与协商民主

在以陪审员随机遴选模式改造民主为目标的那些实践导向方案中，对此前贯彻抽签的概念与意图进行重建，依靠的就是我最在本文开始提到的"随机民主理论"。我将回应三个建议。首先，罗伯特·达尔（Robert A. Dahl）有关设立由随机遴选成员构成的机构，为一些政治机构提供咨询的建议（第一部分）。其次是詹姆斯·费希金倡议并实践的"协商民调"（第二部分）。随后我将考了察另外几个随机遴选"公民审议团"的例子（第三部分）。这些方案的经验提供证据表明，抽签如何可以被越来越多地用来作为未来优化协商程序的一个工具。

（一）罗伯特·达尔的"微众"（Mini-Populus）

根据美国在陪审员随机遴选方面积累的正面经验，罗伯特·达尔在其1970年出版的《革命之后》一书中，建议扩大"抽签民主工具"的适用范围。随机遴选的"咨询委员会"将被指派给现代民主制度下的重要政治官员[1]。具体而言，他建议将这种随机遴选的机构指派给"大型多头政体（这是达尔对当代所谓民主政体的称呼——译者注）中每个民选官员：大城市的市长、州长、国会参众两院议员乃至总统"[2]。他设想要为随机遴选加入委员会工作的公民提供财政补偿。按照达尔的设想，他们每隔几个星期开一次会，能够邀请负责具体议题的政客与会。他们讨论自己认为重要的主题，并告诉职业政客自己对如何处理这些事务有什么看法，提出问题并提供建议。这种随机遴选委员会的成员任期为一年。达尔本人也提出了下述问题：为什么这些组织只是咨询顾问性的？为什么不允许他们做出有约束力的决策？他的回答是民

---

[1] Robert A. Dahl, *After the Revolution*, New Haven: Yale University Press, 1970: 149.
[2] *Ibid.*, 149. 达尔认为多头政体更适合用来描述现代民主。

选官员被赋予了更高的民主正当性。[1]

达尔的建议相当迷人,因为他没有削弱反倒补充了现行制度机制。它提供了另一个政治交流渠道,让一般大众得以向职业政客相对原汁原味地表达自己的关切和感知。一方面,这使人们有可能对政客施加一定程度的压力,迫使他们为自己的行为提出正当化理由;另一方面,政客得到另一个机会来向一群公民更为详实地解释自己的看法,并基于从公民们那里听到的异议改进政治交流。

二十年后,达尔出版《民主及其批判者》一书,[2] 书的结尾部分清楚地表明,达尔对这个想法是极其严肃认真的。他就现代民主制如何才能在未来保持民主的潜能提出了自己的见解。达尔并不担心代议和间接形式下的现代民主制度会发生结构上的激进变革,他关心的是如何在这些制度内部改进协商实践。[3] 达尔认为,在这个背景下,最有希望落实的改革建议就是确立他所说的"微众"[4]。微众由通过计算机在全国范围内随机遴选的一千名公民组成。他们的任务是在一个较长的时限内,讨论并形成处理特定议题的各种方案。议会或者其他机构决定是否召集微众,决定它将处理什么政治议题。微众的成员不需要经常开会,也可以彼此之间进行电子交流。可以同时由几个这种微众组织在不同的政府层级处理不同主题;他们应有机会咨询专家,也应有工作人员协助他们做这些事。他们咨询工作的最终产品就是向立法机构提出政策建议。

达尔认为微众的优点就是其建议具有真正的民主品质:"微众的判断'代表'人民的判断。如果人民也有机会充分利用最佳知

---

[1] *Ibid.*, 150.
[2] Dahl, *Democracy and its Critics*, New Haven: Yale University Press, 1989.
[3] See Schmalz-Bruns, *Reflexive Demokratie*, Baden-Baden: Manfred G., 1995, 220.
[4] See also Dahl, "Sketches for a Democratic Utopia", *Scandinavian Political Studies* 10 (1987), pp. 195-206, 205f. As well as "The Problem of Civic Competence", *Journal of Democracy* 3 (1992), pp. 45-59, 54ff.

识来决定什么政策最可能实现其所追求的目标,其裁决会与微众的裁决一样。微众判断的权威因此来自于民主的正当性。"[1]

与二十年前的建议一样,达尔坚守自己的立场:微众只有咨询功能,无权做出决策。达尔认为,重要的是,微众产生了一种明智的民意,它以见解的方式发挥影响。

他认为,现代民主制可以从两个方面由微众获益。首先,构成微众的公民获了益,因为他们作为一个群体有机会在与专家的合作中就重要政治问题形成基于可靠信息的意见。其次,政治体系作为一个整体获了益,因为职业政客不得不直面公民意见的明智表达的挑战。达尔满怀希望地主张,他的微众将强化公民与职业政客之间的正当化链条,从而阻止对政客的厌恶进一步扩散。

(二) 詹姆斯·费希金的"协商民调"

继达尔的审慎思考之后,从1990年代初开始,詹姆斯·费希金以及后继的很多政治学家做了一些试验和试点项目,在实践当中检验微众理念,并基于所获经验进一步发展这一模式。彼得·迪尔内尔(Peter Dienel)在德国开展了类似项目研究。[2] 最近几年,费希金及其同事以及其他各式各样的项目组在不同国家和地区开展了五十多个"协商民调":在保加利亚、加拿大、匈牙利、澳大利亚、英国、丹麦以及(非常晚近也非常成功)在中国的部分地区,[3] 当然也包括美国。[4]

这些项目包括社会科学家的专家建议和相关研究,并且通过试

---

[1] Dahl, *Democracy and Its Critics*, p. 340.

[2] Peter Dienel, *Die Planungszelle. Der Bürgerals Chance. 5. überarbeiteteAuflage*, Wiesbaden: Westdeutscher Verlag, 2002.

[3] See Sintomer, *Le pouvior au people*, for a description of these polls in China.

[4] 对这一路径的纲领性描述, See James S. Fishkin, *Democracy and Deliberation*, New Haven: Yale University Press, 1991, pp. 81–103; *The Voice of the People: Public Opinion and Democracy*, New Haven: Yale University Press, 1995; and *When the People Speak. Deliberative Democracy and Political Consultation*, Oxford: Oxford University Press 2009. 自1970年代初以来,费希金及其合作者 Ned Crosby 在美国分别组织了不同的公民审议团。随机遴选的公民组织讨论财政稳定和医疗政策,并向媒体公开自己的结果(See Ned Crosby and Doug Nethercut, "Citizen Juries. Creating a Trustworthy Voice of the People", John Gastil and Peter Levine, eds., *The Deliberative Democracy Handbook*, San Francisco: Jossey-Bass, 2004, pp. 111–119)。

错进一步发展。[1] 不论细节存在多大差异，它们都遵循着相同的基本模式：首先，邀请特定国家或地区有代表性的一群公民聚集在一起开会，历时数天，讨论一个当下的政治主题，获得关于各种不同选择的信息，然后产生一个建议。他们将因为付出时间获得报酬。试点项目的例子迄今为止包括：家庭政策议题（美国）、税收政策（英国）、欧元的引入（丹麦）、废除君主制（澳大利亚）或者在地方分配额外的税收（中国）。

之所以把它叫作"协商民调"，是为了突出其与传统民调的不同。后者通常让不知情的公民回答他们之前并不感兴趣的问题，在限定好的答案中做出选择，提出这些问题的社会科学家把这种民意测验的结果当作"人民真实意愿"的表达。费希金尖锐地指出，基于这种民调的发现不是政治意愿的真实表达，反而纯粹是社会科学人为制造出来的东西。出于这个理由，他认为，政治决策不应该考虑民调或者"回声室里的伪意见"。[2]

相比之下，人们可以说，"协商民调"发起者的目的是希望确定在可以获得信息并对相关议题加以思考的情况下公民的政治意愿到底是什么。它假定协商过程对参与者的政治意见有质的影响。或者，就像费希金阐述其预期时所说的那样："这项试验的挑战在于，参与者会不会在周末协商后改变意见。如果一次协商民调得出的结果与普通民调相同，就不值得花精力进行这么一个精心打

---

[1] 部分项目发起人的经验综述, See Maxwell McCombs and Amy Reynolds, eds., *The Poll With a Human Face. The National Issues Convention Experiment in Political Communication*, London; London, 1999, Bruce Ackerman and James Fishkin, *Deliberation Day*, New Haven: Yale University Press, 2004, pp. 44f, Fishkin and R. C. Luskin, "Experimenting with a Democratic Ideal: Deliberative Polling and Public Opinion", *Acta Politica* 40 (2005), pp. 284–298; Fishkin and Cynthia Farrar, "Deliberative Polling. From Experience to Community Resource", Gastil and Levine, eds., *The Deliberative Democracy Handbook.*, pp. 68–79; and Fishkin, *When the People Speak*, pp. 95–158. 对于协商民调和其他参与式协商步骤的一般讨论, See Graham Smith and Corinne Wales, "Citizens' Jurys and Deliberative Democracy", Maurizio Passerind' Entre'ves, ed., *Democracy as Public Deliberation*, New Brunswick: Transaction Publishers, 2006, pp. 157–177; Mark B. Brown, "Survey Article: Citizen Panels and the Concept of Representation", *The Journal of Political Philosophy* 14 (2006), pp. 203–225 and Sintomer *Le pouvoir au people*.

[2] Fishkin, *The Voice of the People*, p. 80.

造的项目了。"[1] 能够确定政治意愿的这种表达有一个先决条件，即一群公民愿意建设性地参加这样一个协商过程。在实践中，这需要做两件事：第一，以具备统计代表性的方式，按社会特征挑选这些公民（协商民调与传统民调在这一点上没有任何差异）；第二，协商过程的质量：要真能产生额外的信息和反思。接下来，我将更为详尽地讨论到目前为止这些项目的工作，以更精确地勾画随机遴选在其中的功能。

诉诸随机遴选的机制直接满足了统计代表性这一要件。在迄今为止的项目中，潜在的参与者都是通过计算机随机生成器挑选的，通过电话联系，邀请他们参与进来。[2] 第二个要件（尽可能营造建设性的协商环境）的满足需要认真准备各种会议的内容和对话设计。随机遴选再次发挥作用。费希金及其团队在全国层面进行的试点项目把300—500名参与者集中到一个地方，利用整个长周末在一起开会讨论。参与者的数量足够大，以保证统计代表性，但又足够小，使得在专业主持人支持下进行小组讨论和全体会议讨论都成为可能。

同时，对一些协商民调的研究成果已经发表，为就这一项目理念做出初步结论奠定了基础。[3] 所获经验表明，就社会背景而言，随机遴选实现了参与者要具备相当大代表性这一目标。虽然不同项目的数字不同，协商民调的得分仍然比传统民调要好，如

---

[1] Fishkin, *Democracy and Delibaration*, p. 167.

[2] 关于招募方式，See Fishkin and Farrar, "Deliberative Polling", pp. 74f. ; and Fishkin and Luskin, "Experimenting with a Democratic Ideal", pp. 288f.

[3] 除了发起人对这些发现的评估（See the summaries in Ackerman and Fishkin *Deliberation Day*, 40-74, Fishkin and Farrar, "Deliberative Polling", pp. 75-85; and Fishkin and Luskin, "Experimenting with a Democratic Ideal", pp. 290-294），还有很多深入讨论这些效果的专稿对这些发现的辩论，See Daniel M. Merkle, "The Polls- Review. The National Issues Convention Deliberative Poll", *Public Opinion Quarterly* 60 (1996), pp. 588-619; and Eva J. Schweitzer, *Deliberative Polling. Ein demoskopischerAuswegaus der Krise der politischen Kommunikation?*, Wiesbaden: Deutscher Universitätsverlag, 2004, 83-105, as overviews. 随机遴选在"公民预算"中的作用，一个市政预算问题的参与模式，see Röcke, *Losvorfahren und Demokratie*, pp. 120-132.

果后者不进行事后"校正"的话。[1] 即使召集起来的公民群体并未严丝合缝地匹配总体人口的统计剖面特征,[2] 但它们的社会异质程度仍然大大超过政治过程中的所有机构。

迄今为止,协商民调的一个重要发现是,汇总数据表明,参与者会在协商过程中大幅修正自己的看法。[3] 这类个体变化是"政治学习"[4] 的过程,新的立场显示出更高的认知成熟度。它们依据的是更多的事实知识,更讲求逻辑,对被协协商题的复杂性采取更公允的态度,同时与个体自身的基本价值理念也保持一致。[5]

由于协商机构很可能遇到内在的交流问题,还有一项经验发现值得一提。桑斯坦在其很有影响力的批评中,谈及我们上文提到过的"群体极化法则"。[6] 按照这个法则,共同讨论会产生这样一种结果:协商组织作为一个整体最终采取比过去更极端的立场。作为这个所谓"法则"的证据,除了别的东西以外,桑斯坦提到了一些实验室试验,其主体假设自己将像陪审员那样进行讨论(主体明白自己正在参加一个模拟)。对协商民调真实协商过程进行的科学研究不仅没有发现支持桑斯坦论点的经验证据,反而发现了明显与之冲突的反证;[7] 参与者对别人立场更加理解了,这种变化是显著并可测度的,他们也更愿意从自己原来确信的立场上让步。

---

[1] 对于缺乏代表性的批评, See Warren J. Mitofsky, "It's Not Deliberative and It's Not a Poll", *Public Perspective* 7, No. 1 (1996), pp. 4-6; 相反立场, See Merkle, "The Polls-Review", 595-600; Schweitzer, *Deliberative Poling*, pp. 54-56; Fishkin and Luskin, "Experimenting with a Democratic Ideal", p. 290; 以及民主理论视角, Brown, "Survey Article", pp. 217-221.

[2] 在美国,支持共和党的坚定经济自由主义者和低层的受邀者,拒绝参与的比例尤其高。关于自愿参与的选择困境, See Ackerman and Fishkin, *Deliberation Day*, pp. 48f.

[3] See Merkle, "The Polls-Review", 612f. and Carson and Martin, *Random Selection in Politics*, pp. 112f.

[4] Fishkin and Farrar, "Deliberative Polling", p. 76.

[5] 对这些发现的解释, See Habermas, *Political Communication in Media Society*, pp. 412-415.

[6] Sunstein, "The Law of Group Polarization", p. 81.

[7] See Ackerman and Fishkin, *Deliberation Day*, pp. 63f. and Fiskin and Luskin, "Experimenting with a Democratic Ideal", pp. 292-294.

在对这些发现的回应中，桑斯坦界定了协商民调构造的五个正面特征。[1] 第一，项目的参与者不作为一个群体投票；相反，投票是个人的、秘密的。第二，各小组可以让专家回答咨询，从而避免了机构内部的对立。第三，分组咨询（其成员也是随机遴选的）定时中断会议，让各小组成员与全体成员或者专家对话，将新的思路带入协商。第四，因为有专业主持人推动小组讨论，它确保了小组的多数不会形成针对个别成员的极化小组意见。第五，通过一个随机遴选过程招募参与者，保障参与辩论的立场与文化有相当多样的横断面，形成相互碰撞。与其他调节因素一道，参与者的社会异质性让不断激进化的多数立场更加难以迅速控制局面，为此前被忽略的观点创造了传播机会。换言之，随机遴选过程对协商过程的"构造"（哈贝马斯）有重大影响。很明显，只有在小组构成同质性相对较高、偏离群体规范的立场遭到压制的情况下，"群体极化法则"才成立。戴维·赖费和约翰·加斯蒂尔（David Ryfe and John Gastil）对协商过程的定性比较实证研究结果证实了这一假设。他们确信同质化的组织构成倾向于引发激进化的动力机制，而组织的异质性是协商过程产生积极效应的一个重要因素。[2]

（三）公民审议团

尽管费希金等人在谈到以协商民调形式解决实际问题时展现出很大的想象力，但一说到这种咨询形式在现代民主政治制度框架内部的功能时，他们就语焉不详。罗伯特·达尔至少希望在政治体系中为其随机遴选的理事会指派咨询的直接联络人，但协商民调的目的只是表达经过深思熟虑的政治意愿，亦即明智而真实的意愿。考虑到协商民调所需要的人力、财力和时间，当然还有它获取的正面经验，人们不免会问是否应在政治体系中赋予它们更

---

[1] See Sunstein, "The Law of Group Polarization", pp. 96-98.

[2] See Ryfe, "Does Deliberative Democracy Work?", 364f. and John Gastil, "Adult Civic Education Through the National Issues Forum", *Adult Education Quarterly* 54 (2004): 308-328 317f.

具约束力的功能。

在过去十年里,丹麦和西班牙所采用的公民审议团形式遵循的是一个类似的模型。参与其中的研究者最感兴趣的是内部组织过程和最佳组织规模。丹麦公民审议团通常有18—20个参与者。在这里,很明显,那些参与者愿意与不同立场的人进行论辩的一个重要条件还是社会的异质性。[1] 对于用来处理市政议题的西班牙公民审议团,相关研究也得出了相同结论。[2]

当然也有一些负面教训,它们与这些随机遴选组织的无约束力地位相关联。在1980年代,林恩·卡森(Lyn Carson)在澳大利亚做了几个试点项目,随机遴选的当地人受邀讨论本地城市规划议题,或者邀请家长讨论学校的未来发展。卡森报告说,那些被选中的人参与率有时候低至50%(晚间开会没有补偿),早期阶段的讨论有时候也很艰难。一旦参与者意识到当地政客不只是听一听就草率提出结论,意识到他们将有能力对政治决策施加可以测度的影响,参与就开始稳定起来,对辩论的积极参与也明显增加。[3] 这里所描述的参与强度与协商质量之间的关联,与其他项目的发现一致。在多大程度上项目结果与后续行动相关,这对协商组织参与者的能动性有重大影响。[4]

1990年代,循着参与和协商的思路,德国尝试过一些技术评估程序。尽管在这方面它所积累的经验并不特别令人鼓舞,但这首先是因为他们只有咨询性,没有决策权,而且它们提供建议的

---

[1] See David D. Henningsen, Mary Henningsen, Lika Jakobsen, Ian Borton, "It's Good to Be a Leader. The Influence of Randomly and Systematically Selected Leaders on Decision-Making Groups", *Group Dynamics* 8 (2004), pp. 62-76, 73; Vibeke Andersen, Kasper Hansen, "How Deliberation Makes Better Citizens", *European Journal of Political Research* 46 (2007), pp. 531-556, 542f.

[2] See Joan Font and Ismael Blanco, "Procedural Legitimacy and Political Trust: The Case of Citizen Juries in Spain", *European Journal of Political Research* 40 (2007), pp. 557-589, 563ff.

[3] See Carson and Martin, *Random Selection in Politics*, pp. 79-84.

[4] See Ryfe, "Does Deliberative Democracy Work?", pp. 366f. and Font and Imael Blanco "Procedural Legitimacy and Political Trust", pp. 579f.

对象（大多是政府机构）对接受建议往往犹豫不决。[1] 这一观察让我们得到一个普遍洞识：如果协商项目与决策之间的关联实际很弱，或者如果牵涉其中的人无法轻松识别这种关系，协商机构的成员就会出现严重的能动性问题；正如雷纳·施马茨-布伦斯（Rainer Schmalz-Bruns）所质疑的："如果不能确保这个过程的结果直接转化为实施治理策略，人们为什么还会投入大量时间和精力？"[2] 对于按费希金等人的模式展开的参与项目，相关研究也表明，协商结果与决策过程之间的相关性对协商机构成员来说至关重要，其重要性怎么强调都不过分。[3]

根据这一事实，人们将很有兴趣了解，如果随机遴选的机构与现代民主制度下权力圈内其他政治行动者享有相同的地位，将会发生什么？然而，迄今为止，实际上还没有哪个随机遴选的机构拥有过具约束力的政治权力。毕竟，每个来自政治领域的例子都在一个重要方面与司法体系的传统陪审团不同：即使议会委员会或者其他官方机构需要他们的意见，但这些意见没有具约束力决策的那种分量。他们所能做的只是向民选官员提出建议。他们的作用基本上就是为政治精英发现明智的人民意愿而服务。迄今为止，各类项目充其量还只是处于一个灰色区域，一端是直接影响政治决策，另一端是通过邀请一般大众表达意见，为政治过程输入间接反馈。各类评估已经表明，丹麦共识讨论会的建议实质上能够决定性地影响决策。[4] 然而，在丹麦以外，有可比性的模式还没有任何重要的现实影响；相反，如果政治行动者愿意，他们

---

[1] See Thomas Saretzki, "TA alsdiskursiverProzess", Stephan Bröchler, Georg Simonis, and Karsten Sundermann, eds., *Handbuch Technikfolgenabschätzung*, Band 2 (Berlin, 1999), pp. 641-653, 648f. and Georg Simonis, "Die TA-Landschaft in Deutschland – Potenzialereflexiver Techniksteuerung", Renate Martinsen and Thomas Saretzki, eds., *Politik und Technik* (Wiesbaden, 2000), pp. 425-456, 449f.

[2] Schmalz-Bruns, *Reflexive Demokratie*, 268.

[3] See Ryfe, "Does Deliberative Democracy Work?", pp. 366f. and Font and Blanco, "Procedural Legitimacy and Political Trust", pp. 579f.

[4] See Carolyn M. Hendriks, "Consensus Conferences and Planning Cells", Gastil and Levine, eds., *The Deliberative Democracy Handbook*, pp. 90f.

会用协商组织的建议来支持自己的立场；如果他们不愿意，他们就会忽略它们。丹麦个案之所以比较重要，是因为共识讨论会与科技部密切关联，具有半官方地位。

在这个背景下，加拿大公民审议团的例子就颇具教益。2002年，为了准备改革选举法，加拿大出现了一个由配额抽签方式产生的机构。[1] 自 1980 年代以来，在英属哥伦比亚省，人们就一直批评现行的威斯敏斯特选举模式，各式各样的政治组织都希望用比例选举制取而代之。当权的保守党反对这种改革，但在 2001 年被赶下了台。新掌权的自由党人决定兑现自己的竞选承诺，启动改革。政府并未提出自身建议并交付自己占据多数的议会表决通过，而是决定采用一个不同的方法：它把建议权转让给一个公民大会，后者由来自加拿大（应为英属哥伦比亚省——译者注）80 个选区的 160 名公民组成。每个选区随机遴选一个男人、一个女人。公民大会周末开会，邀请专家担任顾问，举行公共听证会，通过了几百个作为对公众诉求的回应而提交的建议。在不到一年的时间里，公民大会的多数就决定支持"单一可让渡投票制"，允许选民根据自己的偏好给候选人排序。2005 年 5 月，这一建议提交给人民票决。然而，在全民公投筹备期间，根据新选举制度预计会失利的两个政党联手反对它，使之受到破坏。最终，这一改革建议获得了 57% 的多数票，但不足以改变原选举制度，因为加拿大宪法要求只有达到 60% 的多数才能改变选举法。

鉴于这一法定门槛，英属哥伦比亚省政府把选举改革"外包"给公民大会的算计，似乎不像乍看起来那么自私。选举法问题始终是权力问题。其逻辑取决于新选举法的立法者将来能否赢得选举。如果政府想兑现竞选承诺，它就必须找到一条不会引起一丁点怀疑（即怀疑其制定新选举法是为了确保自己再次当选）的途径。随机遴选不受腐蚀的公正性能确保公民大会中立于各政党，

---

[1] See Henry Milner, "Electoral Reform and Deliberative Democracy in British Columbia", *National Civic Review* (Spring 2005), pp. 3–8.

这使得公民大会有成功实现全民公投所要求的合格多数的最佳机会。公民大会的建议最终未达到60%得票的要求，这一事实因此不是公民大会失败的例证，反而值得深思：如何才能在政治上赋予这种随机遴选的机构有约束力的权力？

如果它们要成为有希望落实改革的选项，那些推动成员由随机遴选产生的机构的项目还需进一步修正。最重要的是，有必要在现代民主制的政治体系框架内达成清晰、有约束力的权限配置。否则，政府或其反对党就会依整体政治气候或其自身特殊需要而召集随机遴选的委员会，其目的不过是为自己在议会过招提供额外的正当性。这种风险几乎无法避免。同时也有必要界定召集随机遴选机构的条件及其具体工作领域，以确保所处理的议题不至于碎片化到几个同时运作的委员会彼此挡道的地步。在委员会聚焦于区域议题或者非常具体的议题时，也有必要确定从哪一片人口中随机遴选机构成员。最后这几个问题无法泛泛回答，只有在具体改革建议背景下才能找到答案。[1]

鉴于这些令人烦恼的问题，随机遴选的委员会进一步发展的前景可归结为两种选择。一个是因循守旧，继续进行上文所描述的那类没有约束力的试验和项目。这就等于支持值得赞扬、有民主教益的项目，不过不能否认它们仍然只是政治体系日常运作的点缀，参与者不指望它们能产生什么实际影响，从而会引发能动性问题。另一个是强化随机遴选委员会的地位，将它们纳入现行制度安排，赋予它们清晰规定的、具约束性的权限，这将是此类政策改革的顶点。

（四）随机民主的搭桥功能

就当下有关协商民主制度化困难的辩论而言，随机遴选政治机构成员这个工具，可以同时以同样的力度增强现代民主的参与、

---

[1] See Thorsten Hüller, *Deliberative Demokratie. Normen, Probleme und Institutionalisierungsformen* (Münster, 2005), pp. 171-173, Ryfe, "Does Deliberative Democracy Work?", pp. 60-62 and Smith and Wales, "Citizens' Jurys and Deliberative Democracy", pp. 166-172.

代表和协商三个方面：

第一，关于参与方面可以回溯至三个假定。首先，随机遴选过程就像一部政治论点和才干的"搜索引擎"，因为它在其将采取政治行动的人选库中，包括了那些因害怕被拒绝或认为自己机会太低而不能或不愿竞选公职的人（他们却不能因此指责随机遴选）。其次，人们可以争辩说，随机遴选过程在处理复杂政治议题时可以融入更多的公民洞识，这将减少政治疏离现象，减少对政客的不满。最后，可以假定，如果经随机遴选步骤产生，那些出任公职或者在政治机构获得一席之地的人所做出的决策更具约束力，因为参与公民面临的问题、他们的生活经验、他们的价值判断都对这些决策有所影响。

第二，民主抽签的第二个规范性优势在于它们产生了**公平的代表**。这样一种代表概念基于下述理想：建立其成员代表全社会异质性的机构会产生高质量的协商（用汉娜·皮特金的话说是"镜像代表"[1]）。这里，我不会在当前对民主理论的辩论背景下进一步考察支持这种代表假设的不同理由。汉娜·皮特金曾在1960年代对"镜像代表"作出最有才气的批评。但她本人现在也转向这个模式，因为实证研究表明，在西方民主制度下，现行代表机构的社会选择过程（具有明显的偏向性——译者注）；她认为这是确保尽可能多的相关看法融入政治协商的唯一方式。[2] 当然，单凭这种理想所获甚微。毕竟，阿尔弗雷德·德·格拉齐亚（Alfred de Grazia）的说法："任何体系下的代表都有其偏向"[3] 同样适用于按先前决定的标准贯彻"镜像代表"的所有可行方式。关于如

---

[1] See Hannah F. Pitkin, *The Concept of Representation*, Berkeley: University of California Press, 1967, pp. 71-75.

[2] See Pitkin, "Representation and Democracy: Uneasy Alliance", *Scandinavian Political Studies* 27 (2004), pp. 335-342. 在思想史领域对代表原则的大辩论背景下，对这一代表理念的一流的坚定理性化，Nadia Urbinati, *Representative Democracy*, Chicago: University of Chicago Press: 2007 and Winfred Thaa, "Kritik und NeubewertungpolitischerRepräsentation", *Politische Vierteljahresschrift* 49 (2008), pp. 618-640.

[3] Alfred De Grazia, *Public and Republic*, New York: 1951, p. 184.

何将艾丽斯·扬（Iris M. Young）的配额模型想法付诸实践的辩论，已经再次证明了这个论断的正确性。毕竟，使用配额或者少数派权利来贯彻某种确保其社会代表性的代议民主形式也有缺陷，因为事前做出政治决策至关重要，它确定哪些具体特征（性别、年龄、种族群体等）将在社会代表性的意义上得到反映。[1] 由于配额模式永远也无法令人完全满意地解决问题，人们可以将随机遴选视为解决这个戈德斯结（Gordian knot 意指棘手难题——译者注）的方式。毕竟，随机遴选避免了确定群体问题。在诸如协商民调这样的大型机构中，社会内部的多样性至少大致得到了代表；但即便是为共识会议这样的小型机构选人，随机原则也会将不同群体特征的公民包括进来。在那些其中某几个机构的成员经随机遴选产生的政治体系中，从整体上看，它至少接近"镜像代表"这个理想。

第三个规范性优势在于政治机构"**协商质量**"的提高。我在此不再重复研究文献所描述的各种效果，我只是提请大家注意社会的异质性。如果要改善协商质量，相关机构是否呈现出对社会的精确统计代表性就不如其社会异质性重要："最终，正是其多样性在这些程序中最为重要。如果一群协商者是异质的，就更不大可能变成藩篱内的协商并强化他们原有的立场。"[2] 成员随机遴选的机构所获得的经验已经证明：他们"相当公正，更可能抱持集体目的进入共识建构过程，更不大可能卷入彼此之间的讨价还价"。[3] 顺便提一句，这种结果证实了不同思想家提出的一个论点，他们像汉娜·哈伦特一样假定：政治多样性是以公共利益为旨归的对话的必要条件。[4]

---

[1] See Iris M. Young, *Inclusion and Democracy*, Oxford: Oxford University Press, 2000, and Brown, "Survey Article", pp. 211f.

[2] Hendriks, "Consensus Conferences and Planning Cells", p. 97.

[3] *Ibid.*, 29.

[4] See Disch, *Hannah Arendt and the Limits of Philosophy*, Ithaca: Cornel University Press, 1994.

为了处理上文所讨论的协商民主理论的弱点，我们可以从前面描述各种研究项目和经验中得出哪些概念性的结论呢？随机民主依赖的是第二部分所列举的随机遴选的潜在功能，并且试图通过娴熟地整合偶然性的方方面面，将"唯意志论"民主模式和"认知"民主模式的优势连接起来，但又避免因为这些模式的内在弱点而陷入困境。从正当性方面讲，唯意志论民主的优势在于，它偏重公民实际表达出来的意愿，后者提供了参与动力。这种模式的劣势在于，在民主平等的名义下，它必然在不同程度上忽略个体对其所表达意愿的反思。相比之下，从正当性方面讲，认知民主的优势在于经启迪后形成的政治意愿具有更高的认知质量；其劣势在于会不知不觉地陷入以政治理性名义为之辩护的协商性专家统治（deliberative expertocracy）。鉴于此，由随机遴选的成员组成各种机构，基本上都可以被视为创设一个协商民主模式的实用元素，在其中，唯意志论模式的参与动力与认知模式的理性标准之间建立了一座沟通桥梁。

六、将随机遴选适用于政治的改革潜能

"抽签"这个词有一个政治起源。在意大利的热那亚共和国，市议会成员自12世纪起就由随机遴选确定，经过漫长的时间演化，这座城市的疯狂赌徒开始打赌谁将会赢得席位。后来这又演化成今天非常流行的数字游戏。

回忆该词的政治起源是为了引出本文的主题：迄今为止，随机民主改进协商民主的潜能尚未得到开发利用。迈克尔·海因（Michael Hein）和我曾在其他文章中提出过支持欧盟政治体系吸收随机遴选成分的论据。[1] 确切地说，抽签理念对于今天的欧盟制度体系其实也并不完全陌生；欧盟人权法院的法官遴选是基于抽签制，欧盟一级也有协商民调的初步经验。[2] 我们建议同时利用抽签的

---

[1] See Hubertus Buchstein and Michael Hein, "Randomizing Europe. The Lottery as a Decision Making Procedure for Policy Creation in the EU", *Critical Policy Studies*, 3 (2009).

[2] See Rüdiger Goldschmidt, Ortwin Renn, and Sonja Köppel, *European Citizens' Consultation Project. Final Evaluation Report*, Stuttgart: 2008.

几个功能，并从民主理论视角提出了当前欧盟制度秩序中三个特别成问题的议题：民主赤字、欧盟委员会的低效率以及政策形成和欧盟体系内部都缺乏透明。我们的具体建议是：（1）通过加权抽签，把缩小了的欧盟委员会席位分配给成员国。（2）随机遴选欧洲议会各委员会的成员、主席和报告起草人。（3）创设第二个随机遴选的议院：欧洲的抽签院，明确界定其职权范围并限制其权力。

鉴于抽签功能的多样性，可以考虑深化改革欧盟的几个想法：

第一，抽签提高选民投票率。这种欧盟一级的抽签有助于提高欧洲议会选举声名狼藉的低投票率。事实上，这个理念已经在欧盟获得讨论，2005年，应欧盟理事会要求，《欧洲民主的未来前景绿皮书》将其转化为一个具体建议。该备忘录的两位作者菲利普·施密特和亚历山大·特里克尔（Philippe Schmitter and Alexander Trechsel）建议，每位选民自动参加抽签。但对获胜选民的奖励不是任其花销的金钱。相反，他们赢得的是一项权利：决定哪个非营利组织（无论是政治组织还是其他公民社会行动者）获得一笔现金拨款。施密特和特里克尔期望他们的想法不仅可以提高选民投票率，还可以推动获得现金拨款的政治行动者的事业。[1]

第二，通过抽签产生的迷你欧洲。[2]人们也可以建议引入欧盟范围的公民投票，但与近年来讨论过的做法不同，而是按照丹麦政治学家马库斯·施米特（Marcus Schmidt）对民族国家一级的建议行事。随机遴选一至两百万欧盟公民，请他们参加欧盟范围的公民投票，为期一至两年。人们期望他们意识到自己是不到1%的获选欧盟公民中的一员，是少数有权在迷你欧洲投票的人，这将推动参与者在有限时间范围内对欧盟政策更感兴趣，并通过其投票结果影响欧盟政策的总体走向，进而为后者提供更大的正当性。

---

[1] See Philippe C. Schmitter, Alexander Trechsel, *The Future of Democracy in Europe*, Straßbourg, 2005, p. 89.

[2] See Marcus Schmidt, "Institutionalizing Fair Democracy", *Futures* 33 (2001), pp. 361–370.

第三，欧洲选区。最后，我建议在欧洲议会选举时进行一次抽签，其做法是随机遴选不同国家的两三个选区组成一个在地理上不相邻的选区。比如说，这种"欧洲拼图选区"（Euro-puzzle districts）可以由一个爱沙尼亚选区、一个德国选区和一个葡萄牙选区构成，或者由一个法国选区、一个立陶宛选区和波兰选区构成。鉴于欧洲议会竞选主题常常局限在国家议题上（这一状况也被广为诟病），这个方案应可推动欧洲导向，因为欧洲拼图选区的竞选只有在处理超国家主题时才有意义。此外，该拼图不同组成部分的选民将会直接面对其他欧盟国家的政治难题（及解决方案）。这种选举制度将会使各政党加速形成欧洲视野，一个共同的欧洲公共政治领域也会很快出现。

我们必须实事求是地权衡改革建议的可能优势和劣势。其中一些在进一步落实前也许需要概念调整；其他的则可能需要先经过小规模检验。我认为，在不久的将来，"随机民主理论"的任务是，把随机遴选的理性潜能带入如何将下列元素融合起来的讨论中去，即选举、推举、委派和最适合现代民主制的各种投票技术。值得多说几句的是，相对于迄今为止已知的那些程序，如果运用得当，随机遴选可以成为一种有益的补充。如果我们有勇气做出这些改变，就有理由相信：在现代民主中审慎加入抽签成分可以产生一个改革政策模式，其适用范围超越民族国家和欧盟的例子，超越了当前议程上的民族国家框架，可以用来处理与民主空间转型相关的制度需求。超越这样一种民主的政策方案诉诸偶然性，不是出于听天由命，而是出于民主的试验主义，旨在努力提高民主的理性潜能。

随机遴选、共和自治与协商民主

依维斯·辛特默*

Yves Sintomer, "Random Selection, Republican Self-Government, and Deliberative Democracy", *Constellations*, Vol. 17, No. 3, pp. 472–487 (2010).

【摘要】通过对比文艺复兴早期的佛罗伦萨与英属哥伦比亚的参与和协商机制,本文分析了随机遴选作为政治代表的挑选机制的必要性、民主正当性、重要作用及其积极效果。协商民主可以改善公共政策的效率和正当性,可以较好地平衡平民主义倾向,也可以平衡超凡领袖的支配。但由于其内在困境,协商民主无法唱独角戏,必须与参与民主结合起来,二者都是修改政治代表含义这一更广泛演化过程的一部分,二者相结合可以提出一些有可能克服代议制政府种种局限性的方案。随机遴选在这个过程中非常必要,有助于改进代表、协商和自治的质量,其正当性与代议制民主或直接民主的正当性相容而非对立,长远来看大有可为。

1439年,人文主义者利奥纳多·布鲁尼(Leonardo Bruni, 1370—

---

* 依维斯·辛特默(Yves Sintomer),巴黎第八大学政治学教授,洛桑大学客座教授,纳沙泰尔大学访问研究员。他从佛罗伦萨欧洲大学研究院获得社会与政治学博士学位,在巴黎第五大学获得教授资格。他在巴黎第八大学、巴黎第十大学、法兰克福大学和哈佛大学从事研究工作。他是柏林马克布洛赫中心副主任,并在多个国家拥有学术职位(瑞士、德国、比利时、意大利和西班牙)。此外,他的著作包括:*La d'emocratie impossible? Politique et modernit'e chez Weber et Habermas* (1999); *The Porto Alegre Experiment: Learning Lessons for a Better Democracy* (2004); *Le pouvoir au peuple. Jurys citoyens, tirage au sort et d'emocratie participative* (2007)。他的著作已被译成十三种语言。

1444),佛罗伦萨共和国秘书长,毫无疑问也是当时欧洲最负盛名的知识分子,用希腊文发表了一篇短文:《论佛罗伦萨宪制》(*On the Florentine Constitution*)。[1] 佛罗伦萨当时正处于其荣耀与权力的顶点:这一时期产生了新的艺术观念,也见证了纺织技术、银行业的新发展,以及对于我们而言非常重要的市民人文主义的兴起。在这篇文章中,布鲁尼以亚里士多德式的口吻高度评价佛罗伦萨的混合宪制。他声称,佛罗伦萨公民身份的社会构成基于两个排除原则:出身贵族家庭的(权贵)不得担任最重要的官职(即反贵族原则),手工业工人不得参与政治生活(即反民主原则)。宪制中的民主维度建立在其他三个支柱上:自由的理想是其制度及政治体系的核心(自由生活、市民生活、政治生活);官职任期很短,通常只有两到四个月,包括最重要的职位:执政团;那些掌握官职的人是随机选择产生的,行政部门、立法议事会和部分司法职位都按照这种方式产生。[2]

2004年12月11日,加拿大英属哥伦比亚省公民抽签产生的公民大会在审议了接近12个月以后,向该省议会提交了选举改革的最终报告。报告建议用更符合比例原则(相称性)的方式改革选举体系(用新的单一可让渡投票制取代现在的简单多数当选制)。[3] 这一建议随后又提交给整个选区,在2005年省选举期间付诸全民公投。戈登·吉布森(Gordon Gibson),英属哥伦比亚公民大会的创立者和总理的顾问,以下述方式论证这种创设行动的正当性:

---

[1] 本文的一个早期版本曾经提交给下述研讨会:The College de France (Paris), Amalfi (European Amalfi Prize for Sociology and Social Sciences/University La Sapienza, Roma), Berlin (Hertie School of Governance/Centre Marc Bloch), Bellagio (Rockefeller Foundation/CNRS/Mac Arthur Foundation), and at the IEP Paris. 我感谢所有与会者的有益评论。我要特别感谢 Oliver Dowlen, 他编辑了本文的英文版。

[2] Leonardo Bruni, "Costituzionepolitica di Firenze", *Opere*, P. Viti ed., Utet: Torino, 1996.

[3] R. B. Herath, *Real Power to the People. A Novel Approach to Electoral Reform in British Columbia*, Lanham, MD: University Press of America, 2007; Mark E. Waren, Hilary Pearse, *Designing Deliberative Democracy. The British Columbia Citizens' Assembly*, Cambridge: Cambridge University Press, 2008.

我们正在……为代议民主和直接民主添加新元素。这些新元素在细节上互不相同，但有一点是相同的。它们添加的是一组新的代表，不同于那些我们选出的代表。就目前情况看，专家和特殊利益高度影响甚至几乎捕获了两个决策流。协商民主的理念说到底就是要输入公共利益，它由随机产生的那些小组（一股健壮的第三势力）代表。我们通过多数共识选举出来的旧式代表们，任期很长，属于专业人士，以我们的名义拥有无限权力。我们正在讨论的新式代表是随机挑选的，任期较短，属于普通公民，是为了特定、有限的目的而召集起来的。[1]

这一决策过程似乎只是一波更大的类似试验浪潮的序幕。2005年，加拿大人口最多的安大略省步了英属哥伦比亚的后尘。还有其他两个例子值得一提。2006年6月4日晚上，离雅典不远的一个中等规模市镇马奥斯举行了市政厅选举，抽签产生的131名公民把票投给了社会党候选人。此前他们已花了一整天时间听有意参选的候选人发言，有几位主持人（facilitators）协助管理整个过程，以达到最佳协商效果。这些普通公民通过全体大会与分组会讨论哪位候选人是最佳人选。

最后得票最多的那个人实际上是公民们原来了解最少的人。当地的社会党（泛希腊社会主义运动党，以下简称 PASOK）按照乔治斯·帕潘德里欧（Georges Papandreou，当时的 PASOK 全国领导人和社会党国际主席）的建议组织了这次选举。[2] 2006年秋，社会党候选人塞格琳·罗亚尔（Segolene Royal）的一个建议，使法国总统大选陷入困境达几个星期。罗亚尔女士希望设立公民审议团

---

[1] Gordon Gibson, "Deliberative Democracy and the B. C. Citizens' Assembly", http://www.ccfd.ca/index.php?option=com_content&task=view&id=409&Itemid=284 (Citizens Centre for Freedom and Democracy), 02/23/2007.

[2] Mauro Buonocore, "Un weekend deliberativoall' ombra del Partenone", *Reset* 96 (July-August 2006), pp. 6-8.

(citizens' juries)来评估政客的行为。罗亚尔女士承诺,一旦当选,她将修改法国宪法,国民议会和一个由抽签产生的公民大会将共同准备修订文本,然后付诸全民公投。最近二十年,在非常不同的背景下,出现了不少新的参与和协商机制,随机遴选在其中都是关键一环。[1]

如果拿文艺复兴早期的佛罗伦萨与英属哥伦比亚作严格对比,当然很不靠谱:它们的背景、制度和政治文化都完全不同。作为一种民主传统,随机遴选由古典时代的雅典首创,并被意大利的城市国家发扬光大。这样就产生了两个重要问题。我们可以把近来人们对随机遴选的兴趣称为这种民主传统的复兴吗?这两个例子在随机遴选和协商问题上对我们有什么教益?在下文中,我将分两步走。首先,我将简述基于随机遴选的共和自治,佛罗伦萨共和国即是如此;我还会探究协商在其中所要扮演的模糊角色。然后,我会把这种政体与以随机遴选的微众(mini-publics)为基础的当代审议民主试验作对比,并讨论这会为随机遴选和协商民主提供什么启示。

文艺复兴早期佛罗伦萨的随机遴选和共和自治

正如巴伦[2]、波考克[3]、斯金纳[4]和汉金斯[5]等人影响巨

---

[1] Lyn Carson and Brian Martin, *Random Selection in Politics*, Westport: Praeger Publishers, 1999; Yves Sintomer, *Le pouvoir au peuple. Jurys citoyens, tirage au sort et démocratie participative*, Paris: La Découverte, 2007; Hubertus Buchstein, *Demokratie und Lotterie. Das Los alspolitischesEntscheidungsin-strument von der Antike bis zur EU*, Frankfurt: Campus, 2009.

[2] Hans Baron, *The Crisis of the Early Italian Renaissance*, Princeton: Princeton University Press, 1966; *In Search of Florentine Civic Humanism*, Princeton: Princeton University Press 1988; LoïcBlondiaux, *La fabrique de l'opinion. Une histoiresociale des sondages*, Paris: Le Seuil, 1998.

[3] J. G. A. Pocock, *The Machiavellian Moment: Florentine Political Thought and the Atlantic Republican Tradition*, Princeton: Princeton University Press, 2003.

[4] Martin Skinner, *The Foundations of Modern Political Thought*, Vol. 2, Cambridge: Cambridge University Press, 1978.

[5] James Hankins, ed., *Renaissance Civic Humanism*, Cambridge: Cambridge University Press, 2000.

大的著作告诉我们的，佛罗伦萨的自由概念对于现代政治思想的形成有着决定性作用。尼古莱·鲁宾斯坦（Nicolai Rubinstein）[1] 已经证明，自由生活（vivere libero）的理念不仅包括独立于外国力量、法治、公民（或者至少是在具备完全公民资格的人）之间的政治平等以及积极参与公共事务的权利，也包括直接参与共和国治理的权利。

公职掌控者的随机遴选

事实上，大多数执政官都是随机遴选的，任期只有几个月。文艺复兴时期和当代历史学者[2]都非常好地证明了这一特征，政治理论界最近也对此给予了更多关注。[3] 从1282年开始，执政团（Signoria，相当于我们今天的行政部门）就一直是佛罗伦萨最重要的权位。其成员按照一个复杂的配额体系代表不同团体（the arti）。

---

[1] Nicolai Rubinstein, "Florentine Constitutionalism and Medici Ascendancy in the Fifteenth Cen- tury", Nicolai Rubinstein, ed., *Florentines Studies. Politics and Society in Renaissance Florence*, Evanston, IL: Northwestern University Press, 1968; *The Government of Florence Under the Medici* (1434 *to* 1494), Oxford: Clarendon Press/Oxford University Press, 1997.

[2] 布鲁尼本人批评抽签，捍卫选举：他承认抓阄抽签可以防止公民之间的争吵，但又补充说，随机遴选、任期较短的执政官员不足以谋划长远的未来，这一程序扑灭了"美德的热火"。对他来说，"大众喜好"是维持抽签的主要理由（See *History of the Florentine People*, Vol. 2, V, ed. and trans. James Hankins, Cambridge, MA: Harvard University Press, 2004, 72 - 73. G. A. Brucker, *The Civic World of Early Renaissance Florence*, Princeton: Princeton University Press, 1977; *Florence. The Golden Age*, 1138–1737, Berkeley: University of California Press, 1990; G. Cadoni, "Genesi e implicazionidelloscontrotraifautoridella 'tratta' e ifautoridelle 'piu` fave', 1495–1499", *Lotte politiche e riformeistituzionali a Firenze trail 1494 e il 1502*, Istitutostoricoitaliano per il medio evo, Fonti per la storiadell' Italiamedevale, Subsidia 7, 1999, 19–100; Guidubaldo Guidi, *Il governodellacitta`-repubblica di Firenze del primo quattrocento*, Firenze: Leo S. Olschki, 1981; John Najemy, *Corporatism and Consensus in Florentine Electoral Politics*, 1280–1400, Chapel Hill: The University of North Carolina Press, 1982).

[3] Bernard Manin, *The Principles of Representative Government*, Cambridge: Cambridge University Press, 1997; O. Dowlen, *The Political Potential of Sortition. A Study of the Random Selection of Citizens for Public Office*, Exeter, UK: Imprint Academic, 2008; Hubertus Buchstein, *Demokratie und Lotterie. Das Los alspolitisches Entscheidungsinstrument von der Antike bis zur EU*, Frankfurt: Campus, 2009; John McCormick, "Contain the Wealthy and Patrol the Magistrates", *American Political Science Review* 100, No. 2 (2006), pp. 147–163.

它负责外交政策，控制行政机构，有权启动共和国立法。直到1494年一个大议事会依照威尼斯模式建立起来之前，均由执政团决定两大立法议事会的开会时间。尽管这一制度体系不断演化，其基本特征在15世纪末以前一直保持不变。在此期间，这座城市的一些最重要的政治辩论，关心的是政治与行政职位在不同团体之间的重新分配，以及抽签在其中的作用。从1328年开始，大多数官位都是通过抽签（la tratta）分配的。候选人的名字被放入皮袋（borse）中，通过抽签选择谁在一段特定时间内出任官职。执政团成员是通过抽签遴选的，共和期间，多数政治与行政官职都是根据类似过程分配的。

遴选过程实际上包括四步。[1]（1）第一步，每个地区的遴选委员会必须根据严格的为人与政治标准，挑选那些人们认为够条件出任官职的公民。（2）在第二个阶段，成功列入候选名单的被提名人，接受由杰出公民（the arroti）组成的城市委员会的仔细审查。获得合格多数的人［得票达三分之二，这个过程叫"预选"（squittino）］的名字将放入皮袋（imborsati）。对于那些通过配额分配的官职，会为大大小小的行会准备不同的皮袋。（3）只有在第三步，从皮袋里抽取名字时才实行抽签。临时委派的官员（the accopiatori）负责控制这一关键时刻。那些没有被选中的名字留在皮袋中，留待下次抽签。在非同寻常或重要的政治事件（比如革命或体制内部的剧变）发生之后，将组织一次新的预选，随之将旧皮袋清空。（4）最后一步，去掉那些被选中但不符合任职必要条件的人的名字（这一程序叫作divieti）。如果被选中的人欠税，近期曾服务于相同职位，被判犯有某种罪行，父母在类似职位或者已经掌握其他重要职位，他们将无权接受其职位。

---

［1］ Najemy, *Corporatism and Consensus in Florentine Electoral Politics*, pp. 169 ff.

抽签与协商

在佛罗伦萨共和国，抽签、选举与协商之间是什么关系呢？抽签非常特殊，既不同于它在雅典的运作，也不同于它在我们现代民主制中的应用。在雅典城邦，官职通过随机遴选分配，但最重要的10%的官职通过选举分配。[1] 在佛罗伦萨体系中，选举与抽签混合在一起。此外，我们必须清楚"选举"这个术语在不同历史时期和政治文化中代表的不同政治价值。现代读者把选举看作这样一个过程：草根们选出一些人来替自己说话，代自己行动。古雅典人也有类似理解。与之相反，选举在佛罗伦萨是一个自上而下的过程，是政治精英或者"圈内人"吸纳新人的一种手段，而国家政治权力就集中在这个圈里。只是到了1494年大议事会形成后，这种情况才发生变化。

"协商"一词的含义也随其使用语言和背景不同而不同。在英文里，它通常意味着认真讨论一个问题的所有方面。"协商民主"概念用的就是这一含义，并且只有在特殊情况下协商才必然产生一个决定，最著名的例子就是法庭上的陪审团。在文艺复兴早期的意大利，这个词的含义相当不同。它意味着一个集体组织的决定，但不一定是集体讨论。[2] 比如，弗朗西斯科·圭恰迪尼（Francesco Guicciardini），著名知识分子和政治家，马基雅维利的同时代人，代议制政府的第一批理论家之一，在1512年写道："我乐意

---

[1] M. I. Finley, *Politics in the Ancient World*, New York: Cambridge University Press, 1983; Mogens Herman Hansen *The Athenian Democracy in the Age of Demosthenes: Structure, Principles, and Ideology*, Norman, OK: University of Oklahoma Press, 1997.

[2] 在今天的意大利语和葡萄牙语中，仍然是这个意思。法语和西班牙语介乎其间。相反，在德语中，审议不包括决策，"协商发言"（*deliberative Stimme*）只是协商性的。这些语义差异部分地说明了"协商民主"概念在各种西欧语言中的传播难度为什么比英语大得多。2009年6月5日，人们简单对比了通过Google搜索得来的不同国家的版本，英语的"deliberative democracy"有208 000个结果，西班牙语的"*democracia deliberativa*"有21 000个，意大利语的"*democrazia deliberativa*"有17 000个，法语的"*démocratie délibérative*"或者德语的"*deliberative Demokratie*"只有8000个。

接受［大］议事会制定法律的做法（che la deliberazione ne sia in consiglio），因为法律是普遍的，关系到每个城市居民；但事实是不可能公开讨论法律，或许只能遵照执政团的命令并支持它的提议，因为如果任何人都拥有说服或劝阻他人的自由，必将导致巨大混乱。"[1]

在佛罗伦萨公社，对公共事务的讨论非常热烈，它对决策过程十分重要。讨论发生在哪些地方呢？（1）非公共场合的政治讨论，比如在城中豪门大族拥有的宫殿式大宅里。这种讨论也发生在私人与公共场所之间的衔接地带：例如某种公众聚会不时发生在大宅底部的墙墩上、开放的商店里以及店前的门廊上。就此而言，佛罗伦萨内城在某些方面与雅典的集会（agora）或罗马的论坛（forum）很相似。（2）人民的大会（the parlamento），从来没有发挥在雅典那样的作用。它并不定期召开，也不是一个协商机构，通常用来进行平民表决。（3）很多讨论发生在行会，这是中世纪共和制的一个基本特征。行会可以自己做出决策，有具体制度，可以指派部分官职的候选人。它们的会议只向会员开放。到了文艺复兴早期，它们的重要性急剧下降，让位于更一元的政治体。（4）能够产生决策的讨论还发生在无数选拔委员会中，后者决定把谁的名字放入皮袋。正如我们前面所强调的，这些都不是公开的公共事务，例外是15世纪末16世纪初的一段短暂时间，当时大议事会已经就位（consigliomaggiore）。（5）多数职位，包括最重要的执政团，都是同僚式的。这意味着即便有讨论发生也不是公共的。行政决策由这些官员做出。（6）两个立法议事会，通过抽签产生，候选库比执政团候选库大很多，有权批准或拒绝行政机构提出的

---

[1] Francesco Guicciardini, "Del modo di ordinareilgovernopopolare" [so-called *Discorso di Logrogno*, 1512], *Dialogo e discorsi del reggimento di Firenze*, Roberto Palmarocchi ed., Laterza: Bari, 1932, pp. 218-259, 230-231.

法案；它们自身不能提出任何法案，并且不得批评行政部门的提案。[1] 发言只准支持拟议举措，这一安排正是圭恰迪尼在以上引述中所鼓吹的。此外，立法议事会的会议不公开，即不向全体公民开放。(7) 更深入的讨论发生在顾问组织（pratiche）中，它们由执政团根据自己的意愿召集，经最重要的政治领导人挑选组成。这些组织的讨论质量很高，旨在启蒙公众，锻造多数共识，但不做决策，也不向公众公开。[2] 在文艺复兴早期，它们是佛罗伦萨制度的共和性质不断流失的关键因素，因为它们预示了一个政治阶级的诞生，这个阶级全职专注于政治，支配各种选拔委员会，其成员定期在不同公共职位间换来换去。

政治、共和自治与民主

在这个复杂的体系中，协商，即多数协商民主理论所强调的公共讨论，是一个关键维度。正是因为这一点，我们可以说佛罗伦萨共和国及其他具有类似体制的意大利城邦"重新发明了政治"，尽管它们都不是民主。正如摩西·芬利[3]（Moses I. Finley）、科尼利厄斯·卡斯托里亚迪斯[4]（Cornelius Castoriadis）和克里斯琴·迈耶[5]（Christian Meier）指出的那样，政治是某种非常独特的东西，并不是所有社会、所有时代都存在；它不仅意味着每个国家社会都存在争夺国家权力的角力，还意味着一个公共领域的存在。[6]

---

[1] 与工人阶级被排除公民身份一道，利奥纳多·布鲁尼所提及的最重要的贵族特征之一也正在于此：立法议事会不能真正讨论，也不能修改执政团提议的法案，只能批准或拒绝它们。对他而言，非民主因素还包括：立法议事会不能决定自己的议程，以及用职业雇佣军取代募兵制。

[2] Brucker, *The Civic World of Early Renaissance Florence*.

[3] Finley, *Politics in the Ancient World*.

[4] Cornelius Castoriadis, *Domaines de l'homme*, Paris: Seuil, 1986.

[5] Christian Meier, *The Greek Discovery of Politics*, Cambridge, MA: Harvard University Press, 1990.

[6] Jürgen Habermas, *The Structural Transformation of the Public Sphere: An Inquiry into a Category of Bourgeois Society*, Cambridge, MA: MIT Press, 1991.

然而，协商与决策在佛罗伦萨的结合十分独特，与我们在各种现代民主制中所看到的非常不一样。[1] 决策机构不向公众公开；随机遴选的立法机构可以做出决定，但不能讨论相关法案；人民的全体大会可以决定但不能协商；顾问机构由核心圈委任，讨论非常热烈，但既不向更广泛的公众开放，也无权做决策。[2] 因此，在这一背景下，抽签与协商的关系是模棱两可的。

事实上，抽签的主要功能在于，确保深深撕裂共和国的派系冲突得到不偏不倚的解决。[3] 不过，这不是抽签的唯一价值，它在确立公民自治方面发挥着关键作用。由于随机遴选、官职轮换迅速（通常是两到六个月），理论上，几乎所有享有完全公民身份的人都能够有担任公职的正常机会。公民权本质上是通过21个官方认可的行会成员身份来界定的。在14世纪初，90 000人中只有7000—8000人是公民。1343年，全体公民的3/4被提名参加执政团的预选；大约800人通过了测试，其名字被放入皮袋；在以后几年里，他们将有机会担任一个重要职位。1411年，在市民人文主义诞生的时候，5000多个公民被提名，1000多人的名字被放入皮袋。大议事会创立于1494年，约有3000个成员。当时，除了最高行政职位以外，还有大量职位以抽签为选拔手段。规则很清楚：官职越重要，位列皮袋候选库的竞争就越激烈。[4]

佛罗伦萨公民身份显然只为人口中的少数所拥有。公民占人口

---

[1] 这可以解释我们在读马基雅维利的《佛罗伦萨史》时既熟悉又陌生的复杂感受（See Niccolo Machiavelli, *Florentine Histories*, Princeton: Princeton University Press, 1988）。

[2] Brucker, *The Civic World of Early Renaissance Florence*, p. 251.

[3] Anja Röcke, *Losverfahren und Demokratie. Historische und demokratietheoretischePerspektiven*, Münster: LIT, 2005; Sintomer, *Le pouvoir au peuple*; Dowlen, *The Political Potential of Sortition*; Buchstein, *Demokratie und Lotterie*.

[4] Guidi, *Il governodellacitta`-repubblica di Firenze del primo quattrocento*, Vol. 2, pp. 43-44; Najemy, *Corporatism and Consensus in Florentine Electoral Politics*, pp. 177 and 275; Brucker, *The Civic World of Early Renaissance Florence*; *Florence. The Golden Age*, p. 253.

的比重大于同时期的威尼斯[1]，小于古雅典[2]，类似于18世纪末的英国。[3] 佛罗伦萨不是我们今天意义上的民主国家。正如我们之前所看到的，它不是全体人民的自治，在大部分时间里，大部分权力事实上为核心圈所掌控。尽管如此，它的自治程度也比代议制政府高，与其同时代的其他政体相比，它体现了某种多数自治（governo largo）的理想。在这一点上，宪政理想与政治实践之间的差异可能并不比现代民主大。自由生活的理想，至少部分体现在佛罗伦萨共和国的真实生活中，包括全体公民平等参与公共生活，拥有均等而真实的机会掌握公职。这一理想是通过随机遴选和官职迅速轮换实现的，运用这些政治技术是为了避免或限制国家权力与全体公民之间出现分歧。这一政体因此与当时欧洲国家出现的绝对主义体制很不一样，也与两三个世纪后才出现的代议民主制很不一样。

利奥纳多·布鲁尼的归纳很准确：它不是民主制，而是混合体制。"民主"维度与"贵族"维度之间的辩论非常清晰，我们可以在档案和大量对这一时期的当代分析文献中看到这一点。在15世纪末，亚里士多德式的传统对立，即被视为贵族工具的选举与被视为民主工具的抽签之间的对立，似乎在佛罗伦萨政治中复活了，[4] 圭恰迪尼在一篇对话中对此作了精彩的综述。[5] 托斯卡纳

---

[1] 威尼斯的公民身份基本上仅限于大议事会成员：14世纪初，90 000人中只有大约1100人是公民，1575年大瘟疫前，250 000人中只有2600人是公民，见Frederic C. Lane, *Storia di Venezia*, Torino: Einaudi, 1978, 120, 295–297 and 372。

[2] 人口数量在250 000人至300 000人之间，公民数量在30 000人至50 000人之间。两个城市均将妇女排除在公民行列之外，此外，在佛罗伦萨，手工业工匠（the popolominuto）到了1378年梳毛工起义期间才获得公民身份，当时13 000人在几个月内建立了三个新行会，从而获得公民身份；农民（the contado）仍然被完全排除在公民身份之外，佛罗伦萨统治（the dominio）下的人民也被排除在外。

[3] 人口8 500 000人，公民338 000人（Gueniffey, 1993, p. 97）. See also J. H. Plumb, "The Growth of the Electorate in Enland from 1600 to 1715", *Past and Present* 45 (1969).

[4] Cadoni, Genesi e implicazionidelloscontrotraifautoridella "tratta" e ifautoridelle "piu`fave" 1495–1499.

[5] Francesco Guicciardini, "Del modo di eleggeregliufficinelconsigliogrande", *Dialogo e discorsi del reggimento di Firenae*, Roberto Palmarocchi ed., Bari: Laterza, 1932a, 175–195.

主城是一个共和国,因为它拥有自治程度很高的公民,这个城邦所展示的共和理想有助于建构一个激进的自治传统,后者贯穿于整个现代民主历史。

随机遴选的微众与协商民主

在文艺复兴早期,人们频繁地把佛罗伦萨与雅典作对比,佛罗伦萨在现代共和传统的形成中发挥着重要作用。[1] 我们对佛罗伦萨政治体制的分析,提供了一个有价值的视角,有助于理解现代协商民主的具体特征及其可能必须面对的挑战。

对于大多数支持基于随机遴选的参与工具的人而言,这一技术在隐匿几个世纪之后回归政治,意味着某种古代民主理想又回来了。林恩·卡森(Lyn Carson)和布雷恩·马丁(Brian Martin)的著作提供了一个好例子,这两位最坚定的随机遴选倡导者写道:

> 支撑政治中的随机遴选的假设是,任何想参与决策的人都能够做出有用的贡献,确保每个人都有这种机会的最公平方式是赋予他们平等的参与机会。随机遴选在古雅典行之有效。今天它在挑选陪审员上也很有效,而很多实践性试验已经表明,它在处理政策议题上也非常有效……民主……要想强盛,它必须包含公民参与这个关键元素,不仅仅是少数人的自我挑选,也包括普通人民可以恰切地决定自己的未来。考虑到难以在这种协商过程中让每个人都参与进来,我们主张随机遴选是人口的一部分代表参与的一种理想方式。[2]

---

[1] Baron, *The Crisis of the Early Italian Renaissance*; *Search of Florentine Civic Humanism*; Pocock, *The Machiavellian Moment*; Skinner, *The Foundations of Modern Political Thought*.

[2] Carson and Martin, *Random Selection in Politics*, pp. 2, 13-14. "社区的公平代表"是美国最高法院1960年代末用来改革陪审团的概念,旨在全体公民中间通过抽签挑选,而不仅仅是在特定团体中挑选("The Jury Selection and Service Act", 28 U. S. C., secs 1861-69, quoted in Jeffrey Abramson, *We the Jury. The Jury System and the Ideal of Democracy*, Cambridge: Harvard University Press, 2003, 100)。

毫无疑问，就社会、政治、经济和制度背景而言，现代民主与雅典民主或佛罗伦萨共和制之间存在着明显而巨大的差异。然而，我们可以说协商民主的当代试验是自治理想的部分复兴吗？这些试验也许标志着 21 世纪初一股新的民主趋势，它可能深化升华也可能裹足不前。对倾向把民主化约为代议制政府的那种父权传统，这些试验本身包含着更猛烈的批评。他们的支持者认为，公民参与政治是我们政治体制健康的关键。他们主张，在公共讨论方面，甚至在某些情况下的决策方面，所有公民政治上是平等的。他们认为民主的正当性与公共辩论中协商的扩展紧密相关：一个决策越是来自组织精良、积极活跃的公共辩论，它在名义上和实际上就越具有正当性。[1] 这个思路显然是对全体公民日益不信任政治体制的回应，至少在欧洲，政治不信任是一个重大的流行趋势。在协商民主大全中，抽签有一席之地。[2]

然而，强调佛罗伦萨与英属哥伦比亚公民大会之类试验之间的明显差异仍然很重要。在加拿大，与其他西方国家一样，几乎所有成年人都是合格公民。随机遴选技术并不常用，也不是一种标准的宪政工具；它只在特定时刻使用，即公共权威当局自愿决定组织公民大会、公民审议团、共识会议或其他协商工具之际。直到 2010 年，没有法律要求在司法领域之外适用抽签。基于抽签的政治试验通常在政治边缘地带进行，英属哥伦比亚的试验是例外而非常规。

---

[1] Manin, *The Principles of Representative Government*; Habermas, *Between Facts and Norms: Contributions to a Discourse Theory of Law and Democracy*, Cambridge, MA: MIT Press, 1996; *The Structural Transformation of the Public Sphere*; John S. Dryzek, *Discursive Democracy. Politics, Policy and Political Science*, Cambridge: Cambridge University Press, 1990; Jon Elster, *Arguing and Bargaining in the Federal Convention and the Assemblée Constituante*, Working Paper, 4, The University of Chicago, Center for the Study of Constitutionalism in Eastern Europe, 1991; Elster, ed, *Deliberative Democracy*, Cambrdige: Cambridge University Press, 1998.

[2] James Fishkin, *The Voice of the People. Public Opinion and Democracy*, New Haven: Yale University Press, 1996; Peter Dienel, *Die Planungszelle*, Wiesbaden: Westdeutscher Verlag, 1997; Waren and Pearse, *Designing Deliberative Democracy*; among many others.

代表性样本与描绘性代表

关于随机遴选的意义,还有一个不那么明显但十分关键的差异。在佛罗伦萨和雅典,抽签和官职迅速轮换让公民得以轮流统治与被统治。这是人们可以讨论自治的原因所在,也是从亚里士多德到圭恰迪尼的古典政治思想中,随机遴选一直与民主相关,而选举与贵族制相关的原因所在。[1] 随机遴选的当代应用非常不一样。在英属哥伦比亚公民大会或者其他工具中被选中的实际机会很小。林恩·卡森和布雷恩·马丁所明确阐明的想法是,使用抽签旨在挑选一个全体公民的缩样,一个与全体公民拥有相同特征和多样性的机构,只是规模小很多而已。这就构成一个罗伯特·达尔首创的"微型大众"[2](minipopulus),或者用现在更常用的术语说:"微众"。从统计的角度讲,抽取全体公民的一个代表性样本是完全可行的。几百位经随机遴选公民可以代表人民。一个十到二十人的小群体,也就是多数公民审议团的规模,也许不能真正代表人民,但它部分容纳了人民的多样性。人民的这一适当"横截面",尽管规模很小,但趋于类似于总体人口。

最近几十年统计与民意测验的集中使用,导致 21 世纪的读者对代表性样本这个概念并不陌生。因此,有人认为,"将抽签视为服务于描绘性代表的一种手段是完全合理的"。[3] 不过,代表性样本是 19 世纪晚期的发明。在雅典或佛罗伦萨,人们还不知道随机遴选在统计意义上可以产生总人口的横截面;因此,对他们而言,随机遴选与描绘性代表没有什么关联。当时,或然性概念还

---

[1] Jasques Rancière, *Hatred of Democracy*, London: Verso, 2007.
[2] Robert A. Dahl, *Democracy and its Critics*, New Haven: Yale University Press, 1989, 340.
[3] Peter Stone, "The Logic of Random Selection", *Political Theory* 37 (2009): 375-397, 390.

没有进入政治领域。[1]

"缩样"的说法意味着政治代表必须是人民的社会或文化镜像。在法国和北美革命期间,这一点变得重要起来。约翰·亚当斯(John Adams)可以这样写道:立法机构"应该就像一幅惟妙惟肖的人民画像,只不过小一点",米拉博(Mirabeau)主张,议院"应该像一幅能够描绘真实地理情况的地图一样,这张地图,不管是它的一部分还是全幅地图,都要与真实地理状况的比例一致"。[2] 但是,由于还不可能使用代表性样本这个概念,描绘性代表的推动者忽略了抽签,提出了其他的技术方案。[3] 反联邦党人提议用小选区照顾中下阶层利益,这个提议并不怎么有说服力,联邦党人的反驳相当成功。[4] 另一个方案建议不同的社会群体按照合作主义方式分设代表[5],这个提议与旧体制太像,让激进民主派难以接受。19世纪,上层阶级在议会代表中占据霸主地位,这种状况常常导致人们产生为从属社会群体(尤其是工人阶级)分设界别代表的想法。[6] 20世纪中期,随着民意测验的广泛使用,代表性样本的概念第一次被引入政治[7],但它只是在20世纪六七十年代成为挑选司法陪审团以及各类政治审议团和委员会的工具。[8]

---

[1] "驯化机会"的历史,See Ian Hacking, *The Taming of Chance*, Cambridge: Cambridge University Press, 1990.

[2] John Adams, "Letter to John Penn", *The Works of John Adams*, Boston: Little, Brown and Co., 1851, 4, 205; Comte de Mirabeau, "Discoursdevant les états de Provence", January 30, 1789, *OEuvres de Mirabeau*, Paris 1825, t. VII, 7, quoted in Pierre Rosanvallon, *Le peupleintrouvable. Histoire de la représentation démocratiqueen France*, Paris: Gallimard, 1998.

[3] Sintomer, *Le pouvoir au peuple*.

[4] Manin, *The Principles of Representative Government*.

[5] See among others Mirabeau, "Discoursdevant les états de Provence".

[6] See among others the "Manifeste des Soixante", *L'Opinionnationale*, February 17, 1764, quoted in Rosanvallon, *Le peupleintrouvable*.

[7] LoïcBlondiaux and Sintomer, eds., "Démocratie et deliberation", *Politix* 15, No. 57, Paris: Hermes, 2002.

[8] Abramson, *We the Jury*.

伯纳德·曼宁[1]（Bernard Manin）首先提出了下述问题：为什么随着现代革命的到来，抽签选拔方式在政治舞台上消失了？他的答案含有两个因素：一方面，现代共和制的建国者们想要的是选举贵族制而非民主制，因此他们拒绝随机遴选就不令人意外了。另一方面，植根于现代自然法概念的认可理论已经深入人心，不经过其公民形式上的批准，一个政治权威似乎很难获得正当性。这两个论点很重要，但这并不是故事的全部。尤其是，它们不能解释激进的少数派为什么没有要求在政治中运用抽签选拔技术，尽管他们努力争取镜像般的代表，希望代议机构与人民整体完全形似。为了理解这些发展，人们必须转向很多其他因素。[2] 我们必须脱离"纯粹"政治理念的领域，探究它们借由各种统治技术、工具和机制成就其物质形态的方式（就此而言，政治观念史将会从科学的社会史当中汲取更多教训，正如最近几十年的发展那样）。在法国和美国革命时期，虽然概率计算已经充分成熟，但依然没有代表性抽样的概念，这就是政治抽签在人口众多的现代民主国家看上去注定失败的决定性原因，这也解释了为什么描绘性代表概念的支持者不得不选择其他工具来实现自己的理想。

反过来，近年来随机遴选在越来越多实践中的复归，也与代表性抽样分不开。如今政治实践中的随机遴选也必然与代表性抽样难分难解。在现代民主制中，人民横截面的协商与人民的自治不同。它赋予每个人相同的当选机会；但因为这个机会很小很小，它不可能让所有公民轮流担任公职。它能得出的只是微众的反事实看法（counterfactual opinion），这种看法被认为能代表广大民众的看法。约翰·亚当斯会这么写：他所倡导的微众应该"像人民一样思考、感觉、推理、行动"。对当代政治而言，[3] "描绘性"代表与人民之间的统计一致性只是一个起点。微众必须参与协商，并

---

[1] Manin, *The Principles of Representative Government*.

[2] Sintomer, *Le pouvoir au peuple*.

[3] Anne Phillips, *The Politics of Presence*, Oxford: Clarendon Press, 1995.

在此过程中改变想法。它开始以某种不同的方式思考，这就是协商的附加值。当我们阅读詹姆斯·费希金（James Fishkin）的著作时，这一点非常清晰，他发明了协商民调，这是一种运用随机遴选的协商民主技术：

> 对选民进行全国范围内的随机抽样，把这些人从全国各地运到一个地方。让样本们沉浸在议题中，给他们经过仔细平衡的简报资料，分小组集中讨论，并且有机会质问观点不同的专家和政客。面对面商讨问题几天后，对参与者做详细的意见调查。最后的调查结果就是公众审慎判断的再现。[1]

传统民调只是"在统计上将各种稀里糊涂的印象进行加总，而这些印象是人们对尖锐对立观点一无所知的情况下形成的"；协商民调让我们得以了解"如果有更好的机会认真思考有争议的问题，公众会怎么想"。[2]

协商式微众的挑战

佛罗伦萨共和国与当代随机遴选产生的机构之间还有一个差异，即协商与决策之间的关系。基于随机遴选的现代方案，倾向于揭示协商民主的更大原动力。在本文中，我将不讨论最高法院、行政委员会（如食品与药品监管监督管理局）这样的协商组织。我的焦点是协商式微众。这类方案可以做很多事，如限制政治阶级与全体公民之间的距离，推动彼此之间更好地沟通。然而，它们同时也面临三组挑战。

第一组挑战是，反事实看法也许与人民的真实看法不同。2005年，当英属哥伦比亚公民大会的建议付诸全体选民复决时，

---

[1] Fishkin, *The Voice of the People*, 162.
[2] Fishkin, *The Voice of the People*, 162.

它最终没有获得批准：因为这一建议被视为宪法事务，全民公投需要获得60%的赞同票，外加在60%的选区赢得简单多数，才能最终通过。最终结果表明，尽管它在79个选区中的77个赢得多数支持，但总赞同票只有57.7%。2009年5月，这一提议再次付诸全民公投，差距变得更大了：只赢得38.7%的赞同票，85个选区中只有5个支持。在安大略省，公民大会的提议只说服了少数选民，也就不再有第二次机会了。在欧洲，马奥斯公民横截面选择的PASOK候选人并不是几个月后赢得选举的那个人。

就其制度形式而言，反事实协商与总体公共辩论之间的矛盾似乎内在于协商民主。政治理论最近开始关注这个问题。[1] 这个矛盾表现为以下四个维度：

1. 学习过程。代表性样本在公民大会中学到的东西越多，他们的知识和意见与总体公共意见之间的差异就越大。最有意思的方案可以真正赋权于参与者，但其与普通公共意见的差异比糟糕的方案更大。

2. 数量。当参与者的数量增加时，讨论的协商质量趋于降低。

3. 公开性。乔恩·埃尔斯特[2]（Jon Elster）等人已经证明，辩论的公开性并不必然产生更好的讨论。至少在某些背景下，闭门讨论的质量更高。大多数公民审议团的讨论都没有任何听众。在这种情况下，更难让广大公众参与进来，提高其对争议的了解程度。因此，这些会议是少数人而非多数人的民主学校。

4. 通过讨论或行动的学习。各种协商工具旨在培育或改善政治教育。然而，正如戈登·吉布森所指出的，它们通常只允许参与者"作为普通公民，出于特定而有限的目的，短期开会"[3]。

---

[1] Robert E. Goodin and John Dryzeck, "Deliberative Impacts: The Macro-Political Up take of Mini-Publics", *Politics and Society* 34 (2006), pp. 219-244; Simone Chambers, "Rhetoric and the Public sphere: Has Deliberative Democracy Abandoned Mass Democracy?", *Political Theory* 37, No. 3 (2009), pp. 323-350.

[2] Elster, *Arguing and Bargaining in the Federal Convention and the Assemblée Constituante.*

[3] Gibson, "Deliberative Democracy and the B. C. Citizens' Assembly".

在各种社会运动或者非政府组织中，这种协商质量可能更低，但参与者的投入强度和情感付出更高。在某些情况下，个人野心而不是民主进步的愿望才是主要动力。

协商民主还不得不面对另外一些挑战。因为它聚焦于（协商的）博弈规则，经常忘记或者至少会低估各种权力关系，以及协商方案与社会总体民主转型的关系。这些协商工具通过抽签来挑选个体，彼此之间没有关联，成为一个没有嵌入实际社会关系的工具。因此，这些机制难以改变现行权力结构。这就带来下述七个严重困境：

1. 协商本身的权力。人们讨论最多的问题之一就是权力对协商过程本身的影响。如果无视强烈影响该过程输入端的社会、经济或文化资本差异，一个形式上平等的程序会导致不平等的结果。这种可能性获得大量讨论，已经出现了降低协商中的社会不平等的各种技术，比如全体会议与分组讨论交替进行。

2. 自上而下与自下而上。此外，多数协商式微众是自上而下的过程。因此，不大可能发生剧烈变化，那些建立这些工具的人的权力将不会受到真正挑战。

3. 个体公民与有组织的公民。很多协商设计，尤其是运用随机遴选的那些，限定在个体公民身上才行之有效。它们认为有组织的利益团体，包括非政府组织和社区组织，不值得信任，因为它们都旨在捍卫特殊利益。这些协商工具甚至可能被用来反对有组织的民间社会，而没有它们，任何社会进步（progressive civic change）都是难以想象的。

4. 共识与分歧。在共识会议、公民审议团和协商民主的其他许多工具中（但协商民调例外），协商民主的目的似乎就是达成共识。但是，共识通常能带来真正的变局吗？在历史上，公正和民主方面的进步总是通过激烈的社会斗争实现的，而不是通过合情合理的共识讨论实现的。协商工具通常不喜欢政治化。

5. 论辩与激情。正如哈贝马斯[1]所建议的，一次好的协商常常被视为有利于论辩能力更强的一方。然而，为了在一个存在强大结构性抵抗的世界里促成实实在在的转变，激情似乎也是必要的；这种转变不可能完全是纯粹理性论证的产物。雄辩与激情都很关键。为了强大到足以规管世界市场，政治必须让人民构想另一种世界。在这个过程中，论辩可能只是多个维度中的一个。

6. 协商民主与社会正义。协商民主与社会正义之间的关系仍不清晰。协商理论分析过的那些工具大多与下层阶级或体制外组织的解放运动关联在一起。基于随机遴选的各种试验，几乎都未曾处理如何矫正当代资本主义所产生的新的形式的不平等。这种矫正主要是由其他参与工具来处理的，比如巴西帕图阿雷格里港（Porto Alegre）试验。[2]

7. 开明决策与反权力。最后，对这些方面做个总结，基于微众的协商民主，趋于产生更开明的决策、更具见识的认可。这很重要但并不充分，如果它没有推动反权力的发展[3]，人们对协商民主的兴趣就会开始降低。

随机遴选的正当性

英文意义上的协商（优质的讨论）与拉丁文意义上的协商（集体组织的决策）显然各有侧重。那些向普通公民开放的协商机构通常无权做决策。在理论家们倾向于拿来作为较佳协商民主例证的那些协商机构中，有权做决策的，或者其建议直接与决策机

---

[1] Habermas, *Structural Transformation of the Public Sphere*; *Between Facts and Norms*.

[2] Rebecca Abers, *Inventing Local Democracy: Grassroots Politics in Brazil*, London: Lynne Rienner Publishers, 2000; Leonardo Avritzer, *Democracy and the Public Space in Latin America*, Princeton: Princeton University Press, 2002; Sintomer, *The Porto Alegre Experiment: Learning Lessons for a Better Democracy*, New York: Zed Books, 2004; GianpaoloBaiocchi, *Militants and Citizens. The Politics of Participatory Democracy in Porto Alegre*, Stanford: Stanford University Press, 2005.

[3] Archon Fung and Forik Olin Wright, eds., *Deepening Democracy: Institutional Innovations in Empowered Participatory Governance*, London: Verso, 2001.

构联系在一起的，大多是专家委员会，比如最高法院、伦理委员会或者新合作主义组织。而向"普通"公民开放的协商机构大多只是咨询或顾问性质的委员会：只是"弱众"而已。[1] 为什么会这样？这是否只是一种偶然现象？我们可以预期这种情况将来会改变吗？

古典雅典或佛罗伦萨的共和制都建立在自治原则（与法治结合）之上。代议制民主依据的是另一个原则，即人民通过选举表达认可（与法治和人权关联）。二者都严重依赖数量的正当性，尤其是多数原则。然而，我们政治体制的一个重要特征在于，大量决策是通过专家委员会做出的。在某些情况下，这些委员会适用多数原则；在另一些情况下，它们通过共识发挥作用。它们的正当性有一个强烈的认知维度：其基础是专业知识，以及有利于产生优质协商的精致程序。

从普通公民中随机遴选出来的微众，既谈不上数量的正当性，也谈不上专业知识的正当性。这就是其通常无权做决策的原因所在。然而，它们也拥有属于自己的正当性。第一，当代参与工具最常用于推进富有启发性的讨论。它们的一个基本假定是，认真的协商会产生合情合理的结果。反事实意见为什么倾向于比更大规模的公共辩论更合情合理？这就是原因所在。事实上，基于随机遴选的协商工具的认知质量很重要。

第二，与代议制政府或专家委员会相比，协商式参与工具有某些认知优势。大多数主张协商民主的人都会以一个负面论断支持自己的观点，约翰·杜威就此说得很清楚："专家阶级不可避免地会脱离共同利益，变成一个带私人利益和私人知识的阶级；在社会事务中，这种知识根本就不是什么知识。"[2] 这一陈述也适用于政治阶级。主张协商民主的人也提出了更正面的论断。其中最

---

[1] Nancy Fraser, "Rethinking the Public Sphere", *Justice Interruptus. Critical Reflexion on the "Postsocialist" Condition*, London: Routledge, 1997.

[2] John Dewey, *The Public and Its Problems*, Athens, OH: Swallow Press and Ohio University Press Books, [1927] 1954, p. 207.

常用的是，优质协商必须容纳各种观点，这样论辩的范围就会扩大，各种理由就可以得到更好的平衡。在这个思路中，与基于自愿参与或有组织民间社会的参与工具相比，随机遴选的微众更好，因为它们的基础是人民的横截面，可以把协商中的认知多样性最大化。它们为什么可以在日益复杂的背景下带来有价值的东西？这就是原因所在。

支持参与式协商工具的第三个理由是政治性的。它们的希望来自人们对代议制民主的实际运作越来越不满这一事实。人们感到有必要反对将政治简化成比拼口才的趋势，有必要限制政治阶级的自主性，使之对全体公民更负责任。参与式协商工具可以推动政治阶级与全体公民之间更好地交流。那些基于人口代表性样本产生的协商工具，让政治交流也能在普通人民中间发生，不再局限于"专职公民"。

第四个理由也是政治性的，但比第三个更激进。主张代议制政府的民主理论家（与其精英主义鼓吹者截然相反）通常承认最优的民主体制是自治，但又补充说，由于现代民主制的共同体规模都很大，不可能实行自治，所以次优方案就是代议制政府。然而，人们可以争辩说：既然最优的民主体制是自治；由于自治在共同体规模很大的现代民主制下无法实行，那么次优方案实际上就是赋予抽签产生的反事实微众发言权。这种方式至少可为公民提供参与决策的均等机会。

支持基于人口代表性样本的参与工具的第五个理由是它的公正性。选举产生的代表、专家和有组织的利益团体都趋于受特殊利益而非公共利益的驱动。与之相比，随机遴选确保绝大多数（甚至几乎是每个人，因为可以像陪审团那样取消资格）根据自己相信什么对所有人最好而做出判断，不必在论战中受党派立场的影响。如果建议或决策必须经过合格多数赞成或达成共识才能采纳，这种公正性的优势就会得到增强。

建议、控制、判断、拍板

考虑到基于随机遴选的参与工具可以声称具有以上五种正当性,如何评判这些当代试验的潜力呢?

如果在处理特定主题时对于公正性的需要非常高,随机遴选就是一种值得考虑的方法,可以用来挑选参与协商的人。不过,必须做出一个重要的区分。有意思的是黑格尔如何为外行组成的陪审团制度进行辩护。他写道,关键在于需要他们做判断的是什么问题,如果不涉及普适性、权利或法律,而只是对个别案件的具体主观判断,在这种情形下,也只在这种情形下,他们的参与才是正当的。[1] 即使不要求这么严格,人们也必须承认,对具体案例进行协商与制定法律不是一回事。在处理具体案例时,基于随机遴选的参与工具有足够的正当性提出建议,而且至少在某些情况下,还可以控制[2]、判断,就像陪审员那样[3],甚至还可以拍板决定,柏林的公民审议团就一直如此,它们在城市振兴政策的框架内决定向17个社区各拨付50万欧元以支持当地项目。[4] 这还可以走得更远些。

另外,在公正性至关重要但又涉及立法的情况下,例如在加拿大的英属哥伦比亚,更有前景的做法是把公民大会的建议付诸全民公投,加拿大各省就是这么处理的,也就是说,把微众与人民整体连接起来。

---

[1] G. W. F. Hegel, *Elements of the Philosophy of Right*, Cambridge: Cambridge University Press, 1991, pp. 227-228.

[2] McCormick, "Contain the Wealthy and Patrol the Magistrates".

[3] Jeffrey Abramson, *We the Jury. The Jury System and the Ideal of Democracy*, Cambridge: Harvard University Press, 2003.

[4] Röcke and Sintomer, "Les jurys de citoyensberlinois et le tirage au sort: un nouveau modéle de démocratie participative?", M. H. Bacqé, H. Rey, and Y. Sintomer, eds., *Gestion de proximité et démocratie participative: les nouveaux paradigmes de l'actionpublique?*, Paris: La Däcouverte, 2005, 139-160.

在处理技术性很强的问题时，不可否认，专家委员会的作用很重要。然而，为了确保公正，有必要在决策的某些阶段让门外汉参与进来，例如丹麦创立的科学议题共识讨论会就是如此。

如果需要处理的是一般政治议题，基于随机遴选的参与工具就没有足够的正当性做出决策：反事实意见与实际自治还不是一回事。这就可以考虑两个选项。一个是只赋予这些工具咨询功能，然后让民选代表决策。这样做的目的是为了产生更开明的共识、更开明的政府。这是主要选项，我们在未来几十年中可能会见证很多这类提议获得采纳。另一个选项是把微众与更大规模的参与过程混合起来。这是一场朝向参与式民主的运动。这将会把代议制政府与各种带有直接民主形式的协商民主混合起来。

结论：协商民主与参与式民主

协商民主理念对政治重建做出了重要贡献，可以改善公共政策的效率和正当性。正是因为我们生活在一个复杂的世界，更加需要公共协商。协商民主可以较好地平衡平民主义倾向，也可以平衡超凡领袖的支配。

由于其内在矛盾，协商民主无法唱独角戏，必须与参与民主结合起来，参与民主很不一样，并且与文艺复兴早期的佛罗伦萨共和自治原则有关联。参与民主意味着很大一部分公民实际参与政治，尤其是被支配社会集团的参与。它不仅依赖制度工具，也依赖社会运动。微众的良好协商必须与更佳的公共领域大辩论联系起来。将公民大会与全民公投相结合的英属哥伦比亚方案因此成为一条有趣的道路。

即使协商民主和参与式民主加在一起也还不够。它们都是修改政治代表含义这一更广泛演化过程的一部分，是多层级治理发展的两个维度，不过，迄今为止，还是次要的维度。行政、立法与司法部门的经典权力区分一直是一个开放的过程，而不是一个稳定的均衡。协商与参与民主的一些方案意图克服代议制政府的种种局限性，引入了第四种权力，希望能修正这一想象出来的均衡。

随机遴选在这个过程中有自己的作用。它与官职的迅速轮换相结合，成为文艺复兴早期佛罗伦萨政治的关键，在那里出现了一个有限但真实的自治。基于随机遴选的当代方案依赖的是代表性样本概念，后者在19世纪末以前还不存在。这些微众体现的是反事实意见，也就是更大规模的公众如果真正参与协商就可能得出的意见。因此，它们与协商民主理想紧密关联，这一点与佛罗伦萨的自由生活很不一样。它们提供的各种正当性来源，必须与代议制民主或者直接民主的正当性结合在一起，而不是与之对立。尽管这些创新让形势变得更加复杂，不大容易找到好的均衡方式，但它们从长远来看大有可为。值得朝这个方向继续迈进，这是因为，没有人可以说现状是令人满意的。

公民大会模式

约翰·费雷约翰*

John Ferejohn, "Conclusion: the Citizens' Assembly model", In *Designing Deliberative Democracy*, edited by M. E. Warren and H. Pearse, Cambridge, UK: Cambridge University Press, 2008, cx.

【摘要】公民大会模式为在现代世界建立某种真正的民主开辟了一条道路,普通人可以就重要或带根本性的政治事务展开严肃、深刻的协商,并在收集证据、听取专家意见的基础上作出决策;人民本身而非特殊利益集团可以控制提议或议程设置过程。公民大会体现了直接民主的两个核心要求:(1)允许对未来的立法进行公开的公共协商,尽管是在规模不大但真正具有代表性的公民组织中进行;(2)允许选民整体批准或认可立法。同时,公民大会模式还提供了两条宽广的改革路径。首先,它提供了一个把民选政客排除在某种决策之外的模式,既具有独立性与公正性,又可以形成处理棘手问题的高超技能。其次,公民大会提供了一条在某种程度上兑现"民治"这一古老民主承诺的路径。简言之,人民需要可以视如"己出"的框架法,公民大会路径既可以证明公众创制的合理性和必要性,同时又不至于陷入公投或神秘主义的泥淖。

---

* 约翰·费雷约翰(John Ferejohn),斯坦福大学卡罗琳·S.G.芒罗政治学讲座教授,胡佛研究所资深研究员,纽约大学法学院法律与政治学访问教授。

从古雅典时代开始，至少是就"民治"而非"民有""民享"意义上的民主而言，民主研究者就一直怀疑选举能不能贯彻民主。[1] 这一怀疑有几个理由：首先，选民会选出那些与众不同的人，即更好、更有能力或者更雄心勃勃的领导人，从而将普通人民与政府里的某一角色隔绝开来。其次，不管民选官员是否特别能干，那些被选举出来任职的人都倾向于变成一个知识、利益皆不同于普通人民的专业阶级。雅典人认为，抽签是更为民主的选官任职方式，因为它确保每个希望服务的人都能实现愿望。[2] 实际上，亚里士多德就把民主界定为一种轮流执政的体制：每个人轮流统治与被统治。[3]

当然，就统治权威来自人民而言，当今每个国家均应为民主国家，对此的现代反应通常总是降低对民主的预期：将选举式民主或代议制民主视为现代环境下唯一可行的民主。因此，不是人民直接统治，而是由选举出来的精英代表人民统治。追随约瑟夫·熊彼特思想的民主精英论者声称，在现代大规模政府中，选举精英主义不仅无法避免，而且值得拥有，这既是由于现代政府的技术特性，更是由于无法预期公民对于疏远而陌生的公共事务能够形成真正的意见。[4] 如果没有经竞争性选举选拔出来的专业领导人，我们就会被非选举的技术精英或者势力庞大的私人利益玩弄于股掌之间。至少就"民享"（如果不是"民治"的话）这一目标而言，这比民主精英主义更糟糕。

无论民主精英主义有多大用，仍有很多努力通过全民公投、公

---

[1] 代议制民主或选举式民主的论述，See Bernard Manin, *Representative Government*, Cambridge University Press, 1997.

[2] 雅典的抽签在几个方面是合格的：一个被迫同意服务并担任执政官的野心家很危险而且代价很大。每个掌握官职的人在任职期间总是受制于弹劾和全面审计。因此，不是每个人都愿意担任官职。See Manin, *op cit.* 对雅典实践最好的制度描述，见 Mogens Herman Hansen, *The Athenian Democracy in the Age of Demosthenes*, Oklahoma University Press, 1999。

[3] Aristotle, *The Politics*. VI, 2, 1317b.

[4] 现代公共意见研究证实了熊彼特的这个判断。Joseph Schumpeter, *Capitalism, Socialism, and Democracy*, Harper, 1942. 比如，John Zaller 证明普通大众对于公共议题和政策几乎不持任何态度；See his *Nature and Origins of Mass Opinion*, Cambridge, 1992.

民创制、罢免选举和把包括法官在内越来越多的官员列入选举范畴等工具，让大众意见直接输入立法进程。这长达一个世纪的运用直接民主机制的浪潮，并不局限于平民主义传统悠久深厚的美国和瑞士，也出现在欧洲，很多欧洲国家尝试运用人民公投而非议会通过来批准拟议的欧洲宪法。各国领导人明显感觉到，仅凭民选代表的同意已不足以启动一部新的欧洲宪法。

长期以来被视为公民创制活动发源地的加利福尼亚州，提供了一个选举制度与公众制度冲突的显著例证。其现任州长是在一次人民罢免选举中当选的；当他被不依不饶的政治官员搞得焦头烂额时，他曾寻求借助公民投票直接掌管该州。[1] 尽管这一努力没有成功，但在加州及其他可以举行全民公投的州，它仍是一种宪法上的可能性。悠久的抗税史，以及民选官员对抗税的恐惧，必须被视为出现公民创制与全民公投的部分原因。人们也很少怀疑，各州法官之所以在规管死刑运用方面战战兢兢，要部分归功于正在出现的法官选举与罢免。直接民主制度至少让政治官员感觉到了不安，无论是民选的还是任命的。

此外，最近有多项研究表明，这些制度可能的确产生了按照中间选民意见推动立法的作用，无论法律是通过公众程序制定的还是由立法机构制定的。[2] 有些学者认为这是好事。[3] 但是，实际是好是坏，取决于中间选民的欲求是真实反映了有吸引力的共同利益观念（或者至少是他自身的真正利益），是对情绪化事件做出

---

[1] 这些尝试只取得了部分成功；2005 年州长 Schwartzenegger 所提出的公民创制均因优势微弱而落败。

[2] Elisabeth Gerber, "Legislative Response to the Threat of Popular Initiatives", *American Journal of Political Science* 40 (February 1996), pp. 99-128.

[3] Matsusaka, John G., 2004, *For The Many or The Few. The Initiative Process, Public Policy, and American Democracy*, Chicago, Il: University of Chicago Press. Bruno Frey and Alois Stultzer, Direct Democracy: Designing a Living Constitution, Working Paper Institute for Empirical Research in Economics, University of Zurich, Bluemlisalpstrasse 10, 8006 Zurich, Switzerland and CREMA—Center for Research in Economics, Management and the Arts.

的瞬间反应,还是受特殊利益出于自身目的的操控。[1] 几十年的公共意见研究让人们有足够理由怀疑这些担忧绝非虚言。[2] 中间选民很可能是这样一个人,他没开窍,甚至不清楚自己"真正的"价值观念和偏好到底是什么;如果一种政治制度不假思索地按照他的方向推动政策,那真是让我们没什么好说的。[3] 比如,公民创制的一个后果很可能是有助于确立、保留和运用死刑。

我相信,作为贯彻直接民主的模式,传统的直接民主制度有各种各样的局限,最大的麻烦在于:每种制度安排都很容易被利益集团俘获,可以也很可能会被用来扭曲政治过程,至少在普通选民极少关注的议题上是如此。从这个角度看,它们在实践中是不民主甚至反民主的。[4] 加利福尼亚州的公民创制就是一个典型例证。利益集团非常轻松就能获得将一个提案付诸公投所需的签名人数,抛出一个旨在维护提出者利益的提案,它充其量只能对中间选民(自以为)的福祉有些许改善,而选民只有支持或反对两种简单的选项。其他直接民主工具也很容易被俘获、被利用来实现私人目的或者推行与普通大众关系极小的公共项目。[5]

传统直接民主机制的明显缺陷在于,它们允许提议权受到俘获:从选民手中夺走,要么放在政府机构手中,比如全民公投,要么交由私人组织竞标。这些机构没有提供针对俘获的公共防御

---

〔1〕 本文不适宜探究直接民主机制的替代理据。人们可能会说,如果没有各种游说立法机构的途径,就难以克服选举的代表的"代理"困境。鉴于普通选民的信息与认知局限,只有证明直接民主有改善福利的效用,这个思路才令人信服。

〔2〕 John Zaller 为这一主张提供了一个很有说服力的案例。

〔3〕 当然还有来自少数派权利、稳定或法治立场的异议。但这些异议与此处的讨论无关。

〔4〕 那些不论直接民主贯彻实施的多么好都质疑其价值的人,当然会对这些制度提出其他异议。很多政治思想家认为,直接民主必然变幻无常,暴虐专横,而各种代议民主形式既无法避免,也比直接民主更吸引人。

〔5〕 人们可能会认为,在全民公投中,民选官员无可争议当然就是议程设置者。对于那些认为引入直接民主的首要理据存在于不能将对运用政府权威的垄断权托付给民选官员的人而言,这个主张没有说服力。公民创制对于全民公投和公民创制政策的较好处理,见 Gerber, Elisabeth R., *The Populist Paradox*: *Interest Group Influence and the Promise of Direct Legislation*, 1999, Princeton, NJ: Princeton University Press.

手段，除了拒绝提议。[1] 选民没有任何途径修正拟议的公民创制或者全民公投，也无法协商哪些提议应该受制于公共考量。人们通常认为要做得更好是非常困难的，甚至是不可能的。在实际运作中，如何允许对提案展开公开辩论？如何将对提案的修正付诸票决？简单问这么两个问题，就能看到可选方案的棘手性。不过，也许并不需要展开一般大众的公开辩论，就能治愈传统直接民主模式的主要病症。也许需要的是一个协商议程的、货真价实的公共论坛——一个特殊利益或民选官员无法轻易俘获的公共论坛。

事实上，这正是古希腊制度所表达的观念。[2] 希腊诸城邦通常都有每个公民可以投票的"民主"议院。[3] 但是，这些大型公民大会中的辩论常常比较混乱，难以驾驭，而且很难频繁开会，雅典平民大会每年也只开会四十次，所以多数城邦还设立了更方便管理的小规模民主议事会。雅典人称之为五百人议事会，它有权协商并确定和规范公民大会的议程。[4] 雅典的五百人议事会是从30岁以上的全体公民中按照地理标准界定的选区随机选拔的，这些"代表"在一年当中轮流控制其会议。五百人议事会是中等规模的协商组织，它考虑与修改各项提案，并最终把提案交由公民大会决定。每个雅典公民在一生中都有望成为五百人议事会的成员。[5]

英属哥伦比亚省的直接民主试验在很多方面都与雅典观念类似，尤其是**提议**权与**决策**权的分离，前者是协商的焦点，后者取决于大众是赞同还是拒绝。通过确保民主协商在相对小规模和可

---

[1] 当然，公民创制法院可能会审查拟议的全民公投或者公民创制，但这种审查的依据与法律所许可的私人利益捕获提议权的各种方式无关。

[2] See Hansen, *passim*.

[3] 不同城邦享有公民身份的人口比例存在巨大差异。

[4] 实质上，提议权与决策权的分离，在整个古代世界都是个普遍现象。比如，在罗马共和国，法律必须由并非协商机构的公民大会（the *comitia*）制定，每个公民均有一票表决权。但是建议构想只能由在议事会活动的执政官承担，议事会是受法律规管的议院，只能出于讨论建议目的由特定执政官召集。至于这些议院有多民主，历史学家们的意见并不一致，但全都同意协商与创设建议是在议事会而不是在公民大会进行的。

[5] 该议院可能会修正建议，五百人议事会可能并不真正享有对提议权的垄断。

控的会议中进行，公民大会提供了下述前景：人民本身而非特殊利益集团可以控制提议或议程设置过程。这样的话，它就是一项真正的直接民主制度，似乎在现代条件下也可以运转。公民大会体现了直接民主的两个核心要求：（1）允许对未来的立法进行公开的公共协商，尽管是在规模不大但真正具有代表性的公民组织中进行；（2）允许选民整体批准或认可立法。公民大会模式因此展现了一种允许大众真正参与"立法"的途径，与常态的、有利于精英的程序截然不同，后者既是现代治理实践的核心，也是平民主义替代选项的核心。

可以肯定的是，公民大会建构者的抱负比这节制得多。他们的目标不是建立一个普遍适用的新立法程序。他们的目标只是：当政客谋求私利，人们不相信他们会做出不带感情色彩的决定时，人民有权在具体议题上决定该怎么办，比如如何设定政客据以竞争官职的选举规则。在其他类似议题上，可能也无法信任政客的动机，比如如何设定竞选捐助管理规则、划定选区边界，或者决定立法条款是否应受到限制，这些也可能是公民大会的未来主题。但是，我认为公民大会模式的前景比这更宽广。

公民大会的试验已经表明，普通人可以就重要或者也许带根本性的政治事务展开严肃深刻的协商，并在收集证据、听取专家意见的基础上作出决策；在这个意义上，公民大会模式为在现代世界建立某种真正的民主开辟了一条道路。人们可以设想用它来决定宪法修正案，或者在民选官员不愿面对的议题上做出决定，比如社会保障、医保运营或全球变暖等。一提起这些主题，政客们就会急匆匆地寻找意识形态外罩；也许公民大会模式为思考这些难题探索了一条新路。当然，让公民去处理这些复杂的议题需要时间，但他们将从专家和民选官员（如果他们愿意的话）那里获得大量帮助。

一、公民大会的构成

英属哥伦比亚省的公民大会不是抽象政治理论的产物,也不是蓄意仿效雅典民主实践的结果。它的出现是一个地方政治行动:是党派政治中使用的一个谋略,旨在至少部分地确保某党对他党的政治优势。[1] 雅典试验本身当然也是实际政治的结果。尽管索伦神话值得尊重,但雅典民主并不是一位具有远见卓识的立法者想象出来的东西,而是严重对立的贵族斗争的结果(而且可能是意外后果)。但是,不管其究竟是如何起源的,公民大会代表着一个重要的制度创新:一个可以整体或部分在其他政治背景下适用的制度创新。

在其他政治环境下,英属哥伦比亚省遭遇的这一情形也很常见:一些政治领导人希望改变选举制度,但受到当权政客与政党的拼命抵制,以防能让自己赢得官职的选举制度发生变化。因此,选举制度会变得非常稳定,除非在某个特殊时刻,力量积聚到了允许选举规则发生激烈变革的地步。英属哥伦比亚省在2001年出现类似情形。即便有改变选举规则的好理由,政客们仍会担心这么做的后果,因为他们忧惧在新规则下自己能否赢得竞选。因此,英属哥伦比亚政治中出现的新的重要因素可能就是一个理念,一种将可能打破根深蒂固的政治均衡的新的制度安排。

拟议方案是建立一个公民议会,从选民名单上随机遴选,与专家开会听取其意见,形成自己的看法,没有任何私利考量,讨论哪种选举制度对于英属哥伦比亚来说是最好的,他们的建议将提交给选民最终批准。现任议员不得参与整个过程,只有一位专业

---

[1] 自由党在该省常年占据多数,但1996年它得到的议席比新民主党少很多,导致其丧失执政地位五年,这件事仍然令人记忆犹新。据说,如果实行更充分的比例选举制就可以永远杜绝这种事。当然,采纳某种比例制的理由不止于此:比如2001年,自由党人凭借58%的得票率重新掌权,并赢得全部议席(只有两席漏网)。在政治观察家(更不用说政客了)看来,加拿大的议席结果即便是在简单多数制下也反复无常得令人诟病。

公务员在该会议拥有一个正式角色，负责主持协商并维持议会秩序。除此之外，正如本书各章所表明的，会议成员可以自由地共同协商，获取有关其他选举制度的信息与分析研究，听取相关利益群体报告改革建议将会如何影响他们的利益。

　　公民大会成员的不偏不倚显然很重要，他们在选择选举制度上没有任何个人利害关系，但同样重要的是，他们要反映或代表英属哥伦比亚省居民的各种正当利益。人们可以期待其成员都希望看到一项公平负责的选举制度，但他们也应该反映重要群体和地区的利益。因此，公民大会以地区为基础，每个选区选出两个公民，一男一女；人们也关心人口其他重要群体是否得到了代表。虽然最初组建公民大会时某些群体代表不足，但该会议的总体结构看上去代表该省大多数重要人群。难以避免的"自选择"和"退出"问题最终看来都并不严重。[1] 不管怎么说，哪怕存在代表瑕疵，它们也可以在听取证词过程中得到弥补，确保代表不足的群体获得表达自己观点的充分机会。这一过程的公共性为选民和各利益方提供了大量信息，使他们了解正在考量哪些改革，以及它们会如何被评估。

二、公民大会中的协商

　　公民大会花大量时间进行协商。[2] 它听取所有希望出席会议的群体和个体的证言。它积极搜寻有关其他国家形形色色选举制度与运行经验的信息。其成员刨根问底地询问证人，令人难以招架。在他们这样做时，有几位专业政治科学家提供指导，其目的是帮助公民大会成员理清议题框架，并组织讨论。这些程序都是公开的，并且大多向全省公告过。我们可以怀疑到底有多少选民

---

[1] 尽管启动程序没有选拔任何土著居民，但这似乎并未导致退出现象。See Designing Deliberative Democracy, Edited by M. E. Warren and H. Pearse, Cambridge, UK: Cambridge University Press, 2008, Chapter 5, by Michael Rabinder James.

[2] See Chapters 6, by Blais, Carty and Fournier, and Chapter 7 by R. S. Ratner.

会密切关注这些会议，但选民中似乎普遍知道该过程正在进行。

对于一个外部观察者来说，这些听证的结果非常显著：从提交给公民大会的问题内容来看，很显然许多会议成员已经变成了选举制度技术层面的专家。在该过程期间所做的公共意见研究表明，一般选民非常广泛地意识到了这一事实。无论如何，公民大会随后开始最初的决策协商，旨在将焦点收缩到可能对英属哥伦比亚省有吸引力且可实际操作的几种选举制度上。这里的想法在于，收缩之后的选项便于传递给广大公众，这不仅有利于教育公众，也有利于吸引来自社会层面的反馈。反过来，这又可以在接下来的听证中激发一系列以制度为焦点的反应，使公民大会最终能形成一个可以提交全民公投的最终建议。

当然，作为一个学习过程与决策过程，公民大会的实际运作还有不少可议之处。公民大会内部会涌现出各种领导人物，还有一些在不同阶段拥有并行使权力的工作人员，所有这些对公民大会成员并不都是透明的。此外，主席是职业公务员，人们必须接受其裁决为最终裁决。其中一些裁决事实上可能会非常强烈地影响协商。比如，他裁决会议规模不得扩大。这些裁决将不能像在普通议会里那样上诉：这一事实提醒我们该过程还是受到某些政治制约。

工作人员在协商中的作用也很重要。他们组织会议和议程，决定什么时候召开全体会议、什么时候分组讨论。人们可以想象，至少在初始阶段，他们一定在确定需要召集的专家名单时发挥了巨大作用（甚至直接决定）。此外，在公民大会成员中，一些人会更愿意付出时间、努力和代价，把自己变成真正的技术专家，可以预期这些人在协商中的作用更大。因此，也有机会操控全局。但是，会议成员一般不必担心这种可能性会极大地扭曲其活动或者建议。毕竟，无论操控机会多大，那些处在操控位置的人看不到这么做有什么实际收益。

本书的作者们大多认为这个过程在几个重要方面运转得很好。

一个普通公民的代表机构聚集在一起，以智慧和有根有据的方式协商英属哥伦比亚省的选举制度及其替代方案。他们的协商热烈、严肃；成员思想开放，在协商过程中也的确改变了自己的观点和主张。而且，在听证与协商过程中，几位成员还变成了选举制度技术细节的专家。在整个过程中，棘手的问题很多，严重的冲突不断：当下的制度究竟有什么缺陷？什么才是最好的替代方案？以及非常重要的一点，他们有望说服选民同胞接受什么制度？[1] 最后，他们有能力就一个技术圆润的建议达成一致，这个建议反映了他们现在信服的价值理念，也是英属哥伦比亚省的任何选举制度都必须尊重的。[2] 随后，他们又以接近全体一致的支持率向公民同胞提出了这一建议。他们中的很多人在接下来的公投推广活动中公开宣扬这一建议。

三、公共领域的协商

接下来，选民在公投推广的背景下考虑这一建议，选民 [本书第 8 章弗雷德·卡特勒（Fred Cutler）和理查德·约翰斯顿（Richard Johnston）对选民反复进行民意测验并进行分析] 总的来说对公民大会表现得相当熟悉。公众中的很多人看来形成了两个明确的信念：（1）公民大会由（和自己一样的）"普通"加拿大人组成；（2）其成员已经变成了选举制度这种难题的专家。最后，选民以相当大比例的多数批准了该建议。虽然这一多数没有达到受政治

---

[1] 采纳单一可让渡投票制而非修改版的比例代表制的一个原因，也许是最后阶段的一个最重要原因：公民大会的成员相信单一可让渡投票制可以向选民充分描述和解释。

[2] 对这里所体现的价值理念有个很好的质疑。很明显，来自偏远选区的人民非常坚持自己的选区并未被地理上混杂的选区所湮没。同样很明显的是，来自城市地区的代表则愿意尊重这一得到有力表达的理念。结果单一可让渡投票制对于小选区就是个非常有吸引力的选项。公民大会的设计本身通过选区（每个选区两个代表）与性别（一男一女）"配额制"表达了对它们的特别关注。其设计没有表现出对种族或原住民（First Nation）身份的特别偏好。但是，当会议最初没有原住民代表时，就给它增加了两个。在公民大会协商中，该组织拒绝每个"补偿行动"关切，地理方面的除外：选择一个分区体系就是对这一点的认可。

影响设定的高门槛要求，但从多数视角看，这一成就本身令人印象深刻。

留下来的问题是（亦即下文的焦点）：公民大会过程是否提供了一个真正的公共协商模式？它是否有望使政治过程更加民主？或者，公民大会模式是否只是另一种蓝带委员会（一种俗称，意指就某个特别议题由特殊人士组成的临时调查或研究机构——译者注），其目的不过是为了向公共官员提供建议，或是为了给官员们喜欢的建议披上正当的外衣。因为这些官员认为，如果由他们自己提出这些建议的话无法令人信服。公民大会模式允许公众真正地参与吗？允许他们在政策制定过程中输入意见吗？或者更可能的是，公民议会被公共官员利用，以实现他们自己的目的？简言之，在公民大会的协商与公共领域的真正协商之间是否存在难以填补的沟壑？

公民大会模式在两个方面可以说是一个公共协商模式：它可以被视为一种假想协商的模式。既然其成员是相对有代表性的选民样本，这个机构的协商也许可以用来模拟或预示，如果普通公民能走过同样的（或类似的）程序，他们会怎么看詹姆斯·费希金用类似理据支撑其协商民调，在协商民调中，样本公民在一个周末聚在一起开会，经过激烈（而又掌控良好）的协商形成一个政策判断。我想，在统计意义上，也许的确可以这么说，尽管选民整体不可能实现这个反事实条件。比如，让不同的样本重复经历协商过程，它们完全有可能倾向于收敛至同一个建议，这样一个小样本完全有可能扮演人民整体建议的角色，或类似如此。

或者，人们可以采取亚里士多德的思路，把民主界定为全体公民轮流统治与被统治的政府体制。当然，并非每个公民都会被选中成为公民大会一员，即便这成为常规政府活动例行的一部分。但是，原则上，每个公民都有被遴选的平等机会，这在统计意义上符合亚里士多德的原则。就此而言，选民必须尊重这种协商的理由在于，他们事先就拥有相同的机会成为全程参与公民大会的那个人，在这个意义上，公民大会的判断在统计上就类似于他们自己的判断。比如，假设这样来理解公民大会：每个人都在容器里投下"明智的一票"，这一票就好比他在公民议会中的协商代理，如果他被选入公民大会的话。随后从容器里抽出公民大会的成员名单，公民议会在这些票的协商互动中产生协商判断。这一描述看上去很清楚地表明，每个人的"审慎"判断都有平等机会影响结果，这样，公民议会的建议实际上就代表了选民整体的判断。

不过，我感兴趣的是不那么抽象的阐释，我希望证明公民大会模式就是某种真正的公共协商过程的范例（参见托马森和拉特纳所著章节及博曼和钱伯斯的会议论文）。这个协商过程，因为它是实实在在的，将会考虑协商劳动的分工（下文详述），并赋予选民整体一个真实角色。我承认，有很多理由可以用来质疑公民大会是不是实实在在的公共协商模式。公民大会只是人民的一小部分，他们重新安排自己的生活，深度介入他们提交给全体选民的建议。实际上，依我们对推动单一可让渡投票制活动的了解，选民们即民主人士寻求其协商输入的广大民众，对正在讨论的各种选举制度的比较优势似乎没有形成自己的判断。公众一般不会像哲学家希望的那样协商到底应做出什么样的选择。正如公共意见研究所显示的，也许认为公众完全有能力直接评估这类技术性建议是不现实的。

相反，正如第 8 章所表明的，公共协商在一定程度上是间接的，或者"虚拟的"。公众的不同组成部分对公民大会有不同的判断，并决定据此信任其建议，有人认为公民大会由与自己一样的普通公民（即并非受自私动机驱动的政客）组成，而其他人则相信其成员在所讨论主题上变成了专家。换句话说，通过直接协商各种替代建议的优缺点不同，公民大会过程本身获得了一种让人信任的声誉，选民因此有理由支持其建议。然而，引人注目的是，同时接受有关公民大会的两种判断（代表性与专业性）的选民并不是很多，人们往往只接受一种判断：一些人认为公民大会值得信任，是因为它由普通公民组成；另一些人认为它值得信任，是由于它后天获得了专门知识。尽管存在这一分歧，但在公民大会的建议值得信任上还是存在某种程度的共识的（如果不说是敬重的话）。

政治学家会指出，这不过是立法机构成员与其选民之间典型关系的一个例证。[1] 多数选民之所以接受公民大会的建议，是因为公民大会已经使他们相信，它的行动符合他们的利益。爱德蒙·伯克在布里斯托尔向其选民表达的正是这种代表观：他们必须相信他会做出正确的决策，而不应期望他会鹦鹉学舌般地重复他们自己那些不明智的观点。但是，伯克的观点通常被视为反民主的精英主义。因此，公民大会过程最终也许并不比自己意图补充或改革的普通政治过程更民主。

对这一忧虑似有两个回应思路。第一个是承认，是的，公民大会或者至少其工作人员和部分成员很快就会变成有影响力的新精英，有能力在重大议题上行使权力。但是，由于公民大会的构成（通过抽签而非选举产生，其成员任期只有一届）及其实际运作方式，这个新精英会与现存政治建制截然两分，并与之在政客通常深度关注的议题上陷入结构性冲突。[2] 并且，这一冲突为普通选民提供了一个他们通常无法得到的选择：选择支持竞争精英们代表的哪一种立场。这是一种新的熊彼特式论断，其民主血统在绝对意义上比较脆弱，但比较而言，它把公民大会模式视为迈向民主的一步。此外，我认为它描绘公民大会过程的方式与参与者的理解差不多：这是一个做出重要的、技术性政治决策的全新模式，它向政治建制外的人民开放。

---

[1] 美国的经典参照是 Richard Fenno, *Home Style*, Boston: Little Brown, 1978。See also Bruce Cain, John Ferejohn, Morris Fiorina, *The Personal Vote*, Cambridge: Harvard University Press, 1987.

[2] 曼宁强调，对于从亚里士多德到麦迪逊的作家而言，选举被视为挑选更好的人进行统治的工具，因此是一种贵族式的选拔方式。抽签是典型的民主选拔机制。*Op cit.*

第二个回应思路尝试阐述一个在"公共领域"展开公共协商的新模式，这个模式承认协商过程内部的政治劳动分工是难以避免的，权力与服从关系是难以避免的。下一节我将处理这一问题。

四、民主制下的协商

民主制下实际上存在大量协商。其发生的制度环境非常不同，当然，其中很多是"政治性的"，这是指一些参与者可以基于权力而非理性采取行动。而且还有一些制度环境的技术性很高，只有极少数专家（他们大多既不是选举产生的，也不是政治任命的）有能力或者被认为有能力有效参与讨论。在权力诱惑与专门知识需求之间，对重要决策的公共讨论似乎没有多大空间，即使是在代议立法机构内部也是如此，更不用说在一般大众中间了。实际上，立法机构就一个议题开会、协商和决策很少是纯粹基于更好的理由。最终，不管有没有更好的理由，多数都有权强加其意志，如果他们内部纪律足够严格的话。

民主协商在这个意义上是不完美的。但各种政治制度在这方面的处境并不一样。为什么立法机构里的多数觉得在处理一个议题时有权强加其意志？一种理由是，它如果想在下一次大选中作为多数重新赢得权力，并为其执政行为负责，就必须面对选民。在决定如何处理特定议题时，它也有理由考虑这一事实。因此，如果由于受到权力关系玷污就指责立法协商有缺陷，就等于忽略了协商的更大背景：多数在其中必须向全体选民负责。这并不是说更大的选举背景完全是协商性的：它只是想指出，有必要将整个协商体系放在一起评估。

亚里士多德认为，协商式对话方式是立法机构应有的对话方式，这种对话方式指向的是共同决定采纳哪种未来选项。与之相比，法庭是采用辩论式对话方式的地方，其指向是决定什么已经发生了，对已经发生之事如何臧否。就此而言，立法机构是向前看的，法庭是向后看的。当罗尔斯说（美国）最高法院是值得效仿的协商机构时，却把这个概念翻转过来。他可能是意指两件不同的事。他可能原本就认为亚里士多德的法庭观念太狭隘：也许它非常符合亚里士多德所熟悉的初审法院，但是层级更高的法院所做的并不仅仅是裁决案件。它们制定法律，并在解决过去的纠纷之际为未来立法。如果这是对的，这类在雅典并不存在的法院以与立法机构相同的方式进行协商，也就不奇怪了。不过，作为一位熟知现代政府制度的新亚里士多德主义者，他可能指向非常不同的东西：在民主体制下，与立法机构相比，法院不得不在更高程度上依赖理由才能运转。这就是我想探究的想法。

各种现实民主制度用不同方式进行政治分工：它们以某种方式在立法机构、法院、公共机构、行政部门，当然还有普通选民之间分配权力。这些实体之间的关系当然很不一样，但这并不是我这里的主题。

说到民主，有一点是确定的，不管什么机构，最终都要直接或间接向公民负责。[1] 但是责任链条本身在其他方面却差异很大。在这个背景下，更重要的是这些不同的机构通常会遇到与我所说的决然不同的协商预期：对不同的机构，公众对其行动所需的理据或理由期待不同。

让我们从法院开始：人们期待法院是协商机构，并且设定了详尽的强制协商程序来确保这一点。人们期待法院会为自己的决策讲出道理，至少由非民选法官组成的上诉法院是这样。嵌入各级法院的上诉体系强化了这样一种期待：必须好好讲道理。但在上诉体系之外，法院判决要想生效，通常必须得到尊重与服从。为了确保他们的判决产生实际效果，法官们最好的武器是以讲道理的方式适用法律。换句话说，由于法院不能直接行使政治权力，它们不得不依赖讲道理。

---

[1] 这些责任的履行方式在制度上也很明确，在此我不再详述。一个法官负责做的事与立法机构不同，它们的惩罚或免职方式也不同。

比法院低一级的是公共机构。它们的权力来自立法机构的授权，领导人由政治任命。人们通常期待它们基于法律理由和实际理由做决策，与对法院的期待差不多。但是，公共机构通常不像法院那样受证据程序的制约，它们的决策通常也不像法院那样需要提供非常好的理由。比如在美国，除非存在利害攸关的宪法议题，公共机构的决策只需要符合所谓合理标准：实际上，决策只要有说得过去的理由就行了，哪怕这些理由没有多大说服力，没有人真正相信它们。只要做到这一点，不管理由是好是坏，法院都将让该机构的行动过关。

对立法机构的协商预期则更低。毫无疑问，议员们试图在议会辩论中给出有说服力的理由，也许这与其说旨在说服少数派，还不如说旨在安慰同党议员，但是最终多数仍可强加自己的意志。当然，这些理由到头来必须面对选民，但很少有政治观察家会认为，这将在特定立法行动与为其提供的理由之间建立一一对应的清晰关系。选民必须决定的是支持还是反对某个多数派，全面地看，其失败与成功的记录都很长。

最后我们要说说选民的情况。没人期待选民为其投票提供理由。实际上，在现代民主制下，诸如秘密投票，以及投票场所"神圣不可侵犯"等保护措施，已经有效地阻止了选民这么做。因此，投票纯粹是行使权力或意志的行为，根本不能被视为一种说服或协商形式。卢梭在《社会契约论》中非常清晰地表达了这一观念，他禁止公民在议会说话、问问题；他们只能听取论辩和投票。[1]

---

[1] 似乎可能的是，卢梭对一种非协商立法过程的支持，是对人性缺陷或类似事物的妥协。他认为，一个没有败坏的政治体会允许自由公开的辩论和公共选举，正如他认为早期罗马所发生的那样。但是随着腐败的到来（他的意思是说党争或局部利益的出现），允许立法机构以这一公开方式自我管理就太危险了，最好对其程序施加严格限制：议员听取行政官员准备的提案，然后不做讨论直接进行秘密投票。有必要强调的是，雅典人在法院诉讼中严格运用这些程序，又允许公民大会进行公开辩论和公开投票。

我认为，协商预期与民主程度的高低呈负相关关系。[1] 作为选民，人民不被要求为其行动提供理由，而且事实上被诸如秘密投票和禁止在投票场所竞选等制度禁止这么做。人们非正式地期待与人民隔着"一度"空间的立法机构给出某种理由，但并未要求其行动与这些理由紧密关联，有时候甚至不要求给出理由。此外，不给出理由也不会导致根据宪法制定的法律无效。在这个意义上，理由在立法机构中不是强制性的：如果你有选票支持，你就不需要理由。

各种公共机构与人民的距离是"两度"空间，通常面临更高的协商预期。它们需要给出理由，这些理由必须在某种程度上证明其行动合理，证明根据法律该机构有权采取它所采取的行动。最后是常常与人民完全隔绝的法院（如果法官职位通过讯问填补的话），它们必须给出与行动本身关联更为紧密的理由；给出可以说服别人遵从的理由。如果做不到这一点，会导致上级法院宣布自己的裁决无效，或者被其他政治行动者或一般公众忽视。在这方面，法律权威与证明司法判决完全遵从宪法与法律（也许还有道德）紧密相联。

在提出这一简单模式之后，我们就可以开始探寻公民大会的位置，下一节将进一步探寻对它的协商预期是否得到满足（参见托马森和拉特纳所著章节）。从狭隘的法律角度看，公民大会是由行政行为和立法确立的，与公共机构和法院差不多，离人民至少有两度空间。但是，公民大会在另一个关键方面却不同于公共机构和法院：它就像立法机构一样，是由人民的代表性构成的。（参见托马森、拉特纳和沃伦所著章节）。但选拔方式是抽签而非选举，因此比选举的立法机构更能代表普通的加拿大人。其次，它有权就某些议题作出决策，而其成员没有什么不干不净的党派利益。在这方面，它类似于法院。

---

[1] 对这一论断的揭示，见 "Constitutional Adjudication: Lessons From Europe" (with Pasquale Pasquino) *University of Texas Law Review*, 2004, Vol. 82 (June 2004), pp. 1671–1704。

如何根据我提出的说法来定位公民大会似乎是个棘手的问题。公民大会本身是一个直接民主制度，其行动就是大众意见的直接表达，原本不需要有什么理由来为其建议作辩护：如果普通选民的名字被选中，如果他们花时间参与整个过程，他们也会作出这种建议。当然，普通选民并未参与这个过程，没有理由的建议不可能说服他们。除非普通选民找到了相信公民大会参与者的理由。（本书作者在这一点上的异议：钱伯斯在其会议论文中指出选民必须直接评估实际选项，而沃伦认为公民大会足以让选民信任）。此外，很多普通选民不可能有时间、动力或才干去评估技术理由，即使它们已经得到充分呈现（但请参考卡特勒和约翰斯顿章节的一些证据）。正如我之前所说，在很多方面，这种不需要理由的信任关系类似于普通立法机构的情形，让后者讲清楚说明白，这个要求并不高（参见曼斯布里奇的文章）。

事实上，选民可能更有理由信任公民大会而非立法机构的建议。至少面临选举制度改革建议这一特殊情况时似乎如此，在这方面，立法机构的成员和政党都有特殊利益要保护。我已经谈到了这一信任的两个理由：首先是"结构性"的理由，公民大会事实上由普通公民而非职业政客组成，人们普遍相信这一事实。其次是公民大会在其活动期间、在接下来的建议推广期间向公众证明，其成员已认真承担任务，已成为选举改革方面的技术专家，并经过认真协商产生了明智的建议（参见布莱斯等人所著章节）。普通选民实际上有良好的理由相信公民大会的建议是成熟的，值得支持，尽管多数人都无法直接评估这些建议（钱伯斯的文章对选民具有协商替代选项的实际能力这一点比较乐观）。就此而言，公民大会所面临的协商预期比立法机构要低得多，至少如果它可以用上述两种方式让人们信任它的话。如果事实如此，我们就必须承认，公民大会模式是一次认真的直接民主尝试，而不仅仅是一个特设立法机构或者特殊的蓝带委员会。

五、内部协商与外部协商

这并不是说,在向选民提供信任自己的理由方面,公民大会或者它的建立者无所作为。就我所见,公民大会模式已经采取了几个重要步骤,并确立了高度信任。首先,公民大会明明白白由普通公民构成,这看起来特别重要。卡特勒和约翰斯顿在第8章的研究表明,选民一般相信公民大会实质上是由普通公民组成的。这当然不是公民大会本身的选择,而是设立它的政治权威的决定。但公民大会的运作方式(诸如举行大量公共听证,向社区会议解释其程序和理据)在建立选民信任上非常重要,使之相信整个过程实质上是受公民大会成员而非其工作人员、政党领袖或利益集团的控制和指导。此外,过程公开也让公众和媒体有很多机会看到公民大会成员的专业性在不断成熟。至少对于相当一大部分公众而言,了解他们把握了相关专业知识是非常重要的。至少早期研究的发现是这么说的。

帕斯奎尔·帕斯奎诺(Pasquale Pasquino)和我的早期研究把这称为外部协商形式,是指协商过程向有意监督的媒体、政客和选民敞开。[1] 我们把它与内部协商作了对比,在内部协商中,成员之间秘密论辩产生一个代表整体的共同建议。欧洲各国的宪法法院通常采取内部协商形式,这是帕斯奎诺和我的研究对象。宾夕法尼亚美国制宪会议、美国早期参议院选择的都是内部协商。法国制宪会议采用的是外部协商,整个过程在巴黎民众之间公开进行。[2] 也许具有讽刺意味的是,美国最高法院在一定程度上也采用了这种形式,在大多数重要议题上,民众可以了解法院内部的不同声音。

---

〔1〕 Ferejohn and Pasquino, *op cit*.
〔2〕 替代协商模式的考虑视角, See Simone Chambers, "Behind Close Doors: Publicity, Secrecy, and the Quality of Deliberation", *Journal of Political Philosophy*, Vol. 12(2004), pp. 389-410. 她的焦点主要在于我们所说的内部协商模式。

内部协商有很多支持理由：它允许参与者彼此对话，不需要打动知情甚少的外部听众。内部协商机构的成员可以自由改变想法或观点，而不必担心矛盾冲突影响其公共声誉。此外，内部协商让成员不必承受外部组织的腐败或恐吓压力。也许正是因此，我们才看到法院在其成员感到外部因素威胁时，有时候会转向内部主义模式。约翰·马歇尔（John Marshall）领导的最高法院在面对杰斐逊主义者的威胁时就采取了这一策略。第二次世界大战后德国和意大利的宪法法院也是如此。1969年德国法院决定允许异议时稍微开放了一点儿过程。意大利法院最近拒绝走这么远，本质上也是出于本段所说的理由。无论如何，内部协商过程可以提供这样一种环境：议题的决策可以免受强迫和诱惑的干预，这种方式就是哈贝马斯所说的理想话语情境。至少从在场者的角度来看是这样。

外部协商旨在说服那些不在场的人。公民大会只是决定选举制度改革的公共过程的一部分，它被迫采取一种外部形式。通过大量外部协商活动，公民大会能够说服普通选民相信自己的建议。[1]这种策略的风险在于，公民大会的内部分歧会暴露出来，并被人利用，在一定程度上这些都发生过。少数公民大会成员反对其主要建议，偏向混合比例制，他们的异议最终被拒绝。他们中的一些人明显反对单一可让渡投票制的建议。这一直是外部协商的一个风险。

六、公民大会模式

英属哥伦比亚公民大会被召集起来，尝试处理选举规则这么一个代议民主制难以恰当处理的议题。它能否成为一般民主参与方面的有用模式？我相信，在某些方面，公民大会模式的结构证明

---

[1] 公民大会的确在非公共会期时分组开会进行了一些讨论。然而，我认为他们的大多数重要协商更符合外部模式而非内部模式。

了一种颇具吸引力的大众决策形式。它把立法建议与其接受认可分离开来，比如，允许建议阶段的专业和专长水平超过批准阶段。这一分离在很多环境中都比较常见。美国宪法本身由一个代表群体提出，他们在一起开了几个月的会，通过广泛（秘密）的协商起草并完善所提议的宪法，然后由基于相当广泛选举权选举产生的制宪会议批准。尽管这些制宪会议在某种意义是协商性的，但他们被完全禁止改变宪法文本。[1] 我已经指出，公民大会模式很类似雅典民主制度的结构。雅典平民大会只处理议事会或五百人议事会已经考虑过的提案。[2] 五百人议事会由抽签选拔产生，非常关心是否能确保其内部过程不被小集团俘获。一则，任何人在一生当中最多只能在五百人议事会任职两次。二则，一年之中，五百人议事会的主席职位不断在十个"部落"中间轮转。

在匆忙作出肯定回答前，最好注意公民大会模式在处理选举规则上有某些特殊优势，而在其他情况下未必如此。更重要的是，当它涉及选举规则的建立或改变时，人们马上就会怀疑当权政客曾"在涉及自己的案件中当法官"。这样，在道义上，当权政客就丧失了处理这一议题的资格，尽管在现实中未必如此。这就为其他机构承担这项工作打开了大门，也许是法官，也许是学者或专家组成的专门小组，或者普通公民组成的专门小组，如公民大会。

在处理选举规则方面，上述每一种可能性都值得说上一两句。法官擅长使用旨在获得正确回答的程序（即便他们并没有选举方面的专门知识）。基于对相关知识的把握，专家擅长在各种规则中作出选择。然而，问题在于，选举规则的选择涉及各种价值冲突，不管是程序上的专长，还是实质上的专长，都不足以解决问题。从这方面看，公民组织有其他模式无法比拟的优势（参见托马森和布莱斯等人所著章节）：它可以主张自己有权将其建议建立在实

---

[1] 当然，这一限制是一个巨大的政治成就，对此的敏锐讨论，见 Jack Rakove, *Original Meanings*, New York: Knopf, 1996。

[2] 公民大会（theekklesia）可以修改提议，而任何人的修改建议如果最终证明违背法律，或者如果你乐意说违宪的话，就可能受到刑事起诉。

质价值判断和来自专家群体的相关信息上。但在一般情况下，立法机构不被认为具有与公共利益相悖的特殊利益，那么公民大会的模式还有多大吸引力就不清楚了。毕竟，把议题从多目标的立法机构转移到随机遴选召集起来处理单一议题的公民组织，有些东西就流失了。我们至少失去了原本预期民选领导人具备的经验和政治能力。我们也失去了立法机构必须具备的在立法中权衡利弊、处理多重复杂议题的制度能力。我们可能还会失去人们期待政府过程展现的敏锐性和灵活性。如果我们通过公民大会模式做出大量决策，我们可能失去让官员对政府政策运转担责的能力。如果没有强有力的理由不信任政客决策，为什么要付出这些代价？

这里似乎有两个理由。一个是代议民主由于上文所表明的理由并不充分民主。选举原则和选举竞争确实会导向一种民选贵族制，因此纠正这一倾向的制度就很有吸引力。实际上加拿大其他省份做了不少尝试，寻求通过扩大制度竞争的范围来扩展公民大会模式。

第二个理由是，我们已经有无数直接民主制度，每一个都有已经讨论过的深刻缺陷。公民大会模式也许可以通过纠正或补充这些制度来兑现其原初承诺。我在想，比如，在加利福尼亚州，公民创制本质上没有议题限制。并且，如果我上文所说有道理，该制度有深刻缺陷，公民大会过程可以提供一条改革路径，实际上可以兑现其原初承诺。但是，把公民大会引入加州，将会使之适用于任何从属于公民创制的议题：也就是说，无论什么议题都可能。

正如之前所指出的，公民创制过程之所以存在严重缺陷，主要是因为创制权非常容易被利益集团和公共官员所俘获。对利益集团而言，花点代价去俘获提议权是值得的，因为即便提议变成法律的可能性不是很高，给全体选民一个要么接受、要么拒绝的机会也是很有价值的，在现行政策不受欢迎时尤其如此。

不过，让我们假设，不管公民创制何时启动，公民大会都自动召集起来进行协商，并且可能修正该提议。与英属哥伦比亚公民议会一样，这个公民大会将会被配备一批称职的专职工作人员，它有权传唤证人，其成员将接受合理水平的补偿，足以使之成为对于多数选民有吸引力的任务。人们预期它将花费必要的时间形成一定水平的专业知识，足以使之起草一个明智的建议，最后付诸全体选民的公投。如果公民大会具有统计意义上的代表性，举办公平全面的听证，公开地进行协商，有说服力地展现出合理的专业知识水平，人们会期待公民大会过程让修改过的创制对中间选民很有吸引力，并远远超过原初创制的吸引力。[1] 这应该会产生两种效应。首先，让提议更可能通过，这既是因为它对中间选民很有吸引力，又是因为选民没有理由质疑这是特殊利益集团的建议。其次，公民大会过程本身将降低特殊利益提出公决创制的价值，因为他们不再能控制该创制的语言和法律效果（除非他们能够说服公民大会相信其语言实际上符合公共利益）。因此，特殊利益滥用公民创制过程的可能性就会小得多。

因此，公民大会模式提供了两条宽广的改革路径。首先，如同它最初实施的那样，它为做出一些特殊的政治决定提供了一条路径，而通过一般政治过程来做这些决定结果通常很糟糕。也就是说，它提供了一个把民选政客排除在某种决策之外的模式。自利的政客们管不好诸如选举制度改革、选区重新划分、竞选捐助法和政治演说等领域。有很好的理由把这些议题移到一般政治过程之外，把它们交给某些独立机构处理：也许是一组法官，或者是由杰出公民组成的蓝带委员会。但是，这种专门小组和委员会自身有弱点，他们也是由某种精英组成的。尽管他们可能拥有相关专业技能，但他们缺乏民主正当性，因此不愿探究或发明创新性

---

[1] 我认为这个要求可能只是一个统计预期。毕竟，公民大会的成员直接参与集中协商过程，这可能会极大地转变其对这个议题的偏好和信念，而全体选民不会发生这种转变。公民大会形式上是协商式的，就此而言，一般大众的部分成员同样会改变他们的看法。但是，本书的证据表明，一个间接的过程更合理，选民借此开始信任公民大会既有"代表性"，又有能力。当然，这只是推测。

的解决方案。公民大会提供了解决这些难题的路径。其巨大贡献在于向人们展示，完全有可能建立一种民主制度，它不仅具有独立性与公正性（考虑到其成员的选拔方式，这一点并不奇怪），还形成了处理棘手问题的高超技能。

公民大会的第二个贡献直接建立在其民主特征之上。公民大会提供了一条在某种程度上兑现古老民主承诺的路径：民主是一种大众政府的形式，用林肯的话来说就是"民治"。在精英民主或熊彼特式民主之外，公民大会让普通人民得以在公共生活中扮演日常角色。它表明普通公民完全可以负责地、明智地扮演这种角色。通过证明一个真正民主的制度可以理性而审慎地行使提议权，公民大会提供了一条新的民主改革道路。这条道路原则上不需要局限于上述狭窄的议题范围，也许可以无限拓宽。它为民主制考虑并修改其基本法提供了一条思路：人民需要可以视如"己出"的框架法。这样，公民大会开辟了一条路径，它既可以证明公众创制的合理性和必要性，同时又不至于陷入公投或神秘主义的泥淖。

古代智慧与现代困境：政局稳固与随机遴选公民

奥利弗·道莱恩*

Oliver Dowlen, *Ancient Wisdom and Modern Problems: Political Consolidation and the Randomly-selected Citizen.*

【摘要】本文旨在厘清下述论断及其理论框架：古代雅典通过抽签遴选公职候选人的做法，或许有助于解决现代政局稳固方面的问题。这本质上是运用古代的智慧和政治实践来处理现代的困境。抽签的排除能力在政治环境中是有用的，因为抽签不受贿赂、依附主义和庇护主义等权力关系的影响。抽签无法被操纵，可以减少政治领域的任命权，也是很明显的公正选择。在结构上，在应用上，在原初政治发展上，它都与公正调解和巩固进程有着非常密切的关系。作为一个无理性（a-rational）的过程，抽签无法复制在作公正判决时进行审慎排除的原则性过程，但如果用它来选拔法官或陪审员，可以增加公众对制度公正性的政治信任。作出一种制度安排，抽签可以让人民扮演政治体系的维系者和护卫者角色，防范某个派系独霸权力，防范派系之争打断政治进程。

我们也许可以举几个实例来说明 21 世纪早期的政局稳固困境。我选了两个例子分别代表这一困境的两个极端。二者都涉及威权统治的转型，其共同特征是，本已开始建立一个稳定、包容、受

---

* 奥利弗·道莱恩（Oliver Dovlen），伦敦大学玛丽女王学院独立社会研究基金会青年研究员。本文是作者主持的独立社会研究基金 2012—2013 年度资助项目的中期成果。

规则支配的政治体系，却突然发生逆转。第一个例子是 2007—2008 年的肯尼亚危机，一场有争议的选举先是引发部族之间暴力冲突的快速升级，继而将该国推向政治崩溃、无政府状态和派系战争的边缘。第二个例子是匈牙利青年民主主义者联盟（Hungarian Fidesz party），2010 年，它先以 53%的选民票赢得 68%的议会席位，然后合法利用多数优势单方面修改宪法，完成了对重要国家机构的党派化控制。这几乎就是一个政党"捕获"了一个国家。

按照很多解释者的说法，这两个例子最令人震惊之处在于，这两个国家似乎都被视为它们所在区域政治与民主进步的标杆。[1]因此，这两个惊人的逆转引发了不少难题，既涉及对其特殊转型道路的把控，也涉及伴随、指导，甚至推动此类转型的种种理论假设。就后果而言，肯尼亚和匈牙利两个例子有一个突出的共同点：尽管逆转前它们的体制与程序不够完善，但都是为超党派的、国家总体利益而设置的；而逆转后，某些党派把自身利益置于至高无上的地位。在肯尼亚，为了争夺绝对权力，两大派系[2]（现任总统齐贝吉与其挑战者奥廷加）通过自发和有预谋的暴力，彻底地、全面地破坏了选举的游戏规则，原有国家机器却无力阻止。事实上，只有外国的外交干预和调停，才能防止其陷入全面的无政府战争（并避免变成失败国家）。

在匈牙利，那些本应在多党代议民主中不受政党控制的制度，现在却明显服从于多数党的意志。表面上，匈牙利青民盟仍然在现行政治规则和协议的框架内运作，但它钻空子，为自己斩获了"赢者通吃"的霸权，这也正是齐贝吉领导的民族团结党和奥廷加领导的"橙色民主运动"想要达到的目的。

我的论点是，党派之争是政局稳固面临的普遍困境，而这两个

---

[1] See Kagwanga, 2010, p.106; Whitaker and Giersch, 2009, p.15; Rupnik, 2012, p.132. 2008 年《自由之家报告》这样评价匈牙利："该国的民主制度是稳健的，没有受到恣意妄为的政党政治和激进的影响，有望得以保全。"

[2] Rutten and Owuor, 2010.

例子不过是该困境的现代表现。[1]。经历过漫长民主转型（与民主创造）的古代雅典人，曾经劳心费力试图在中世纪晚期的欧洲城邦（尤其是意大利北部城邦）建立稳定参与体系的公民共和主义者，都很熟悉这个困境。修昔底德曾诉说公元前427年克基拉城如何因派系斗争而陷入政治瓦解或停滞，这也许是古代对这一现象的最好记录。他对各派动机的描述听起来就像是在说当今世界。

> 这些派别之所以形成，不是为了享受遵纪守法带来的好处，而是为了通过推翻现存体制攫取权力；派系内成员之间的相互信任不是因为宗教友爱，而是因为他们是犯罪同伙。[2]

无论雅典城邦还是中世纪城邦，如果邻邦对自己抱有敌意，就尤其需要寻找解决派系之争的方案。冲突各方所造成的内部分歧，很容易让城邦陷入僭主专政而非同舟共济的包容统治。通过抽签遴选公职候选人，便是诸多纾困方案之一。抽签可以防止对任命过程的控制，因此，它既可以用来对付那些小腐小贪之徒，也可以用来对付派系之间争权夺利所引发的、更严重的政治体系败坏。

既然代议制民主时代仍然存在派系斗争，既然人们仍普遍认为政局稳固过程仍然值得追求，我认为在遴选公职时重新引入抽选将会产生积极影响。[3]

为了说明观点，我首先探讨两个例子的相似之处，界定政局稳固过程中的"公正前提"，并指出这一前提在匈牙利和肯尼亚如何以及为何没有充分实现。然后，我提出一个分析框架或者视角，来理解公正及其在政治与原初政治环境（proto-political environment）中的作用。接下来，我会讨论抽选的潜在功用，讨论抽签过程的

---

[1] 我把这些转型的积极结果称为"政权巩固"而非"民主巩固"，原因在于我探讨的焦点是政府如何运行，而非下述民主问题：谁统治？

[2] Thucydides III 82, 1972, p. 243.

[3] "抽选"是指单纯通过抽签选拔。

质量及其历史用途，并与实际政治环境中的公正联系起来。最后，我会提一些建议，指出现代世界如何运用抽选促进政局稳固。

比较匈牙利和肯尼亚的民主危机，最有趣又最具挑战性之处就在于，这两个国家的历史发展道路完全不同。肯尼亚曾经是一块殖民地，农业部门庞大，人均收入低，人口以部族分界，（尤其是与土地所有权有关的）殖民地经历放大了彼此之间早就存在的嫌隙并一直持续至后殖民时代。[1] 我们可以将其转型过程分为两阶段：先从被殖民状态转向一党国家：焦点是自主性与国家发展；继而从一党国家转向多党国家：容纳更大的政治自由并扩大政治参与。1965 年，肯雅塔领导肯尼亚采纳了总统制，并为其继任者莫伊所沿用，后者于 1991 年引入了多党制。但多党制的引入基本没有改变总统大权独揽的局面。[2] 1992 年和 1997 年莫伊两次通过选举继续掌权，直到 2002 年他领导的非洲民族联盟（Kenya African National Union）被反对派联盟击败。尽管非洲彩虹联盟（National African Rainbow Coalition）的胜利让人看到很多希望，但总统集权并肆无忌惮谋求党派利益的局面依旧如故。这种情况，加上各党遵循部族路线，奖励部族追随者，歧视有执政经验的对手，在选举中使用暴力和恐吓手段，构成了 2007—2008 年选举危机的背景。

肯尼亚拥有近 50 年作为独立国家的经历，而匈牙利自 9 世纪末以来一直都是独立的政治实体。在长期发展进程中，匈牙利发生了很多变化：中世纪封建时期由世袭王朝和选举产生的君主统治；16 世纪被奥托曼帝国政府征服、分割；19 世纪中期发生了政治改革和民主革命，并在奥匈帝国时代获得了持续的经济与制度进步。在历史上，对外，匈牙利的领土随着战争成败时而扩张，时而收缩。同样，在内政方面，民主创新往往与威权或半威权体制交替出现，前者制约精英与行政控制，后者受制于精英与行政

---

[1] 土地问题的历史背景，See Mutua, 2008, pp. 42-3；53-4。Whitaker and Giersch, 2009, p. 10 描述了 2005 年宪法公投中的一些表决如何跨越种族界线，这表明遵循种族路线的政治动员开始瓦解。

[2] See Kagwanja, 2010, p. 107；Whitaker and Giersch, 2009, p. 3。

控制。[1] 因此，尽管匈牙利有成熟的法律与议会制传统，但在实践中总是无法实现稳健的民主进步。

1989年匈牙利的转型，最初是通过共产党人与各种新兴反对团体之间的"圆桌谈判"协商过程实现的。[2] 因此最终确立了多党议会制，总统由议会选出，实权很小。在这个阶段，宪法法院是对立法与行政权力的主要制约力量。为了参加第一次自由选举，各党基于经济阶级或者政治文化意识形态而非部族建立、重组或重建。尽管联盟关系在转型期间变换不断，但匈牙利政治的主要分野仍然是第三条道路共产主义派别与形形色色反共产主义派别之间的对峙。

肯尼亚与匈牙利转型的第一个重要相似之处在于，它们都是从旧体制直接转向多党选举。二者都没有经历（在南非非常成功的）过渡政体或者过渡状态。[3] 而且，二者都是当权者本人利用自身权位公开或隐蔽地策动了转型，并运用自己对国家运作的内部人知识获得了选举优势。[4] 肯尼亚的莫伊就是这样成功的，他利用国家资源、私人帮派和反对派缺乏经验，确保了选举胜利。匈牙利也有明显的例证，共产党之所以在圆桌谈判期间就鼓吹总统直接选举，主要是因为他们觉得自己的领跑者伊姆雷·波日高伊（Imre Pozsgay）似乎肯定会赢得选举。[5] 但这遭到了自由民主同盟（Szabad Demokraták Szövetsége）和匈牙利青年民主主义者联盟的抵制，他们就此推动了一次全民公决。通过这种方式，对强总统制的恐惧最终导致总统被削弱为议会的平衡者。

两个国家的第二个相似之处在于，都没有从宪法上彻底与其旧历史切断联系。匈牙利和肯尼亚从旧体制到新多党制的转型及其调适，都是通过对威权宪法的大幅修正进行的。就本文的分析而

---

[1] Körósényi, Tóth, Török, 2009, pp. 2, 5.
[2] Bozóki, 1995; Schiemann, 2005; Tókés, 1996; Sajo, 1996.
[3] See van der Walt, 2010; Arato, 2010.
[4] Adams and Oiou, 2007, p. 99; Brown, 2001.
[5] Kukorelli, 1995, pp. 196-8; Bozóki, 1995, pp. 76-8.

言，这样做的最显著后果是，无从区分两种东西，一种是规范与控制党派政治的总体制度框架，另一种是两党之间日常的权位争夺。在这两个国家，宪法的制定与修正都变成了获得党派优势的手段，而非实现政治公益的工具。

这两个国家都有人意识到了这一缺陷。在肯尼亚，民间社会组织曾发起过一个制订新宪法的运动，它设法确立了一个具有包容性的宪法起草程序，但该项努力遭到反对党和执政党的劫持。结果却是政府按照自己的意愿重新起草了宪法。[1] 然后，该草案在2005年的一次全民公决中被否决，当时支持与反对的双方以部族差别划线。在匈牙利，作为1989年"圆桌协议"的一部分，1949年共产党执政时制定的宪法在做了一些重大修正后得以实施。由于这些修正案是在第一次多党选举之前由一个特设小组确定的，这一原始宪法协议的正当性不断受到质疑。人们一再呼吁制定一部新宪法，1995年，社会党和自由民主同盟结成联盟关系，看上去似乎可以启动起草进程了。不幸的是，双方之间的各种争端再次导致该计划搁浅。

在转型初期，宪法发展理念的动力主要来自宪法法院。宪法法院成立于1989年，并被授予极大权力，可以对议会立法进行司法审查，也可以在立法有疏漏的情况下做出新的裁决（予以补充）。[2] 它还有个新特征，即允许任何公民提起诉讼，挑战任何法律或行政法规。[3] 对某些人来说，这可以视为转型车轮的必要润滑剂，可以抵消僵局频现的议会过程排斥普通公民的倾向。[4] 对另一些人来说，宪法法院的行动意味着司法能动主义，稀释了议会权威。[5] 尽管人们认为宪法法院是一个公正的机构，但它对

---

[1] Whitaker and Giersch, 2009 and Mutua, 2008, pp. 99-116.
[2] Körösényi, Tóth, Török, 2009, p. 120. 其职责是根据抽象原则而非特定个案运行。See Sólyom, 2007, pp. 286-8.
[3] Halmai, 1995, p. 247.
[4] Sólyom, 2007, pp. 312, 313.
[5] Sadurski, 2003, p. 18; Pokol, 1996.

立法事务的不断干预及其创造有约束力的新裁决的倾向（比如在 1990 年废除死刑），让人觉得它的行动立场并不公正。[1] 事实上，我们可以认为，通过诉诸宪法法院保护公民权利，转移了人们对更全面的宪法改革的注意力。

在匈牙利和肯尼亚，党派分子都比争取全国与全民利益的势力更强大，位置也更好。后者不是被边缘化，就是被吸纳进入现行政党结构。肯尼亚民间社团"民主复苏论坛"（Forum for the Restoration of Democracy）就是一个很好的例子。"民主复苏论坛"运动长期坚持致力于结束一党统治，但在实现目标后马上摇身一变成为一个政党，后来又在选前陷入派系分裂，变成了两个政党。[2] 因此，它也就失去了成为反对滥用民主独立声音的潜力。

与波兰或捷克斯洛伐克的政治转型相比，匈牙的民主社团很少。[3] 在 1989 年以后的民主发展过程中，发挥积极作用的就更少，整体图景是公民普遍对精英驱动的政治过程失望透顶，不加理会。[4] 情况只是在最近几年才有所改观。2006 年，久尔恰尼（Gyurcsány）对选民的鄙视被曝光，匈牙利青年民主主义者联盟又单方面强行通过了宪法;[5] 这导致成千上万匈牙利公民两度走上街头抗议，规模都不小。但是，这两次行动的领导人却不是支持大众利益的民间社团，而是反对派的政治行动者和组织。事实上，可以说匈牙利青年民主主义者联盟的平民主义与公民问责毫不相干，因为它把民众带进了现成的政党政治轨道之中。

对我的论点特别重要的是，这两场危机都涉及党派阵营的追随者被"安置"在关键位置上，尤其是那些被视为理应秉公办事的位置上，或需要足够公正才能赢得公众信任的位置上。在肯尼亚，

---

[1] Körösényi, Tóth, Török, 2009, p. 124.
[2] Mutua, 2008, pp. 78–80; Nasong'o, 2007, pp. 38–39.
[3] Körösényi, Tóth, Török, 2009, p. 10.
[4] Ibid. p. 5–6.
[5] 2006 年，在 Balatónszöd 的一次演讲中，这位总理承认自己在首个任期中一直在欺骗公众，这次演讲原本是面向党内的，但很快就被捅给了媒体。

离 2007 年大选的竞选活动开始几个月之前，基巴基（Kibaki）便利用其总统权力，任命其追随者取代了肯尼亚选举委员会的 9 名成员。[1] 他还在选举前一周任命了 6 名新法官。[2] 由于选举势均力敌并且深陷操纵选举指控，公众对选举过程的公正性和公平性的质疑，成为反政府示威者上街的主要原因。与此同时，他的对手奥廷加没有浪费这个机会，他拒绝将这场有争议的选举提交法院审理，理由是法院缺乏公正性。随后，他开始把自己描绘成真正的"人民总统"。[3]

在匈牙利方面，用忠诚追随者塞满关键机构的无耻行径表明，匈牙利青年民主主义者联盟并不单纯是在纠正历史错误，而是试图将自己对国家的掌控永久化。在接管权力两年内，总统、首席检察官办公室、媒体委员会、审计院、金融监管局、选举委员会和监察员办公室，都落入众所周知的忠诚追随者手中。[4] 此外，为了加快换人速度，法官的退休年龄降至 60 岁。媒体和新闻控制改革，授权政府草率解雇公务员的新法律，进一步损害了政治表达自由。[5] 宪法法院的权力受到限制，为了避免提名反对派，还改变了其成员的选举方法。[6]

这两个国家的转型道路都受到国际机构影响，并且都为了换取国际机构提供的好处而接受它们的要求和压力。这种交换既有消极影响，也有积极影响。在匈牙利，奖品无疑就是欧盟成员国资格，因此，准入标准就成为其转型的关键要素。

在肯尼亚，激励是外国援助，20 世纪 90 年代援助政策发生变化，援助与民主进步挂钩。最初，主要标准是引入多党选举，后来又添加了更广泛的权利标准。这种做法没有顾及大多数制度发

---

[1] Brown, 2010, p. 132; Whitaker and Giersch, 2009, p. 14. See Nasong'o, 2007, p. 44, on the original constitution of the ECK.
[2] Kagwanja and Southall, 2010, p 5 2 名法官到上诉法院，4 名法官到高等法院。
[3] Kagwanja, 2010, pp. 109–110.
[4] Bozoki, 2012, p. 2. Bertelsmann Stiftung, 2012, pp. 8–10.
[5] Human Rights Watch, 2012.
[6] Bánkuti, Halmai, Scheppele, 2012, p. 139; Rupnik, 2012, p. 133.

展领域的诸多缺陷。[1] 因此，在这两次转型中，外部条件就像假天花板，只要敷衍了事地触及它就可以了，从而遮蔽了更深入、更彻底的变革与发展。

很明显，这两场危机都可归咎于特定的原因或错误。在肯尼亚，2008年初局势失控的主要原因，可以说是没有稳健恰的当办法来解决选举争议。匈牙利也有同等"错误"，即没有认识到三分之二多数制固有的霸权潜质，特别是在选举制度严重偏向多数党的情况下。

然而，这些内在问题都没有受到关注，这个事实本身就意味着更大的潜在缺陷。其中影响最大的缺陷是一种奇怪组合的产物，一方面，向多党选举的转型太过突然，另一方面，又没能形成一部足以凌驾政党图谋和权力欲求的有共识和包容性的宪法。两个国家都出现了这种组合。一旦不再寻求共同的宪法方案，各党就试图通过修宪来确保自己的（临时）优势。而且，他们就像修昔底德所说的犯罪同伙一样，都共谋设定了毫无章法的杂乱安排，希望借此在将来继续保持操控权。

另外两个共同因素进一步加剧了这种情况：其一，意识到这些危险的人不够强大或者不够多，不足以进行有效的干预。其二，内部行动者和国际机构都没有优先考虑防范派系斗争这个普遍问题，都没有优先考虑转型过程中所需要的公正。我怀疑第二个疏漏是"第三波"政治理论的局限性所导致的，"第三波"理论偏好多元、利益政治[2]和对政治权力展开公开竞争，而忽略了转型所需要的可靠的、使所有人受益的制度和程序。

因此，我主张所有政治协议和安排都应以公正为前提，这在向更具包容性的政府形式过渡时尤为重要。在这一要求获得满足并自觉发展和保障的情况下，可以更有效地巩固共享和包容性的政

---

[1] 民主推进在非洲严重缺乏根基，往往只是引入多党选举却不充分重视其制度背景的各种危险，参见 See Van Cranenburgh, 2011, p.445。

[2] 利益政治的起源，See Bentley, 1908。

府形式。我的例子表明，如果忽略或淡化这个要求，可能会发生什么。但为了发展这种思路，我现在需要考察我们在现实政治环境中如何更好地理解公正。

接下来我将探讨一个问题：如何才能更好地理解政治背景下的"公正"？首先，当我们在政治中思考"公正"、"公正的制度"或"公正的判决"时，我们应该意识到政治本身的发展对这种现象和我们用来描述它的术语的贡献。这构成了实践和语言之间的相互关系。为了检验公正的各种定义，这种探索沿着这种相互关系的路径前进，并基于下述理念：我们应该在实践中检验我们对公正的界定。我的前提是公正就是公正的所作所为。我们可以从这个角度看到对公正的一系列解释，并看到哪个解释更能对应此现象最积极和最有价值的政治用途。这样做也可以避免陷入下述困境：将公正简单定义为，面对不同社会环境下彼此冲突的道德观念采取容忍的态度与适当的接纳。[1]

我首先从公正的用法及其语法开始。我倾向于认为，"公正"作为一个名词，是从其形容词和副词形式抽象概括而来的。此外，它的起点是人以特定方式进行的行动或判断。可以比较：

1. 判决是公正作出的。（副词）
2. 判决是由公正的法官作出的。（形容词）
3. 法官具备公正。（名词）

在这里，作为观念的公正逐渐从行动中剥离出来，成为特定行动者的品质。在发生这种转变之后，公正就变得越来越不可行，并且越来越违背我们对它的一般理解。如果一个人说某位法官具备公正，仿佛公正与智慧或洞察力一样是某种品质，那就是过度延伸了公正这个词的含义。

如果我们现在重新组织第二和第三句话：

---

[1] See Barry, 1995.

2. 法官一贯行事公正。(他/她因此被称为公正的法官)
3. 法官有能力公正行事。

　　这样把公正与一个行动或一系列行动紧密关联之后，我们就可以非常好地（即非常具体地）理解公正现象。[1] 它正是从生发出"公正"概念的这些行动中产生的。

　　公正的副词形式更重要，与行动的关联更重要，这让我们能够做一件重要的事情：将公正与中立区分开来。一方面，中立意味着惰性、不作为、不回应。它描述的是一个状态，而不是一个动作。比如，我们很难说"瑞士在战争中发挥了中立作用"，因为"发挥"和"中立"彼此矛盾。"瑞士在战争中是中立的"这个说法更恰当，因为它意味着不作为。另一方面，"瑞士行事公正，在冲突期间接受来自双方的难民"，这个句子把作为副词的公正与对不同避难请求的判断联系起来。因此，我们可以通过观察作为**行动**的公正，并询问与任何其他类型的行动相比，公正行动实现了什么。因此，名词"公正"可以理解为源于这种做法的一致性，比如下述句子所蕴含的："法院因公正而闻名。"就此而言，当我们（必须）考察公正的可取性或积极价值时，我们就将集中探究（由行动者或机构实施的）特定行为在多大程度上与这种品质相符。[2] 这样就可以把这个通用名词明确理解为源自种种特定的行为（及其结果），而不是把它当作一种值得追求的、独特的美德或者社会公益。[3]

　　一旦我们认识到这一点，我们就可以开始考察公正含义及其适用范围了。简明牛津字典（1716年）把"公正的"（impartial）定义为：(1) 不偏颇，不厚此薄彼，不偏不倚，公平公正，同等对

---

[1] Rosanvallon, 2011, p. 95.
[2] Ibid p. 97 on the reputation for impartiality.
[3] Goodin and Reeve, 1989, p. 196. 建立相对于任何其他价值的自由中立性的各种困境，参见 Also, See Gill, 2001, p. 23。

待。(2) 非碎片化，整体，完整（不常用）。

首先需要注意的是，这个词不久前还与"整体"相关。其次是下述两种含义之间的关系，即我所说的首要含义：不厚此薄彼，与一系列次要或衍生含义：不偏不倚，公平公正，同等对待。（根据上文分析）首要含义是行动。次要含义是源于该行动或人们可以接受的其他行动方式的各种品质。这些次级含义都不能充当公正的同义词。最接近的是不偏不倚和同等对待，但它们不包含任何部分和整体含义；公平公正包含的价值观念比公正性更广泛：人们可以出于很多其他原因而公平公正，而不只是不偏不倚。此外，不偏不倚包含不回应"预判断"的想法。然而，它在性质上不同于公正，因为它的运行不需要超越一个部分或一个党派。

我希望在这部分探索中阐明，对公正的主观理解与其客观表现之间存在差异。偏袒与不偏不倚（non-partisan）之间的区别是个非常好的例子，前者蕴含着个人喜好或偏好，后者包含不参与或加入任何政党或团体的想法。因此，我可以说，我偏爱喝茶，或者我在茶和咖啡之间不偏不倚。然而，上述两种情况都不是指我声称属于"茶党"，也不是指我拒绝加入咖啡党或茶党。在我的偏好声明中，没有什么超出我个人的想法和考虑。我们在讨论公正的政治价值时，不应忽略这一点，因为政治选择源于个人选择和偏好。然而，随着公正这个词开始与政治领域中的真实力量安排相联系，公正理念的政治任务也加重了：它接近超越党派状态。因此，当公正与公正的行动有关的时候，当公正涉及拒绝支持任何对立党派的时候，公正一词就有了更大的政治意义。

这里所隐含的，同时也出现在1716字典引文中的，是整体观念：拒绝支持任何一方，意味着所讨论的能动者或机构积极支持各部分的统一，或者把各部分归入一些更高的统一原则。

我们已经区分了公正的主观用法及其在行动中的客观政治表现（在相互竞争的各方之间，并暗示对某一更大整体的支持），我现在开始讨论"公正的判决"。

我先提出关于公正判决的一个核心问题：法官有责任判断 A 和 B 对某一特定问题的诉求。如果他/她的结论有利于 A，他/她是否因为选边站而不再公正？

第一个可能的回应是说，我们对公正的理解有不同层次，要把公正的程序与（必然）有利于一方的结果区分开来。[1] 我们甚至可以讨论"形式公正"和"内容偏向"或"实质偏向"。这些区分有助于我们的分析，但它们也会导致我们忽略这种情境下主要成分的运行，忽略矛盾的缘由：实践中公正判断的三角性质。

法官 C 在顶点，A、B 两造在两角，这个三角结构是一个基本的政治和司法安排。[2] 我认为，公正观念本身不能孤立于这个三角结构之外，它正是在其中运行和发展的。事实上，如果我们试图在这种活跃的关系结构之外评估公正，就很难获得任何有价值的理解。

公正的判决过程就是一个排除的过程。法官会有意识地排除所有与 A 和 B 有关，但与判决无关的信息。我们可以认为三角结构的 C 点由法官及其约束法官的正义或法律原则组成。法官的公正由对原则（法律）的判决、对案件相关事务的判决组成，不涉及任何其他事务。[3] 因此，在判决过程中对 A 或 B 的偏好可以看作奥卡姆剃刀应剔除的那些东西，而公正应是将作出判断所依据的原则和与案件有关的事物分隔开来。通常这还伴随一些相关的安排，目的是确保一方不具有相对于另一方的任何优势（比如给予双方足够时间陈述案情）。这种剔除（法官的一种主观行动）与为控辩双方提供均等的陈述机会，都有助于实现判决的公正性。

这种公正是能动的，但也是有原则的；这种公正不是中立的。它平等对待各方，但它会维护原则，维护整体利益，使它们免受偏袒的败坏。这样作出的判决，依据的是原则；即便判决对一方

---

[1] Rothstein and Teorell, 2008, p. 172.
[2] Shapiro, 1981, pp. 1–8; Rosanvallon, 2011, pp. 105, 109.
[3] Rothstein and Teorell, 2008, p. 170; Pasquino, 2003, p. 23, on Hobbes.

有利，那也是因为一方遵循了原则，而另一方偏离了原则。

这个分析框架有助于我们理解另一个难题。在这个三角框架中，法官 C 对 A 和 B 之间的争议作出判断。无论法官在 C 点的行为或者判决所依据的原则在涉及任何其他因素（X，Y 或 Z）时是公正还是偏袒的，都不会直接影响我们对在 A 和 B 之间运行的公正的理解。它就构成一个独立的判断。[1] 这也就是说，任何人声称公正都是相对的（它只适用于某个三角结构内部）、形式上的（与局外人如何理解的原则及其内容与实质无关）。

为了进一步探讨这个想法，我们需要对语境稍作改动。改动是从依据已有原则（法律）作出的判决，转向由第三方在两个（或更多）当事人之间进行协调，以达成某种共识。[2] 两者区别在于，前一个是政治语境，因为一套法律体系已经建立并付诸实践；后一个是原初政治（或前政治）语境，因为它（可以）运作在这类规范之外。[3] 在某些情况下，调解是建立政治体系的前奏。

在调解中，三角框架的运作有赖于当事方和调解人之间的初始协议，他们必须接受其他一些基本规范和程序，否则他们无法进行交流。在没有任何现成约束原则的情况下，调解的进展取决于对程序完整性的信任、对调解人公正性的认知，以及在谈判实践中对这种认知的验证。

在这种情况下，很明显，公正是必需的；接不接受三角框架取决于调解人的地位与行为是否公正。也可以这样理解，调解人的首要任务是在双方之间公正行事，而不是对乱七八糟的事务作出回应，因为这样做可能危及他的公正地位。这并不是说，调解的进行应该完全避免涉及调解者认可的价值或原则。不管明言与否，一个共同认可的总体目标（比如避免不必要的痛苦）经常是必要的。[4] 我们可以把它理解为等同于要求"公正判断"的原则或法

---

[1] Rothstein and Teorell, 2008, p. 172; Goodin and Reeve, 1989, p. 5.
[2] See Pasquino, 2003, p. 14, on the Roman iudex.
[3] Shapiro, 1981, pp. 5-7.
[4] See Annan, 1999; Johannessen, 2007, p. 3.

律，但我们应该认识到，与程序与期待更标准化的审判相比，在调解中，调解人可以更灵活，更相机行事。调解的基本任务是用迥然不同（或可能迥然不同）的碎片拼成某种形式的整体。

我从讨论判决转而讨论调解，这让我们能够看到，在任何国家，建立一个各方认可、受规则支配的框架（即政局稳固的进程）是一个类似的三角进程。换句话说：如果积极寻求并构建带有公正性第三要素的三角结构，我们就可以设想这个过程如何更成功地运作。这样一来，宪制可以被视为某种形式的调解，一旦形成共同接受的规则并付诸实施，就可以从现存的碎片中构建起一个完整的或单一的体系。这其中，宪法原则和程序及其强制执行者位于三角形（或圆锥体）的顶点，代表整体利益，对当下与未来的派系、利益集团进行调解。[1] 在这种对于政治进程的基础和发展的三角视角中，公正不仅是一种工具或协商车轮的润滑剂，而且是一个必不可少的组成部分。

如果我们简要回顾一下上述两个 21 世纪的例子，就可以看到各种党争力量如何阻止任何有能力将事件进程推向充分宪制的第三方或非党派力量。肯尼亚最接近宪制状态是 2007 年以前的那段时间，即国家宪法大会的磋商进程和 2002—2003 年"博马宪法草案"的起草时期。[2] 这一进程的先头部队即民间社团确立了代表公共利益的第三方或公正群体的身份，却没有力量占据优势。同样值得注意的是，2008 年肯尼亚如何在国际外交干预下避免了部族间的内战。这符合经典的三角调解模式，并强化了肯尼亚境内真正的超党派、代表公共利益的力量。

匈牙利的情况更复杂一些，因为在过渡时期，宪法法院充当了更完整宪制解决方案的替代品。由于其法官由议会选举产生，宪法法院总是无法完全摆脱政党竞争；更何况由于作为法源的宪法

---

[1] 公正与多数决政治的关联，See Ronanvallon, 2011, p.119；公正概念与民主概念的部分重叠，Rothstein and Teorell, 2008, p.108。

[2] Mutua, 2008, pp.152-159.

并不被所有人认可，人们总是指控它具有党派性。匈牙利青年民主主义者联盟掌权后强行制定了一部党派化的宪法，这是因为该国基本政治架构中从未出现真正的三角结构；在过渡时期，从未出现公正性的第三种力量。三分之二规则旨在寻求共识，却完全是在竞争性的议会对抗背景下运作。匈牙利青年民主主义者联盟霸道地推行这一规则正是这种制度缺陷的逻辑结果。

本文的主要论点是，认为多党选举竞争本身可以创造政治稳定和进步的信念是近现代的产物，这个看法站不住脚。之所以站不住脚，是因为，它倾向低估派系主义的危险，尤其是低估不同派系寻求绝对霸权的倾向。人们有理由推测，这种看法源于一种误读与一种简化，误读是把西方自由民主制的成功归因于多党竞争，简化是用冷战修辞把一党极权主义与多党自由市场国家简单对立起来。然而，很明显，在古代雅典与中世纪晚期的意大利城邦，那些寻求政治发展的人充分了解了这些困境，并付出了巨大努力来消除这种内在危险。比如，正是由于这个原因，政党在雅典和文艺复兴的佛罗伦萨都被宣布是非法的。[1] 尽管这样做可能会把地下党派对抗推向隐蔽的阴谋世界，但它切实确立了整体利益的首要地位，并把促进公益变成了公共理念。

公元前 507 年雅典的克里斯提尼方案对我们研究尤其重要。在一段时间的王朝僭主统治（最初很受欢迎并有进步意义，但后来退化堕落了）之后，雅典似乎进入了一个两大贵族家族及其追随者之间展开派系对抗的混乱时期。根据希罗多德的记载，其中一个派系的首领克里斯提尼"把普通民众带入自己的派系"。[2] 新秩序所推动的新措施和结构变化表明，人民（the demos）这一新的政治力量和克里斯提尼贵族党之间达成了某种不成文的协议。[3]

---

[1] Hansen, 1999, p. 287.
[2] Hdt. 5. 66. 2. Hansen, 1999, p. 33; Seager, 1963.
[3] Ath. Pol. XX 2. 他承诺将控制住局势，从而赢得人民的支持，Aristotle, 1986, p. 163.

我们知道陶片放逐法就是在这个时刻引入的。[1] 这种做法可以被理解为，赋予谨慎且具有政治觉悟的人民一种权力：在某些情况下，可以赶走某个贵族同盟者。与之类似的举措还包括，在雅典政治中占据至关重要战略地位的五百人议事会（boule）的成员，是由每个德谟（deme，雅典最基层的政治组织）通过抽签来选取的。没有直接证据表明在选拔五百人议事会成员中使用抽签法始于这个时期。但是，我们知道，克里斯提尼创立了德谟架构；很难想象，经过德谟组织起来人民会允许通过选举来挑选五百人议事会成员，因为这意味着把权力交回给党争不断的贵族们。克里斯提尼还人为地创立了十个部落，每个部落由处于阿提卡半岛不同地理区域（城市、海岸、内陆）的德谟混合而成。这种精心设计的政治架构旨在打破地方认同。[2]

如果我们对克里斯提尼方案稍加探究就能发现，很明显，人民扮演了维护城邦统一，使之免受派系主义侵蚀的第三方力量，而当时派系主义的根源在于贵族。雅典的"转型"首先不是贵族阵营与民主阵营之间的对抗，而是作出一种制度安排，让人民扮演政治体系的维系者和护卫者角色，防范某个派系独霸权力，防范派系之争打断政治进程。

赋予人民这种角色的关键机制之一，是通过随机选择或抽选（sortition）招募公民担任政府职务。要理解这一机制的重要性及其现代价值，我们必须把对该机制历史作用的了解与对抽签的形式和功能的理解结合起来。

有两个模型或框架可以帮助我们理解抽签的政治潜力。[3] 第一个涉及抽签的程序意义。这里，重要的是理性地圈定各种备选项或各种选择的集合，不管使用什么标准。然后，使用抽签在各种备选项中作出选择，有意将理性权衡选项排除在外。这通常需

---

[1] Ath. Pol. XX 2. Aristotle, 1986, p. 165.
[2] Ath. Pol. XXI Aristotle, 1986, pp. 164-5.
[3] 更充分的说明，See Dowlen, 2008, pp. 11-30。

要首先把不同的选项或候选人转换为相同的符号。当做出选择时，揭示最终结果的方式是看哪一个符号中选。这个过程可以用下图来说明：

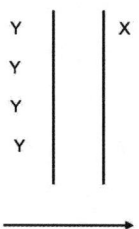

左边是选项或候选人，中间是"盲区"，右边是赢家或获选项。盲区是程序的一部分；在这里，所有的人类价值（在这种情况下最重要的是理性的力量）都被有意排除在外。这就是抽签最本质的特征。如果我们把决策过程视为一个整体，要想成功运用抽签，就必须正面看待盲区的独特优势。

第二个框架以抽签作为一个机制化决策过程的性质为起点，这个过程将人的一切特质排除在外。"盲区会发生什么？"抽签就是答案，我们可以把盲区设想为一个盒子，其中包含与抽签决定有关的所有非人类的形容词或者描述词。抽签过程没有爱，没有恨，没有道德，没有个人喜好，没有偏见，没有思想，没有算计（还可以无限列举下去）。抽签不会区分这些非人类的品质，不会厚此薄彼。相反，它把所有这些都给了我们。因此，任何抽签方案的设计者，都有必要筛选哪些品质对于完成手头任务是有价值的，哪些又是可能带来问题的。如果收益大于潜在问题所导致的成本，抽签就是恰当的机制。

抽签的排除能力在政治环境中是有用的，因为抽签不受贿赂、依附主义和庇护主义等权力关系的影响。抽签无法被操纵，可以减少政治领域的任命权。抽签也很明显是一个公正的选择。这可以从三个方面来理解：首先，它排除了决策过程中的所有个人偏好或偏袒。其次，通过阻止各方控制公职的任命权，抽签的广泛使用抑制了政治派系对权力竞争的影响。最后，抽签不受人类主体控制，可以把它视为基于公共利益的选择，因为它不是派系分子或者任何有派系动机的人所作出的。

正是在这后一种意义上，我们可以把抽签视为三角调解结构的顶点。因此，在结构上、在应用上、在原初政治发展上，它都与我以前所探讨的公正调解和巩固进程有着非常密切的关系。作为一个无理性（a-rational）的过程，它无法复制在作公正判决时进行审慎排除的原则性过程，但如果用它来选拔法官或陪审员，可以增加公众对制度公正性的政治信任。

那么，如何运用抽签来建立公正的制度，在寻求政局稳固状态时加强公民的"第三方力量"？这基本上是一个宪法设计问题，它的答案在于用来解决特定问题的具体细节。然而，我想在本文中提出一些可能普遍适用的原则。下面的列举并未穷尽所有可能，我希望以此抛砖引玉。为了补充这一点，我将在结尾处提出一些可以解决我们在匈牙利和肯尼亚所发现的类似问题的具体建议。

  1. 这种创新的起点必须是公民自己意识到他们需要扮演"第三力量"的角色。然后，他们可以决定最合适的推进方式。

  2. 在公民发挥第三方作用的方案中，抽签应该设计成现行选举安排的补充，而非替代。选举产生的成员对选民负责，抽签出来的不对选民负责。抽签方案可以首先用来改善选举的问责性。

  3. 与此相关的是，把政治作为一个学习过程。作为"第三力量"的公民参与方案能否成功，取决于方案设计者的有效监督、吸取教训和汲取经验的能力。

  4. 作为"第三力量"的公民参与路径的任何进展，都必须伴之以公民教育，并让公民做好准备接受新的任务。忽略这一点就是对那些未受正式教育者的歧视。

5. 一个关键的原则是，公民承担的政治角色与作用应该用于捍卫制度整体的利益，而不是用于维护某派的私利。

6. 与此相关的是，全面使用抽选应当包括在不同层级、不同部门都运用它。在一些情况下，使用它可以是强制性的；在另一些情况下，使用它可以是自愿的。

7. 由于在遴选过程中抽签的作用只是反对政治败坏，重大公民参与计划应附带防御政治败坏的措施，覆盖公民的任职全程。

8. 虽然随机遴选的公民最初可能与民间社团有联系，但随机选取的公民应当以独立个人的身份直接参与政治社会，而不是作为民间社会团体与政治领域之间的纽带，因为这会削弱其公正地位。

9. 随机遴选产生的职位应该严格遵守定期轮换原则。

10. 在现行多党民主框架内，有必要区分国家运作（state operations）与政府运作（government operations），公民作为第三方力量主要参与国家运作。

肯尼亚的困境揭示了两个需要注意的领域：首先，需要令人信服的公正选举监督；其次，需要建立种族间的合作和信任。对此，可以设计这样一种方案：由随机遴选公民来加强本地和国际组织的选举监督。每个监选组的成员应从不同地区抽取，每个监选组应随机派往不同选区。可以与独立专业人士合作，由他们为抽选出来的公民提供必要的培训；这还可以通过专门培训进一步强化。双重（或三重）抽签将会产生混合各个种族的监选组，不必借助配额制，并大大减少腐败机会。类似安排可用于履行其他职能，比如监督政府资源或外国援助的分配。

匈牙利宪法法院为随机选择的公民官员提供了一个有趣的模式

（当然，任何与宪法法院有关的方案都需要从具有充分包容性的宪法方案中产生）。这里的目标是创建一个法官遴选制度，以及一种与议会或总统党派都不沾边的行事方式。一个可能的解决方案是，先建立一个大型公民备选名单数据库，包括尽可能多的有担当、有知识的公民；然后，从数据库中随机选择出一个"提名组"。这份提名需要得到另一个更大机构的批准，例如，从全体公民中随机选出的 1000 个成员。后一个机构也可以承担诸如批准宪法修正案、宪法法院判决的职责；它还可以将任何重要决定提交全民公决。在这类方案中，必须明确区分进入提名组织和批准组织抽签库的资格。这可能要与公民教育程度挂钩。这一点有争议，但我觉得，与由专家小组或者内部党争不断的机构来处理宪法议题相比，这种安排的正当性会更高，更容易获得公众的信任。

参考文献

Adams, G. and Olou, R., "The Contemporary Opposition in Kenya. Between Internal Traits and State Manipulation", in Murunga and Nasong'o, 2007.

Annan, Kofi, *Speech to the Council on Foreign Relations in New York*, http://www.independent.co.uk/arts-entertainment/podium-impartiality-does-not-mean-neutrality-1075401.html, 1999.

Arato, Andrew, "Post-sovereign Constitution-making in Hungary: After Success, Partial Failure and Now What?", *South African Journal of Human Rights*, Vol. 26, Part 1, pp. 19–44, Juta and Co. Ltd., 2010.

Aristotle, *The Constitution of Athens* Trans. Moore, J. M. in *Aristotle and Xenophon on Democracy and Oligarchy*, University of California Press, 1986.

Bánkuti, Miklós; Halmai, Gábor; Scheppele, Kim Lane, "Disabling the Constitution", *Journal of Democracy*, July 2012, Vol. 23, No. 3, pp. 138–146, John Hopkins University Press, Journals Publishing, 2012.

Barry, Brian, *Justice as Impartiality*, Clarendon, Oxford, 1995.

Bentley, A. F., *The Process of Government*, University of Chicago Press, 1908.

Bertelsmann Stiftung, *Transformation Index (BTI)*, http://www.bti-project. de/fileadmin/Inhalte/reports/2012/pdf/BTI%202 012% 20Hungary. pdf, 2012.

Bozóki, Andràs, "Hungary's Road to Systemic Change: The Opposition Roundtable", in Király, 1995.

Bozóki, Andràs, *The Crisis of Democracy in Hungary*, Heinrich Böll Stiftung. http://www. boell. de/worlwide/europenorthamerica/europe-north-america-andras-bozoki-the-crisis-of-democracy-in-hungary-14645. html, 2012.

Brown, Stephen, "Authoritarian Leaders and Multiparty Elections in Africa: How Foreign Donors Help to Keep Kenya's Daniel Arap Moi in Power", *Third World Quarterly*, Vol. 22, No 5, pp. 725-740, 2001.

Brown, Stephen, "Donor Responses to the 2008 Kenyan Crisis: Finally Getting It Right?", in Kagwanja and Southall, 2010.

Dowlen, Oliver, *The Political Potential of Sortition*, Imprint Academic, Exeter, 2008.

Elster, Jon, *The Roundtable Talks and the Breakdown of Communism*, University of Chicago Press, 1996.

Freedom House, *Nations in Transit Report: Hungary*, http://www. freedom house. org/report/nations-transit/2008/hungary, 2008.

Gill, Emily R., "Neutrality, Autonomy and the Liberal State", *The Responsive Community*, Vol. 11, Part 3, Summer 2001, pp. 15-24, The Centre for Policy Research Inc., 2001.

Goodin, Robert E. and Reeve, Andrew, *Liberal Neutrality*, Routledge, 1989.

Halmai, Gabor, "The Constitutional Court", In Király, 1995.

Hansen, Mogens Herman, *Athenian Democracy in the Age of Demosthenes*, Trans Crook, Bristol Classics, 1999.

Human Rights Watch (2012), *Memorandum to the European Union on Media Freedom in Hungary*, Feb. 16th, 2012, http://www. hrw. org/print/news/2012/02/16/memorandum-european-union-media-free. . accessed 30/12/2012.

Johannessen, A. M., *Neutrality and Impartiality of the United Nations Peacekeeping Operations*, http://amjohannes. wikidot. com/neutrality-and-impartiality-ofthe-united-nations-peacekeeping-operations, 2007.

Kagwanja, Peter, "Courting Genocide: Populism, Ethno-nationalism and Informalisation of Violence in Kenya's 2008 Post-electoral Crisis' in Kagwanja and

Southall", 2010.

Kagwanja, Peter and Southall, Roger eds. , *Kenya's Uncertain Democracy. The Electoral Crisis of* 2008, Routledge, 2010.

Király, Bela K. ed. , *Lawful Revolution in Hungary* 1989 – 94 (András Bozókiassistant ed.) , Atlantic Studies in Change No 84, 1995.

Körösényi, András; Tóth, Csaba; Török, Gábor, *The Hungarian Political System*, Ed. Sanor, Stumpf, Vass. Hungarian Centre for Democracy Studies Foundation, Budapest, 2009.

Kukorelli, Istvan, "The Presidency' in Király", 1995.

Murunga, Godwin R. and Nasong'o, Shadrack W. eds. , *Kenya, The Struggle for Democracy*, Codesria: Council for the Development of Social Science Research in Africa, 2007.

Mutua, Makau, *Kenya's Quest for Democracy. Taming Leviathan*, Lynne Rienner, Boulder, London, 2008.

Nasong'o, Shadrack W. , "Negotiating New Rules of the Game: Social Movements, Civil Society and the Kenyan Transition", in Murunga and Nasong'o, 2007.

Pasquino, Pasquale, "Prolegomena to a Theory of Judicial Power: the Conceptof Judicial Independence in Theory and History", In Loretta Malintoppi Ed. Conference on the Independence and Impartiality of International Judges, Klluwer Law International, 2003.

Pokol, Bela, "Judicial Activism in Controlling the Constitutionality of Legislation", In Gessner, Hoeland, Varga eds. , *European Legal Cultures*, Aldershot, Dartmouth, 1996.

Rosanvallon, Pierre, *Democratic Legitimacy, Reflexivity, Proximity*, Trans. Goldhammer, Princeton, 2011.

Rothstein, Bo; Teorell, J. , "Impartiality as a Basic Norm for the Quality of Government", *Governance*, Vol. 21, No. 2, 2008, pp. 201-4.

Rupnik, Jaques, "Hungary's Illiberal Turn: How Things Went Wrong", *Journal of Democracy*, Vol. 23, No. 3, July 2012.

Rutten, Marcel and Owuor, Sam, "Weapons of Mass Destruction: Land Ethnicity and the 2007 Elections in Kenya", In Kagwanja and Southall, 2010.

Sadurski, Wolcjech, "Constitutional Courts, Individual Rights and the Problems of Judicial Activism in Post – Communist Central Europe", In Priban, Roberts, Young, *Systems of Justice in Transition: Central European Experiences since 1989*, 2003.

Sajo, Andràs, "The Roundtable Talks in Hungary", in Elster, 1996.

Schiemann, John W., *The Politics of Pact-making. Hungary's Negotiated Transition to Democracy: A Comparative Perspective*, Palgrave, MacMillan, 2005.

Seager, Robin., "Herodotus and Ath. Pol. on the Date of Cleisthenes' Reforms", *The American Journal of Philology*, Vol. 84, No. 3 (July 1963), pp. 287–289.

Shapiro, M., *Courts: A Comparative Political Analysis*, University of Chicago Press, 1981.

Sólyom, László, "The Role of Constitutional Courts in the Transition to Democracy", In Amir Arjomand ed., *Constitutionalism and Political Reconstruction*, Brill, Boston, 2007.

Thucydides, *History of the Peloponnesian War*, Trans. Rex Warner, Penguin Classics, London, 1972.

Tőkés, Rudolf L., *Hungary's Negotiated Settlement*, Cambridge University Press, 1996.

Van Cranenburgh, O., "Democracy Promotion: The Institutional Context", *Democratization*, Vol. 18, No. 2, April 2011, pp. 443–461, Taylor and Francis.

Van der Walt, Johan, "Constitution-making as a Learning Process", *South African Journal on Human Rights*, Vol. 26, Part 1, 2010. 1–18, Juta and Co Ltd.

Whitaker, Beth Elise and Giersch, Jason, "Voting on a Constitution. Implications for Democracy in Kenya", *Journal of Contemporary African Studies* Vol. 27, No 1, January 2009, pp. 1–20, Carfax International Periodical Publishers.

作为民主制度的抽签

吉尔·德拉诺伊[*]
奥利弗·道莱恩[**]
彼得·斯通[***]

Gil Delannoi, Oliver Dowlen, and Peter Stone, "*The Lottery as a Democratic Institution*", in *Studies in Public Policy*, Dublin, Policy Institute, 2013.

【摘要】虽然通过抽签选拔政治官员这个想法越来越受关注,但仍有不少人认为,这是不现实的乌托邦念头。民主的理想在过去两个世纪中与选举紧密相关。任何试图放弃全体公民投票选举代表或者通过全民公投制定政策而另辟蹊径的努力,都被认为是反民主的。但是,将民主与选举挂钩忽略了一个简单的事实:直到18世纪,人们仍普遍认为民主是与抽选挂钩的。亚里士多德有个非常著名的论述,即选举本质上是贵族制的,抽签才是选拔公共官员的民主方式。不过,可以理解人们对做出如此重大的政治制度变革的紧张不安,特别是当他们在政治上没有直接的抽签经验的时候。为此,2012年10月11—12日,"作为民主理论的抽签"研讨会在爱尔兰都柏林三一学院举行。研讨会汇集了来自欧

---

[*] 吉尔·德拉诺伊(Gil Delannoi),巴黎政治学院(Sciences Po Paris)。
[**] 奥利弗·道莱恩(Oliver Dowlen),伦敦大学玛丽女王政治学与国际关系学院(School of Politics and International Relations, Queen Mary, University of London)。
[***] 彼得·斯通(Peter Stone),都柏林三一学院政治学系(Political Science Department 3 College Green Trinity College)。

洲各地的跨学科研究者，包括抽签的支持者和关注民主制度的政治学家，深入讨论了以下三个问题：（1）抽签能为政治做些什么？（2）如何才能在现代民主制度中巧妙融入抽签？（3）还有什么抽签议题有待解决？在此基础上，本文考察了抽签在运作自如的成熟现代民主政体中的作用，尤其关注审慎运用抽选这种公共官员的随机遴选机制对于民主在21世纪的复兴可能做出的贡献。

导论

2012年10月11—12日，"作为民主理论的抽签"研讨会在爱尔兰都柏林三一学院举行。研讨会汇集了来自欧洲各地的跨学科研究者，共同考察抽签在运作自如的成熟现代民主政体中的作用。研讨会尤其关注审慎运用抽选这种公共官员的随机遴选机制对于民主在21世纪的复兴可能做出的贡献。本次会议由巴黎政治学院的吉尔·德拉诺伊（Gil Delannoi）、伦敦大学的奥利弗·道莱恩（Oliver Dowlen）和都柏林三一学院的彼得·斯通（Peter Stone）共同组织，政策研究所合办[1]。

现代民主国家面临日益严重的巨大问题，这导致很多人重新考虑是否可以通过抽签选拔政治官员。人们普遍认为，随机遴选的陪审团模式可以把普通人聚在一起，作出重要的公共决定。因此，现在很多人建议把抽签作为一个民主制度，扩大其适用范围。在经历了一系列危机（从"反恐战争"到银行危机等种种危机）之后，这越来越被看作是让功能失调的民主起死回生的一条道路。

但是，虽然通过抽签选拔政治官员这个想法越来越受关注，但仍有不少人认为这是不现实的乌托邦念头。这部分反映了下述事实：民主的理想在过去两个世纪中与选举紧密相关。任何试图放弃全体公民投票选举代表或者通过全民公投制定政策而另辟蹊径的努力，都被认为是反民主的。把民主与选举挂钩忽略了一个简

---

[1] http://www.tcd.ie/policy-institute/events/Lottery_workshop_Oct12.php.

单的事实：直到 18 世纪，人们仍普遍认为民主是与抽选挂钩的。[1] 事实上，亚里士多德有个非常著名的论述，即选举本质上是贵族制的，抽签才是选拔公共官员的民主方式。不过，可以理解人们对做出如此重大的政治制度变革的紧张不安，特别是当他们在政治上没有直接的抽签经验的时候。

研讨会力求通过两种方式回应这些关切。首先，它汇集了抽签的支持者和关注民主制度的政治学家。其次，它邀请这两个小组考察目前已知的抽签观念，以及值得探讨的其他问题。为了引导这些讨论，研讨会提出了以下三个问题：

（1）抽签能为政治做些什么？
（2）如何才能在现代民主制度中巧妙融入抽签？
（3）还有什么抽签议题有待解决？

研讨会的组织者向与会者散发了一份文件草稿，回答了这三个问题。然后根据讨论情况修订了该文件草稿。本报告是最终成稿。

背景

学术界和普通公民越来越关注通过随机遴选分配社会物品和公共责任。经济学家、法学家、政治学家、哲学家和社会学家研究了历史上很多运用抽签的实际例子。他们还研究了使用抽签的正反论据，以及导致人们建议使用抽签的具体环境。[2]

随着人们对抽签的兴趣日益增长，学术圈内外组成了一个随机遴选国际工作组。这个工作组由经济学家科纳尔·博伊尔（Conall Boyle）创立，汇集了来自澳大利亚、法国、德国、爱尔兰、以色列、荷兰、西班牙、英国、美国等国家的抽签支持者，这是一个

---

[1] Manin (1997) 认真考察了民主的历史，民主最初与抽选、后来与代表和选举的关联。

[2] 重要文献包括 Elster (1989), Carson and Martin (1999), Duxbury (1999), Goodwin (2005), Burnheim (2006), Dowlen (2008), and Stone (2011)。很多抽签主题的核心文章收录在 Stone, ed. (2011)。

真正跨国、跨学科的网络。该小组目前运营着一个名为"Equality by Lot"[1]的博客，一个Facebook页面和一个Google网上论坛。它还组织了很多成员线下活动。前两次有组织的活动是2008年曼彻斯特政治理论研讨会上的一次会议，以及2008年11月27日在巴黎政治学院举行的主题为"抽签选择：理论与实践"的会议。

2011年，作为正在进行的抽签研究计划的一部分，吉尔·德拉诺伊、奥利弗·道莱恩和彼得·斯通组织了一系列研讨会。这些研讨会旨在推进抽签研究，了解其优点和缺点，并探讨它对当代政治的贡献。它试图运用政治理论来解决制度设计困境，这种努力在当今学术界实属凤毛麟角（参见 Waldron, 2013）。三次研讨会均在巴黎政治学院举行，第一次研讨会的时间是2011年10月6日至7日，题为"抽签与直接民主"。第二次研讨会的时间是2011年11月18日至19日，题为"抽签与国家"。第三次会议专门讨论了伯纳德·曼宁的经典著作《代议制政府原则》（1997年），时间是2012年5月24日至25日。

2012年10月11日至12日在都柏林举行的研讨会是这个系列活动的第四次会议。斯通作为活动组织者负责研讨会的主题设计。他特别希望扩大参与抽签对话的人际圈。这也是整个系列研讨会组织者的目标之一；每次活动均邀请随机遴选国际工作组成员和新鲜面孔参加。斯通希望这个过程更进一步。他邀请了广泛关注参与式民主和协商民主，但对抽签没有特别兴趣的政治学家。他邀请这些新力量与随机遴选国际工作组和其他抽签倡导者一道，共同探讨抽签在民主过程中的作用。

为此，德拉诺伊、道莱恩和斯通写了一份文件草案供研讨会参与者讨论。[2] 该文件提出了与作为一种民主制度的抽签有关的三个问题。首先，抽签能为政治做些什么？其次，如何才能在现代

---

[1] http://equalitybylot.wordpress.com/.
[2] 该报告草案的链接为 http://www.tcd.ie/policy-institute/assets/pdf/Lottery_Report_Oct12.pdf。

民主制度中巧妙融入抽签？最后，还有什么抽签议题有待解决？该文件在研讨会上发布，道莱恩记录了现场演示内容和随后的讨论。本报告在研讨会围绕草案展开的对话基础上扩展修订而成。

此外，在 2013 年 3 月 11 日日内瓦大学政治与国际关系学系的研讨会上；在 2013 年 4 月 2 日都柏林三一学院政治学系写作研讨会上，斯通分别介绍了本报告草案。我们把在这次会议上收到的评论和建议也融入了本报告的最终版本。

德拉诺伊、道莱恩和斯通计划组织更多的抽签研究会议。其中一次会议预计于 2013 年 10 月 10 日至 11 日在伦敦大学玛丽女王学院举行。我们希望本报告有助于该研究项目正在进行的对话，并激发人们进一步关注抽签的民主潜力。

一、抽签能为政治做些什么？

抽签的决策作用多得令人难以置信。比如，它被用来决定，谁有机会进入心仪的学校，谁将应征入伍，被困救生艇的人中谁被吃掉、谁被扔进海里；它也被用来决定陪审资格、服役资格、摩门教礼拜合唱团表演资格、参加迈克尔·杰克逊葬礼的资格。它还被用来确定候选人名字在选票上的顺序，以及发表文章时作者的署名顺序（有关抽签的实际或假设作用的详细列表，See Stone 2011, section 1.2）。抽签最常见、最一致的作用之一是分配公共责任。用于这一特定目的的抽签（Lottery），有时候也被称为抽选（Sortition）。[1] 在本报告中，我们对抽签的考察将集中在确定和论证抽选在当代世界的恰当运用上。

历史上的小城邦曾经广泛运用抽选，特别是在古希腊和文艺复兴时代的意大利。但是，现代世界的选举式民主却使之黯然失色，

---

[1] 不是每个人都用这种方式限定这个术语；有些人用它来指代抽签决策，而不考虑所做决策的类型。但是，用一个术语具体描述通过抽签来分配公职有值得认真对待的优势，而"抽选"似乎是最适当的术语。因此，我们以这种方式来限制我们对"抽选"这个术语的使用。

尽管英、美国家的陪审团仍在继续运用抽选法。不过，当代民主的诸多缺陷在过去几十年里激活了人们对抽签的兴趣。维瑞恩（Vergne, 2010）对这一复兴做了分类研究，他发现，自20世纪50年代以来，对随机遴选的政治学研究明显增加。此外，几乎每年都有新的抽签理论和经验发现。[1]

抽选的想法有某种直观的吸引力。例如，一个政客在面对通过抽签挑选国会议员这个想法时俏皮地说："抽奖的想法表面看荒唐可笑；不过，仔细一想，其好处一目了然（Callenbach and Phillips 2008, p. 75）。"[2] 但这种直观的吸引力并没有回答抽签在什么时候是有益的？为什么？相反，它会引出各种各样的论点，相互无法合拍。认真考察这种多样性，可以揭示抽签倡议者在多大程度上看法相近，并找到尚未解决的分歧点。这两个结果都会推进抽选研究；此外，识别分歧点还将为未来研究提供清晰的重心。

本报告将考察抽选研究的最新进展。本报告将首先从抽选支持者的视角出发，概览抽选之于政治的主要优点。在这个阶段，本报告不触碰这些优点的合理性及其实现条件。它只提供一份支持者的辩护理由清单。然后，它会考察这些理由背后有没有一致性，以及抽签的运用能否证明抽选具备这些优势。换句话说，它会追问是否已有或可能存在关于抽签作用的一般理论。弄清这些方面，我们就可以回答抽签能为政治做什么贡献。

本部分的目的就是回答这个问题。第二部分将把本部分所产生的答案，用于确定把抽选融入当代政治的最佳方式。换句话说，它将解决下述问题，即如何将抽签巧妙融入现代民主制度。最后一部分将会考察留待将来研究的抽选议题。它将通过重新考虑抽选的优点来实现这一点。它将尝试评估这个清单。这需要进一步提出两个问题：（1）抽签与其每个优点之间可以建立多强的联系；

---

〔1〕 博客"Equality by Lot"每年年底都会提供该主题的最新作品评述；其最新评论可见于 http: //equalitybylot.wordpress.com/2012/12/29/2012-review-sortition-related-events/。

〔2〕 当我们在日内瓦大学的一个研讨会上提出报告草稿时，一位观众认为，抽选是今天"政治理论中最吸引人的想法之一"。我们同意这种看法。

（2）这些优点是否名副其实。第三部分没有给出这两个问题的确切答案；相反，它将提供一些建议，希望为未来更详细的探究提供一个良好的起点。

接下来，我们就开始考虑抽选据说拥有的种种长处。抽选的支持者认为，抽选对于政治进程至少有八个贡献。在学术文献中，其中一些贡献获得了更多关注，一些贡献偶尔或者几乎不受关注。不是每个人都同意抽签可以产生所有这些贡献。此外，并不是每个人都同意所有这些贡献构成真正的长处。换句话说，抽选不一定产生这些效果，这些效果不一定都是好的。我们大致上按照其在抽选文献中的关注度，以降序列出这些贡献：

1. 描绘性代表：抽选确保全体人口的任何属性均在随机遴选的决策机构上获得相同比例的呈现。只要具备下述两个条件，抽选的这个性质就非常鲜明。首先，决策机构必须有大量成员（理想情况下，要有几百个成员）。很明显，对于只有一个人占据的官职而言，描绘性代表这个标准没有意义；在任何意义上，我们都不能说一个总统是整个国家的描绘性代表。但这不是对抽选的严肃拒斥；抽签在历史上从未用于挑选单个官员，而且实际上今天也没有任何真正的建议试图这样做。然而，抽签已被用于挑选足以在最低限度上的确具有描绘性代表性质的小型决策机构成员；比如，古代雅典用它来选人组成各种十人行政委员会，当代英、美国家用它来挑选陪审员，组成 12 人陪审团。这种抽签的使用并不能用描绘性代表来合理化。其次，随机遴选必须在全体人口中进行；只有这样做才谈得上描绘性代表。增加额外的抽取标准（比如只包括愿意出任公职的公民，或排除不愿出任公职的公民）将会改变所代表的人口。因此，任何格外的资格要求（如动机、经验、能力等），只要不是所有人都能够格，便构成了对描绘性代表理念的威胁。

2. 预防腐败和支配：一旦当权者利用权位谋取私利，就会严重破坏民主进程。抽选可以防止这种情况出现，因为那些出于贪腐目的、急于谋取权位的人无法稳操胜券（很显然，如果大多数人都出于贪腐目的而谋求权位，抽选就完全无能为力了。不过，可以为抽选搭配其他某些制度来解决这个问题）。更严重的是，一旦外部利益买通当权者，驱使他们牺牲大众利益，设定有利于自己的议程，这个进程就会受到破坏。这要么是因为特殊利益影响遴选过程（确保只有那些愿意为特殊利益服务的人当选权位），要么是因为他们用其他方式（通过贿赂或威胁）影响当选者的选择。抽选显然让特殊利益无法影响选官过程；只要随机遴选过程不受干扰，它还可以防止贿赂和威胁。[1] 通过防止理性的有害使用影响选择过程，虽然随机遴选在决策过程中排除了理性，它反倒能让公共官员的行为更加理性，不受特殊利益的影响［扬-阿拉德·特伦布莱（Yann-Allard Tremblay）在研讨会期间特别强调了这一点］。[2] 艾迪安·苏瓦德（Ètienne Chouard）在研讨会上提出，这也可能具有更一般化的效果：限制经济权力对政治权力的影响。根据迈克尔·沃尔泽（Michael Walzer）的说法，一旦某个生活领域的不平等不适当地导致另一个领域的不平等（Walzer, 1983），就会出现支配（Domination）。抽选可能有助于限制这种支配。

3. 缓解精英阶层冲突：政治竞争和经济竞争一样，只有在为更广泛的公共利益服务时才是可取的。公司之间的市场竞争可以降低价格，提高质量。但是，如果公司组成卡特尔限制

---

[1] 例如，这要求所选官员即刻就职，并且要么将其隔离，要么对接近他们的活动进行适当控制或监控。如果公众希望像接近许多公职人员一样，充分接近随机选拔的官员，当然还需要其他反腐防护手段。

[2] 那些对这一点持怀疑态度的人应该注意不要以偏概全（the fallacy of composition）。如果不对整个政治进程做推理，人们无法在其中的一个阶段获得原因。事实上，前者甚至可能是后者的先决条件。

竞争，或者进行破坏性的竞争（比如炸毁竞争对手的工厂），市场竞争就失败了。同样，如果有教养、有见识、有积极性的政客通过提供社会上可取的政策来竞争公共支持，精英之间的政治竞争也可以惠及公众。但是，一旦竞争太少（通过建立"政治卡特尔"）或者太多（极端情况下通过参与内战），这个竞争也就失败了。[1] 通过抽选防止精英控制选择过程，可以减少前一种效应。这就是前面描述的"预防支配"效应。后一种效应同样通过抽选减少；因为没有任何精英派系可以把支持者安插进随机遴选的机构，精英们也不需要担心这样的派系控制整个政治体系（人们也可以称之为减少党派偏见）。文艺复兴时代的威尼斯挑选其国家元首即大公（Doge）的过程中肯定存在这种动机。挑选过程非常复杂，涉及多级选举和抽签。无论这个过程存在什么缺陷，它都存活了五百年（Finlay, 1980）。

4. 防止政治极端势力的控制：具有异常偏好的小集团可能很想买通整个政治进程。他们可能因此获得与其规模完全不成比例的政治影响力。抽选可以通过确保这种异常集团无法获得过度代表来缓解这种情况；在极端情况下，如果可以实现完美的描绘性代表，这种集团就无法获得超过其人口比例的政治权位。如果偏离比例原则，当然会削弱这种效果；比如，如果只在志愿者中间进行抽选，异常集团就可能获得严重过度的代表。[2] 并且，抽选只能减轻异常偏好的影响；如果多数或较

---

[1] 夏皮罗认为这是约瑟夫·熊彼特（2010）的真正深见。夏皮罗写道，"（熊彼特的）基本论证逻辑非常坦率简单。它化约为一个双重诉求：(1) 结构性的权力竞争既优于霍布斯式的无政府状态，又优于被霍布斯视为无政府状态的逻辑反应的权力垄断；(2) 在无政府状态、垄断和竞争之间做出选择，是唯一有意义的可能性"（Shapiro, 2003, p. 55）。

[2] 这当然可以被视为一种力量。约翰·伯恩海姆在他的《民主可能吗?》（2006）一书中，主张用基于志愿者库的抽选，确保最关心议题的人成为对这些议题做出决定的人。这可能具有增加稳定性和确保决策者在行的效果。但是，即便志愿者不想贪赃枉法，志愿者想要的东西不同于公众整体想要的东西，这个事实也对民主理论提出了挑战（参见 Walzer, 1970），而且远远不能确定会产生有益的效果。如果志愿者在一个议题上分歧很大，授权给他们就可能降低稳定性。最关心某个议题的人可能有动机去了解该主题，也可能不会（比如神创论者）。

大的少数均有卑鄙的偏好，抽选就很难缓解这一事实（但现行的民主进程也不会做得更好）。

5. 分配正义：古代雅典公民认为公共官职是一种善好，所有公民对其都有同等权利（Mulgan, 1984）。多数现代公民不怎么贪求官职；比如人们会不遗余力逃避陪审义务。但是，如果公职不是重要的社会公益，而是真正的社会负担，那么人们可能会认为，逃避公职是所有公民都有同等诉求的善好。[1]无论如何，抽签都可以在那些有同等诉求的人中间公平分配利益（负担）（Stone, 2007; Stone, 2011, part II）。但是，这些立场在今天并不是广泛共识；现代民主下的多数公民往往认为政治平等就是选举政治官员的平等权利，以及竞逐官职的平等权利，而不是对官职本身的平等权利（Manin, 1997）。这种理解非常符合社会劳动分工观念，一些人专门从事政治，其他人自由追求其他目标（Constant, 1988）。抽选的多数现代支持者都接受这种看法。虽然他们承认以政治为业存在各种弊端（更不要说它的危险，最有动力获得政治专长的人往往是那些通过败坏政治进程获得最大收益的人），并且鼓吹一定程度的政治业余主义具有某些好处，但很少有人认为政治官职本身就是一种善好。[2]

6. 参与：尽管很少有支持者明确主张政治职位应该被视为一种善好，但许多人都普遍关注政治参与不足和公民冷漠现象。他们认为，政治体系提供真正的参与机会和确保这种参与发生同样重要（有时候这被称为政治体系的"包容"问题）。尽管很多倡导参与式民主的人士赞成约翰·斯图尔特·密尔

---

[1] 关于逃避责任的收益，See Sher, 1980.
[2] 平等和公正有时被标示为抽签所带来的独立价值。但是，很难理清如何以保留其独特性的方式区分这两种价值。在大多数情况下，公正需要将不相关因素排除在决策过程之外。（这就是通常所说的"正义是盲目的"。）但是，如果平等是一种民主价值，即所有公民享有同样权利担任公职，公民之间的**所有**区别对于担任职务而言就都是不相干的。相反，如果存在在分配公共责任上区分公民的正当理由，公民就应该享有不平等但公平承担这些责任的权利。

(John Stuart Mill)所说的参与的教育效果(Bachrach, 1967; Pateman, 1970),但很少有人解释政治体系为什么应该这样做。对此的反驳还有,政治是一种职业,像任何其他职业一样,最好留给专家。因此,即便很多人拒绝参与政治,也没必要担心,就像不必担心人们对粒子物理学、化学工程或专利法没有兴趣一样。但是,不让政治成为专业人士的禁脔,政治进程也许会运行得更好一些,这正是抽选的上述长处之一。对于此处论证的目的更重要的是,可以非常肯定地说参与是零和游戏。由于官职数量是固定的,无论使用什么挑选方法,都只会有一定数量的公民可以获得官职。我们可以说抽选允许**不同的人**而不是更多人参与,具体来说就是,允许传统上因为贫穷、种族等原因而被排除在政治过程之外的人参与。此外,当抽选与增加官职数量结合使用,它可以扩大参与的总量。

7. 轮换:抽选的支持者还反复申明抽选可以确保政治职位的轮换(例如,Goodwin, 2005, ch.6)。有时候人们会混淆轮换与参与,这是一个错误。轮换只是意味着官职有流转,今天掌权的人与明天掌权的人不一样。它反映的是亚里士多德所谓人们轮流统治他人与被他人统治的理念。目前轮换对政治有多大贡献还不明显。比如,如果因为轮换让更多的人参与政治,允许政治职位的收益和负担在全体公民中间广泛分享,或者阻止精英集团支配政治,轮换可以说是抽选的一个长处。

8. 心理收益:很明显,通过抽签挑选官员的标准不是任何个人特质,无论它是正面的还是负面的。因此,赢得官职的人不会觉得自己任职是理所当然的,[1] 失去官职的人也不会对任职者有任何特殊的敬意。这个效果有多大仍然值得探讨,尽管看起来它非常可能存在。[2] 然而,这种效果似乎与这里

---

[1] 如果抽签被解释为某种更高权力的意志表达,如上帝或命运,也不是不可能。但是,以这种方式看待抽签,也就是认为它不是真正的抽签。See Stone, 2010a.

[2] 随机遴选国际工作组成员简-威廉·伯格斯(Jan-Willem Burgers)强调了这种与抽签相关的长处的重要性。

所描述的其他长处难分难舍。休伯图斯·巴克斯坦（Hubertus Buchstein）在研讨会上指出，也可能产生其他心理效应。比如，通过抽选的参与可以促进对等感、个人自主和信心。但在这里必须小心的是，虽然其中一些效果可能与抽选紧密相关，但其他效果可能源自传统上边缘化的公民被带入了政治进程。

我们认为这份清单所提出的抽选长处相当全面。也许需要对这些长处进行重新分类，比如把其中某些合二为一或者一分为二。也可能需要把其中一个或多个长处作为其他长处的衍生品。但是，这个列表穷尽了当代抽选辩论中支持抽选的各种理由。[1]

因此，关心抽选的学者承认抽选可以对公共或政治责任的分配作出一些贡献。然而，对于这些贡献是否可以用一个抽签作用的一般理论来解释，他们没有共识。[2] 在这个问题上有两种立场，至少有一个评论者将其描述为"一元论"和"多元论"。一元论者和多元论者都同意，基于所讨论的决策性质，通过抽签做出决策有许多优点和缺点。但是一元论者认为，抽签拥有某个可以解释所有这些优点和缺点的单一特性。因此，他们试图提出某种关于抽签作用的一般理论。相反，多元论者否认任何此类一般理论的可能性，也否认存在任何可以解释抽签所能做到的一切（无论好坏）的单一特性。

奥利弗·道莱恩在《抽签的政治潜力》（2008）一书中，彼得·斯通在《抽签的幸运：抽签的决策角色》（2011）一书中，捍卫了一元论立场（See also Dowlen, 2009 and Stone, 2009, 2010a）。他们的解释比较相似，都指向下述事实：抽签这种决策方式与理性或理由无关。道莱恩谈到抽签的"无理性"（arationality）特征，把它

---

[1] 休伯图斯·巴克斯坦在研讨会上表示，这份列表应该包括正当性和稳定性。扬·阿拉德-特伦布莱也把正当性作为抽选的一个独立贡献。我们不认为这些讨论是对名单的补充。无论抽选贡献的是正当性还是稳定性，都可以通过上述其他贡献发生。

[2] 这里的讨论更一般地适用于通常意义上的各种抽签决策，而不仅仅是抽选。但是，我们将继续把重点放在抽选上。

作为其独特贡献;而斯通认为抽签的作用是,为一个无需理由的决策过程添加净化效应。道莱恩和斯通确实也存在一些分歧(Dowlen, 2012; Stone, 2010b, forthcoming)。比如,两者都同意抽签有"弱"用法(这里,抽签的主要特性——即缺乏与理性/理由的关联——不起什么作用,尽管它也无损于决策)和"强"用法(其中抽签的主要特性起积极作用)。比如,把抽签作为一个低成本、快速和方便的决策工具是弱作用。不过,道莱恩和斯通都承认抽签可以用来确保描绘性代表(本文稍后将深入讨论),但道莱恩认为这是抽签的弱作用,而斯通则认为这是其强作用(See also Stone, 2010b)。

对于一元论立场而言,抽签的强、弱作用之间的区别至关重要。道莱恩和斯通都不认为抽签可以在不发挥其本质属性的情况下发生作用。比如,刀可用来镇纸,但如果这样用,它就不是被作为一把刀使用。与之类似,人们可以通过掷色子来做决策,因为这样快捷、廉价。但这样做并不是把抽签作为抽签来使用;它没有使用抽签与其他决策方法不同的特性。[1] 还有,很显然,人们可以支持或反对使用抽签,却不涉及各种抽签的共同特性。一个富有的怪人可能会试图贿赂一个地方政府,使之通过抽签来组成土地规划委员会;这可能让地方政府有理由动用与抽签的本质特性无关的各种抽签方式,但这并不意味着抽签的本质特性不存在。

为了证明形形色色抽签的使用方式都可以看作是一种东西在不同条件下的变种,单一论的支持者考察了抽签可能做出的很多贡献。比如,彼得·斯通批判性地仔细研究了两部重要的抽签著作,乔·埃尔斯特(Jon Elster)的《所罗门之判》(*Solomonic Judgments*, 1989)和芭芭拉·古德温的《抽签正义》(*Justice by Lottery*, 2005),并

---

[1] 为了说明这一点,Stone (2011, pp. 33-34) 比较了抽签与选举。他还认为(同上,第42—44页),通过抽签(像《易经》那样)占卜的古代做法并不完全构成通过抽签的决策(See also Stone, 2010a, p. 159)。

认为这些作品所讨论的所有抽签优点和缺点，无非都是一个无需理由的决策过程产生的净化效应（Stone，2009，2010a）。但是，其他学者仍然对一般理论这种想法满腹犹疑。因此，他们继续提供抽签可以对决策作出不同贡献的各种清单。这种清单的一个很好的例子出现在吉尔·德拉诺伊的《对两种随机遴选类型学的反思》（2010）一文中，这份清单建立在平等、公正和祥和这三大核心原则之上。在研讨会上，休伯图斯·巴克斯坦也强烈支持多元论立场，并质疑抽签作用的一般理论的合理性。

我们认为，在理论上，对抽签作用的单一论和多元论进行比较非常重要，值得进一步的理论考察。然而，为了本报告的目的，我们将搁置这一具体辩论，把注意力集中在本节所列出的抽签长处清单上。我们将首先考察这一优势清单是否有助于解决现代民主制度设计中存在的问题，然后梳理在论证这一清单上的各种要素时会碰到哪些理论问题。这分别是本报告第二和第三部分的重心。

二、如何将抽签巧妙融入现代民主制度？

如果不首先考虑我们**为什么**需要在现代民主背景下重视抽选，就很难处理这个问题。然后，在逻辑上还需要考虑**如何**把抽选作为实现预期方案的手段。

现在的一种思路是，当代人之所以对抽选产生兴趣，是因为他们看到了现代自由民主范式中存在的缺陷或问题。一方面，不少人有这样的感觉，对抽选措施必要性的感受程度直接与对自由选举政治的不满程度形成正比。严厉的批评者希望用抽选措施取代多数决（See Callenbach and Phillips，2008；Mueller et al.，1972；Sutherland，2004）。不那么严厉的批评者倾向于将抽签视为现有选举措施的补充和加强手段。另一方面，温和的"改进者"可能会设想，抽签只适用于政治留给司法的那片边缘地带（当下已经如此），或者只适用于基层市政当局。

批判思维的主线是，自由民主形态促成的不是人民当家做主的政府，而是由彼此竞争的精英进行统治。这套自由民主理论最初由米歇尔斯（1915）和熊彼特（2010）等人提出，并随自由民主制在第二次世界大战后的胜出而被更广泛接受。尽管普通民众享有选举权和自由的政治表达权，但专业政治阶层与人民大众之间横着一道巨大的鸿沟。公民参与仅限于定期投票，而现代图像广告导致了投票的贬值。人们感到投票制度本身对少数族群不公平；而政治过程本身则完全被自私自利的党派集团、政治能量超群的产业游说集团以及职业性利益集团把持。当前人们对抽选的兴趣首先可以看作是对这种局面的反应，而在这一背景下，抽选在人们眼中的首要特质是，可以为被特权势力霸占的场域引入急需的公民参与。在这方面，对抽选的兴趣是给我们带来参与式民主和协商民主的同一政治冲动的一部分。[1]

在更准确理解抽选过程的各种优势（本报告第一部分的重点）及其作用史之后，我们有了一个多少有点不同的看法。随机遴选的过程是无法干扰的。在遴选层面，它具有抵御阴谋诡计、抵御腐败的功能（其后通过游说、贿赂等方式腐化官员是另一回事）。它剥夺了对政治行动者的任命权，有助于瓦解政治体系内部的权力集中。中世纪晚期意大利北部城邦共和国就发挥了这种反派系化、反党派化的抽选作用，这种作用（可以说）也体现在古代雅典对抽选系统而广泛的运用上（Dowlen, 2008）。就此而言，抽选有能力产生公民参与；随机机制还会相应具备其他属性。[2] 如果倡言单纯用抽选来推进公民参与，那实际上是弱化了抽选的作用，因为这完全不需要动用无理性的决策程序。[3]

理解这一点使我们能够从另一个方向接近现代民主**为什么需要**

---

[1] 重要的例子，参见 Pateman, 1970 and Barber, 1984。

[2] 参见斯通的"净化效应"（Stone, 2011），以及德拉诺伊所强调的祥和品质（Delannoi, 2011）。

[3] 抽选的弱作用与强作用，See Dowlen, 2008, pp. 11-30。

重视抽选。如果我们想看到政治进程的质量提升,看到更公平、更开放的政治,看到与党争阴谋、党派操控和威权支配绝缘的政治,那么妥善运用抽选有助于实现这个愿景。只要设计得当、赋权得当,随机遴选的政治机构实际上可以**成为政治体系的公正卫士**。很难想象还有什么选择方式比抽选更适合发挥这一作用。[1] 更重要的是,由于通过抽选的任命没有任何第三方或利益集团作为中介,抽选的广泛使用可以在公民和国家之间形成一种新的直接关系。通过审慎的宪法规划,全体公民可以出场保障政治体系本身的公信力。

因此,我们的出发点是,公民参与可能是一种可欲的善好;但公民参与捍卫一个公开、公平、包容、依规而治的政治体是与抽签特质更相匹配的可欲善好。现在,我们就可以更清晰地处理如何使用抽签的问题了。

首先需要注意的是,究竟是用抽选**取代**选举,还是与选举**混合**运用。人们可能有更好的论据支持二者的混合运用。如果我们寻求一个更公平的政府体系,更强调对政治权力的依规控制,那么很明显,通过选举的同意过程在很多方面有助于实现这些目标(Manin, 1997)。此外,尽管选举的所有缺陷都集中在投票上,但选举仍然是一个涉及公民主体自觉决策能力的制度。完全的抽选制度恰恰否认了这一点。我们还应认识到,抽签和自由民主属于同一个传统,即开放参与政府的传统;在这个意义上,它们之间不是相互竞争关系(Dowlen, 2010)。此外,在历史实践中,它们总是被搭配使用,在整个选择官员过程中发挥不同的作用,或者用来选择不同类型的官员。无理性与理性搭配使用。全面转向抽选方案可能会走向黑暗,除非存在一种强有力的理由证明,有必要在方方面面都以无理性机制替代理性机制。这种理由也许是,选举

---

[1] 法院是传统上的公正卫士(cf. Shapiro, 2003, p. 64)。但法院的"非政治"性的局限性也众所周知。这给抽选支持者提出了一个重要问题,即任命法官和随机遴选的陪审团各自的优点和缺点。相关文献很多,值得详尽探讨。

政治已彻底破产或全面败坏。即使在这种情况下，单纯的抽选方案也最好只是临时措施，而不是常设制度。

抽选和选举愉快合作的最直接方式之一是两院制，两个立法院分别通过选举和抽选组成。在这种情况下，重要的是，赋予每个立法院不同的宪法角色，以便非常清晰地确定立法主权花落谁家 (Barnett and Carty, 2008)。另一种选择是一院制，成员分别通过选举和抽选产生 (Peonidis, 2010)。这的确可以缓和选举成员的过度党派化，但公民成员与职业政客共事也可能对前者不利，除非赋予二者特定的角色和职责。[1]

如果立法机构的两院职能不同，且通过随机遴选组成的那一院在维护整个政治进程公信力上起到了"非政治"作用，两院制方案也许更有说服力。一个很好的例子是 2008 年巴尼特（Barnett）和卡蒂（Carty）改革英国上议院（House of Lords）的建议。巴尼特和卡蒂提议给上议院改名（Peers in Parliament，或简称 PPs），并改由随机遴选产生，它可基于三种特定理由否决由选举产生的下议院所提交的法案。这个新机构成员有权：(1)"否决破坏宪制民主原则的法案"；(2)"打回非财政性法案，只要它认为该法不会实现政府所声称的目标，并可坚持让政府重新制定目标或者重新立法"；(3)"强调应以普通公民能够理解的方式起草法律"（ibid., p.37; see also Stone, forthcoming）。具有这种权力的立法机构可以很好地加强公民和政府之间的联系，而不会不当干预立法过程。

另一个选择是把随机遴选出来公民的作用界定为支持选举产生的成员，而不是直接（乃至间接）与后者竞争。这里，随机遴选的机构再次成为政治进程的监护者。塞格琳·罗亚尔（Ségolène Roy-

---

[1] 2010 年，一个名为"修复加利福尼亚"的团体呼吁举行全民投票，以组织一个制宪大会，全面修订州宪。制宪大会将由职业政客、美洲土著部落的代表和随机遴选的公民组成。由于缺乏资金，这一建议没能付诸表决，但一些批评者声称，复杂笨拙的制宪大会建议很难取信于选民。2012 年 12 月，爱尔兰组成了爱尔兰制宪大会，授权其提出不具约束力的宪法改革建议。该制宪大会也有选举的代表和随机遴选的公民，并且也受到针对"修复加利福尼亚"建议的类似批评。爱尔兰的情况，See https://www.constitution.ie/。

al）的提议，让公民审议团（citizens' juries）确保选举产生的官员负责，就属于这种情况（2007 年，罗亚尔把这个提议写进了她竞选法国总统的宣言）。挑选一个公民团体来监督和协助选举产生的成员，而不是扮演对抗角色。这一点，可以通过公民团体作为议会成员和选民之间的接口、处理任命、公开亮相、新闻发布、接受申诉等方式实现。通过这种方式，公民将更为深入地了解其代表的工作，而竞选连任的议员则会与选区建立更密切的联系，而不总是为政党利益服务。在这个角色中，公民们将是国家的成员，而不是政府的成员；他们将有助于确保体系的廉洁和正常运行，而不是以代表身份作出决定。

这种安排的一个主要论据是，公民作为政治体系公正卫士的作用与其选择方法相称。议员监督委员会的作用类似罗马共和国的保民官。他们是政治体系内部运作的公民见证者。一旦理解了这一原则，就可以设想许多类似的应用。随机遴选的公民可以进入国有化行业的管理委员会或其他国有公司；可以监督情报部门的行动是否违背人民公益；立法的伦理规则可以由常设或临时抽选的机构制定和执行；新兴民主国家的选举可以由随机遴选的公民监督；公民审议团可以决定公开某些机密事务是否符合公共利益。[1] 随机遴选的制宪大会按理说也属此类，实际上人们通常把抽选作为适合这一目的的工具（艾迪安·苏瓦德在研讨会上强调了这一点）。

这与立法或行政机构中随机遴选的公民作用的不同之处在于，人们期望前者中的公民代表大众利益，确保政府的开放性与参与性。在基于描绘性代表原则构成的、随机遴选的议院中，人们希望公民在某种意义上根据他们的自身利益或者所属的集团利益行事。这一点当然是有争议的。它有理论和经验两个组成部分。在理论上，它提出了一个问题，即何种政治模式最能说明（人们所

---

[1] 我们接受基思·尼尔森（Keith Nilsen）博士的这个想法，以及把随机遴选的监督者用于情报部门的建议。

假设的）描绘性代表的重要性，是自由主义模式、共和主义模式，还是其他模式（Habermas, 1994）。在经验上，它提出了一个问题，即不同的民主模式如何预测不同形式的政治行为，哪些预测已被事实证明。我们认为，这两类问题将来都值得认真考察。[1]

在另一种意义上，公民作为政治体系的公正卫士的作用与随机遴选相称。对选举式民主最具毁灭性的批评之一是，它导致了一个巨大的"**理性的无知**"困境。公民影响候选人的可能性微乎其微，影响当选候选人的可能性同样微不足道。因此，公民没有动力去了解政治事务（Downs, 1957）。如果利用抽选来填补某些政治职位，公民赢得职位的可能性将非常小，影响遴选过程（不管这个过程在选举之下多么微不足道）的可能性将为零。但是，获选公民将很有动力去了解与职位相关的政治议题。这表明，抽选应该保留给不需要长期政治经验的公职，具有高度积极性的外行也可以通过短期培训胜任。与政治过程的卫士相关的角色适合这种情况。[2]

即使在卫士需要专门知识的时候，这种专门知识也不需要直接来自相关决策者。比如，假设一个随机遴选的委员会负责划分或重划选区边界。这项任务似乎很容易归类为旨在公正地维护政治体系的公信力。但它似乎也需要一定的政治专长。然而，原则上没有理由禁止这种委员会把这样的计划外包出去，然后选择最有吸引力的一个。这种委员会的成功运转当然取决于恰当选择设计抽选之外的其他制度特征。

---

[1] 值得补充的是，正如斯蒂芬·埃尔斯塔布（Stephen Elstub）在研讨会上指出的，利益需要在任何运作良好的政治进程中得到合理表达。如果随机遴选的机构不是合理表达的恰当场所，就必须设计其他场所。这提供了另一个理由来设想彼此竞争的各种政治机构，一些通过抽选组成，一些不是。

[2] 此外，如果政治体系需要很多这种卫士角色，公民就有很多机会参与。虽然在给定时间内公民获选担任某个角色的概率仍然很低，但是，公民在其生活中的某个时刻被选中担任某些角色的概率可能会变得很大。这会让公民有动力去获得政治知识。但是，由于职位空缺的性质，由于公民未被告知将担任什么职务，她不可能出于贪腐目的去系统地获得政治知识。

另一个难题涉及必要培训的性质和范围。反对抽签的旧贵族式论据是，这种方式所选的人缺乏政府所需要的专业技能。[1] 然而，这不是反对抽选原则本身的内洽论点，因为任何抽选方案的理性设计者都会考虑，如何将候选库中人们的一般能力与他们可能被选中的职位要求相匹配。这个计划的另一个变量是简化职位任务，以适应候选库中公民的不同能力。事实上，雅典人采用了这个解决方案，并安排官员们在十人一组的委员会里工作，以便他们互帮互助（Headlam, 1933）。提供培训也是一种手段，通过这种手段，候选库中的人或那些选定的人可以为相关职位的要求做好准备。

这再次与支持描绘性代表的抽选作用形成了鲜明对比。对于描绘性代表来说，那些获选者需要在未经培训的情况下就职，以便将其教育背景的多样性带入议院决策。对职位任务做专门培训，可视为对该原则的干扰。卡伦巴赫和飞利浦（2008）在为设立一个随机遴选的美国众议院辩护时，强调的正是这一点。事实上，他们甚至辩护说，如果人民大众中有些懒散、不在意政治的人，抽选产生的众议员中有相应比例懒散和不在意政治的人，未尝不可！

培训内容也可能有问题，但是，如果获选的公民保护的是他们视如己出的政治制度，他们就有动力恪尽职守，尽其所能。在这种情况下，培训内容不会有问题，因为它反映的是职位的公平性，而非任何特定党派的意识形态使命。[2]

因此，抽选职位中的参与将是一个双向过程：公民把他们的多样性、经验和新鲜活力带给政治体系，而职位本身将为公民提供政治体系的手段和方法教育。此外，公民官职的存在将给大众教育体系内部的公民教育提出新的更高要求。

---

[1] 参见苏格拉底沿着这条路线对抽选的批评（Dowlen, 2008, pp.57-58）。
[2] 参见费希金（2009）强烈主张，随机挑选的公职人员可以公平地获得培训和支持。费希金的批评者对此不太乐观。

与将抽选融入现代民主制有关的另一个重要问题是，抽选应该自愿还是强制。换句话说，那些通过抽签选中的人是否应该因为被选中而**必须任职**，或者候选人只能是那些毛遂自荐的人。如果出于描绘性代表的目的而使用抽选，则需要强制选择，但对于抽选的其他功能而言，尚无定论。反对自愿原则的理由是，这些职位最终将会落入某些有意图或活跃的人手中，为这些人在政治中追逐自身利益或野心打开方便之门。在这种情况下，就不能降低参与门槛让"普通"公民可以担任职务，而抽签原则所产生的多样性潜力也会丧失。另一方面，如果抽选的职位全部由不情愿的人担任，也可能会出现真正的麻烦。[1]

其中一个麻烦在于，在今天人们普遍不愿参与的社会背景下，凡是需要付出自由时间和个人自由的事都被视为一种负担。我们可以设想，任何对公共职位实施综合抽选的社会，都将需要处理如何恰当激励和回报公民这一问题。我们并不认为，抽选可以在真空或敌对环境下成功运作，它需要的环境是，履行公民义务和责任受到赞许。[2] 比如，假如在一个体系中，社会强制征兵是常态，并把减税和特殊支付条款作为担任公职的激励措施，抽选的职位就可以在其中轻松运作。[3] 在这种情况下，可以将短期的强制性职位与自愿性或准自愿性，但任期更长的职位结合起来。指导原则应该是，政治机构的入口应该是强制性的（无论是职位，还是特殊活动），但加入后续职位的候选库可以是自愿的。这种方式可以保持多样性、低门槛。但是，为了有效组织这种活动，也许有必要对不同职位的候选库做某种排序，并对某些不要求全民参与的候选库设定详细的条件。

我们将通过区分主导现代民主国家运用抽选方案的两类不同难

---

〔1〕 2011年11月的巴黎研讨会在最后一天做了相关讨论。

〔2〕 在这里应该注意将轮换与抽签相结合的重要性。从"入门级"职位到"高级"职位，都可以设定清晰而不同的任期。

〔3〕 这种参与要求给自由社会观念会带来多大挑战，这个问题尚无定论。因篇幅所限，我们无法在此予以深入探讨。

题来结束本节。第一类难题涉及为解决具体、零散政治问题而进行的抽选。这个领域的核心原则是，在处理手头任务时，如果抽选可以展现抽签程序的一个或多个本质特征，那就应该使用抽选。作出这一判断需要评估使用一种无理性、非人类机制有什么好处，这些好处是否大于可能的坏处，以及整个程序的其他方面是否可以克服这些不利因素。正如在所有设计思维中，对目标的清晰评估是一个绝对前提；经过清晰、审慎、理性计算后，无理性的抽签过程才成为一个选择。如果这样来理解，作为一个解决政治问题的严肃机制，抽选是深思熟虑的产物。

第二类难题涉及更大的图景，即自由民主的轨迹及其他局限。在这个主题下提出的问题更深刻、更广泛和更基本。我们考虑的不是如何选择某个委员会的成员，或政府行动的监督者，而是这个领域中更复杂、更难处理的问题，例如，政党选举政治存在走向寡头制的必然趋势（Michels, 1915; Alford, 1985），是否应该引入更多的直接民主因素，这会产生什么效果，以及公民社会和政治社会之间的配合是否平稳。这些以及更多的问题构成了我们考察抽选的背景，看它是否可以成为让现代民主再生的一个新因素。

我们从回答"如何"与"为什么"两个问题起步。随后我们提出了参与问题。人们很容易把参与本身视为值得珍惜的好东西，并把抽选视为可以实现参与的工具。我们的回应是把这个论点颠倒过来，并认为在捍卫公开、公平政治过程的公信力这一更大的任务中，公民参与是一个非常有力的工具，这尤其是因为一个包括全体公民的候选库几乎不可能腐败，或者受制于任何强势个体或政党的意志。这很大程度上是一种工具性的民主观，但与承认重要的民主权利是一致的。一旦理解了这个中心原则，就可以用很多新方式来回答"如何"。

三、还有什么抽选议题有待解决？

本报告第一部分列出了抽选对政治可能做出的八个贡献。第二部分论证随机遴选的公民团体可以作为政治进程公信力和公正性的监护人。在这最后一部分中，我们将基于第二部分的讨论，重新考察和重新评估我们的贡献清单。这种重新考察和重新评估将是试探性的。它将不做最终判断，而只是做出试探性的论断，以激发对抽选理论与实践的深入研究。这种研究将有助于推进我们对抽选的理解，以及我们对民主理论的整体理解。

如本报告第一部分所述，对于抽选的每一个贡献，人们都可以提出两个极为重要的问题。第一，抽选是否确实提供了这种贡献？第二，这一贡献是否真有价值，以及为什么有价值？这两个问题都有了令人信服的答案之后，人们才能合情合理地把该贡献归功于抽选。

现在应该清楚的是，我们认为抽选对现代民主政治的最大贡献是防止腐败和支配。我们可以把抽选作为负责确保政治进程公信力的官员遴选手段。我们认为，适当制度化的抽选可以做出这样的贡献（虽然绝对有必要做进一步的实证研究），这种贡献将是解决今天人们对民主普遍不满的一个重要途径。我们还认为，其他一些贡献，特别是减少精英之间的冲突和防止政治极端势力的控制，与这一点密切相关（抽选的心理效应也非常适合归入此类，但这更多是基于推理，有待进一步研究）。其他贡献，特别是参与、轮换和分配正义，相对不太重要，除非将其解释为与防止腐败和支配相关。

我们可以把轮换问题作为例子。毫无疑问，随机遴选可以产生官员的定期更新。即使由于某种原因，官员被允许重复进入随机抽签，这个说法依然成立。在任何大型政治体中，一个人在一生中被选中担任同一职位的概率（更不用说连续两次）微乎其微。但是，实现这一目标并不必然需要抽选。选举结合任期限制，就很容易完成这一目标，任何其他缩短任期和禁止连任的选任方法也可以做到。因此，把抽选作为实现轮换的方式，充其量发挥的是抽签的弱作用。

我们认为，在抽选对民主政治的潜在贡献中，最有争议的是描绘性代表。有争议的不是抽选与描绘性代表之间的关联。不可否认的是，抽选可以在适当条件下提高描绘性代表的水平（比如，这些条件包括强制参与随机遴选过程）。实际上，抽选的确可以比任何其他程序更好地完成这个任务。[1] 相反，争论在于描绘性代表的价值水平。换句话说，为什么描绘性代表对于民主政治而言很重要？为什么决策机构"映射"总体人口特征对民主来说是一件好事？

我们认为，回答这个问题，是论证抽选对民主贡献的关键所在。抽选的支持者经常贬低选举式民主的民主资格。虽然有些人承认采用抽签的政治体系不一定是民主，[2] 但多数人赞成亚里士多德的论断，即选举本质上是贵族式的选择过程，而抽签本质上是民主的。[3] 艾迪安·苏瓦德在其研讨会论文中，甚至将代议民主视为"自相矛盾"的东西而不予考虑。他们认为，抽选和民主之间的联系是通过描绘性代表建立的，他们认为选举和民主之间没有这种联系。描绘性代表让政治机构有可能映射一般公众，这足以使之成为直接民主的次优选择，其民主资格当然无可挑剔。但是，为什么这种镜像关系对民主至关重要？

通常，对这个问题的答案是，"看起来像"全体人口的机构，会做出与全体人口有某种积极关系的决定。但这个积极关系究竟是什么？一个人或一个群体如何以积极的方式与另一个人或群体相关？这包括以下可能性：[4]

1. 我和你一样。
2. 我和你利益一致。

---

[1] 如第一部分所述，道莱恩认为抽签和描绘性代表之间的联系比较弱，斯通则认为联系很紧密。

[2] 休伯图斯·巴克斯坦在研讨会上强调了这一点。

[3] 我们更赞成伯纳德·曼宁（1997）的观点：选举既有贵族制的一面，也有民主制的一面。

[4] 对描绘性代表的一个类似想法，See the Exchange in Griffiths and Wollheim, 1960。

3. 我代表你的利益。

4. 我做出好的决定。

5. 我做你想要我做的,或我做你会做的。

6. 在某些假设情况下(例如,如果你充分知情,这有时被称为"有见识的公共意见"的成就),我做你会想要我做的,或你做过的。

7. 你选我做这些决定。

8. 我被授权代表你采取行动。

9. 你授权我代表你采取行动。

支持描绘性代表的理由通常预先假定这些因素之间存在某种系统的关联。例如,如果 1 隐含 2,2 又隐含 3,这就被定义为等同于 4。我和你一样,我又和你利益一致,因此我代表你的利益。如果我代表你的利益,那我的决定就是好的。人们也可以补充这样的想法,4 隐含 5,反之亦然。一个好的决定可以简单定义为你在符合假设的情况下所做的决定。因此,挑战是确保我作为你的代表,为你做出这个"好的"决定。最后,基弗·萨瑟兰(Keith Sutherland)最近撰文指出,1 可能隐含 9 或者至少隐含 8,即使 7 和 9(以及 7 和 3)之间通过选举建立的联系更为典型。通常,我们认为,选举是授权代表,你选了我,这就是为什么我被授权代表你;但萨瑟兰(追随费希金)认为,我可能被授权代表你,只是因为我和你一样。

然而,这其中的很多关联还不是很清晰。例如,除了通过 3 之外,5 和 1 很难连接起来。如果我做出与你在某些假设情境中所做的相同决定,很可能是因为这个决定充分增进了你的利益,并且你在该假设情景下会清楚这一点。这一点很重要,如果一个能动者的利益与其目标相分离,人们就必须确定二者当中谁对政治进程最重要(当一个能动者决定牺牲自身利益来推进某些其他目标时,例如,当一个富裕政治体决定汇款帮助非洲艾滋病孤儿时,这两者就可以分开)。此外,很难评估下述声明:我会在某些假设情况下做某事，除非该情况已获得非常清晰的说明；而且即便如此，一个集体性主张会变得更难评估。虽然涉及集体的情形在理论上仍然很复杂，但是，如果目标只是将相似性与利益的增进联系起来，这种情况就更清楚了。

然而，9，甚至8与1的关联存在的问题最大。为什么我和你一样这个事实意味着授权我代表你采取行动？尽管社会契约理论传统做出了各种努力，必须承认，7与9的关联是非常脆弱的。我具备选择我的代表的能力，最多只能提供一种非常弱的授权形式。因为根据社会契约传统，我实际上授权政府做出影响我的各种决定，即便：

——我没有在决定政府组成的任何选举中投票；
——我投票给政府职位的各种候选人，但他们都败选了；
——我投票给政府职位的各种候选人，但没有一个加入新政府；
——我投票给政府职位的各种候选人，因为他们承诺采取某些行动，虽然这些候选人加入了政府，他们没有采取任何这类行动；甚至
——我投票反对通过规定授权政府程序的宪法，且此后从未投过票。

很多结论似乎违反直觉，甚至是荒谬的，因为他们将我的授权归因于作为或不作为，而在任何非政治领域，从不会出现这样的理解。

但是，描绘性代表让情况变得更糟了。通过投票，至少我有机会投票给一个既赢得选举又愿意并有能力兑现竞选承诺的候选人。至少可以说我已授权这样的候选人为我行动。但是，当使用抽选来产生描绘性代表时，连这种感觉也不存在了，因为抽选意味着我看中的候选人与被选中的候选人之间没有任何关系。

对此，可能有两个出路，但都不是很有前途。一方面，人们可以诉诸授权抽选的宪法程序。如果我投票支持该程序，那人们就

可以主张我已间接授权其选择的候选人。但抽选的情况并不总是如此。对于投票反对该程序或拒绝投票的人而言，授权问题仍然存在。此外，无论宪法条款规定什么样的授权，都不足以支持抽签。如果人们可以说某个宪法批准程序提供了抽选的集体授权，那么同一进程肯定也可能为投票、世袭君主制或任何能够获得批准的甄选程序提供集体授权。[1] 但另一方面，人们可以尝试提出一套说辞，论证为什么描绘性代表产生了某种授权。与投票一样，这种授权永远不会发生在政治背景之外；无论别人多么像我，如果没有我的同意，其他人都不曾获得授权转租我的公寓，或为我买杂货。

描绘性代表还有其他问题。它是人们最常援引来支持抽签的理由之一（考虑到抽选可以非常有效地实现这个目标，这是可以理解的）。但是，仍然成疑的是，为什么描绘性代表很重要，它代表和促进什么价值，以及这些价值在多大程度上与其他价值相容。最重要的是，正如这里的讨论所指出的，描绘性代表提出了到底什么是民主的问题，是否存在某种单一的民主价值或者一套紧密关联的民主价值观。十分常见的是，对民主价值的界定往往聚焦于某种形式的授权。民主是根据自治来界定的，这意味着政府必须获得被统治者的同意。选举被假定可以使这种政府成为可能；而一些抽选的支持者认为，正是因为选举无法实现这一目标，才需要抽选。但是，到目前为止的论辩表明，抽选和选举都远未实现这一目标，以至于人们开始质疑这个目标是否可以实现。如果无法实现被统治者同意的统治，那么问题就变成了，什么样的民主故事是可行的、可取的，以及抽选如何与这个故事关联。[2]

---

〔1〕 古德温（2005）构想了拥有这种集体授权的、基于抽选的宪法。斯通（2011, section 3.3）批评了古德温的论点。

〔2〕 Cf. Plamenatz, 1968, p. 3; See also pp. 23-24：如果直接民主和代议制民主都只是一种获得有限同意的统治，那就必然产生两个可能性：要么同意不是被统治者服从其统治者这一义务的唯一基础，要么无论其多么民主，任何国家都存在大量公民不承担守法义务。后一个结论注定是可疑的，因为如果大量公民不必守法，那就没有任何国家还能正常运转。因此，只有前一个结论是可能的，即同意不可能是义务的唯一基础。

因此，我们对描绘性代表心存疑虑。对它，我们没有让人无法反驳的论据。相反，我们认为描绘性代表是在现代世界中运用抽选的一个比较薄弱的理论基础。但这不是忽视抽签作为描绘性代表手段的理由。相反，它让人们有理由重新思考民主理论的根基，由此可以阐明抽选与这些根基的关联。这种关联不一定涉及描绘性代表，但我们更加相信它有可能推进其他民主价值，比如预防少数人的统治。

在继续下文之前，我们先声明一下，我们完全不排斥确保社会各阶层声音进入政治进程的目标。但是，这个目标和描绘性代表之间的关联不如人们通常假设得那么清楚。出于几个理由，这个目标的确很重要，其中非常著名的是认知多样性所带来的认知收益。但是，这些收益要求获得聆听的是全体人口中的各种声音，而不是像描绘性代表所要求的那样，按照人口比例分布的不同人群的声音。实际上，认知多样性的需求可能需要某些小社会群体和边缘群体获得过度代表，这对于决策而言非常重要。（同性恋婚姻的意见就是这样的例子。）意见或话语的代表对民主可能很重要（Dryzek, 1994），但这不意味着描绘性代表的说法是正确的（Stone, 2012a）。

持续反思抽选对民主政治可能作出的贡献是重要的（我们在本文中只能通过对描绘性代表等方面的简要考察来进行反思），原因有二。首先，使用抽选的决定总是伴随着无数其他制度设计的决定。如要正确做出其他决定，正确做出第一个决定至关重要。其次，抽选一直是几种遴选政治官员的选择之一；如果放弃其选择方式而使用抽选，就必须清楚其优点和缺点。作为本报告的结论方式，我们将详细阐述和论证这两个主张。

首先，让我们考虑使用什么制度特征与抽选配合。随机遴选在民主政治中具有可取性，简单认识到这一点，不会直接产生抽选。对于民主制度来说，情况很复杂。随机遴选可以多种方式适应民主制度，并结合许多不同的设计特征。此外，我们无法把一个设计特征与其他设计特征剥离开来进行选择。在其《平等》一书中，道格拉斯·雷耶（Douglas Rae）认为，平等概念有很多维度，任何有意义的平等主义正义理论都必须说明其具体维度。如果一个理论误解了其中一个维度，它就可能会彻底否定该理论的价值，即使在所有其他维度上做出正确的选择（Rae, 1981）。我们认为，民主制度设计的工作机理与之相似。民主制度具有很多必须恰当选择的特征，而且对其中一个特征的任何不当选择都可以被视为是在破坏对其他特征的恰当选择。

当然，最重要的制度问题在于什么应该通过抽签来选择。事实上，所有支持者的答复都是"政治官员"。据我们所知，没人会随机遴选政策。但抽签投票（lottery voting）理念（也称为"随机独裁者"规则）也吸引了一些人。根据这个规则，人们通过投票做出决定，但不计票；相反，随机遴选单个投票，并由该投票决定结果。该规则具有一些令人惊讶的吸引力。特别是，它消除了策略性投票的可能性；它让选民没有任何动力投票给自己心仪者以外的候选人（Gibbard, 1977）。因此，有人坚定支持这种方式（例如，Amar, 1984），但抽选的支持者基本没有关注到它。

让我们假定随机遴选将用于选择政治官员。接下来，关于抽签的第二个最关键问题就是，什么类型的任务最好由随机遴选的官员执行。答案可能很多。决策过程有许多阶段，包括议程设置、辩论、存档、执行和评估。人们可以用随机遴选的机构审理案件、作出或执行行政决定、制定法律、提名和/或选举其他职位的候选人。抽选支持者很少关注最后一种用途，但它在历史上很重要；文艺复兴时期的威尼斯为此目的在一个存活了五百年的政治体系中使用了抽选，并且成为整个西方世界共和主义者羡慕的对象（Finlay, 1980）。它当然值得进一步关注，它可能非常适合归入我们认为与抽选密切相关的"政治体系的卫士"范畴。

在决定随机遴选一组官员执行任务之后，仍然必须选择很多其他制度特征。候选人应该是志愿者吗？应该**允许**他们自愿参加吗？

是否只有经过其他人提名后才能参与随机遴选？人们能否拒绝被提名？随机抽签是否应该囊括每个人，不管他们自己是否喜欢这样？一旦组成这样的机构，它应该如何做决定？是否需要辩论？是否应该**允许**(其他人) 参与？应该向它提供什么信息来源？是否应该授权它选择自己的信息源？其他人有没有权利参与它的讨论或提供证据？如果可以，在什么条件下可以？是否应该要求那些被选中的人参加讨论？如果是，应如何强制参加？是否应该要求他们具备其他技能条件？可能需要什么机制来让他们对自己的行动负责？该机构应该投票还是寻求共识（像英美陪审团那样）？它应该采取秘密投票还是公开投票？是否应记录其投票？它应该只作决定，还是应该强制其提出决定的理由？最后，是否赋予其决定约束力，还是仅作为咨询建议？最后一个问题目前引起了极大关注，它正是詹姆斯·费希金的协商民意测验的正反双方辩论的核心 (Fishkin, 2009)。

现在让我们更详细地考虑其中一个问题，即有关问责的问题。艾迪安·苏瓦德在研讨会上辩称，选举民主建立在信任基础上，而抽选则不是。苏瓦德声称，抽选制度可能不会主动预设不信任，但至少它不需要圣人，而选举需要。在理论上，苏瓦德的说法听起来有点可疑。长期以来，代议制民主的基础是朱迪思·史柯拉 (Judith Shklar) 所说的"免于恐惧的自由主义"（"liberalism of fear", Shklar, 1998），选举提供了问责机制，确保并非圣人的政客谨慎行事。选举可能不会像代议民主创始人所认为的那样，提供可靠的问责机制 (Shapiro, 2003, p. 60)，但抽选与类似的问责机制的确没有概念上的联系。这并不意味着抽签与问责之间存在某种内在关系，但它的确意味着有必要关注如何为完成这项任务创造适当的机制。关注民主的学者已经开始注意到确保问责的各种机制 (Przeworski, Stokes and Manin 1999)。抽签应被视为这一研究议程的一部分。

问责问题让我们必须处理第二个结论性的问题。正如人们必须考虑使用什么制度特征与抽选配合，人们也必须考虑与其他方法相比，抽选如何分配公共责任。当然，抽签是选择政治官员的几种方式之一，还包括选举和任命。事实上，这是今天可用于选择政治官员的三种主要方式（Stone, 2012b）。当然，每种方式都可以千变万化，例如，选举可以依据大量可能的投票规则中的任何一个来进行。在所有情况下，三者中的一个是否优于其他两个？不太可能。如果没有，哪种选项在哪种情况下更适当？选民何时能够在选举官员上做出比碰运气更好的决定？随机化什么时候对选择过程有积极贡献？是否存在某种任命方式，它既能避免选举的隐患又比抽选运作效果好？现代民主理论把选举的优越性视为理所当然。抽签的支持者不应该通过假定抽签的优越性来重复这个错误。民主理论必须真正客观公正地比较考察符合所有可选方式的基本价值的贡献和局限性。

任何对替代选择机制的比较考察都必须铭记，政治职位不是在真空中填充的。随机遴选的职位 X 在多大程度上正常运转，极其依赖职位 Y 的存在和 Y 所采用的选择机制。例如，针对随机遴选的立法机构的一个典型批评是，它们将大大增加立法业余主义。无论这种业余主义有什么别的优点，它们（根据这个论点）将导致大量权力转移到官僚机构，而我们可以假定后者也有更稳定的自身利益。相比之下，选举让职业政客有机会运用专业知识来规训和控制官僚。当然，这个论点有几个关键假设。例如，它假定选民可以有效规训选举产生的官员，通过这个规训过程，这些官员在利益上与选民而非官僚更一致。但是，无论其假设有没有道理，这一论点引出了一个关键问题，即随机遴选的机构如何与民选和任命的官员互动。如果要以真正的比较方式研究民主制度设计，就必须解决这个问题。

对这两个抽选问题的考察，将需要理论工作、历史研究以及不断进行小规模的抽选实验（Fishkin，2009）。[1] 抽签研究应该保持跨学科性，并更充分地融入民主政治研究。虽然本报告提供了有关抽签在现代民主中的恰当作用的一些初步经验，但仍有很多工作要做。

致谢

"作为民主制度的抽签研讨会"的召集人，我们对包括项目参与者和参与讨论者在内的所有与会者为会议成功召开所做的贡献深表感谢。他们提出了很多有价值的评论和建议，我们无法在这份简短报告中予以充分回应。我们非常感谢这些贡献，并尽可能作出回应。当然，我们对本报告所表达的想法负全部责任。

召集人还要感谢丹尼斯·卡罗琳·许布纳（Denise Carolin Huebner）为研讨会提供的人员支持；海伦·默里（Helen Murray）（政策研究所）高超的组织能力；一直支持研讨会和本报告的汤姆·佩格莱姆 Tom Pegram（政策研究所所长），以及为研讨会致开幕词的圣三一学院社会科学和哲学院院长彼得·西蒙斯（Peter Simons）。

研讨会的资金由人文与社会科学基金会、政策研究所和巴黎政治学院提供。

研讨会后，在 2013 年 3 月 11 日日内瓦大学政治学与国际关系学院的研讨会上，以及 2013 年 4 月 2 日都柏林圣三一学院政治学系的写作研讨会上，彼得·斯通介绍了本报告的草案。他感谢两个活动的参与者所提出的许多有益评论和建议，尤其感谢安娜贝拉·利弗（Annabelle Lever）和威尔·费伦（Will Phelan）让这些活动成为可能。

扬·阿拉德-特伦布莱（Yann Allard-Tremblay）最近完成了他在

---

[1] 但是，彼得·斯通在研讨会上告诫大家，不要试图从小规模实验中得出关于抽选的雄心勃勃的结论。在社会边缘运行的制度，如果变成了主流，就完全是另一回事了。关于这一点，参见 Elster, 1993。

圣安德鲁斯大学和斯特林大学的联合哲学博士课程论文。他的论文处理了民主的程序性认识论和宪政之间的关系。他的主要研究兴趣是民主理论，权威、正当性和认识论等各种法学概念。他最近在《公共事务》(Res Publica) 上发表了一篇讨论多数决（majority voting）与抽签决（lottery voting）的认识论边界的论文。

休伯图斯·巴克斯坦（Hubertus Buchstein）是德国格雷夫斯瓦尔德大学政治理论和政治思想史的教授和主席。他在柏林自由大学学习政治学、历史、哲学和德国文学，并于1990年完成了他的德国政治学史的博士论文。2009年9月起，他担任德国政治科学协会主席。最近他出版了几本书，包括《民主与抽签》(2009)，《民主理论论争》(2010) 和《民主政体》(2011)，并发表了文章［与迈克尔·海因（Michael Hein）合作］《随机化欧洲：作为欧盟政策创新的决策程序的抽签》（批判政策研究）。他的网站是 http：//www. hubertus-huchstein. de。

艾迪安·苏瓦德（Ètienne Chouard）在马赛教经济学。自从法国举行欧洲宪法公民投票以来，他一直在探究造成社会不公的原因，并特别关注宪法进程和财富创造。他强烈主张，通过抽签的选择在任何名副其实的民主制中都具有核心地位。他的网站是 http：//etienne. chouard. free. fr/Europe。

吉尔·德拉诺伊（Gil Delannoi）是巴黎政治学院的政治理论教授和政治学研究中心的研究员。他在很多大学担任客座教授。2013年他发表了题为"民主的历史与理论"和"比较政治形式"的演讲，他的兴趣包括政治哲学、政治理论和思想史。他最近的关于抽选研究的作品是《论几种民主》(In *Direct Democracy and Sortition*, a volume in the series Cahier du Cevipof)。

奥利弗·道莱恩（Oliver Dowlen）是一位独立学者，随机遴选公民担任公职问题是其研究专长。他在博士学位论文中考察了通过抽签选择公民担任公职的政治价值，并已经出版，即《抽签的政治潜力》(*Imprint Academic*, 2008)。2012年10月，他成为伦敦大学玛丽女王学院独立社会研究基金会的青年研究员，研究在民主转型中随机遴选公民的好处。

斯蒂芬·埃尔斯塔布（Stephen Elstub）是西苏格兰大学的政治学高级讲师。他著有《朝向协商和联合民主》（Edinburgh University Press, 2008），编有《民主的理论与实践》（Routledge, 2012）。2009 年以来，他一直担任英国政治学会参与式民主和协商民主专家小组的召集人（www.uws.ac.uk/PDD）。2008 年，他受邀加入皇家文艺学会，并一直担任院士。

戴维·法雷尔（David Farrell）是都柏林大学的政治学与国际关系系主任。他在 2009 年被任命为政治学讲座教授。他是选举制度、政党和议会代表研究专家。法雷尔教授最近的著作包括《选举制》（Electoral Systems, a six-volume reader, co-edited with Matthew Shugart, Sage, 2012）、《政党与民主联合》（Political Parties and Democratic Linkage, co-authored with Russell Dalton and Ian McAllister, Oxford University Press, 2011）、《选举制：比较研究导论》（Electoral Systems: A Comparative Introduction, second edition, Palgrave Macmillan, 2011）。2011 年，法雷尔教授主持了大西洋慈善基金会资助的"我们公民"研究项目。

彼得·斯通（Peter Stone）是都柏林三一学院政治学（政治理论）的助理教授。转任三一学院之前，他在斯坦福大学教政治学，并在杜兰大学伦理与公共事务中心担任研究员。他研究当代政治理论，尤其是正义理论、民主理论、理性选择理论和社会科学哲学。他著有《抽签的运气：抽签的决策角色》（The Luck of the Draw: The Role of Lotteries in Decision Making, Oxford University Press, 2011），编有《公共生活中的抽签读本》[Lotteries in Public Life: A Reader (Imprint Academic, 2011)]。

简·休特（Jane Suiter）是都柏林城市大学新闻学院的讲师。她对新沟通方式、协商民主及参与式民主有特别浓厚的研究兴趣，也是 2011 年"我们公民"项目的学术成员。

安托万·维瑞恩（Antoine Vergne）在法国和德国研习政治学。

他获得了柏林自由大学和巴黎政治学研究所的两国联合培养项目的博士学位。他目前是法国公共使命公司的顾问，该公司在公共参与和协商过程的设计、执行和促进上为政府提供支持。

"作为民主制度的抽签研讨会"摘要

注：本摘要由奥利弗·道莱恩根据会议录音写作完成。

研讨会开幕，来自都柏林三一学院的社会科学院和哲学院院长彼得·斯通致欢迎辞，安托万·维瑞恩发表了题为"从赌博到抽签：随机遴选的类型学建议"的演讲。

在研讨会第一场，彼得·斯通介绍了本报告草案的第一部分，处理了下述问题："随机遴选能为政治做什么？"为此，他探究了如何恰当理解随机遴选能做什么以及如何运用随机遴选。

关于第一个问题，最近的讨论似乎存在分歧。一方面，分歧的一方是"一元论者"，认为抽签有一个首要特性，是否适用抽签取决于具体情境下是否需要该特性。这种解释主要是奥利弗·道莱恩在《抽选的政治潜力》（2008）和彼得·斯通在《抽签的运气》（2011）中提出的。另一方面，"多元论者"认为抽签具有多种特性，因此具有多种用途。

但是，斯通和道莱恩都不排斥多样性，相反，为了让讨论更聚焦，他们都试图在这两种主张之间划清界限。一些关于抽签的主张很类似，分析的任务是澄清这一点。例如，本报告第一部分的作者（彼得·斯通）就认为核心在于不可预测性。

关于第二个问题，如何妥善运用抽签？本报告提出了以下八种可能性：

1. 通过创建构成缩微人口的政府机构或决策机构，来促进描述性代表。描述性代表有没有价值是另一个问题，很重要也很复杂，但我们需要就声音的多样性达成更强烈的共识，抽签可以提供这种多样性。

2. 防止权势集团对政治进程的腐败或支配。

3. 通过创造共同的程序规范，减少精英之间破坏性的政治竞争。

4. 控制政治极端（以便更具包容性，但防止极端主义集团的支配）。

5. 公平分配社会福利和负担（分配正义）。

6. 扩大对政治进程的参与。

7. 在政治参与中产生轮换。抽签有助于这一点，但主要取决于核心制度设计。

8. 提供各种心理上的好处。抽签防止胜利者得意忘形，缓解输家的耻辱感。同样，如果认为个人功绩完全可以作为赋权基础（或不合格的人理应受到排斥和羞辱），则使用抽签便是成问题的。

休伯图斯·巴克斯坦首先对斯通的演讲作了回应。他怀疑能否在抽签和民主之间建立太强的联系。抽签并非必然与民主联系在一起，也可能扮演反民主角色。还有一个问题，为什么需要抽选的一般理论？最好采取与其他政治决策形式进行对比的视角。简单区分一元论与多元论也有问题。他认为，最好从一个原则性的基点推进，诸如程序自主性之类的概念，考察抽签作为一个不受干扰的程序如何加强或促进程序这一点。

关于抽签的潜在好处，巴克斯坦认为，需要有一个策略，理解应该包括什么、排除什么。在通常的政局稳固过程中，抽签可以被用来稳定先于民主的政治协议（pre-democratic political settlements）。我们也可以把它视为一种转型形态，与其他种类政体下的情况形成对比。对于未来的研究，我们将更加注重经验证据。这可能来自政治以外的领域，比如在中学中的应用或计算机模拟。

第二个回应斯通演讲的是扬·阿拉德-特伦布莱。他指出了抽签在程序上的重要性：正因为抽签结果与理性无关，我们可以更多地看重理由，而不是利益，避免少数人的支配和控制，抵消赤裸裸的权势利益。正是这一点让抽签有了民主正当性；它是可以接受的，因为它不是利益政治和偏见政治的一部分。抽签是无理性的，但在它的使用与背景条件中，并不是没有理性的运作。抽签的应用是"深思熟虑的结果"；它不是绝对的无理性，而是将理性与民主正当性关联起来。

就描绘性代表而言，阿拉德-特伦布莱认为，我们应该看看投票这个首要选项，并考察其正当性。选举有许多缺点，但它们肯定将政府与人民联系起来了。由于抽选削弱了政治权力的能力，它可以被视为是公平的，而描绘性代表应会改善民主的认识论特征，因为抽签有助于（公平地）产生多样性。我们还必须意识到，那些把描绘性代表作为理论依据并通过抽签严格轮换的政治安排，可能在问责与缺乏经验方面存在问题。为了弥补描绘性代表范式的缺陷，基于描绘性代表的方案可以与某些理性手段相结合，例如观点的自愿表达。阿拉德-特伦布莱在这里注意到，约书亚·奥伯（Josiah Ober）的研究发现，雅典的随机遴选促进了实践知识和社会知识的重新分布。描绘性代表对于一些机构可能是重要的，但把抽签作为反支配措施加以运用的理由更充分。

阿拉德-特伦布莱认为，报告草稿中缺少几个要点：

第一，参与有助于促进审议，有助于创造出"人民"，亦即一个利益相互关联、各路信息交汇、不存在社会障碍的网络。

第二，用抽签所做的决定不该被忽视。抽签投票的形式在许多情况下可能是有价值的。我们需要弄清楚为什么我们认为通过抽签选择官员比通过抽签做决策更容易被接受。

第三，我们并不总是清楚抽选预防腐败的实际效果。例如，与多数决相比，效果如何？

阿拉德-特伦布莱总结说，描绘性代表并不是抽签发展的主要原因，但它有助于抽选发挥其主要能力，推动社会知识共享，形成强劲、正当、民主的政策。

随后，研讨会围绕报告草稿第一部分进行了广泛讨论。很多主题在讨论中受到广泛关注，包括抽选与民主的关联、一元论/多元论及其他与描绘性代表的关系、经验证据的必要性、各种协商形式与直接民主之间的比较、通过抽签进行一般性的决策，以及抽签阻断利益集团活动的能力。

一些人同意，不能错误地认为抽签只与民主有关联；但他们相信，抽选是否适合作为一种民主制度取决我们如何定义民主、心仪何种民主理论。对民主的理解不同，答案也就不同。政府应为人民利益而立的观念，或者民主需要政治表达的观念，这些都与抽签的理念相吻合。但如果把民主理解为是聪明人服务于蠢人的政治体制，它就与抽签不相称了。

与会者还讨论了雅典城邦与现代政治之间的关系。统治者和被统治者轮流执政原则可以视为抽签的核心理由之一，尽管亚里士多德并没有点明这种关联。大型现代政体也可以实现这种轮流执政的观念受到了挑战。然而，古代人并没有清晰表达过抽签的理据，现代人需要重建这一理据。

在研讨会上，对抽签采取彻底多元主义、相对主义立场（这里原文似有误）受到抨击，因为这会造成语义混乱。为什么抽签是有价值的？公民需要明确理由。倾向多元主义的参会者对理论上过分强调抽签无理由与无理性有点担心，不同意把它作为论证使用抽签的唯一理据。一个处理方式是区分抽选的积极作用与消极或预防性作用。描绘性代表是积极作用；抑制腐败或限制权力是消极作用。那种把不可预测性作为抽签理论核心的观点，应会受到抽签在描绘性代表中的价值的挑战；在这种情况下，抽签建立在比例原则之上，在群体而非个人层面操作，从而变得可预测。有人不同意这种观点，认为这种形式的可预测性仅仅服务于利益政治；此外，人们可以主张抽选的预防行动本身就是推进积极、有原则的包容政治的一部分。

还有人建议，协商民主与描绘性代表的倡导者之间形成了某种默契联盟。纳入抽签，是为了增强纯粹的协商民主理论。

人们普遍同意需要更多的实证研究，特别是关于人们对现有或最近的抽签计划的态度。例如，英国议会议员如何看待通过抽签选择下院议案进行辩论？我们有没有关于人们对美国越战时代抽签征兵的态度证据？我们是否知道有些公民审议团具有强制权而不是建议权？我们应该考察一些非政治性的抽签应用作为有力的例子，例如高等教育领域的抽签。这可以帮助我们评估对抽签的情绪反应。还有人指出，官职抽签的前景可能提高人们的参与积极性。

直接民主，通常基于瑞士的例子，受到热烈讨论。人们认为，它是比协商小组更好的替代方案，可以直接表达公民观点，而描绘性代表隐含的是间接表达。还有人指出，八点好处中的多个都可以通过非随机手段实现。此外，研讨会还讨论了一些议题，如有关用抽签做决策的讨论；能否界定什么是腐败的决定；我们应否遵循孔多塞的思想，接受多数在道德上是正确的；以及我们是不是"智者统治主义者"（"epistocrats"，the "rule of the knowers"），把我们所有的政治鸡蛋放在"正确"的篮子里。

虽然不是本次讨论的一个主要主题，但人们也强调了抽选对打破政府与经济阶层之间联系的重要性，以及通过将一个协商小组成员置于新的相互关系中，来打破政治辩论中老生常谈的价值。

午餐后，奥利弗·道莱恩开启了研讨会的第二部分，探究随机遴选如何巧妙融入民主。道莱恩说，报告草案的想法是确定当前的各种主张已经把我们带到了什么地方，并概述了迄今为止支撑讨论的抽签理论。报告的第二部分试图将其与各种制度设计理念结合起来。

讨论抽签的理论发展和抽签对政治的预期应用的最佳起点是抽签过程本身的特质。一旦理解了这些特质，我们就可以采用能够把抽签的特质和我们希望抽签承担的任务匹配起来的设计方式。这有助于我们评估抽签是不是正确的工具。要想认清这一点，就需要把抽签作为有意排除个人因素的一种机制。如果我们希望使用抽签，我们这样做是因为我们希望使用抽签的某些非人属性。

为了回答如何将随机遴选方法巧妙融入民主的问题，先问"为什么"可能更好。就参与而言，参与欲望在历史上来自于自由民主的已知缺陷。如果我们现在考虑使用抽签来产生参与这种值得追求的好东西，我们就必须问，通过使用这个特定机制，我们可以把什么添加到这个好东西上。

融入问题的第一个要点在于，抽签的使用应与现行民主制度相结合，而不是反对或者排斥它们。第二议院设想可能是个理想选择，其中每个议院的功能不同。为民选官员提供公民监督和公民辅助也符合这种补充模式；"公民见证者"方案也是如此。监督和保护政治体系这一角色，符合将抽签作为一种公正机制的定位；在这方面，已有一些案例。

道莱恩还讨论了其他要点，包括抽签应该自愿还是强制；应该如何培训公民官员；以及给予公民官员什么样的报酬。

评估这些方案如何发挥作用的一个主要困难在于下述倾向，即通过现状这面棱镜来评估潜在的抽签措施，而现状是社会一盘散沙，人们各自追逐一己私利，公民无意参与政治。除了这些措施本身外，还需要形成适用抽签的大环境。最后，也许有必要区分两件事，一件是分析解决具体问题的抽选安排，另一件是解释更系统地利用抽签机制会如何改变或挑战我们的民主观念。

斯蒂芬·埃尔斯塔布率先回应了道莱恩。他承认这对他来说是个新的研究领域，尽管他研究过协商民主和"微众"（mini-publics）问题。关于描绘性代表，过度依赖描绘性代表可能是有问题的，但它可能与某种体系相关，也可以作为扩大协商理念适用范围的原则。人们可能非常信任"与自己相同的人"。关于预防腐败，他强调，重要的是，操纵仍然可能发生在抽签过程中。关于公正性问题，他认为表达偏袒和利益相关者的声音是政治进程的必要部分。在混合政体中加上抽签提供了最可能的前进方向。我们可以通过制度设计来实现所需要的民主价值。

埃尔斯塔布最后反思了制度设计方面的问题。相关制度的深入研究最好在充分比较的框架中展开，既要使用经验证据，也要做规范分析。轮换本身必须被视为一种独立机制。在认识到理想政府应该反映社会中的所有利益之后，我们必须要问，为什么参与可以视为一种理想的善好？自愿方案优于强制方案，这一原则应成为制度设计的主线。最后，我们需要仔细研究激励和问责方面的问题。

对道莱恩的第二个回应来自艾迪安·苏瓦德。他的回应主要涉及抽选矫正社会不公的可能性。社会不公正的主要原因是善良的普通人无能为力。穷人的利益被系统地排除在大多数现代宪制安排之外，尽管宪法制度本身有能力削弱权力集中。同样，虽然目前代表性被滥用了，但仍有能力防止最强者的支配。这个框架内有抽签的各种潜在作用：比如，作为对冲选举产生的立法机构的第二议院，或用于控制法官，控告行政部门，控制媒体，控制立法机关以限制游说者的影响等。所有这些都符合改善代议制政府的一般目标。

很难看出选举产生的政府如何实现这种安排。重要的是说服普通人接受这种安排的价值，并看到业余代表而不是专业代表的好处。

我们可以通过比较两百年的雅典穷人统治与我们两百年的富人统治，进一步了解这些问题。我们不应该把抽签作为实现社会正义的唯一途径，但它肯定是改善代表性和打破政府与最富有社会阶层之间关联的一种方式。

随后讨论了报告草稿第 2 节。讨论探究了以下主题：（1）将抽签与协商民主的概念及其不同要素分开；（2）引入与评估抽签措施所需的转型过程；（3）古典民主与现代民主的性质及其与抽选的关联；（4）抽签和协商民主与直接民主的关联。

一些与会者认为，可能有必要把描绘性代表与协商民主分离开来。其他人热衷于指出对协商的不同解释，比如哈贝马斯式的解释强调话语，而费希金式的解释强调"权衡"。在"抽签"的确切含义上，仍然存在一些混淆。对于一些人来说，这个词似乎预示着一个整体意义上的未来体系，而不是简单的抽签机制。但有人纠正了这一印象，并指出，在雅典实践中，主要的审议机构即公民大会，不是通过抽选来遴选的。

这就提出了一个问题，即有没有必要通过抽签来选择协商会议组织？人们建议，应该把协商民主和抽选视为相互独立、各自分离。同样，人们认为有必要将参与和协商区分开，因为前者包括更广泛的活动。

关于描绘性代表问题，人们强调这一概念不能单独实现，而只能以集体的方式实现。描绘性代表提供认知扩大的可能，促进了认知的多样性。被选为描绘性代表的人不需要出于系统成功运行的目的而只需基于自身利益采取单独行动。人们还指出，描绘性代表将很快变成积极代表，比如牙医就要求他们的议会成员代表他们发挥积极作用。

在如何评估抽选将来的用途上，人们开始讨论理论与实践之间的关系。这就明显需要考察抽选方案在什么地方可以成功运作，在如何扩大该机制的适用范围上，也存在一些有关转型路径的战略问题。某些分权的联邦制，如美国和德国，可以提供超越基层一级的实验机会。

但是，有人指出，从一个成功的基层方案推导出一个全国方案的成功不是一件简单的事情。然而，现代民主统治的某些方面与古代相似，比如派系主义危险，如果把历史背景与现代条件进行比较，这就可以作为经验证据。人们强调有必要将抽选作为一整套措施的一部分；在其发挥作用的特定计划之外对抽签进行一般性的评估也可能是有问题的。

针对目前有哪些随机遴选方案运作成功，人们举出陪审团作为例子。这是重要的，因为它在宪法中的地位，因为其潜在的立法能力（在普通法体系中），还因为它作为政治自由卫士的作用。许多现代公民审议的方案是"危机导向的"。公众对这种抽签和协商方案的回应并不总是积极的，许多最可能受到当前提案影响的人也是最不感兴趣的人。

关于"民主"这个术语，以及古代民主与现代代议政府有何不同，有很多讨论。人们强调，抽选本身未必是民主的，但它确实有助于打破社会、经济权力与政治权力之间的联系。

一些人认为，"民主"这个名称具有误导性，因为在古代民主中，穷人可以在某种程度上控制富人，而现代代议制民主则与之相反。人们甚至认为"代议制民主"一词存在矛盾。人们必须承认，现代代议制民主的发明者，特别是18世纪末的美国人，没有用过这个词，他们认为自己建立的是共和制。作为一种现代的"理想善好"，这个词也笼罩在修辞之中。在较早的时期，这是一个贬义词，是指以胁迫之势聚集的穷人。还有人指出，在雅典，抽选与其他相关方法是在前民主或原初民主阶段发展起来的，这有助于推进一个依规、稳定的参与政体。人们认为代表本身没有缺陷，但需要加以控制。如果现有的制衡不足以控制专家，那么保民官类型的体系可能是一个有价值的补充。在这方面，议会与共和宪制安排的区别需要得到承认。自由民主不能充分问责的想法受到了挑战，但也有人指出，雅典体系整合了大量大众反腐和问责措施，远远超出现代自由主义范式的范围。

本场会议结束时简要讨论了直接民主。重心是直接民主措施是否比抽样微众更好。

研讨会的第三场会议在第二天上午开幕。吉尔·德拉诺伊对报告草案第三部分和报告全文做了一些反思。他指出，目前的研讨会是两年前启动的一个系列的一部分，其中包括关于民主和直接民主会议，以及代议民主起源与抽签消失的关系。明年有两个会议计划，一个是民主转型中的抽选，另一个主题还没有确定（将在瑞士举行）。德拉诺伊补充说，欢迎任何对未来主题事项的建议。

德拉诺伊曾经主张通过抽签挑选重要大学的校长。这项建议被拒绝，但不设候选人的选举建议获得采纳。这个故事说明了抽签或者至少是抽签的威胁，可以产生神奇的结果。

德拉诺伊说，我们现在需要看看，抽选需要什么配套制度措施；如何比较不同的选择措施；以及抽签可以促进哪些民主价值。我们总是希望能为实验找到资金，然后我们可以检查和观察，或者某地政府官员可能被说服合作。

戴维·法雷尔和简·休特回应了德拉诺伊的评论。法雷尔报告了他和另一位同事在前一年所做的工作。在更宽泛的背景下，这项工作与关注代议民主当前健康状况的理论工作有关。这项工作导致了关于如何定义"民主"的争论，最后的判断是，最简单的方式是接受达尔多头政体（polyarchy）的提法。这个提法的核心是下述观念：公民只需要在选举时刻活跃。即使是这个最低限度的民主概念今天也受到多重因素影响，例如投票率下降，对政党的支持日益减少，以及代议制民主的总体衰落。尽管如此，不少人仍然觉得，在两次选举之间，代议民主结构中还为公民更广泛的参与留了空间。法雷尔特别感兴趣的是为特定目的建立的临时协商机构，尤其是爱尔兰的"我们公民"项目。

休特认为，大型协商项目的关键问题是参与。这意味着谈论这些项目所采用的招募方式，以及愿意参与的人和那些无论如何都对政治问题漠不关心的人之间的认知差异。休特认为，明显存在两类人，一类是失望的民主主义者，即那些具有政治经验但对现状不满意的人；另一类是那些对政治进程从不感兴趣的人。后一组人口约占总人口的20%。

法雷尔和休特都参与其中的"我们公民"项目涉及抽选，尽管公民最初是通过随机遴选而来的，但只有在他们同意时才参与。招募通过随机数字拨号进行。在某种意义上，这是一个模拟公民大会。其目的是探讨对现行制度进行可能的改革，因为上一届政府已作出了改革承诺。

为"我们公民"选择的团体可以说很有代表性，但它包括一些令人惊讶的元素，如 40 多岁而从未投票的人。该项目的讨论在非正式"咖啡座"之类环境中分组进行。在 1200 名积极回应的电话受访者中，100 人实际参加。信息包发送给所有人，并需要定期电话保持参与。学术兴趣大多集中于人们在审议过程中何时、如何改变主意，理解如何发生转变以及参与者的观点在多大程度上是不变的。

该项目引起了职业政治家和政府官员的兴趣，不久后爱尔兰政府宣布组成自己的协商大会。66 名随机选出的公众成员，加上 33 名议员，将举行会议，讨论将投票年龄从 18 岁降至 17 岁，将总统任期从 7 年减至 5 年的建议，以及其他议题。

本节大部分讨论集中在"我们公民"项目，还探讨了该进程的整体价值、它与其他抽选或民主程序的关系。

在第一类中，有这样一些问题，比如讨论中表达出的意见如何整合，能否确定人们何时改变了想法。新增的知识看来会触发想法的改变；因为也向一些没有出席的人发送了相关信息，理论上可以确定参加协商会议有什么效果。

左翼的人似乎比右翼更容易改变想法。在回答关于招募是否基于整个人口（这赋予整个过程正当性）的问题时，得到的解释是，随机拨号系统的传送覆盖率达到 99.5%。

其他问题涉及这种论坛的长期影响，以及人们对政治的兴趣能否保持下去。这方面没有太多证据，但政治家开始关注协商论坛的结果，这可能有助于引导未来的议程设置。另一个直接问题是在这种论坛中谁代表谁。换句话说，我们是否有理由假定那些参加的人在某种程度上代表那些没有参加的人？对此的回应是，不应该高估这些论坛的影响；人们的感受是，这些论坛只是试图代表一个碎片化的、无组织的社会，并让那些没有声音的人得以发声。

人们还讨论了协商论坛和全民公投之间的关系。例如，是否应该由没有参加论坛的人最终决定一切？对此，一个回应是质疑公民投票期间公众之间没有协商这个假设。

人们解释说，协商论坛与全民公投的区别在于，前者寻求更可控、更知情、更平衡的讨论。无论其规范意义上的价值是什么，都有必要区分这些人造集会与其自然对应物。不少人认为，人们可能更喜欢全民公投，而不是协商论坛；但也有些人认为一些微众可能成为公众舆论的领导者。协商论坛可直接获得信息，而全面提供公共信息对全民公投至关重要。有人指出，尽管瑞士是个分化很严重的社会，但在某种程度上它成功发展和维持了这样一套（公共信息）体系。这在某些方面可以回答之前的一个问题，即抽选在像北爱尔兰那样的分化社会（那里剥夺了陪审团审判权）如何发展，以及协商民主论坛如何在意见严重分歧的情况下运作。

人们还讨论了专家的作用。在更大型的协商民主论坛中，公民自己对选择专家负有更大责任。还有人指出，在一些宪制下，如美国，法官通过抽签分配案件。这意味着可以用其他类似的方式发挥专家的作用。

有人提出了抽签形式的正当性问题，这种通过"代理人""像我一样的人"来实现的代表是否与人民在全民公投中的同意具有相同的正当性。如果在立法机构中，"像我一样的人"拥有代表（我）的正当性，那么假如他们成为行政机构的一部分，人们是否也会这么看？这个问题比较复杂，是更广泛的社会契约论的一部分。但有人指出，同意的表达是政治决策者的政治资本，给他们机会与信心去推进某些议题。

关于抽签是否有助于为政治体提供制衡，有少量讨论。人们探讨了各种排除问题，以及随机遴选程序（特别是在计算机时代）的必要透明。人们简短讨论了比利时的G1000论坛，并注意到电子媒体在这一事件中的系统使用。计算机模拟可能为各种抽签方案提供一种不同类型的经验证据。

人们建议把抽签与权力之间的关系作为进一步研究的主题。类似建议还涉及对抽签与选举进行比较研究，以及在社会住房或移民体系中运用随机遴选。有人认为，有必要将抽签作为政治叙事的一部分，对于刚刚建立民主并且正在寻找新选择的国家尤其如此。还有人指出，协商民主在学术界具有很大的影响力，而对其他类型抽签的兴趣则相对较低，后者应予鼓励。

本场总结后，本届会议结束。

参考文献

Alford, C. Fred., "The 'Iron Law of Oligarchy' in the Athenian Polis...and Today", *Canadian Journal of Political Science* 18: 2 (June 1985), pp. 295-312.

Amar, Akhil Reed., "Choosing Representatives by Lottery Voting", *Yale Law Journal* 93 (1984), pp. 1283-1308.

Bachrach, Peter, *The Theory of Democratic Elitism*, Boston: Little, Brown & Co., 1967.

Barber, Benjamin R., *Strong Democracy: Participatory Politics for a New Age*, Berkeley, University of California Press, 1984.

Barnet, Anthony and Carty, Peter, *The Athenian Option. Radical Reform for the House of Lords*, London: Demos, 1998.

Burnheim, John, *Is Democracy Possible?*, 2nd ed., Sydney: Sydney University Press, 2006.

Callenbach, Ernest and Phillips, Michael, "A Citizen Legislature", In Callenbach, Philips, and Sutherland, 2008.

Callenbach, Ernest; Phillips, Michael; and Sutherland, Keith, *A Citizen Legislature/A People's Parliament*, Exeter: Imprint Academic, 2008.

Carson, Lyn and Martin, Brian, *Random Selection in Politics*, Westport, CT: Praeger, 1999.

Constant, Benjamin, "The Liberty of the Ancients Compared with That of the Moderns", In *Political Writings*, New York: Cambridge University Press, 1988.

Delannoi, Gil, "Reflections on Two Typologies for Random Selection", In Gil Delannoi and Oliver Dowlen, eds., *Sortition: Theory and Practice*, Exeter: Imprint

Academic, 2010.

Delannoi, Gil, "Le tirage au sort", *Esprit*, aout-septembre 2011, 153-162.

Dowlen, Oliver, *The Political Potential of Sortition*, Exeter: Imprint Academic, 2008.

Dowlen, Oliver, "Sorting Out Sortition: A Perspective on the Random Selection of Political Officers", *Political Studies* 57 (2009), pp. 298-315.

Dowlen, Oliver, "Sortition and Liberal Democracy: Finding a Way Forward", In Gil Delannoi and Oliver Dowlen, eds., *Sortition Theory and Practice*, Exeter: Imprint Academic, 2010.

Dowlen, Oliver, "Sanitizing Justice", *Res Publica* 18: 4 (November 2012), pp. 367-371.

Downs, Anthony, *An Economic Theory of Democracy*, New York: Harper & Row, 1957.

Dryzek, John S., *Discursive Democracy: Politics, Policy, and Political Science*, New York: Cambridge University Press, 1994.

Duxbury, Neil, *Random Justice: On Lotteries and Legal Decision-Making*, Oxford: Clarendon Press, 1999.

Elster, Jon, *Solomonic Judgments*, New York: Cambridge University Press, 1989.

Elster, Jon, *Political Psychology*, New York: Cambridge University Press, 1993.

Finlay, Robert, *Politics in Renaissance Venice*, New Brunswick, NJ: Rutgers University Press, 1980.

Fishkin, James S., *When the People Speak: Deliberative Democracy and Public Consultation*, New York: Oxford University Press, 2009.

Gibbard, Allan, "Manipulation of Schemes That Mix Voting with Chance", *Econometrica* 45, No. 3 (April 1977), pp. 665-681.

Goodwin, Barbara, *Justice by Lottery*, 2nd ed., Exeter: Imprint Academic, 2005.

Griffiths, A. Phillips and Wollheim, Richard "How Can One Person Represent Another?", *Proceedings of the Aristotelian Society Supp*, Vol. 34 (1960), pp. 187-224.

Habermas, Jürgen, "Three Normative Models of Democracy", *Constellations* 1,

No. 1 (1994), pp. 1-10.

Headlam J. W., *Election by Lot at Athens*, 2nd ed., Cambridge: Cambridge University Press, 1933.

Manin, Bernard, *The Principles of Representative Government*, New York: Cambridge University Press, 1997.

Michels, Robert, *Political Parties: A Sociological Study of the Oligarchical Tendencies of Modern Democracy*, Translated into English by Eden Paul and Cedar Paul, New York: The Free Press, 1915, From the 1911 German Source.

Mueller, Dennis C.; Tollinson, Robert D.; and Willett, Thomas D., "Representative Democracy via Random Selection", *Public Choice* 12 (Spring 1972), pp. 57-68. Reprinted in Peter Stone, ed., *Lotteries in Public Life: A Reader*, Exeter: Imprint Academic, 2011.

Mulgan, Richard G., "Lot as a Democratic Device of Selection", *Review of Politics* 46 (October 1984), pp. 539-560. Reprinted in Peter Stone, ed., *Lotteries in Public Life: A Reader*, Exeter: Imprint Academic, 2011.

Pateman, Carole, *Participation and Democratic Theory*, Cambridge: Cambridge University Press, 1970.

Peonidis, Filimon, "Bringing Direct Democracy in a Representative Assembly: the Case for Allotted MPs", Paper Presented at "Democracy as Idea and Practice", Oslo, Norway, January 2010.

Plamenatz, J. P., *Consent, Freedom and Political Obligation*, 2nd ed., New York: Oxford University Press, 1968.

Przeworski, Adam; Stokes, Susan C.; and Manin, Bernard, eds., *Democracy, Accountability, and Representation*, New York: Cambridge University Press, 1999.

Rae, Douglas., *Equalities*, Cambridge, MA: Harvard University Press, 1981.

Schumpeter, Joseph A., *Capitalism, Socialism and Democracy*, London: Routledge, 2010.

Shapiro, Ian, *The State of Democratic Theory*, Princeton: Princeton University Press, 2003.

Sher, George, "What Makes a Lottery Fair?", *Noûs* 14 (1980), pp. 203-216. Reprinted in Peter Stone, ed., *Lotteries in Public Life: A Reader*, Exeter: Imprint Academic, 2011.

Shklar, Judith, "The Liberalism of Fear", In *Political Thought and Political Thinkers*, Chicago: University of Chicago Press, 1998.

Stone, Peter, "Why Lotteries Are Just", *Journal of Political Philosophy* 15, No. 3 (2007): 276-295.

Stone, Peter. "The Logic of Random Selection", *Political Theory* 37, No. 3 (June 2009), pp. 375-397.

Stone, Peter, "Three Arguments for Lotteries", *Social Science Information* 49, No. 2 (June 2010a), pp. 147-163.

Stone, Peter, Review of *The Political Potential of Sortition* by Oliver Dowlen, *Philosophical Quarterly* 60, No. 240 (July 2010b), pp. 664-666.

Stone, Peter, *The Luck of the Draw: The Role of Lotteries in Decision Making*, New York: Oxford University Press, 2011.

Stone, Peter, ed., *Lotteries in Public Life: A Reader*, Exeter: Imprint Academic, 2011.

Stone, Peter, "From Difference to Descriptive Representation", Paper Presented at the Glasscock Centre for Humanities Research, Texas A & M University, March 6, 2012a.

Stone, Peter, "Sortition and Voting: A Theoretical Framework", Paper Presented at the Annual Meeting of the Political Studies Association of Ireland, 2012b.

Stone, Peter, "A Renaissance for Random Selection?", *Redescriptions*, forthcoming.

Sutherland, Keith, *The Party's Over*, Exeter: Imprint Academic, 2004.

Vergne, Antoine, "A Brief Survey of the Literature of Sortition: Is the Age of Sortition upon Us?", In Gil Delannoi and Oliver Dowlen, eds., *Sortition: Theory and Practice*, Exeter: Imprint Academic, 2010.

Waldron, Jeremy, "*Political* Political Theory: An Inaugural Lecture", *Journal of Political Philosophy* 21: 1 (2013), pp. 1-23.

Walzer, Michael, "A Day in the Life of a Socialist Citizen", In *Obligations: Essays on Disobedience, War, and Citizenship*, New York: Simon and Schuster, 1970.

Walzer, Michael, *Spheres of Justice: A Defense of Pluralism and Equality*, New York: Basic Books, 1983.

代表:回应与标示

菲利普·佩蒂特*

Philip Pettit, "Representation, Responsive and Indicative", *Constellations* Vol. 17, No. 3, pp. 426–434 (2010).

【摘要】公共代表可能是回应性的,也可能是标示性的。理论家们一直关注前者,忽视后者,本文从抽象理论推演、政治思想传统与政治实践三个层面纠正这种偏差。标示性代表也许不是选举产生的,但在很大程度上受制于公共控制,他们为公众服务的独特方式彰显其民主效用及必要性,因此具有很强的民主正当性。如果人民充分占有信息,公民大会可以很好地标示人民会如何处理特定议题;在很多领域,其标示效果比民选代表之间达成的共识更好。在民选代表的利益可能诱发自利性不稳定的领域,法定官员可以为如何最好地服务公共利益提供可靠的保障。最后,"私人总检察长"可以迫使所有其他代表,不管是民选的还是非民选的,都恪守符合共同体宪法或其他规范的标准和利益。民主太重要了,不能让民选政客独享。在公共生活中,我们既需要回应性代表,也需要标示性代表。

---

* 菲利普·佩蒂特(Philip Pettit),普林斯顿大学洛克菲勒政治学与人类价值大学教授。本文的形成,极大地受惠于2008年12月娜迪亚·乌比娜提(Nadia Urbinati)、马克·沃伦(Mark Warren)和史蒂夫·马塞多(Steve Macedo)普林斯顿的代表制工作坊讨论,我尤其感谢我的评论者安妮·斯图尔茨(Annie Stilz),以及后来和詹尼斯·曼斯布里奇(Jenny Mansbridge)以及马克·沃伦(Mark Warren)的交流。

让我们假定，只有当某甲拥有某乙的授权，并意图为乙说话、代乙行动时，才能说甲代表了乙。乙可以直接授权给甲，也可以认可把甲挑出来为自己说话、代自己行动的规则，无论哪种情况，授权要么采取正面认可的方式，要么采取未曾不认可的方式。基于这一有关代表性质的假定，我们还可进一步假设，在某些方面，代表他人一方应该忠于被代表一方，并取决于显示出来的忠诚度，代表他人一方对代表职责的履行可能较好，也可能较差：忠诚度成为判断代表质量的一个标准。

上述针对代表的性质和质量的假定，给我们这里所讨论的主题作出了重要限制。它们意味着甲可以是乙在统计意义上的代表，或者更一般地说，在描述意义上的代表[1]，而不是我们通常意义上的代表。它们还意味着甲可以是乙的代言人，而不是我们通常意义上的代表。[2] 但是，它们仍然留下大量需要讨论的议题。代表与被代表之间可设想的关系，也许有三种多多少少比较常见的不同方式。

代表者与被代表者之间的关系，可以是一位代表者，一位被代表者，也可以采取一对多、多对多，甚至在极端情况下多对一的形式。一对多代表的典型是议会成员与选民之间的关系；多对多的典型是国会与作为整体的人民之间的关系。[3] 代表者应该忠于被代表者这个维度的约束条件可多可少。在一端，代表者的言行基于他本人的最佳判断即可；在另一端，他必须依据被代表者的偏好或判断行动；或者介乎两极之间，他需依据被代表者的利益或价值观行动。对代表者约束少时，他的角色是受托人（trustee）；对代表者约束多时，他的角色是代理人（delegate）。[4] 不管授权程

---

[1] Hanna Pitkin, *The Concept of Representation*, Berkeley: University of California Press, 1972.

[2] Nadia Urbinati, "Representation as Advocacy: A Study of Democratic Deliberation", *Political Theory* 28 (2000).

[3] Philip Pettit, "Three Varieties of Public Representation", *Representation and Popular Rule*, ed. IanShapiro, Susan Stokes, and E. J. Wood, Cambridge: Cambridge University Press, 2008.

[4] Pitkin, *The Concept of Representation*.

度有多大,这种关系不一定能确保被代表者掌握代表者对自己的忠诚度。被代表者需要下述权力才能处于控制地位:挑选代表者权,罢免权,对代表的行为过程加以限制,对代表的行为领域加以限制,让代表处于被监督与竞争的地位。在本文中,我想从另一个角度讨论代表关系可能出现的不同:代表可能是回应性的,也可能是标示性的。理论家们的关注点一直放在代表的回应性上,长期忽视它与标示性代表的差异,本文旨在纠正这种偏差。[1] 我的讨论分三个部分。首先,我将以抽象的方式展示两者之间的差异。其次,我将指出在政治思想传统中,标示性代表与回应性代表都曾以某种方式获得承认。最后,在第三部分,我将探讨承认标示性代表对于当今民主政治有什么经验教训。

一、基本差异

假设我应邀参加一个委员会,比如一个大学委员会,探究如何能让哲学像吸引男同学那样吸引女学生。假设我本人无法直接为委员会服务,并得到授权可以任命一个人来替我。我接受了这一邀约,开始考虑人选。我相信这个议题很重要,并且对自己的价值观念或利害关切也满怀信心,我希望某人能代替我,反映相同的态度,并以忠于这种态度的方式行事。在这种情况下,我会想安排某人进入该委员会,我希望怎样处理此事,这个人就应该回应我的愿望:这个人将是我的代理人。在这种情形下,我想看到的是这样一种关系,在其中我明确说出我的愿望,并施加某种控制,比如要求代表者咨询我。我想使代表者具有回应性这个愿望或多或少带有约束性。我也许只期望这个人花时间与精力参与委

---

[1] 本文初稿以另一种形式发表(See Pettit, "Three Varieties of Public Representation"),这个版本忽略了 Jane Mansbridge 非常全面的文章["A 'Selection Model' of Political Representation", *Journal of Political Philosophy* 17 (2009)],该文与我这里论证的观点意气颇为相投,尽管它对混合回应性代表与标示性代表的可能性更为乐观。该文阐明了认可与代表的选择模型之间紧密相关的差异,建构了影响该选择模型形成的一系列节点。

员会工作，在委员会决策过程中展现出适当的兴趣与价值观。[1]或许，我期望这个人能促使实现某些实质性而非程序性的利益或价值观，支持特定的决策。或许，我的期望带有更多的限制，期待这个人在每次投票和每个决定上都按我的指示行事。但这并不是我寻求在委员会中获得代表的唯一方式。与寻求安插一个具有回应性的代理人不同（无论对代理人有多大约束），我也可以派某个与我看法大体相似（无论对程序性还是实质性事务），并会据此投票的人进入委员会。我不必期望这个人对我具有回应性。哪怕他不知道我的态度是什么，甚至不知道我是他的提名人，我也会很高兴。我选他做代表，是因为他的思想方法标示着我本人的思想方法。当他按照自己的判断和决定行事时，如果我在委员会的话，也会用相同方式行事。或者，至少我相信如此。和其他形式的代表一样，这一代表形式也能让我对该委员会的看法和决定有一定程度的影响。代表者将不是一位具有回应性的代理人，不必随时追随我在程序和实质事务上的想法。但是，我的一般看法是什么？我将如何处理特定议题？如果我的选择足够好，他便是一个可靠的标示，仿佛我就是该委员会一员一样。我挑选他就是因为预期他会反映我的看法；我通过他影响委员会的决定。我们也许可以把他看作标示性替代者，而不是回应性代理人。

当然，如果借助其他手段，无论在哪种情况下，我都可能增加自己实施的控制。如果我既有挑选权，又有罢免权，我通过回应性代理人或通过标示性替代者标示实施的控制就会得到强化。如果委员会的运作不允许任何人肆意妄为，我的控制也可能强化。在这种情况下，我的代表将不得不在与其他机构或其他官员的良性互动中作出自己的决定。或许，他必须服从对委员会行为范围的适当限制。或许，他必须在公开审查中捍卫自己的决定。诸如此类，还有很多可能性。回应性与标示性代表的本质差异很容易

---

[1] 感谢金·谢佩尔（Kim Scheppele）的评论，他提醒我有必要承认下述可能性：在回应性代表上，程序性考虑和实质性考虑也许发挥着相同作用。

说清楚。在回应性代表中，我是什么想法，我就有理由期待我的代理人会有相同的想法；终归他要在适当的层面了解我的想法。在标示性代表中，情况恰好相反。我的替代者是什么想法让人有理由期待我的想法大致相同；他的作用是一个标示，而不是追踪器。从我在委员会被代表的角度来说，只要有人反映我的想法，代表者到底是一个可靠的追踪器，还是个标示其实并不重要。甚至就我对委员会有某种影响而言，这个区别也不重要。只要拥有挑选的权力和其他一些手段，我就能通过代理人或替代者行使影响力。这两种角色中的任何一种都可以代我出席委员会；或许我们可以说，任何一种角色都可以代表我。

　　回应性与标示性代表之间的差异并不是我的发明，不过在政治领域此前还没有人明确地提到它，我使用的措词也是相当新颖的。标示与认识论里的一个差异相似。在认识论里，可以在两个意义上说我的信念是可靠的，或者说两种描述现实世界的可靠代表物。它们也许是现实世界的可靠追踪器：如果某事如此这般，那么我很可能相信是如此这般。它们也许是现实世界的可靠标示物：如果我相信事情是如此这般，那么现实就是如此这般。[1]

　　正如在认识论上信念与其声称表示的事实可能以两种方式中的任何一种相联，在政治上，代表者与其声称代表的被代表者也可能以两种方式的任何一种相联。一种可能是，如果被代表者持某种看法，不管该看法是什么，作为回应，人们期待代表者的言行与这种看法一致。另一种可能是，如果代表者的言行反映了某种看法，不管该看法是什么，基于代表者的标示性地位，人们假设被代表者也持这种看法。在第一种情况下，被代表者所持的态度是代表者所展示态度的缘由；在第二种情况下，代表者所展示的态度与被代表者所持的态度没有因果关系，只是一个标志。在第一个情境中，忠诚的代表者将如实回应被代表者；在第二个情境中，忠诚的代表者将是被代表者的可靠标示。

---

[1] Ernest Sosa, *A Virtue Epistemology*, Oxford: Oxford University Press, 2007.

二、政治史上的差异

政治理论所赞许的种种代表概念几乎全都是回应性代表。排在首位的例子要么是一位国会或议会议员代表一群选民，要么是立法部门或行政部门代表全体人民；这二者都属于回应性、经由选举控制的关系。政府是由具有回应性的代表组成的政府，也就是说，政府是由一群被选举出来追随选民、回应选民的个人组成的。同时，政府也应是回应性的代议制政府，也就是说，这个政府的判断和决策应该受选举的制约，回应全民作为一个整体的诉求，反映公共价值和意见。

但是，政治中何曾出现过标示性代表理念？政治思想的传统何曾认可过它？政治制度中何曾有其身影？

思考代表意义的政治传统一直受三个隐喻支配。昆汀·斯金纳[1]（Quentin Skinner）最近声称其中两个隐喻（分别与法庭和剧场相关）为回应性代表理念提供了答案。在法庭上，律师是依据客户明示或暗示的指示行事的；与之类似，作为受托付的代理人，政治上的代表者可以依据被代表者明示或暗示的指示行事。在剧场里，演员创造性地诠释角色的想法；与之类似，作为受信任的代理人，代表者可以解读被代表者的想法并据此行事。但是，斯金纳所界定的第三个隐喻来自绘画艺术中的再现，这就涉及标示性代表了。在绘画中，画标示着画的标的物；也就是说，图像应该标示着被描绘的对象；标示与此类似，代表者应更像是近似物（proxies），而不是或不仅仅是代理人。

标示性代表理念很早就在民主理论中出现了，因为雅典人偏爱的抽签制实现了或有可能实现这种代表，它在后来的意大利城市

---

[1] Quentin Skinner, "Hobbes on Representation", *European Journal of Philosophy* 13 (2005).

共和制中也发挥着重要作用。[1] 抽签制可以说是随机抽样技术的一个版本，不过随机抽样可用来推进全体人民所支持的目标。采用抽签也许是为了促使代表者群体定期轮换，但对我们而言，更为重要的是：它可以确保代表具有一定程度的合比例性与标示性。标示理念还出现在中世纪欧洲发展起来的陪审制中。[2] 在确定是否要处理一个法律案件或被告是否应该承担法律责任时，接受同胞的判决意味着接受一个能代表整个社群的机构的评判，而不是任由某个裁决者（也许正好是死对头）来评判。陪审团背后的理念在于，陪审员应该代表社区的横断面，或者至少是拥有充分公民权的成员的横断面：在中世纪欧洲，这是指主流人群，即拥有财产的男性。[3] 在 17 世纪中期英格兰的议员作家的笔下，代表的标示形象特别清晰，他们在人民的统治者那里探寻"栩栩如生的人民肖像"，"把国会描绘为人民整体的再现，一幅图画或肖像"。[4] 并且，也许由于存在这个先例，标示性代表的理念深深植根于那些与美国独立战争和法国革命相关的思想家脑海中。

例如，麦灵顿·斯密（Melanchton Smith）据此于 1788 年撰文反对美国宪法："当我们谈论代表时，对我们而言自然而然的理念就是，他们与他们所代表的人类似；他们应该是一幅准确的人民图像"。[5] 又如，1789 年 1 月，米拉伯（Mirabeau）在对法国制宪会议演讲时强烈支持这一理念，尽管他用的比喻是地图，而不是图像。按照他的说法，"代表机构对于国家来说，就好比描绘国家领

---

[1] Mogens Herman Hansen, *The Athenian Democracy in the Age of Demosthenes*, Oxford: Blackwell, 1991; Daniel Waley, *The Italian City-Republics*, 3rd ed, London: Longman, 1988.

[2] Jeffrey Abramson, *We, The Jury: The Jury System and the Ideal of Democracy*, New York: BasicBooks, 1994.

[3] 重要的是，1787 年反联邦党人理据的支持者也许会抱怨，在扩大了的美国，在立法部门或陪审团中，代议组织将不再"拥有当人民全体聚集在一起时，人民本身才具备的相同利益、情感、意见和观点", Ralph Ketcham, ed., *The Anti-Federalist Papers*, New York: Signet Classic, 2003, p. 265.

[4] Quinten Skinner, "Hobbes on Representation", *European Journal of Philosophy* 13 (2005): 155-184.

[5] Ketcham, ed., *The Anti-Federalist Papers*, p. 342.

土物理形态的一幅地图：代表机构，不管是其一部分，还是作为一个整体，都应该始终呈现为一幅人民的简图，表现他们的意见、期待和意愿；这一再现应该成比例地准确反映原始模样，就像我们面前的地图，有山脉山谷，河流湖泊，森林草原，城市村镇"。[1]

随着选举体系的发展，标示性理念自然而然地被应用于立法机构的选举，推动选举体系越来越具有比例性。[2] 它是否还支撑着按地理上不同的区域组织立法机构的实践？很难相信它没有发挥某种将这种做法正当化的作用，但是，根据安德鲁·雷弗里德（Andrew Rehfield）的说法，[3] 这一假设得不到实证支撑。但不管怎么说，选区划分的确在全体人口与代表它的立法机构之间产生了一种相似性，尽管今天这种相似性已不那么重要了。

标示性理念在人们对比例代表制的持续热情中存活下来。近年来，为了弥补选举代议制的不足，人们开始推动建立统计意义上具有代表性的新机构，这使得标示性的代表理念获得了新生。它存在于组建检讨各种政策议题的公民审议团的政策中。[4] 它出现在审议式民意调查这个概念中，审议式民意调查的做法是，首先在既定人口中随机挑选出一小群人，然后分两次调查人们对某个议题的看法：第一次是在抽选成员彼此初次见面之前，第二次是在他们聚集起来听取背景信息和不同意见，并探讨处理该议题的正确方式之后。[5]

使用这种方法最著名的例子是加拿大英属哥伦比亚省最近成立

---

[1] Hannah F. Pitkin, ed., *Representation*, New York: Atherton Press, 1969, p. 77.

[2] John Stuart Mill, *Considerations on Representative Government*, London: Everyman Books, 1964.

[3] Andrew Rehfield, *The Concept of Constituency· Poltical Representation, Democratic Legitimacy, and Institutional Design*, Cambridge: Cambridge University Press, 2005.

[4] J. Stewart, E. Kendall, and A Coote, *Citizens' Juries*, London: Institute of Public Policy Researcg, 1994.

[5] James S. Fishkin, *The Voice of the People: Public Opinion and Democracy*, New Haven, Conn.: Yale University Press, 1997.

的公民大会[1]（Citizens' Assembly）。他们随机挑选出160位公民，其任务是审议现行的选举制度。在2004年里，他们花了大量时间举办各种听证和讨论会，然后就选举制度是否需要修改提出建议。该公民大会的建议最后付诸全民公投，得到了超过50%民众的支持，但未能达到事先设定的修法门槛。[2]

三、对当代政治的镜鉴

正如本评论所表明的，传统上承认两种代表形式之间差异的主要方式，尤其是承认标示性代表作用的主要方式，都与促进选举产生的立法机构具有相称性（proportionality）有关。值得强调的是，约翰·斯图加特·密尔（John Stuart Mill）把这一点作为其民主哲学的核心，它也依然是政治理论致力于推动的一项事业。[3]

然而，本讨论到目前为止得出的第一个经验教训表明，挑选这个在一定程度上强调标示性代表的领域（即相称性——译者注）也许是有问题的。由于回应性代表与标示性代表的基础不同，两者能否有效融合还不完全清楚。并且，要把一个选举产生的、据说具有回应性的机构转变成为一个能标示被代表人口的机构，也许是一项不可能完成的任务。

要想成为一个标示性代表机构，立法机构必须满足两个条件。首先，它必须在统计意义上具有代表性，能准确体现全体人口中的看法分布。其次，它的议员必须依据这些看法行事，它得出的结论应该与我们期待全体人民得出的结论一样，仿佛全体人民都在参与一个协商大会。让选举产生的立法机构更符合比例原则的

---

[1] Mark E. Warren and Hillary Pearse, eds., *Designing Deliberative Democracy*, Cambridge: Cambridge University Press, 2008.

[2] 由于一切都是其自身的完美标示，标示性代表的一个有限例子是参与式民主，全体人民都参与投票，而不仅仅是一个样本。强制参与投票可以说是特殊情况，并不能算作标示性代表的对照物。然而，这种情况太特殊了，而且太不易行，所以我在讨论中予以忽略。

[3] Thomas Christiano, *The Rule of the Many: Fundamental Issues in Democratic Theory*, Boulder, Colorado: Westview Press, 1996.

难题在于，尽管比例原则可以满足第一个条件，但该机构由选举产生这一事实可能妨碍第二个条件的满足。

这种可能的失败其实很容易理解。投票时，像英属哥伦比亚公民大会那类机构的成员会遵循各自独立形成的看法，并考虑到他们在协商中听到的意见。他们不可能扭曲这一模式的隐秘动机，这正是我们信任这类机构的原因所在；我们会相信，如果全体人口有可能聚集在一起进行审议，他们的投票与这个机构成员按照自己的意愿投票不会有什么差别。但是，这一考虑将不适用于选举产生的机构，这是因为，如果存在再次当选的可能性，这种机构的成员就不会仅仅按照各自独立形成的看法行事（这样做会反映社群中各种看法的分布），争取个人再次当选，或争取所在政党再次当选的意愿也会影响他们的行事方式，他们会想方设法取悦支持者、金主以及其他有利于自己再次当选的人。

相称性也许无助于让一个选举产生的机构成为标示性代表，那它有可能在其他方面提供帮助吗？也就是说，它可以帮助人们建立一个大体上可称为其社群缩样（microcosm）的机构吗？它也许会在这方面有所帮助，但同时我们必须从反面考虑另一个因素：随着选举产生的机构越来越具有相称性，任何一个政党或者政党的紧密联盟，或者任何一套政策，就越来越不可能占据优势。这意味着，要贯彻执行任何政策，为了赢得多数，政府就要设法谋求足够的支持，于是小团体之间的争斗在所难免。在这种状况下，政府当然是代表们组成的政府，在伯克的概念里，其运作有点像"使节聚会"，但这也许不是很有代表性的政府。它也许会提出百衲衣般的政策，其中每一项都是为了获得适当的多数支持，整体呈现的却是利益集团之间赤裸裸讨价还价的结果。这样产生的政策也许无法回应社群作为一个整体的价值诉求，如果所有人都与集体决策相关的话。[1]

---

[1] See the appendix, written together with Rory Pettit, to Pettit, "Three Varieties of Public Rep-resentation". 华盛顿的总统体制，与用代表统治的政府替代代议制政府，效果是一样的。

因此，我们的讨论得出的第一个初步教训是负面的：把立法机构改造得越来越具有相称性，不仅不会使之具有标示性，还可能在总体上产生糟糕的代表效果。不过，我倾向于提出另外三个教训，它们在性质上更正面一些。

首先，我们有很好的理由认为，当代民主应该更多地采用类似英属哥伦比亚公民大会之类的机制。一旦我们认清标示性代表是一种实打实的代表模式，服从民主的制约，运用这种机制就很有吸引力了。显然，政府可以在各种不同情况下运用这种机制，把它们的决定（当然也许还要经过全民表决的批准）当作立法指南，甚至作为立法决定。政府需要处理很多非常普遍的议题，这一决策模式有根有据，具有代表性，还带有毋庸置疑的民主品性。如果标示性代表的可能性被广为接受，任何反对运用此类机制的声音都会销声敛迹。

我倾向于得出的第二个正面教训虽然不那么激进，但可能更有争议，这的确是个悖论。一旦我们手中有了标示性代表这一概念，我们就可以把那些常见的、非选举生产的组织和机构视为在标示意义上具有代表性，从而具有民主资格。

这样的例子举不胜举，如负责划定选区边界的选举委员会或专员、负责审查政府账簿的审计长、负责公布真实统计数字的统计局、负责听取并且裁定有关政府施政投诉的申诉专员办公室、负责确定利率的中央银行或联邦储备委员会，以及负责不偏不倚解释和适用法律的法官。

在正统思维方式中，这些人（或用威斯敏斯特术语来说，"法定官员"）之所以获得权力，是因为他们是由回应性的、选举产生的代表们任命的。但是，授权他们做什么？这对于正统理论来说是个难题。常见的答案是，他们被授权像普通官僚那样作为民选代表的代理人行事，但这并不符合他们被赋予的独立性。不过，一旦我们有了标示性代表的理念，另一个答案也就有了可能。他们被授权在恰当领域，作为人民的标示性代表行事。

在法定的机构和组织运作的那些领域，不管用什么标准衡量公共利益，公共的利益到底是什么都非常清楚。并且，在这些领域，只要任命那些具备服务公共利益所需专业素养的人，或更理想一点，具备致力于推进公共利益意愿的人，就应能很好地服务公众。他们的意向应该在总体上顺应公共利益要求，至少他们应该是胜任的统计官、胜任的审计官、胜任的法官，等等。也就是说，在公共利益的相关领域，他们应该是人民的可靠的标示性代表。

人们可能会说，把代表权力授予法定人物很鲁莽，因为这不允许人民对其运作施加民主控制。但事实显然并非如此，因为那些使他们成为公共利益可靠标示的美德，在适当的制度背景下，可以大大强化甚至激发出来。还可让议会、行政机构和大众对这类个体与机构加以制约，如限定它们运作的领域与方式，表现不当时将他们罢免，并规定再次任命的相关条件。此外，对声望的考虑对他们也是一种约束，这种考虑会使他们有强烈的意愿去避免耻辱，并赢得同僚和一般公众的尊重。[1]

那么能不能从回应性的角度来看待这类法定机构？把他们看作回应人民诉求、依据某些信念行事的代表呢？总体而言，这说不过去，至少对我们钦佩的那种法定人员而言是这样。假如他们是那种回应性的代表，我们会期待他们依据人民诉求的不同做出不同的举动。但这恰好不符合我们对令人敬佩的法定官员或机构的期待。

我从本讨论所引申出的第三个正面教训是，可以算作非民选人民代表的并不仅限于具有相称性的机构或法定的任命官员。有了标示性代表这种概念，我们也必须承认其他人也可扮演标示性代表的角色，如曝光公共生活中权力滥用的揭发者和申诉者、挑战和揭露违宪法律的个体公民。这些都是所谓"私人总检察长"，[2]

---

[1] Geoffrey Brennan and Philip Pettit, *The Economy of Esteem: An Essay on Civil and Political Society*, Oxford: Oxford University Press, 2004.

[2] Jeremy A. Rabkin, "The Secret Life of the Private Attorney General", *Law and Contemporary Problems* 61 (1998).

通过在法庭上挑战某些法律，或者在相关审判庭或官员面前挑战行政政策，他们也能很好地为公众服务。公众或人民准许这种申诉者使用法院和审判庭，他们经常提供保护以防止各种打击报复，这些事实都意味着这些人物被授权按照其特有方式行事。当他们采取行动时，他们是根据公众接受的法定条件行动，是在适当的公众控制下行动。如果他们不再为公共利益服务而行动，甚或在体制运作中制造出令人厌恶的事端，那些法律也就该发生改变了。

总体而言，依据与显而易见的公众利益相吻合的利益行事，"私人总检察长"可以很好地服务于公众。如果这类人物挑战的法律或政策被撤销或修正，那未必与公共利益有关，但如果"私人检察官"提出对法律和政策的质疑，则肯定与公共利益相关。这一点一般都会得到承认，以至于申诉者常常声称自己是以人民的名义行动。公众授权给他们意味着，与正式任命的官员一样，他们可以被视为获准扮演特定角色的代表者，因为他们的立场与作为整体的人民的立场之间存在标示关系。

公共代表可能是标示性的，也可能是回应性的，这些正面教训应有助于凸显承认这一点的重要性。标示性代表也许不是选举产生的，但他们反而因此很重要。他们仍然在很大程度上受制于公共控制，这一事实确保了他们的民主正当性。他们为公众服务的独特方式彰显其民主效用，或者说彰显他们对民主而言是不可或缺的。如果人民充分占有信息的话，公民大会可以很好地标示人民会如何处理特定议题；可以肯定，在很多领域，其标示效果比民选代表之间达成的共识更好。在民选代表的利益可能诱发自利性不稳定的领域，法定官员可以为如何最好地服务公共利益提供可靠的保障。最后，"私人总检察长"可以迫使所有其他代表，不管是民选的还是非民选的，都恪守符合共同体宪法或其他规范的标准和利益。[1] 民主太重要了，不能让民选政客独享。在公共生活中，我们既需要回应性代表，也需要标示性代表。

---

[1] Philip Pettit, "Depoliticizing Democracy", *Ratio Juris* 17 (2004).

抽签与民主代表：一个温和建议

亚历克斯·扎卡拉斯[*]

Alex Zakaras, "Lot and Democratic Representation: A Modest Proposal", *Constellations*, Vol. 17, No. 3, pp. 455-471 (2010).

【摘要】选举往往导致富人和特权阶层享有过多代表权，而穷人和弱势公民则得不到充分代表，抽签从候选人库中随机遴选，每个人都有被选中的平等机会，可以矫正这种民主的缺陷。抽签广泛应用于早期民主国家和共和国：古雅典与文艺复兴时期的佛罗伦萨和威尼斯城市国家。才能与知识的障碍不应成为将普通大众排除在民主过程之外的借口，现代大众民主国家应考虑将抽签制度化，并扩大其适用范围，这样才能让自己的政治制度更加民主。如果理所当然地接受受过教育的精英支配一切，并满足于他们仅仅只是每隔几年接受一次选举制约，那我们就不能再自称为民主主义者，我们所喜好的实际上就是带有自由、民主和技术专家统治特征的"寡头混合体制"。

选举与民主并不总是紧密相关。正如民主史学家常常指出的，古代雅典人相信，抽签而非选举是挑选执政官的最民主手段。比如，亚里士多德就写道："通过抽签任命执政官被认为是民主的，

---

[*] 亚历克斯·扎卡拉斯（Alex Zakaras），佛蒙特大学政治学助理教授，著有 *Individuality and Mass Democracy: Mill, Emerson, and the Burdens of Citizenship*, Oxford University Press, 2009。

通过选举来任命是寡头式的。"[1] 雅典人对选举的使用是很谨慎的，只用其来选拔将军、财政官员，用来填补那些需要特殊专业才能的职位。他们认为，通过选举选拔执政官将会导致这些人不成比例地来自社会和经济精英。

雅典人不是唯一这么看待选举的人；事实上，正如伯纳德·曼宁已经阐明的，从圭恰迪尼到美国制宪者，这样的人在整个现代共和传统中随处可见。比如，孟德斯鸠就主张："通过选举来选拔，本质上是贵族制作为。"[2] 在他看来，选举让公民有机会选择拥有特殊功绩和盛名的人，这些人必然来自上层阶级。[3] 少数当代民主理论家最近重新阐述了这一观点。曼宁本人在其《代议制政府原则》中，专门用一章来论证选举具有内在的贵族制倾向。他说，选举犒赏的是那些成功引人瞩目的人，而富人和社会名人都能吸引注意力。[4] 更为晚近的约翰·麦考米克写道："选举是这样一种官员选拔方式：它直接或间接有利于富人，阻碍公共官职在所有社会经济背景的公民中间更平衡的分布。"[5] 富有的政治野心家有能力"获取更大声望"，让自己听起来更大声，并且具备政治成功所必要的各种才能（话语及其他）。[6]

很多针对当选政客社会与经济背景的实证研究已经证实了这些关注。对下述现象人们也许已司空见惯：现代民主制中的立法者倾向于比选民"受过更好的教育、拥有更高的职业地位，来自更显赫的背景"。[7] 这些结论既适用于发达工业化社会，也适用于

---

[1] Aristotle, *The Politics*, ed. Stephen Everson, Cambridge: Cambridge University Press, VI, 9, 1294b, pp. 8–11.

[2] Montesquieu, *The Spirit of the Laws*, Book II, Chapter 2.

[3] Bernard Manin, *The Principles of Representative Government*, Cambridge: Cambridge University Press, 1997, p. 73.

[4] *Ibid*., pp. 142–3.

[5] John McCormick, "Containthe Wealthy and Patrol the Magistrates: Restoring Elite Accountability to Popular Government", *American Political Science Review* 100, No. 2 (2006), p. 148.

[6] *Ibid*., p. 148.

[7] Donald R. Matthews, "Legislative Recruitment and Legislative Careers", *Legislative Studies Quarterly* 8, No. 4, November, 1984, p. 548.

发展中民主国家；对于国家、州和地方官职都适用：社会经济精英在市议会也拥有过多代表，而不仅仅是在全国性参议院。[1] 我们可以这样来概括这些发现：选举未能产生描述性代表议会，亦即它们没能用符合人口总体实证特征的政客来组成议会。有些特征（最突出的是财富和社会特权）得到过多的代表，而穷人、不享有社会特权的公民得到的代表过少（常常是极少）。[2]

社会经济精英趋于赢得选举，这绝非无关紧要。最迫切的民主关怀在于，他们将会制定有利于其自身利益而忽视穷人利益的法律。罗伯特·帕特南（Robert Putnam）曾经写道："最明显的假设（它是如此显而易见以至于很少被仔细考证）是，决策者来自哪个社会群体，就会支持有利于那个社会群体的利益。"[3] 这一点不需要依赖精英的自私假设。约翰·密尔（John. S. Mill）评论道，即使是由最利他主义的贵族组成的国会，也会不待见工人阶级："国会或者任何国会议员曾经用工人的眼光看待任何问题吗？哪怕只是偶尔一转念？当一个涉及劳动者利益的主题出现时，除了雇主视角以外，是否还使用过任何其他视角？"[4] 如实回答的话，两个问题的答案都显然是"没有"；密尔认为这很明显。即便是满怀善意的精英，与穷人和弱者相比，也有不同的担忧、不同的参照方案、不同的焦点关切。

当然，选举并没有让公民在对抗统治自己的精英时完全无能为力。选民可以把统治精英赶下台，这一简单而又重大的事实足以

---

[1] *Ibid.*, 548. See also Robert Putnam, *The Comparative Study of Political Elites*, Englewood, N. J.：Prentice Hall, 1976 and Gerhard Loewenberg, *Comparing Legislatures*, Lanham, MD：University Press of America, 1979.

[2] 正如人们所预期的，不同的选举体系，结果也不一样。比如，拥有强大左翼政党的封闭名单的比例制，的确选举了很多工人阶级候选人到立法机构。封闭名单的比例制通常还倾向于比简单多数制选出更多女性（See for instance Pippa Norris, "Women's Legislative Participation in Western Europe", in *Women and Politics in Western Europe*, ed. Sylvia Bashevkin, London：Frank Class, 1985）。在立法机构非常软弱无力或者只行使名义权威的情况下，它们也更多样、更有代表性。然而，这些变体没有推翻一般论述。

[3] Putnam, *The Comparative Study of Political Elites*, p. 41.

[4] John Stuart Mill, "Considerations on Representative Government", *Utilitarianism, On Liberty, and Considerations on Representative Government*, London：Everyman 1993, p. 225.

迫使这些精英在某种程度上对选民负责，足以让政府至少在名义上对投票的公众负责。然而，人们常常可以发现，选举是迟钝的、不完美的公共控制工具。曼宁、雪瓦斯基（Przeworski）和斯托克斯（Stokes）评论道："政府做出成千上万影响个体福祉的决策"，而"公民却只有一个控制这些决策的工具：选票"。他们说，"一个人无法用一个工具来控制一千个目标"。[1] 选举产生的代表倾向于保有大量自由裁量权。这一点可以概括为选举常常不能实现实质代表（*substantive* representation）。选举没有给公民确保政治决策真正代表其利益的必要工具。

正如曼宁所指出的，选举给我们提供了两种角色，但我们中的大多数人只习惯扮演其中的一个。自由、公开的选举允许我们既是公职的投票人，又是公职的候选人。作为投票人，我们是平等的。作为候选人，我们并不平等（社会经济精英占据优势）。曼宁认为，选举包含着两个相互冲突的倾向："选举的基本事实在于，它们同时既是平等主义的又是不平等的，既是贵族性的又是民主性的。"[2] 我同意他的看法。说选举没能实现实质代表，是指它的平等主义特征没有强大到足以抵消其不平等倾向的地步；我们作为投票人的平等权利不足以抵消作为候选人的不平等所引发的实质偏差。这一点可以说得更直白一些：选举（或者至少是当代不同政治体的选举实践，至少部分地）违反了民主的一个最基本的规范性承诺：公民的利益将会获得平等对待。

一个温和的建议

各种现代民主制没能充分照料更贫穷脆弱的公民，这一说法当然是老生常谈，但它有大量证据支撑。拉里·巴特勒斯（Larry Bar-

---

[1] Bernard Manin, Adam Przeworski, and Susan C. Stokes, "Elections and Representation", *Democracy, Accountability, and Representation*, ed. Manin, Przeworksi, and Stokes, Cambridge: Cambridge University Press, 1999, p. 50.

[2] Manin, *The Principles of Representative Government*, p. 149.

tels）和马丁·吉勒恩斯（Martin Gilens）最近在美国联邦政策中找到了这一趋势的有说服力的证据：他们两位的研究都显示，贫穷公民的政策偏好在国会决策中实质上一文不值。[1] 比如，巴特勒斯发现，在对于贫困选民非常重要的议题上，包括最低工资法、反歧视法、学前教育与低收入家庭能源补贴项目开支，参议员对富裕选民的意见表现出高度的回应性，却完全不回应全国最贫穷的三分之一人口的偏好。巴特勒斯写道："现代参议院非常接近于**收入**的平等代表而非**公民**的平等代表。"[2] 关注这种不平等的民主理论家典型的反应是试图提出更好的选举理论：比如，推动竞选经费改革以减少请愿者之间的不平等，或者推动更好的公民教育和更好的参与式论坛，以帮助公民更为明智地将选举用作公共控制的工具。

然而，候选人的替代遴选方式极少受到关注。作为对选举的某些民主缺陷的一种矫正方式，抽签尤其值得更严肃认真的考虑。当然，抽签意味着从候选人库中随机遴选，每个人都有被选中的平等机会。抽签广泛应用于早期民主国家和共和国：古雅典和文艺复兴时期的佛罗伦萨和威尼斯城市国家。尽管现代大众民主国家很少运用抽签（比如用来挑选陪审员），几个政治理论家最近还是建议我们应该考虑扩大抽签的适用范围，让我们的政治制度更加民主。

约翰·麦考米克 2006 年发表在《美国政治学评论》的文章，勾勒了一个尝试性的建议：设立由 51 个公民组成的"保民院"，从成年人中抽签产生，任期一年。政治与经济精英"没有候选资格"，[3] 保民院在任期内可以否决"一项国会立法、一项行政命

---

[1] See Larry Bartels, *Unequal Democracy: The Political Economy of the New Gilded Age*, NewYork: Russel Sage, 2008, chapter 9, and Martin Gilens, "Inequality and Democratic Responsiveness," *Public Opinion Quarterly* 69, No. 5, Special Issue 2005, pp. 778-796.

[2] Bartels, *Unequal Democracy*, p. 262.

[3] McCormick, "Contain the Wealthy and Patrol the Magistrates", p. 160.

令以及一项最高法院判决",[1] 他们还可以挑选一个议题召集一次（有约束力的）全国性公民复决，启动针对一位联邦官员的弹劾程序。凯文·奥利里（Kevin O'Leary）在其《挽救民主》一书中提出了更详尽的计划，设立435个的百名公民会议，每个国会选区设立一个。成员抽签产生，组成一个群体，这43 500个公民将讨论并评估联邦立法，最初只有咨询功能，最终拥有充分的否决权。[2]

不那么学术的场域也提出了类似改革。比如，1998年英国政府考虑改革上议院，安东尼·巴雷特（Anthony Barrett）和彼得·卡蒂（Peter Carty）提交了一个名为"雅典方案"的计划：议员由抽签选拔，有权延迟批准新法，行使对下议院的有限宪法制约。[3] 2009年1月，戴维·波林-里瓦克（David Poulin-Litvak）向澳大利亚公民议会提交了一个建议，后者的召开是为了评估澳大利亚民主制度是否适当。波林-里瓦克建议在宪法会议和高等法院之外，再设立一个澳大利亚公民议院，全部通过抽签遴选，补充澳大利亚现行制度的功能。[4] 1980年代中期，为大众写作的欧内斯特·卡伦巴赫（Ernest Callenbach）和迈克尔·菲利普斯（Michael Phillips）建议在美国设立一个公民立法机构，由抽签选拔。[5]

我自己的建议在某些方面比上述这些方案更简单，仍在美国联邦和州立法机构的两院制架构下运作。[6] 这不是一个完全原创的

---

[1] *Ibid.*

[2] See Kevin O'Leary, *Saving Democracy: A Plan for Real Representation in America*, Stanford: Stanford University Press, 2006. 还有些政治科学家和理论家建议将抽签用于各种民主目的。两个特别有趣的建议是 John Burnheim, *Is Democracy Possible?*, Berkeley, University of California Press, 1985, and Robert Dahl, "Sketches for a Democratic Utopia", *Scandinavian Political Studies*, Vol. 10, No. 3, 1987, pp. 195–206.

[3] See Anthony Barnett and Peter Carty, *The Athenian Solution*, Exeter: Imprint Academic, 2008.

[4] See David Poulin-Litvak, "Citizens' Democracy: Setting the Pace for a Democratic Revolution through the Use of Random Selection of Citizens in Political Institutions", http://www.citizensparliament.org.au/downloads/CitizensDemocracy.pdf.

[5] See Ernest Callenbach and Michael Phillips, *A Citizen Legislature*, Berkeley: Banyan Tree Books, 1985.

[6] 我们的州立法机构都是两院制，唯一的例外是内布拉斯加州，它是一院制。

建议，它从我刚刚总结的几个方案中借用了各种元素，我在此只勾勒其轮廓，抛砖引玉，促使读者想象抽签在实践中如何发挥作用。现在假设州和联邦参议院均被废除，代之以公民院，由抽签挑选其成员。所有成年人都有资格参加选拔，但也可以谢绝参与，如果他们不想服务的话。公民院的规模将取决于相应州或联邦的人口规模，所有成员都通过抽签产生。每个公民院都应足够大，以减少挑选出不具代表性人口样本的可能性。[1]

新公民院的权责将会缩减：它们不能启动新立法；相反，它们会审查选举出来的那一院所批准的立法，审议其价值，然后表决批准或否决。它们不能变更立法；被否决的法案送回选举出来的那一院重新起草。[2] 公民院还可以通过多数票决敦促选举出来的那一院对其已提出（但在委员会被搁置）的立法议案进行全院表决。[3] 最后，公民院将被授予全权，根据新的人口普查数据划分和重划立法选区；这一权力将从选举官员手中彻底移交过来。市议会也可以按照这个两院制模式重建。在小的自治市镇，议事会或委员会的半数席位可以由抽签分配；在这些小地方，抽签选拔的代表应与选举产生的代表承担相同责任。

一旦选举产生的那一院通过一项法案，相应的公民院将决定是予以审查还是走简易程序迅速批准。这一决定在全体议员讨论后做出，只有获得多数票才能将法案提交审查。一旦法案确定要审查，将指派一个委员会审查。委员会从公民院抽签选出，根据需要在几周或几个月内承担审查任务。委员会将成为审议论坛，举行公共听证，邀请专家作证（以及来自选举产生的那一院的正反

---

[1] 这些组织的理想规模必须进行统计调查确定。无论如何，它们均应足够大，以让代表样本严重不足的可能性最小化。因此，议院规模随选民人口的规模不同而不同；联邦公民院必须是最大的。

[2] 密尔在《论代议制政府》中描述代议制议院的职责时，他所想的与我这里建议的一样。他的议会不能启动立法，这一任务指派给了一个特别委员会，也不能修改立法。它只能投票批准或否决。其非常重要的功能是"揭示政府行动的公共性：强迫充分解释和证明任何受到质疑的行动"，Mill, "Considerations on Representative Government", p. 258.

[3] 这一点我接受了奥利里的建议。

两方证词），并举行公开辩论。委员会随后向整个公民院提出建议，提交表决，否决需要多数票。新选区重划建议的批准也走类似程序：指派遴选委员会，准备提交全院批准的建议。

每个公民代表[1]将被要求就拟议的立法能否推进公共利益（而非仅仅坚持党派路线）形成自己的独立判断，并将作为公共福祉的捍卫者对此宣誓。市、州或联邦各级由抽签选拔产生的公民，将服务一整个立法会期，外加在上个会期观摩两个月。在州和联邦一级，他们获得标准薪酬，即美国家庭平均收入（现在约为50 000美元）的两倍，可根据生活成本做部分调整。当这些人完成这一年的公共服务回到原工作岗位时，雇主不得拒绝并可获得某种额外补偿。公民代表每周可以在家休息一段时间（与选举产生的立法者享受相同待遇）。任何接受公民代表职务的人，在几年当中均须接受强化的、公开的财产审查，并将被禁止在任期结束五年内拥有任何选举或任命的政治职位。

我认为我的建议比我已经提到的几个人的更好，但本文只能简要列举三个理由。首先，与多数类似建议相比，我兼顾了地方、各州治理及联邦立法；这为公民代表创设了更多位置，扩大了他们的影响范围。从我下文将要讨论到的各种收益看，我认为这个区别是重要的。其次，用公民院取代参议院，我的建议没有给我们目前的制度结构增加新的政府分支（即另一个否决点）。[2] 因此，它不会产生加剧立法僵局、强化现状、阻碍政策变革的危险。最后，与波林-里瓦克或卡伦巴赫和菲利普斯的建议不同，我的建议限制了公民代表的职责。正如我将要讨论的，考虑到有可能用来反对抽签的某些认识论意见，这一界线是重要的。当然，它的

---

[1] 我借用了马克·沃伦的这个术语；See Mark Warren and Hilary Pearse, eds., *Designing Deliberative Democracy*, Cambridge: Cambridge University Press, 2008, ch 2.

[2] 废除参议院还有其他一些好处，参议院的民主理由很是可疑。美国参议院的反民主特性根深蒂固，无须在此赘述。此外，两院制本身的典型理据就在于它让立法机构更具审议性，迫使它们只有在不同时刻赢得两个多数才能改变法律。我的建议完全接受这一理据，但又给两院制增加了一条理由：这是一种混合的选拔程序，提高了政府的民主问责程度。

缺陷在于把议程控制权交给了选举产生的那一院。既然公民院只能讨论选举产生的那一院启动的立法建议，它也就没有权力设定自己的议程。公民院强迫选举产生的那一院举行全院表决的权力稍微抵消了这一不足，这为之赢得了对立法议程的某种控制权。

在讨论我这一建议更广泛的民主理据之前，也许有必要先来处理一个实际问题。如果公民有权拒绝到公民院服务，这一选择可能会在统计样本中造成偏差。比如，某些职业的公民拒绝服务的比例可能会非常高，比如孩子太小的母亲或者企业经理。偏差也可能来自强化财政监督带来的威胁，某些职业或者收入档次的公民可能会因此却步。对这些偏差的严重性必须不断跟踪，如果它们造成了人口统计上的重大误差，就必须采取弥补措施。比如，可以从带有相同或接近相同人口统计特征的公民候选库中随机挑选替代者。[1]

上面几段强调了我的建议的独特性和优势。但在这里我的目的不是批评别人的类似建议；事实上，我认为其中一些人（尤其是奥利里）构想的体制是深思熟虑的结果，比我们现有的政治体制好得多。实际上，我在这里的主要兴趣不是逐一说明自己建议的细节，而是从民主理论本身推导出公民院。对抽签的怀疑仍然无处不在，甚至民主理论家们也不例外，怀疑的根据就部分在于拿不准抽签的民主正当性。迄今为止，很多建议仍未能消解这一不确定性，因为在很大程度上它们要么是写给大众看的，要么是写给政策受众看的。我的目标主要是为抽签提供理论上的辩护。具体来说，我旨在证明用抽签来选拔公共官员不仅符合民主的基本原则，而且实际上比选举更忠实地体现着这些原则。

接下来，我将论证可以根据几个价值理念来理解抽签的优势，多数论述均将这些价值理念视为民主政府理据的核心。特别重要

---

[1] 然而，尽管这种偏差可以最小化，但如果不把服务设定为义务，就没有办法产生完美的代表样本。义务式服务会给某些公民组织施加不合理负担，这一点对我来说似乎很清楚。

的价值理念有四：平等考量各种利益、平等的承认、政治自主性和审议。我主张前两个价值理念明确支持公民院这个想法。然后我将考虑从后两个价值理念生发出来的异议，并试图表明这些异议是可以克服的。我的一些看法可以理解为对奥利里观点友好的理论阐发；其他看法则提供了不同的补充理由或辩护。

四个民主价值理念

民主本身是对下述问题的一个回答：我们应该如何做集体决策？简而言之，答案是每个人均应享有对于集体决策的平等发言权。在一个规模巨大的复杂社会里，公共事务无法由一个全体公民组成的议院来管理，这时抽签和选举均可用来产生接近平等发言权理想的代议组织。二者都有平等的特征：选举让我们拥有挑选候选人的平等投票权；抽签让我们享有平等的候选资格。每一种选拔方式的适当性，均应首先根据其如何更好地维护或推动支撑平等发言权的基本价值理念来评估。

在分别考虑这些价值理念之前，有必要强调通过抽签产生的议院是**代议**组织而非参与式组织。马克·沃伦在论述英属哥伦比亚省通过抽签组成的公民会议时强调："我们不应该把这视为参与式民主或者公民参与工具的扩展。"[1] 由于规模小，这种公民会议不适用于广泛的大众政治参与。相反，他们让挑选出来的普通公民组织有机会代替或代表更大规模的公众。正如沃伦所指出的，评判它们要看其在多大程度上实现了"民主代表的性质和质量"。我现在考虑的四个价值理念，每一个都是一种精确评估这一"性质与质量"的方式，并且与通过选举所实现的代表做了对比。

1. 各种利益的平等保护。罗伯特·达尔写道，民主始于"下述道德判断：所有人的内在价值都是平等的，没有任何人生来就

---

[1] Warren, *Designing Deliberative Democracy*, p. 51.

优于他人,每个人的福祉或利益均应得到平等考量"。[1] 民主还依赖下述进一步假定:在公共决策中,平等权衡每个公民利益的最可靠方式是赋予公民平等的发言权。最后这个主张是出于一种厌世怀疑主义,这种怀疑主义针对的是所有统治阶级都声称为了别人的利益而统治。从前的雅典民主主义者认为,任何阶级的人都不会充分关注他人的利益,得不到代表的意志也大多得不到倾听,他们的利益不是被践踏就是被忽视。这有时候被称为民主的"保护"论:民主是我们所知的保护每个人利益的最可靠方式。

我已经证明,在可预见的各个方面,选举通常无法产生平等关照公民利益的代表组织。这是因为选举赋权的对象是社会经济精英,并让他们享有很大的自由裁量权。公民院最显而易见的好处就在于抵消这一精英偏向。由于抽签运用的是随机遴选,公民院将会成为描绘性代表;社会经济精英将不会拥有过多代表。[2] 那些被视为以穷人为代价推动精英利益的法案,从贸易法案到医保法案、产假政策到分区方案,可能会被推翻或者发回重新起草。[3]

这一点可以用问责话语重塑。正如我以上所指出的,投票本身不足以确保选举产生的官员向选民负责。它没有赋予公民评估特定法律或政策的手段。公民院可以成为更好的公共控制工具。挑选到该议院的公民将审查选举产生的官员所批准法律的每一部分,并且可以有选择地行使政策否决权。依此来看,公民院的成员本

---

[1] Dahl, *On Political Equality*, New Haven: Yale University Press, 2006, p. 4.

[2] 然而,如果贫穷公民(或者来自政治边缘组织的公民)拒绝服务的比例大大超过富裕公民,这个平等主义的好处就会大大削弱。但是,正如我上文已经讨论过的,有很多方式以抵消随机抽样可能存在的偏差。此外,公民是否选择服务,部分取决于围绕这些制度形成的公共规范。

[3] 一个可能的回应是,公民院中的讨论可能会被随机挑选的少数精英支配。正如麦考米克的评论,"有证据表明,男性白人专业人士倾向于在(协商)讨论会中支配讨论",McCormick, "Contain the Wealthy and Patrol the Magistrates", p. 160. 某种程度的精英扭曲也许不可避免。但为了维系严重的精英偏见,精英们必须成功,不仅要支配讨论,还要说服公民会议组织(这里的公民全职研究立法的价值)反复按照自己的利益投票。在我看来,维系精英偏见的障碍在这里远比在我们当下体制中更险峻,后者所做出的无数政策决策未经任何认真的公共审查。

身不是立法者；相反，他们是被任命的公民督察，任务是确保公共问责。现在的公民根本没有时间去跟踪联邦、州和地方立法机构所提出的所有新法案，更遑论评估了（原文是"现在公民根本没有时间去评估联邦、州和地方立法机构所提出的所有新法案，更遑论跟踪了"——译者注）。而另一方面，公民代表则是全职的，他们常年的职责就是监测政府每一个层级的立法。公民院让警惕的公民能够监督，但又不会日复一日地对我们提出过分的，或者难以办到的要求。我相信，这种监督会大大制约选举产生的立法机构所可能带有的巨大偏差。

怀疑论者也许会指出下述毋容置疑的事实：美国公民的投票常常违背自己的经济利益，而且实质上常常支持偏向富人利益的政策。比如，拉里·巴特勒斯找到了这些趋势的显著证据，其表现是美国人对2001年和2003年大规模累退性减税以及消减不动产税的普遍支持。[1] 这些趋势也许意味着，公民院未必会矫正精英偏向。事实上，巴特勒斯的分析得出了相反的结论。他总结道，很多公民支持累退性税收政策是出于他所说的"无知的自私"。他们之所以支持累退性减税，是因为他们错误地认为这种减税对自己有利，是因为他们没有认识到这种减税政策会加剧收入不平等，后者恰是很多人反对的。比如，对于布什减税政策知情越多的公民，越可能反对。公民院不是简单地反映普通选民未经深思熟虑的偏好；相反，当代表们有机会了解和审议一项拟议中的法律或政策时，他们所表达的偏好更接近于普通公民在拥有更好的信息和更多的时间去消化和讨论法律或政策的情况下形成的偏好。

通过阻止政府一边倒地偏向精英利益需要，通过赋予普通公民批准或拒绝立法的权力，公民院将重新具备雅典古典政治的一个重要的平等主义特征。尽管雅典人不用抽签选拔立法者［但抽签产生的立法者委员会（Nomothetai）除外，这个机构的确行使某些立

---

[1] See Bartels, *Unequal Democracy*, chapters 6 and 7.

法权][1], 但他们却将抽签用来制约社会经济精英的影响。正如詹姆斯·威克利夫·黑德勒姆（James Wycliffe Headlam）在其经典研究《抽签选拔在雅典》中所表明的，雅典人明白, 任何小的执政官团体, 任何定期而非断断续续聚在一起开会的人, 都倾向于将权力集中到自己手中。他们特别担心这种为管理公共事务所必要的机构会逐渐将权力集中在富人精英手中, 后者将会根据自身利益进行统治。他们选择通过抽签组成这些小规模的机构, 其中非常著名的是五百人议事会, 以此化解寡头控制之险, 阻止精英篡夺人民权力。[2] 在现代美国设立公民院也可以发挥类似功能。

2. 承认。普选权是承认公民是自由而负责任的能动者和公共生活参与者的一种方式；它也是对全体公民道德平等的公开肯定。查尔斯·贝茨（Charles Beitz）写道："政治制度明确规定在什么前提下公民们承认彼此作为公共审议和选择的参与者。"[3] 一个人被禁止参与, 也就是被排斥在这种承认之外, 就是被贴上了下等或不光彩的标签。当然, 在追求更包容选举权的现代运动中, 承认的需求本身发挥着重要的道德与修辞作用。

然而, 正如我前面提到的, 选举权只是一种不公平的政治承认形式。它承认公民是投票人, 但却不充分承认公民是公职候选人。在美国, 要想成功获取公职, 尤其是州和联邦一级政府的公职, 需要大量资金, 进而常常也就能获取社会与经济特权, 这几乎是不言而喻的常识。我们当下的选举体系承认我们都有平等的能力选择我们的领导人, 却不承认我们都有领导资格。与之相比, 抽签将一个更有意义的承认尺度适用于所有公民。相信所有成年公民都平等地具备担任代议职位**候选人**的能力, 这表达了对普通人

---

[1] See Morgens Herman Hansen, *The Athenian Democracy in the Age of Demosthenes*: *Structure*, *Principles*, *and Ideology*, Norman: University of Oklahoma Press, 1991, ch. 7.

[2] See Headlam, *Election by Lot at Athens*, Cambridge, U. K.: The University Press, 1891, pp. 44-9.

[3] Charles Beitz, *Political Equality*: *An Essay in Democratic Theory*, Princeton: Princeton University Press, 1989, p. 109.

能力和判断力的高度（有些人会说太高的）信任和尊重。

在赋予每个成年人平等选拔机会的时候，它也表达了政治上包容所有群体的承诺，比选举更具包容性，因为选举倾向于把比较有特权的候选人送上权位。立法机构如能准确反映总体社会与人口统计特征，这是迈向平等承认的重要一步。那样的话，联邦公民院的一半代表席位将由女性占有。13%是黑人，另外13%是西班牙裔。4%或5%是公开身份的同性恋。大概11%的生活水平在被挑选时处于贫困线以下；既然36%的美国家庭年收入在35 000美元以下，另一大块被选中的人应来自这一群体。[1]

承认和对各种利益的平等考量这两个价值理念无疑支持抽签选拔。然而，接下来的两个民主价值：政治自主性和审议，每一个都可能会引发异议。

3. 政治自主性。民主不仅意味着平等保护公民的利益，意味着给予公民们同等尊重或承认，它还意味着人民的自主。自主性或自我统治最起码要求公民有能力行使其对公共事务的有效控制。在现代代议民主中，人们最熟悉的公共控制机制当然是选举，它让公民有了一个正式机会，不仅向其公共代表**授权**，还因为其糟糕的表现而**制裁**他们（用选票取消其职位）。

然而，当官员由抽签选拔时，这些情况都不会出现。首先，通过抽签选拔的代表没有获得被统治者的同意授权。公众没有选择他们，他们也不是由公众选出的官员任命的。他们声称代表公民同胞的诉求，依据的是在统计概率上他们作为一个群体构成了一幅广大公众的精确肖像。其次，公民代表不参加再选，也就不受选举制裁。有可能再度竞选的代表们受自身政治利益驱使被迫关心自己选民的要求。非选举产生的代表没有这种强烈意愿，他们

---

[1] See Carmen DeNavas-Wait, Bernadette Proctor, and Jessica Smith, *Income, Poverty, and Health Insurance Coverage in the United States*: 2007, U.S. Census Bureau, Current Population Reports, pp. 60 – 235, U.S. Government Printing Office, 2008, http://www.census.gov/prod/2008pubs/p60-235.pdf. 就第110届国会而言，众议院议员17%是女性，10%是黑人，6%是西班牙裔，公开同性恋身份的不到1%。

觉得怎么高兴就怎么办。在让公民对其官员施加有意义的控制上，抽签似乎因此违反了公民的政治自主性。

这一关切可以用民主代表话语本身来重申。传统的民主代表论述认为，授权与制裁这两种权力是选民与其代表之间关系的必要特征；没有这两种权力，这一关系就跟民主代表没有任何关系。[1] 相反，它开始看起来更像是臣民与其（随机遴选的）统治者之间的关系。

尽管上述说法看似构成反对抽签的强有力理由，但借助菲利普·佩蒂特所区分的"回应性代表"与"标示性代表"，这些理由未必真的那么强有力。佩蒂特说，想象你受邀参加一个委员会，但出于一些理由不能参加其会议。尽管你认为委员会的事很重要，你还是希望有个人在你的位置上代表你服务。这时出现了两种策略。首先，你可以挑选某个人，他将在做重要决策前征求你的意见和指导，他就像一种"代理"。这个人就是一个"回应性"代表，意思是说，他自身的判断或优先关注是由你引发的（至少部分如此）。其次，你只是挑选一位对委员会事务的"一般看法"和你自己相同的人，这个人根据其看法行事的方式与你一样。这样一个人既不回应你的判断，也不咨询你的意见。佩蒂特暗示，他甚至都不知道是你选了他。他只在其态度与决策是你的"标示"这个意义上代表你。他像你一样行动，就像你替代他。佩蒂特指出，认为第二个意义上你会丧失对委员会决策的控制，是不对的。事实上，你的控制已经被转移到了遴选时刻（而不是未来受到制裁的威胁）：你会挑选一个可能像你一样行动的人，这时你就会影响委员会；你就能施加控制。[2] 约翰·伯内姆直接把这一点适用于

---

[1] See for instance Nadia Urbinati and Mark Warren, "The Concept of Representation in Contemporary Democratic Theory", *The Annual Review of Political Science*, 2008, 11, p 396. 当然，这一异议与各种利益的平等保护有关。向代表授权（及再度授权）的公民可以凭借这一权力确保自己的利益得到恰当的权衡。有可能再度竞选的代表们被迫受自身政治利益驱使，关心自己选民的要求。没有当选的代表也没有这种强烈意愿。如果没有这种大众控制，人们无法合理预期政客们会根据选民利益进行统治。

[2] Philip Pettit, "Representation, Responsive and Indicative", in this issue of *Constellations*.

抽签机制："（抽签所体现的）统计遴选程序控制着哪些利益获得代表，因而也控制着这些代表经过理性协商可能形成什么决策。"[1]

如果美国公民修改联邦与各州的宪法，创设公民院，这就是他们可以行使的控制。[2] 公民们会选择创设一个可能像自己一样行动的代议组织（如果他们享有充分知情权的话），它将在标示的意义上代表他们。正如佩蒂特所指出的，这个意义上的代表一度很不常见。因此，甚至约翰·亚当斯也会这样写：立法机构"应该就像一幅惟妙惟肖的人民画像，只不过小一点；它像人民一样思考，感觉，推理，行动"。[3] 前面我们已经指出，确保立法机构将是一幅人民的"肖像"的权力，亦即确保它在标示意义上具有代表性的权力，正是选举所无法赋予的。那些追逐选举官职的人（选民必须从他们当中挑选领导人）实际上从来都不会成为广大选民的精确肖像。当然，公民仍然不能（在将来的选举中）威胁不投票给公民代表；他们缺乏这种形式的控制，而我们一般把这种控制与民主紧密联系在一起。在这个意义上，通过抽签选拔的官员非常像任期即将结束的选举官员：他们的事业不取决于公众未来的赞同。[4] 挑剔者可能会因此坚持，我刚才讨论的各种公共控制形式不足以创造政治问责性。他们可能会主张，通过抽签选拔的官员，与任期即将结束的选举官员一样，在最重要的意义上都不向公众负责。既然他们不依赖公众未来的赞同，他们就可以在法律限制范围内随心所欲（尽管代价是不得人心）。他们会忽视公众利益，完全根据自己的利益统治；他们会完全出于私人理由做

---

[1] 比如，这将会需要一个美国宪法的正式修正案。第十七修正案申明，参议院"由每州人民选出两名参议员组成"。

[2] John Burnheim, *Is Democracy Possible?*, Berkeley: University of California Press, 1985, p. 115.

[3] John Adams, *The Works of John Adams*, Vol. IV, ed. Charles Francis Adams, Boston: Charles C. Little and James Brown, 1851, p. 205.

[4] 然而，期待公民代表完全不受公共意见影响，将会是个错误。公开本身，与因腐败而被弹劾的危险，可以让公众享有某种程度的持续控制。

公共判断。如果他们这么做，公众拿他们也没有办法。人们也许会主张回应性代表是确保问责性的唯一方式。

我认为，揭示这一关切的局限性的最好方式，就是考虑尝试用选举来改善公民会议。现在我们假设第一个任期的公民由抽签选拔，但在接下来的任期受制于选举。假设在职候选人必须赢得一定份额的选票才能继续留任；如果候选人没有当选，他或她的席位将由抽签产生的一位处于第一个任期的代表来填补。这一变化将产生选举问责；但也会削弱抽签本身的主要优点之一。正如佩蒂特所指出的，标示性代表不仅要求代表与更大规模的人口拥有大致相同的政治态度，而且要求他们根据这些态度，按照我们对更大规模人口的预期而**行动**。单由抽签选拔的代表，因为没有再选预期，人们可以期待他们会根据自己的看法行事，就好比其他公民一样（如果他们拥有相同的信息、激励和协商机会等）[1]。另一方面，面临再选的代表会有很多其他动机。无论如何，他们都会有强烈的动机依据（潜在）支持者、捐助者或者其他有影响力的政治人物（这些人的支持是他们梦寐以求的）的看法调整自己的判断。[2] 这些激励因素将使其判断不具备标示意义上的代表性，还可能再次引发精英偏向。

正如佩蒂特所表明的，标示性代表与回应性代表之间存在一个张力。有两种不同机制可以将公众对政治的控制制度化，每一种都有其缺点。我在本文中的主张是这两种形式应该予以混合。当严重依赖选举控制机制时，我们会导入严重的政治偏向，后者意味着普通公民丧失政治控制。如公民院所示，允许更大的标示性

---

[1] Pettit, "Representation, Responsive and Indicative", in this issue of *Constellations*. 约翰·伯内姆（John Burnheim）的论调非常乐观："如果政治官职通过抽签获取，也就不存在职业化的政治事业。没有任何人不得不向政党组织或赞助人借债，以获取官职或继续保持职位。并不存在保持静默的常见压力。另一方面，一个人可能从公职中获得的最大犒赏，是对自己能力和正直的认可。" Burnheim, *Is Democracy Possible*, University of California Press, 1985, p. 116.

[2] 如果他们是从地理选区中选举的，他们将会有很强的激励专门照料其自身选民的利益，或者其中一部分人的利益，而非更大范围的全国性利益。

代表空间，可以矫正选举的缺陷。回应性代表与标示性代表可以用作公共控制的互补工具。

值得注意的是，严格来说，选举也并不能体现自治理想。首先，投票公众的多数（或相对多数）所选举的候选人并不是每个人所授权的；很多公民被迫接受自己并不认可其候选资格的代表。其他人发现自己被迫把票投给了自己原本永远不会选择的候选人，这些人之所以获得候选资格完全超出他们的控制。当然，这些公民可能会被视为同意授权给胜选者。人们会说，他们已经同意把选举作为一种选拔方式。但是，人们最终同样可以说抽签也是一种选拔方式。不管怎么说，公民院的成立必须得到人民的授权，得到民选代表通过宪法修正案的形式授权。此外，正如我已经讨论过的，被视为制裁在职代表工具的投票，是一个非常松散且不严密的控制形式。

到目前为止，我一直在论证抽签事实上为人民控制其政府提供了一个途径，因此它符合民主的政治自主价值。在另一个意义上，抽签也可能会鼓励政治自主。政治自主的成功行使，不仅需要恰当的制度，而且需要既有意志又有能力正确运用这些制度的公民。抽签有助于实现后一个目标的方式有三：确保政治知识远播广布，刺激人们更关注公共事务，以及呼吁人们更多关注我们公共教育体系的失败。每一种收益都可能不仅提高公民对政府的控制，而且使之更警惕地防止出现不反映其利益的政策。

在此，古代雅典再次可以作为主要参考。黑德勒姆解释说，抽签的教育价值是其非常重要的收益。在寡头制政府中，一小撮人享有"特定经验的垄断权"，即**统治**经验。[1] 抽签的运用，实质上确保政治统治经验在全体人口中间更为广泛地扩散。托克维尔把这一扩散称为美国民主的首要优势之一：承担政治责任的经验让公民的判断更慎重、更有根有据。它让公民对其政府绩效的判

---

[1] Headlam, *Election by Lot at Athens*, 50. See also Richard Mulgan, "Lot as a Device of Democratic Selection", *The Review of Politics* 46, No. 4 (October, 1984), pp. 539-560.

断更可靠，更能抵制容易引起争辩的各种意识形态。现在，众所周知，20世纪中期以来，美国公民文化与制度的转变已经大大削弱了托克维尔所观察到的参与模式。西达·斯考切波（Theda Skocpol）等人的研究表明，美国社会在20世纪中期为其公民提供的公民领导机会甚至大大超过当下。[1] 统治经验日益局限在经理人和选举或任命产生的精英阶层。斯蒂芬·罗森斯坦和约翰·马克·汉森将这一趋势描述如下：

> 三十年来直至最近公民参与政府治理的下降，已经产生了一个政治活动阶级，其规模越来越小，对美国政治体的代表性越来越低。事实上，政治参与中的经济不平等在当今美国大行其道，正如政治参与中的种族差异在1950年代大行其道一样。[2]

运用抽签填补联邦、州尤其是地方官职，有助于扭转这一趋势。正如奥利里所强调的，这将开始传播实际政治知识与才能，不仅针对那些被选出来为大家服务的公民，而且通过他们所归属的非正式网络，通过与朋友、家人和同事的对话和论辩来传播。[3]

其次，普通公民掌管重要的政治决策，用日常语言而非参议院繁文缛节管理自身事务，这将大大抵消当代美国人长期以来的无力感和对政治的疏远。厄内斯特·卡伦巴赫和迈克尔·菲利普斯在建议美国设立公民立法机构时强调了这一好处。用他们的话来说，通过抽签产生的议院，有助于恢复"普通公民每况愈下的信心，使之重新认识到自己在国家中正当而光荣的关键地位"，有助于强化公民的下述感受：自己不仅仅是权势利益的牺牲品。[4] 它

---

[1] See Theda Skocpol, *Diminished Democracy: from Membership to Management in American Civic Life*, Norman: University of Oklahoma Press, 2003, pp. 99-108.

[2] Steven Rosenstone and John Mark Hansen, *Mobilization, Participation, and Democracy in America*, New York: Macmillan, 1993, p. 248.

[3] O'Leary, *Saving Democracy*, p. 118.

[4] Callenbach and Phillips, *A Citizen Legislature*, pp. 57-59.

也将有助于提升对公民身份的下述理解：公民既承担义务，也享有权利和权益。而且，一个人会被召唤到立法机构或市议会服务，这一预期会赋予公民更大的激励去掌握更多信息，把政治视为自己归属其中的生活领地。

最后，更具假设性的是，通过抽签遴选可能会开始改变我们对公共教育体系目标和适当性的思考方式。2001年，法官利兰·德格塞（Judge Leland DeGrasse）判决，纽约州没能履行其宪法义务，没能为全体居民提供"健全的基本教育"，他认为公共教育有重要的公民旨向。他主张，必须为儿童的公民参与做准备："一个积极的、有能力的选民，需要评估复杂议题的智识工具，这里只列举少数几个，比如竞选捐款改革、税收政策和全球变暖。"[1] 事实是，当代民主制下的公民几乎从不被召唤出来做此等复杂评判。投票不需要如此，投票也没有赋予个体公民充分的激励去掌握更多信息。事实上，普选权本身没有给作为一个整体的政体以足够的激励，去确保每个人接受教育直到符合适当的公民才干标准。如果我们知道任何公民都可能被召唤担任代表，并因此被授予实质性的公共权力，我们对公共教育适当性的思考就会不一样。我们可能会倾向于把公共教育的深度不平等和失灵视为急迫的公民关切。

4. 审议。除了对包容与平等的承诺以外，民主治理也被假设为要根据所有可得的证据和论断，做出深思熟虑的好决策。事实上，与直接民主相比，代议民主的首要理据之一，就在于它可以通过（代表之间、代表与广大民众之间的）公共审议，把粗糙的公共意见转变成深思熟虑的政治判断。代议制政府的**间接性**为审议与竞争创造了用其他方式组织政府无法获得的空间。[2] 比如，詹姆斯·麦迪逊就在《联邦党人文集》第10篇中写道，共和形式

---

[1] *Campaign for Fiscal Equity v. New York*, 719 N. Y. S. 2d 475, 2001, 14.

[2] See Nadia Urbinati, *Representative Democracy: Principles and Genealogy*, Chicago: University of Chicago Press, 2006.

应服务于"通过某个选定的公民团体,使公众意见得到提炼和放大"。[1]

当然,公民院保留了这一间接性,并且产生了新的审议论坛。但在转向讨论这些论坛的优势之前,有必要考虑出自这一背景的一个重要关切。对抽签的一个非常自然的反应是,立法者必须做出复杂的决策,而普通公民没有做好审议这类议题的准备,在州与联邦一级尤其如此。人们关心的是,公民院可能会导致公共决策质量恶化,因为它可能出于糟糕或不理性的理由否决法案。正如波林-里瓦克所指出的,"随机遴选不是以能力为基础的选拔模式"。[2] 公民们也许会发现自己没有能力搞懂慎密的审议,更不要说进行这种审议了,而这却是州与联邦一级健全政治判断所必需的。选举的代表常被视为是有价值的,部分是因为它允许公民挑选有能力的官员,甚至是各种专家,去代替自己做出困难的政治判断。

当然,这一关切取决于对普通公民缺乏必要能力的经验论断,这个论断有待验证。最好的验证方式是小规模的公民院试验,从市一级开始,最终逐步推进到州一级。如果成功,这类试验是最终说服美国公民接受公民院是民主政府的一种正当形式的唯一方式。到时候,我们所能做的就是考察其他地方进行的类似试验。最近我们所能获取的最好资料,也许是 2004 年英属哥伦比亚省召集的审查该省选举体系的公民会议。这个公民会议由 160 个公民组成,一半男人,一半女人,通过抽签选拔,在九个月中每隔一周的周末开会,研究全世界民主国家的选举体系,举行一连串公共听证会讨论各种选项,最终产生了一个基于单一可让渡选票的、复杂的选举改革建议。[3] 根据各种报道,他们的建议是一个非常

---

[1] James Madison, "Federalist No. 10", *The Federalist Papers*, London: Everyman, 1992, pp. 45–46.

[2] Poulin-Litvak, "Citizens' Democracy", p. 19.

[3] 对英属哥伦比亚省公民会议的详细讨论,See Warren and Pearse, "The Concept of Representation in Contemporary Democratic Theory", 2008.

内行、设计精良的选举方案,他们从多个选项中选中该方案的推理过程既理性且连贯。此外,公民们之前并没有什么政治知识,他们的表现与那些在政治上见多识广的公民相比并无太大差异。[1]

我们可以从詹姆斯·费希金的协商民调试验中拣选其他证据。协商民调召集随机遴选的公民小组在一个周末开会(面对面或在网上),邀请他们通过讨论与专家证词集中学习了解特定政策议题。[2] 然后推测他们的意见,模拟一般大众如果充分了解情况会产生什么样的意见。詹姆斯·费希金和布鲁斯·阿克曼深入思考了这些试验,他们是这样说的:

> 当普通公民有机会认真思考一个议题的不同侧面时,他们就将利用这次机会变得非常见多识广。他们的审慎判断展示了更高的知识水平,并且与其基本价值理念和假设更加一致。这些试验证明公众有能力处理复杂的公共议题;难点在于,往往缺乏有效驱动公众这样做的制度背景。[3]

最后一点值得追求,因为它有助于打消某些对普通公民能力的常见怀疑。

公民对政治事务相对无知,对此,最有说服力的解释之一出现在约瑟夫·熊彼特的《资本主义、社会主义与民主》一书中。熊彼特主张,公民没有任何激励去形成基于事实的、经得起推敲的

---

[1] See Ande Blais, R. Kenneth Carty, and Patrick Fournier, "Do Citizens' Assemblies Make Reasoned Choices?", in Warren and Pearse, "The Concept of Representation in Contemporary Democratic Theory", 2008. 由于公民是从志愿者库中挑选出来的,英属哥伦比亚省公民会议的平均受教育水平和政治知识,远远高于大规模人口的均值 (See Warren and Pearse, "The Concept of Representation in Contemporary Democratic Theory", ch. 5)。这一事实肯定影响了结果。同时,英属哥伦比亚省的公民代表被要求起草选举改革方案,不仅仅是行使否决权,他们的任务比公民院中的代表所承担的更复杂。

[2] See Fishkin, "Deliberative Polling: Toward a Better-Informed Democracy", http://cdd.stanford.edu/polls/docs/summary/.

[3] Bruce Ackerman and James Fishkin, *Deliberation Day*, New Haven: Yale University Press, 2005, p. 4.

政治意见。他们的选票几乎一文不值,人们从不认为他们要为出于糟糕理由的投票承担责任。他要求我们想象,普通的专业人士(比如律师),他的总体才干、他对自身职业领域的知识会令人印象深刻,但同时他的政治信念可能是不负责任和不成熟的。熊彼特说,在其职业领域,这个人要为自己的判断负责;作为选民,他从来不必如此。[1] 根据这一观点,选民的无知反映的主要不是他们缺乏一般才干,而是缺乏掌握更多信息的激励。[2]

公民院直接处理这一难题。选择在这些议院服务的公民,有相当大的激励做出认真、深思熟虑的政治抉择。他们的决策将会产生非常重要的公共后果,将受制于公共审查。如果表现糟糕,他们将有可能受到公众的羞辱或嘲弄。

此外,与几乎不花任何时间监督公共官员的多数公民不同,公民院的成员将被要求全职(在小地方和州政府也许不是全职)承担这一任务。值得重申的是,公民院没有对其成员(或其他公众)提出英雄般的要求。事实上,其要求可能比我们对当下代议制的要求只少不多,后者要求广大选民严密监督自己的代表,但选民却没有时间、专家证词或者充分的个人激励协助他们达到这个目的。

当然,如果公民只在公民院服务一个任期,的确会比职业政客缺乏专门技能。并且,尽管他们可以运用专家证词,但实质上他们没有任何经验来评估不同政策选项的可能后果。对我来说,这方面的担心为不让公民承担当下选举产生的代表所承担的全部责任提供了很好的理由。公民代表不必负责启动立法,或起草及修改法律草案。他们也不必负责起草复杂的预算或拨款规划。并且

---

〔1〕 See Joseph Schumpeter, *Capitalism, Socialism, and Democracy*, New York: Harper Perennial, 1962, ch. XXI.

〔2〕 熊彼特也认为事实会证明公民没有能力判断公共事务,因为他们没有这方面的直接经验。当然,他们的确没有任何立法设计经验(也不应该要求他们大部分人拥有这一经验)。但是,很多人的确有大量与政策选择深度相关的经验,并且必然会在我们的政策辩论中显露出更大的重要性,这种经验包括被剥夺的经历、明白自己没有医保不能生病的经验、与低级别福利官僚打交道的经验以及承受精英们不会遭遇的工作场所和环境风险的经验。

我们还要认真关注他们所置身其中的审议环境。然而，我还是很怀疑这样一种说法：公民无法掌握足够信息来负责任地行使否决权。

肯定会有一些公民代表缺乏密切关注复杂政策论断的教育或认知资源。如果他们在该议院形成了一股相当大的投票势力，其决策质量无疑会受影响。[1] 总之，与我刚才所勾勒的收益相比，我愿意接受这个风险。正如我之前指出的那样，这一危险会更加激励我们中的一些人改善公共教育的质量，确保其至少符合德格塞法官所阐明的标准，并强化合格公民与相关责任的各种规范。

此外，还有审议方面的优势有助于抵销这些风险。公民院创设了新的审议论坛。由于其包容性，大量全新的视角将有机会得以表达，其中最重要的是最不幸运的人，即穷人的视角。[2] 辩论的组织方式也将与具有职业意识的政客大不一样；它们可能更杂乱，更无序，更不守规矩，更未经审查，（有时候）更不受理性论辩规范的制约。但是，它们也可能更不意识形态化，与普通公民的经验关系更紧密。我们听到的将不再是富有的律师们絮叨这个、那个政策如何必然影响美国公民，我们听到的将是普通公民自己的说法，来自他们的亲身经历。正如我前面说过的，仅这一事实就可能扩大审议的受众范围，激发更高的公共觉悟和参与，减少美国公众的普遍疏离感和漠不关心。

结论

最后，我稍微谈谈腐败风险作为结论。有些人会说，在特殊利益的腐败攻势下，普通公民比选举的官员更脆弱。他们政治上缺

---

[1] 当然，这种公民也许会只选择遵从特定专家或者他们选举出来的官员，无论哪种情况都不会造成太大伤害。

[2] 当然，这些视角还包括：白人至上主义、"9·11"监守自盗论、狂热的神灵论。我认为这并非不合情理，但是，时间会证明，希望公开表达这些往往在孤立组织中才会滋长放大的视角是错误的。

乏悟性和经验，他们经济上并不宽裕，这都使得他们更容易受到操控。我们当然很难预测在强大的政治压力下公民们会如何表现。但值得考虑下述几种方式让公民院减少腐败。

第一个非常重要，首先，公民院议员不得有被选举的经历；他们没有从其竞选中转移来的政治债务。他们也不用为再次参选筹集资金。因此他们对富裕赞助人的需求很小。其次，"委员会"的任命由抽签决定，而且直到公民院决定审议某一立法时才进行抽签，富人利益集团几乎没有时间与关键决策者拉关系。在我们现在的国会中，委员会席位的分配稳定而持久，利益集团可以与重要的委员会成员培养有利可图的长期关系。最后，最近的事例证明，政治经验可以让官员抵御腐败影响的说法是站不住脚的。众所周知，很多在国会任期最长的议员都极其腐败，比如前参议员特德·斯蒂芬斯（Ted Stevens），已过世的约翰·默撒（John Murtha）和罗伯特·伯德（Robert Byrd）。很多职业政客变得越来越腐败而不是相反，因为他们从自身经验中得知，特殊利益集团的钱是政治成功的一部分。

此外，公民院的成员将会受到高强度的公共监视。他们的财政记录将向社会公开。他们将被禁止在任期结束至少五年内担任任何任命或选举的官职。他们如果被发现接受利益集团的礼物或恩惠，就将被弹劾。如果公民代表的就业、投资或董事会成员资格可能引发潜在的利益冲突，就将被取消在特定委员会任职的资格。

罗伯特·保罗·沃尔夫（Robert Paul Wolff）在讨论一个非常不同的建议时［他称之为"瞬间直接民主"（instant direct democracy）］，敦促"那些不假思索就表示拒绝的读者，反思自己的这种反应所揭示出来的、对民主的真实态度"[1]。沃尔夫的告诫也与抽签的运用相关。民主，在其本源意义上，也在我们很多人抽象地谈论它时所援用的意义上，都意味着赋予普通公民做出重要政治抉择的权力，以厉行自治。对我来说，引入公民院看上去可以让我们当下

---

[1] Robert Paul Wolff, *In Defense of Anarchism*, New York: Harper, 1976, p. 34.

的制度更接近（尽管仍然很不够）这一理想。尽管有很多民主理据与之抵牾，但抵制者主要还是出于对普通公民的不信任，认为他们即便是在有利的环境下也没有能力管理自己的事务，这说到底是在反对民主本身。我这样说并不是想提出责难（民主当然可能不是复杂的现代社会的最佳治理形式），而是呼吁开诚布公的讨论。如果我们事实上支持受过教育的精英治理，满足于他们几年接受一次选举制约，那么，我们就应该大大方方地承认这一点，并不再自称民主主义者。我们应该坦承，我们所喜好的正是艾伦·瑞安（Alan Ryan）所说的，带有自由、民主和技术专家统治特征的"寡头混合体制"。[1]

---

[1] 比如，我十分赞同普通公民组成的议院可能不大注意捍卫少数群体的权利，后者的信念或做法使之与多数文化格格不入。同性恋婚姻只是这样一个例子：如果交由受过教育的精英包办，还是有可能（在较短时间内）找到一个更公平的解决方案的。在我看来，经济公平领域可以实现的收益抵消了这些可能的损失。但是，如果以某些实质政治结果的名义来评估，我们最终同意把政治决策交给精英包办，那么，我们至少必须承认我们不是彻底的民主主义者；当然是自由主义者，但不是民主主义者。

伯克与反联邦党人之间：
一个描绘性代表的认知论

海伦·兰德摩尔*

Hélène Landemore, *Between Burke and the Anti-federalists: An Epistemic Argument for Descriptive Representation*, Paper first prepared for presentation at the second international conference on Democracy as Idea and Practice, Oslo, Norway, January 13-15, 2010. Last revised May 5, 2011.

【摘要】在伯克的受托人设想与反联邦党人的人民镜像设想之间，本文提出了一个对代表大会的折衷解释。这个概念性折衷解释的规范意义，源自协商公益的受托人组成描绘性会议所具有的认知特性。已有研究表明，认知多样性对有效集体解决问题十分重要；本文在此基础上提出，由于政治问题的特质，可以说描绘性代表大会比不够精确的描绘性会议更具认知优势。本文还进一步论证，相对于配额和刻意划分选区等替代方式，抽选是确保描绘性代表的最佳途径。

如果我们像古代雅典人选拔官员那样，像詹姆斯·费希金今天在世界各地选人参加他的"协商民调"那样，通过抽签而不是选举挑选我们的代表，情形将会如何？近年来，抽选已经获得很多

---

* 海伦·兰德摩尔（Hélène Landemore），耶鲁大学政治学系教授。本文初稿是为2010年1月13日—15日挪威奥斯陆第二届"作为理念与实践的民主"国际研讨会准备的。2011年5月最后修订。电子版地址：http://ssrn.com/abstract=1832842。

研究者的支持（e.g., Barnett and Carty, 2008; Carson and Martin, 1999; Leib, 2005; Stone, 2010; Sutherland, 2008），但也引发一些担忧。担忧之一是，随机遴选出来的代表能力不足。随机选择的代表必然智力平平；而在理论上，选举制度可以选出一批出类拔萃之辈。在本文中，我提出了一些理由，可以缓解这种随机遴选的代表可能存在能力缺陷的忧虑。[1] 我的论证分为两步。第一步，我论证，如果代表大会真实反映整个人口构成的话，它便具有认知优势，也就是说，我主张所谓"描绘性代表"带有认知收益（Pitkin, 1967）。我的看法是，就代表大会协商的质量而言，重要的是代表群体具有某种多样性，而不是代表个人的能力（假设他们符合最低的能力标准），那么，与其出现一个由聪明人组成的，但多样性较低的代表大会，不如出现一个内部多样性，能媲美他们所代表的总人口的代表大会。这是支持描绘性代表的论点。第二步，我认为，实现描绘性代表的最佳方式是抽选，而不是配额或刻意划分选区之类的替代选项。

在我的论证中至关重要的多样性其实非常具体。至少自约翰·斯图尔特·密尔以来，很多协商民主派人士都相信，多样性对于确保公共辩论的质量是有用甚至必要的。例如，凯斯·桑斯坦坚持不同意见对于公共领域健康的重要性，以及多元意见和充分的社会异质性对于民主协商质量的重要性，因为这可以防止集体决策陷入群体极化陷阱（Sunstein, 2002 and 2003）。詹姆斯·博曼（James Bohman）主张可以用意见、价值和视角的多样性三分法来论证协商民主的认知优势（Bohman, 2006）。除了民主理论文献之外，还可以在经验证据基础上提出类似主张，比如，与文化同质性更高的群体相比，只要克服沟通障碍，文化多样性越大，群体解决问题的能力就越强（Watson, Kumar, and Michaelsen, 1993）。塞缪尔·

---

[1] 另可参见 Goodin and List (2009) 关于代议制政府的认识论层面的工作论文。他们同样强调，相对于其他效应来说，他们所说的选择效应（基于所谓能力挑选代表）所产生的认知收益可能较小；因此，如果诉诸其他选择方法，而不是依据能力，到底会流失多少认知性能不得而知。

罗宾斯（Samuel Robbins）的组织行为教科书指出，"有证据支持下述结论：异质群体比同质群体高效"（Robbins，1994）。与这些论点和经验研究结果一样，并依据洪路（音译）和斯科特·佩奇（Lu Hong and Scott Page）最近为群体解决问题能力之基础建立的数学模型，我将进一步更具体地讨论究竟何种多样性对群体协商至关重要。我认为，真正重要的多样性主要不是意见、价值和（作为最终结果而非过程的）"视角"的多样性，甚至也不是社会和经济背景的多样性（就像桑斯坦所辩护的"社会"异质性）。真正重要的是更为基本的**认知**多样性，这是一种内在的心理特性，决定着每个人如何看待世界、解释问题、做出预测。这种多样性也与我们这里所讨论的问题相关，并随着议题的变化而变化。洪路和斯科特·佩奇认为，这种基本的认知多样性是群体解决问题能力的核心所在（Hong and Page，2001，2004，2009，and Page，2007），我借此论证认知多样性是民主协商的核心认知特性。[1]

为了构筑描绘性代表和抽选的认知论，我以两种代表观的经典分歧为起点：代表到底是"受托人"，还是"代理人"？"代理人"只需按照委派人表达出来的偏好行事；而"受托人"则需遵循自己对［实现委托人利益的］最佳行动的理解行事（Dovi，2008）。这一定义没有明确代理人所维护的偏好是什么性质，也没有明确受托人所采取的"最佳行动"是什么性质。尽管如此，历史地看，前者往往是局部利益，后者往往是某个版本的"公益"。在这篇文章里，我所谓"代理人"指的是维护选民利益的人，"受托人"则是指可以自由地追求自己理解的整体利益、而不仅仅是选民利益的人。

除了这个特定的受托人-代理人区别之外，代表概念当然还有

---

〔1〕 洪路和佩奇有时把认知多样性称为"功能多样性"，与"身份多样性"相对（Hong and Page，2004）。

许多维度。[1] 而且，除了众议员和参议员以外，还有许多其他类型的代表，例如法官、官僚和其他非选举官员和机构（Richardson, 2002；Cohen and Rogers, 2005）。[2] 然而，在本文中，我只处理作为受托人的代表和代理人的代表之间的有限分歧，并将代表定义为立法者，即在议会中代表人民作出决定的官员。虽然考虑到当代实践的不断演化，这样处理代表问题似乎过时了，但我在本文中的目标是重新审视旧的分类，并认为它们对于当代辩论而言意味着新的希望、新的启示和新的意义。无论我们今天如何关注在议会以外让民主制度更具代表性，这类会议组织仍然适合作为我们开始寻求改进的出发点。

本文还假定代表聚集在议会中的主要职能之一是协商，我所说的协商是交换观点，寻求解决集体困境。对我的论点来说，究竟是通过共识还是投票来做协商决定无关紧要。此外，假设协商是代表的中心活动，并不否认讨价还价、谈判等活动也自有其价值。民主政治当然既涉及维护特定利益，又涉及寻求解决共同问题的共同方案。尽管如此，我在这里的重点将是议会的协商作用，而不是（利益）整合作用。[3] 我相信，公民将立法权授予代表的主要原因是让他们议事，并至少在最低限度上以合作和建设性的方式找出解决国家问题的方案。[4]

---

〔1〕 例如，曼斯布里奇建议用四种新的理想类型（即"承诺型"、"预期型"、"自转型"和"替代型"，"promissory"、"anticipatory"、"gyroscopic" and "surrogate"）来替代受托人和代理人之间的经典对立（Mansbridge, 2003）。对受托人－代理人两分法有类似批评，但也对曼斯布里奇方案表示怀疑的研究，见 Rehfeld, 2009。对雷菲尔德来说，有一个问题曼斯布里奇方案并没有解决，反倒使之更加复杂，这就是缺乏下述三维代表观：他们的目标、他们判断的来源，以及他们对选民偏好的回应性。区分这三个维度，可以产生一个 2×2×2 的矩阵，受托人和代理人只是 8 个可能的代表形象中的两个。

〔2〕 对这些辩论的概述，见《斯坦福哲学百科全书》（*Stanford Encyclopedia of Philosophy*）中的文章"政治代表"，http：//plato.stanford.edu/entries/political-representation/。

〔3〕 因此，我接受的是有关协商的经典定义，即它是互动行为，而不是策略行为；这与最近出现的"新多元主义"不同，它试图把协商重新定义为权力和利益的游戏（See Mansbridge et alii, 2010）。

〔4〕 换言之，我假设即便大部分政治只是在无法达成理性共识的情况下谈判和讨价还价，仍然存在一块领地可供人们解决共同困境。

本文最后假定，代表大会的重要职能之一是认识论意义上的，即代表们的协商和投票不仅仅是为了给自己的决定提供更多的程序正当性，也是为了给特定问题找出最好的解决方案。从认识论角度研究民主（和扩展至代表）有一个标准，它假定存在一种与程序无关的正确性（Cohen，1989）。[1] 抽象地说，人们可以把这个程序中立的标准称为"整体利益"（伯克），或者"公益"或"公意"（卢梭），或者哪怕认知论民主的反对者也会使用的"国家利益"，甚至某些当代认知民主倡导者所说的"真理"（Raz，1990；Estlund，1997，1998，and 2008；Talisse，2009）。最终，这些用词的差别无关紧要。要接受从认识论角度看问题，读者只需记住，在既定政治背景下，至少某些政治问题存在较好和较差的答案；议会代表的协商意义就在于找出这些答案。[2]

我将指出，鉴于政治问题的不可预测性，成功协商的关键要件是具有解释世界、解决其中问题的多样化方式；而描绘性代表的优势，或更具体地说，一个能映射更大群体构成的代表大会的优势在于，这在概念上是能够确保该要件呈现的最简约方式。这样从认识论角度论证描绘性代表，以新颖而又令人惊讶的方式整合了各种经典的代表观。一方面，有一个理念根深蒂固，伯克早就这样认为（我认为联邦党人也是如此），即代表进入协商的定位，

---

〔1〕 与程序无关的标准不需要独立于任何东西，并且可与特定文化或一套价值观相关。但它独立于代表们判断的总和，因为后者没有定义前者，最多只能逼近它。举一个当代的具体例子，为了解决 2008 年 9 月和 10 月即将发生的经济崩溃，国会于 2008 年 10 月通过了"紧急经济稳定法"，该法授权花费高达 7000 亿美元购买银行不良资产。假设对经济危机的这个特殊回应即"紧急财政援助"是恰当的，或至少相对恰当，它也不会因为经过了国会适当协商和民主投票而多么公平。只是在它接近完美的理想方案（"与程序无关的正确标准"）这个意义上，它才是恰当的回应，或在可能恰当的范围内。在这种情况下，完全理想的方案可以说是这样一个政治措施：既能稳定市场又不会导致美国国家和资本主义原则破产。与许多批评者的错误假设相反，该个标准不需要是形而上或绝对的。对于民主的认识论路径的哲学辩护，请重点参见 Estlund，1997 and 2008，Martì，2006 and Talisse，2009。

〔2〕 Goodin and List (2009) 同样考察了一般意义上的代议制政府，尤其是议会的认识论功能。Goodin 和 List 考虑了可能增强或削弱代表认知能力的不同机制，其中包括选择效应、协商效应和孔多塞陪审团定理。我在本文中的重点完全放在协商效应上，我同意 Goodin 和 List 的看法，它们可能是代表需要发挥认知功能的主要原因。

应该是自主的人、有反思能力的人,即作为受托人,而不是特殊利益的代理人或吹鼓手。另一方面,可以说,如果这种受托人可以充分挖掘描绘性大会所提供的认知多样性,他们就更可能成功地搞清楚什么是公益,然而倡导这种描绘性大会的是反联邦党人,而不是伯克和联邦党人所偏爱的同质精英。

因此,本文的主要论点是,当描绘性代表与作为代理人的代表观脱钩,并与作为受托人的代表连接起来,描绘性代表就可以极好地发挥协商会议的认知功能。如果这是正确的,这种观点就具有重要的规范意义,比如,它让"理念政治"(politics of ideas)与"在场政治"(politics of presence)之间的辩论复杂化了。[1] 其实,二者谁也离不开谁。此外,本文倾向于随机遴选而非其他描绘性代表技术,[2] 例如配额或刻意划分选区。

本文第一部分先以概述方式还原了受托人和代理人之间传统分歧的复杂性。第二部分铺陈了联通描绘性代表、认知多样性与协商的认知特性的关键论点,并用康涅狄格州纽黑文市的公民协商小组研究予以说明。[3] 第三部分提出,保持大型代表组织认知多样性的最佳方式是通过描绘性代表,并进一步支持把抽选作为实现描绘性代表的简洁方式。第四部分回答了一系列反对意见;其中一种反对意见是,如果认知多样性是我们的目标,我们最好多挑一些代表异常观点的人,而不是按比例复制群体中的各种观点;另一种反对意见是,配额和刻意划分选区比抽选更能实现描绘性代表。

一、在伯克与反联邦党人之间

埃德蒙·伯克为下述政治代表观念作了著名的辩护,代表应该

---

[1] Phillips, 1995.
[2] Mansbridge, 1999.
[3] 为了保持原稿的匿名性,我删除了专有名称和其他可能的线索。

独立于他们的选民行事，并运用自己的判断力，做出关于整体利益的决定。用汉娜·皮特金的话说，这个思路将代表定义为独立人士或"受托人"，与作为人民的"代理人"的代表观形成对照。根据后一种观点，代表们负责捍卫具体利益，并在议会审议或投票时忠实履行自己的授权（Pitkin，1967）。从历史上看，这两种有关代表作用的看法，大体上反映了两种对代表大会构成的理解。比如，作为人民的代理人而非受托人的代表观，与反联邦党人对"描绘性"或人口代表性的辩护有关，后者是指代议机构应当成为人民构成的镜像。[1] 约翰·亚当斯的下述建议是描绘性代表观的最佳表达，代表大会应该像"一幅人民的惟妙惟肖的微型画像，它的感觉、思考和行动都和人民一样"。[2] 反联邦党人明确赞成约翰·亚当斯的建议，他们隐含的假设是，与选民一样的代表，更可能捍卫选民的利益，因为二者利益、价值观和生活经验相同。因此，布鲁图斯明确把对具体利益的捍卫和代表与选民之间的相似性关联起来，他写道："那些在议会里代替人民的人，应该拥有人民的情感和感觉，**并受人民利益支配，或者换言之，应该与他们所替代的人最相似**。"[3] 同样，麦灵顿·斯密（Melanchton Smith）在一篇有关众议院的演讲中这样说道：

> 当我们谈论代表时，对我们而言，自然而然的理念是，他们与他们所代表的人相似；他们应该是一幅精确的人民肖像：充分了解人民的境况和愿望；同情他们的所有痛苦，**并受命谋**

---

[1] "描绘性代表"这个类别也出自 Pitkin，1967。关于"描绘性代表"在反联邦党人方案中的核心地位性，See Storing，1981（1），p. 17.

[2] Ed. Adams, Charles, 1851, pp. 194-195. 约翰·亚当斯是联邦党人，但他没有沿着此处划定的路线参与联邦党和反联邦党人之间的 1787 年宪法辩论。他这条著名路线可以追溯到独立前的几年，并显然影响了后来反联邦党人的思考（Manin，1995：112）。

[3] 见 Brutus, in Storing（ed.）1981（2），pp. 9, 42，重点为我标注的。在这段话中，布鲁图斯声称代表应该像他们的选民一样，受他们的利益支配，并支持在宪法设定的两院之外建立更多的公民大会。

求他们的真正利益。[1]

相比之下，在伯克有关人民受托人的代表观中，代表大会不需要是人民的缩影。由于代表的职能主要不是维护选民利益而是发现整体利益，原则上即使议会被有产白种老男人霸占也无关紧要，只要假定这些人能够超越阶级、性别和其他社会经济地位，对政策事务做出公正理性的判断。这样一组观念（并非描绘性代表，代表即受托人的观念）最常与伯克相关，但也可用来描述联邦党人的立场。一些评论家认为，麦迪逊所写的《联邦党人文集》第10篇是在为利益集团多元主义辩护（e.g., Pitkin, 1967; Williams, 1998: 39），而其他人认为，包括麦迪逊在内的联邦党人，更接近伯克所设想的作为国家利益吹鼓手的代表观（e.g., Ball, 1987: 145; Dannof, 2009; Rehfeld, 2008）。[2]

请注意，代理人的描绘性大会与受托人的非描绘性大会这两个不同的组合，至少在逻辑上为两种立场留下了空间。一种立场是推动代理人的非描绘性大会，期望选举产生的代表能够维护其选

---

[1] 见 Melanchton Smith, in Storing (ed.), 1981 (6), pp.12, 15，重点为我标注的。当然，人们可能认为，这里的提法——代表所维护的利益应该是"真正的"利益（而不是选民本身所界定的利益）——表明，对于麦灵顿·斯密来说，即便与其选民非常相似，代表更像是选民的受托人而不是代理人。这是一个可能的解释，虽然我并不觉得它很站得住脚。如果反联邦党人完全依靠代表们的独立判断来确定选民的真正利益，他们就不会如此执着于描绘性代表。他们对描绘性代表的极力维护似乎表明，选民利益的主要保障不在于代表们经过协商作出的判断，即不在于代表作为受托人的独立性，而在于代表与选民的相似性，后者自然地驱使他们追求选民的利益。我认为，在这种情况下，对一位代理人而言，其天然的倾向就是一种授权。

[2] 对 Ball 的评论，参见 Manin, 1997, p. 109, fn 46。曼宁坚持认为，联邦党人和反联邦党人的辩论焦点并不在于，代表们能否不受选民意愿约束而自由行动（即他们更像受托人还是代理人）；而是在于代表与选民的相似度。曼宁很有说服力地主张，"反联邦党人反复提出的指控，不是根据宪法草案代表大概不会按照（选民的）指示行事，而是他们和选民不一样。这两个问题显然不是毫无关联，但它们也不是一回事"（Manin, 1995, p. 110）。尽管如此，由于这两个问题确实非常相关，鲍尔可以合理地想象，反联邦党人坚持描绘性代表的原因在于，他们认为，因为代表和他们的选民构成相似、利益相似，可以期望当选代表的所作所为就像获得了某种授权一样。换言之，尽管鲍尔的分析在技术上可能过于迅速地将行动自由和相似性混为一谈，但它仍然是对联邦党人和反联邦主义者之间的代表观分歧的具有历史意义的合理解释。

民的利益，尽管他们不太可能像选民那样"感觉、思考和行动"。我建议把这个立场称为"国家党"，其例证有18世纪英格兰强烈要求通过更频繁的选举来更加严格地控制精英的政党，还包括同期美国的杰克逊式民主党。英格兰国家党和杰克逊式民主党都不信任精英，但英格兰国家党和杰克逊式民主党既不关心什么样的人拥有代表职位，也不关心他们是否构成选民的镜像。英格兰国家党完全接受为投票权设置高额财产资格，有时候还希望提高门槛；杰克逊式民主党在美国两党中更支持奴隶制。他们强调的是严格问责和代理人理论，而不是镜像理论。

另一个立场倡导的是描绘性大会，"感觉、思考和行动与选民一样"的代表将成为选民的受托人而不是代理人。我们还不清楚有没有任何政党或历史人物支持过这个立场。在本文中，我将讨论这个几乎无人提及的概念路径有什么规范意义，显示它在伯克、联邦党人那种受托人的非描绘性大会与反联邦党人那种代理人的描绘性大会之间，形成了一条有意思，也在认知意义上前途光明的中间道路。具体来说，我主张的是，将描绘性代表与代表即公益受托人的观念结合起来。

如前所述，对伯克来说，代表大会的目标是发现或至少逼近整体利益；而他认为，只有当代表由聪明、受过教育的社会经济精英构成时，这个认知任务才更可能成功。[1] 然而，我将指出，有充分的理由相信，如果像反联邦党人所设想的那样，代表大会是人民的缩微肖像，更可能成功发现整体利益。

---

[1] 我对"认知"（epistemic）一词的用法，与有关认知民主观（epistemic democracy）、与加总民主观（aggregative democracy）的文献一致，参见 Cohen, 1986; Coleman and Ferejohn; Estlund, 1997 etc.。我在下文中将更多地讨论这个术语的含义。（译者注：加总民主观假设，人们的政策偏好是固定的、不变的；民主意味着，让人们通过投票揭示各自的偏好；并通过计票，将他们的偏好加总。认知民主观认为，在互动中，人们的政策偏好是可以改变的，原本相互矛盾的偏好是有可能趋同的；因此，民主意味着，不同的人应通过协商，克服歧见，寻求共识。）

二、作为协商的认识论特性要件的认知多样性

如前所述,认知多样性是指以多种方式看待世界、解释问题,并制定解决方案。在概念上,认知多样性不同于它的一些原因(如性别、种族)和它的一些表征(如观点和意见的差异)。认知多样性很容易与其原因或表征混淆,因为认知多样性可能与自由主义者和协商民主主义者通常歌颂的性别、种族、经济、社会以及文化、价值观和意见的多样性相关。

认知多样性有很多来源,从遗传(决定性别,在很大程度上也决定种族)、教育到生活经验。例如,某些人生来就有数学天赋,社会化和教育只是予以进一步塑造和加强,引导他们首先通过绘图、写方程来解决问题。相比之下,有些人生来就有更强的语言交流能力,让他们通过词语和概念来处理问题。然而,认知多样性不一定是与生俱来的。人们可能只是因为所处的地理位置不同而产生了对世界的不同预测模式。[1]

还要注意,认知多样性是一个只适用于特定问题的概念。例如,在解决数学问题时,认知多样性是指几何学家、算术家或者统计学家带来的多样性。外科医生的认知多样性就不太明显。然而,他也可能是一个好的几何学家,但这也许只能算作几何学家的认知多样性,而不是外科医生的。

最后但同样重要的,因为我的论点在民主框架内运作,这里使用的认知多样性概念也将与特定群体有关。我不想在绝对意义上把认知多样性最大化,所以只把它与群体利害关联起来,即接受特定的民主制约。比如,我无论如何都不会建议引入外国人或火

---

[1] 例如,当被要求猜测一个给定的美国城市如密尔沃基的规模时,住在芝加哥这个大城市的人往往会高估。相反,住在小城市的人往往会低估。这种差异来自于人们将猜测"建立"在自己熟悉的东西(芝加哥的规模或绿湾的规模)的基础上。参见 Thaler and Sunstein, 2008, p. 22.

星人来增加协商会议的认知特性。[1] 我认为,人民是特定的,代表只能从确定的公民中挑选,无论这在绝对意义上要付出什么样的认知代价。

本文的要旨在于,恰当的认知多样性是群体解决问题能力的一个关键因素。具体而言,在某些条件下,对于群体解决特定问题的集体能力来说,群体内适当的认知多样性比群体成员的平均能力更重要(Hong and Page, 2001, 2004 and Page, 2007)。比如,如果需要破解一个复杂密码,一个包括字谜专家、数学家、诗人和计算机科学家的群体,也许比一个由同类人组成的群体更可能成功,哪怕后一个群体成员都是些绝顶聪明的人。

涉及政治问题时,我们需要什么样的认知多样性呢?难点在于政治的性质,因为完全没有可能事先培养专才或确定需要的专才。可以说,在政治中,人类生活的风险和不确定性都是需要群体解决的问题。在这个意义上,政治不同于行政,因为我们在需要处理政治问题时,不知道谁是专家;这与行政任务不同,在行政任务中,就像上述数学难题那样,我们可以先验地确定哪些认知差异是重要的。然而,谈到政治,我们可没有这么幸运。大多数时候,由于共同体不得不处理的问题难以预测、持续变化,人们无法知道什么样的认知多样性是重要的。

在民主制下,我们集体处理风险和不确定性这类集体性问题(而不是让国王或寡头为我们解决问题)。接下来,我把民主框架视为理所当然,这给群体在认识方面的表现设下了一些限制。因此,考虑到在大众民主国家决策过程的协商时刻不可能容纳所有人,我们需要考虑一种可行的替代方案,它要既能减少参与者的数量,又能尊重公民平等的民主原则,并保持大型群体的认知多样性。我将在下一节讨论这个问题。现在请允许我用一个具体例

---

[1] 如果我们不关心各种民主制约因素,可能就有理由接纳外国人的意见,比如桑斯坦建议,美国最高法院应该在青少年死刑问题上考虑(来自西方自由民主国家的)外国法院的判决(Sunstein, 2009)。

子，来说明迄今为止我所讨论的、能够提高群体解决问题能力的认知多样性道路。

议会代表的协商多以解决问题为目的，比如处理经济危机、修补国家医疗健康系统、规管银行家的薪酬，或者处理环境问题。我不想马上讨论美国国会中争议性过于复杂的协商实例，而是先剖析一个小例子，来揭示具有认知多样性的群体有什么认识论方面的优势。我借用的是一个小社区公民之间解决当地问题的真实例子。这是公民直接协商而非通过代表进行协商的民主案例。然而，在理想情况下，这种情形下的协商逻辑应转化为伯克式代表之间的协商。这个例子有双重便利。首先，它在一定程度上是纯正的协商；由于很多辩论的真正内容被利益、党派和意识形态立场所掩盖，国家立法机构往往没有这种纯正性。其次，我认为，在这个特殊的、有关安全问题的协商中，与程序无关的正确标准非常直观、争议很小；而对经济危机或公平有效的医改性质的讨论不会如此。这个例子就是纽黑文地区（译者注：耶鲁大学所在地）位于沃斯特广场与市中心交界处的法院街大桥附近反复出现的抢劫事件。

在希望解决抢劫问题的第一次尝试中，邻居们组织了社区联防队，并开设了网站，让人们在天黑之后协调回家路线。他们还与市长代表和纽黑文警察局长举行了会议。第一轮协商的结果是，警察局派一辆警车在下午6点后驻守在街道拐角这个大多数抢劫的发生地。然而，事实证明，这个方案只能临时唬唬人，因为一旦警车不在那里，抢劫还是照样发生。于是人们探讨了另一个方案，即在这个危险之地派驻便衣警察，让他们识别并抓获罪犯。然而，1月中旬的纽黑文太冷，这个选择也不是非常可行。在又一轮协商后，有人建议在桥上安装路灯，因为日落之后这座桥就黑灯瞎火，容易诱发犯罪。每个人都觉得这个简单的常识性建议比以前的方案好得多，并迅速达成共识。不幸的是，市政府的技术人员说，桥下有一个横穿铁轨的高压系统，导致很难在桥上安装电灯照明。

由于这个方案似乎也被排除在外,有人问这些限制是否适用于太阳能灯。答案是这种灯不受限,还有无需维护的优势。然而,市政厅的会计师说,本地财政无法负担。每盏太阳能灯至少需花费5000美元,这个小城市根本买不起。最后,另一位与会者问,市政厅可不可以向联邦政府申请专项资金。该市最终从联邦政府申请到4万美元,购买并安装了3个太阳能灯。[1] 9月下旬,邻居们在桥上组织了一个街区派对来庆祝太阳能灯的顺利安装。从那时起一直到2010年11月,这个特定区域没有再发生过一起抢劫事件。[2]

这个例子说明了不同的纾困方式(普通公民的、警察的、工程师的、会计师的)如何相互结合,指导一个群体从最显而易见但次优的方案(警车驻守危险街角)转向不那么显而易见但更有说服力的方案(在桥上安装太阳能灯)。这个例子还可以说明,一群非专业人士如何能比专家本身(比如本例中的警察)做得更好。这是因为警方一直试图按照自己最熟悉的方式提供方案,无论是抓捕案犯也好,到场吓阻也好,都是如此;而更有说服力的方案需要突破专家的思维定式,采取不同的方法。当然,仍然需要观察犯罪的长期走势是否真的在下降,因为这可以检验所选择方案在特定情况下是否符合与程序无关的正确标准。然而,我认为,人们所选择的正是迄今为止所探讨的最佳政策。

很难想象,议员们之间的辩论能像上述协商结果那样干净利落。虽然伍斯特广场的邻里们都想改善安全状况,并欢迎任何能够促进这一目标的想法,但(至少近年来在美国)议员们往往把自己对国家安全或经济增长等共同目标的责任感抛于脑后,拒绝任何可能有利于对手的意识形态的提案。在议员之间,建设性的

---

[1] 这个故事的完整报道,见http://newhavenindependent.org/index.php/archives/entry/and_wooster_square_said_let_there_be_light_and_there_was/id_29649。

[2] 我评估的依据:一是定期查阅这个网站:http://woostersqwatch.com/EventPix.aspx,二是卡尔·布雷迪(Karri Brady)发给我的每周电子邮件报告,他是伍斯特广场街区的负责人。

协商不是不可能发生，但它似乎更可能被漫长的党派争吵冲淡，遭遇种种挫折，并且可能经历很多回合。外部观察者几乎看不到任何进展。也许过去在伯克所颂扬的绅士代表中间，能找到在认知论上比较纯正的协商实例。也许这种纯正的协商从未存在过。然而，大多数当代辩论带有的那种强烈党派特性并不会因此就变得让人容易接受，[1] 它也不意味着降低党派性和更加实际的协商是不可能实现的目标。事实上，在全球进行的多次"协商民调"实验表明，尽管有时候存在语言障碍和文化差异，在数量上与议会规模相当的随机抽样公民完全有能力进行有效的协商（e.g., Fishkin, 1997, 2002, 2005, 2009 and Farrar et alii, 2010）。

现在，我来解释一下，协商的这些认知特性在什么条件下可以最大化。根据洪路和斯科特·佩奇对群体能力的研究（Hong and Page, 2001 and 2004, Page, 2007），认知多样性对于集体解决问题的质量至关重要。认知多样性是，在解决问题或寻求答案时，人们处理方式上的差异。[2] 在伍斯特广场协商实例中，认知多样性来自下述事实：一些人是教师、家庭主妇，一些人是工程师、警察、会计师等。然而，认知多样性不应该与这些特征（我说得很简略）混淆。认知多样性也不应该与价值观或终极目标的多样性混淆，否则会有损于解决问题的集体努力。居住在伍斯特广场周围的公民都想改善社区安全状况。按照洪路和佩奇的说法，在这样定义的认知多样性条件下，随机选择的一个问题解决者群体，胜过一群最

---

[1] 有人持相反意见，认为党派性是个好东西，See Rosenblum, 2008。

[2] 这具体表现为视野的多样性（再现情境和问题的方式）、解释的多样性（分类或区隔的方式）、探索的多样性（寻找问题解决方案的方式）和预测模型的多样性（推断原因和结果的方式）（Page, 2007, p.7）。

佳的问题解决者（Hong and Page, 2004: 16388; Page, 2007: 163）。[1]

伍斯特广场公民协商的例子说明了一个要点，对于任何试图解决共同问题的群体协商而言，重要的是群体思维的多样性，而不是每个个体本身可能有多么正确。正是这种思考问题的多样性，解释了一个群体如何从不那么明智的解决方案转向更明智的解决方案，即从派一辆警车在危险的街角每天驻守几个小时到用光来威慑犯罪。事实上，哪怕是最小量的认知多样性都可以在一定程度上弥补个体能力的不足。

在洪路和佩奇的研究发现基础上，我认为，如果他们的发现是正确的，那么将协商恰当"民主化"（即向所有人而不是仅向少数聪明人开放）的好处在于，其开放性和包容性将会自然而然地确保更大程度上的认知多样性。在这个意义上，人们可以说，人越多越聪明。[2] 因此，如果 12 个人比 1 个人具有更大的认知多样化，那么 43 个人比 12 个人的认知多样化程度更高，因而也更聪明。以此类推，可以扩展至 123 人或 500 人。这种与数量相关的认知多样性假设未必总能得到验证，但它比相反的假设更有说服力。

---

[1] 有四个条件，每个条件都似乎相当合理。第一个要求问题足够棘手，因为我们不需要组织一个群体来解决很容易解决的问题。第二个条件要求所有问题解决者（problem solvers）都比较聪明。换句话说，群体成员的局部最优值不能太低，否则该群体就会被困在远离全局最优值的地方。第三个条件假定存在局部最优值的多样性，以至于问题解决者交集之处包含了全局最优值。最后，第四个条件要求挑选问题解决者的初始人口必须很大，并且聚在一起工作的问题解决者的集合包含相当数量的问题解决者。这个假设确保了从较大候选库中随机挑选出来的问题解决者集合是多样的，它比候选库中最优者的集合具备更大的认知多样性；如果从中随机挑选问题解决者的候选库太小，或者问题解决者的子集在绝对数量上太小，就不一定会出现认知多样性了。请注意，第四个条件的第一部分可以视为麦迪逊在《联邦党人文集》第 10 篇中提出的要求，代表的候选库足够大。有关这方面的更多信息，参见 Hong and Page, 2004, pp. 16387-16388 and Page 2007, pp. 159-162。

[2] 见 Landemore (2010 and forthcoming 2012)，她建议将佩奇的"多样性优于能力定理"（Diversity Trumps Ability Theorem）概括为"数量优于能力定理"（Numbers Trumps Ability Theorem），即对于一个解决问题的群体的认知能力而言，最重要的与其说是个人能力（至少在特定门槛以上），不如说是群体人数，至少在达到收益递减点之前是如此。

三、代表就是一种以较小规模投射较大人群认知多样性的方式

哈贝马斯曾有一个人所共知的提法,"好论点具有非强迫力量"(Habermas, 1984)。我们刚刚看到,正如哈贝马斯所说,更具包容性的协商过程,会增加群体最终找到解决特定问题正确答案的机会。不过,一个关键的问题是数量的门槛;搞不好,人们对数量的热情会被打消。让一个群体的所有成员都参与协商并非总是可行的。在实践中,超过一定的数量门槛,协商就会乱成一锅粥;在这种情况下,少一点儿人协商反倒显出了认知优越性,这在传统上往往意味着富人和受过更好教育者的协商。代表的制度化手段明显是门槛问题的一种解决方式。代表制允许多数人间接或通过中介参与决策,但只需少数人出面。换句话说,当数量太大时,代表让民主决策依然可行,不过要转一个弯。

代表制的这种补救性质不一定能让代议制民主变成直接民主的次优选择。正如许多作者所主张的,代表制也可以被看作普通公民授权职业政治家提高决策质量的一种方式。在从伯克到熊彼特之后的当代精英民主派中[1],一个常见的代表观是,假定代议制挑选出能力更强的公民,由后者负责代表所有其他人制定法律,做出决策。最近,纳迪亚·乌宾第(Nadia Urbinati)提出,相较直接民主,代议制民主的最大优点在于,代议者和被代表者之间的反馈回路有助于斡旋与反思(Urbinati, 2006)。

然而,还有另一种看待代表的思路。根据这种思路,代表的主要功能不是聚集一批出类拔萃之辈,也不是在集体决策过程中引入反思维度(尽管也可能是这样)。代表的功能是,用一种面对面协商的方式,再现更大群体的认知多样性,同时尊重公民人人平

---

[1] 当然,伯克和熊彼特之间有明显的区别。根据伯克的观点,代表们应该运用他们的优秀判断力,就选民的整体利益和长远利益作出决定。在熊彼特看来,代表们利用自己的大脑,通过追求可能符合选民偏好的政策目标,最大限度地增加自己连任的机会。

等的原则。从认识论角度来看，我们的期望仍然是，代表大会应该提出解决各种集体问题的最佳答案。然而，我们的假设是，这种认知表现主要取决于代表大会的系统性质（包括认知多样性），而不是成员的个人能力。

如果上一节的论点是正确的，那么对于代表之间协商的认识可靠性而言，重要的就是群体在认知上是多样化的，而不是由一批聪明但认知同质化的个体组成。假定公民达到了个人能力的最低标准，那么从概念上讲，什么是确保认知尽可能多样化的最简便方式呢？

一个初步的想法是，无论我们如何挑选协商者/决策者的子集，他们都不应永远保持权力。因此，如果目标是注入并长期保持某种认知多样性，代表的定期轮替似乎就是最低要求。即使轮换仅限于人口的特定子集（受教育程度较高者），我们也至少可以避免僵化寡头制的问题（如思维方式同化、对公益视而不见）。看来，对任期时长的限制（它早已是代议制政府必要而无可争议的特征，Manin, 1997）与对任期数量的限制（适用于诸如总统等职务，但不适用于参议员与众议员）是长期保持决策机构最低认知多样性的重要保障。顺便说一句，这种对任期和连任的限制完全符合民主原则。

然而，当涉及代表大会的组成时，问题就又出现了。我们应该如何挑选我们的代表，以便无论我们的社会面临何种困境（经济危机、战争、自然灾害、能源危机），代表们都能代表我们做出尽可能好的决定？让我们现在将民主制约包括在内，看看有哪些可行的选择。如果我们事先知道将会出现什么困境，例如经济危机，我们会希望确保议会具有某种对路的认知多样性，即挑选有经济视野的候选人。在制定宏观经济原则时，我们可能最好让代表大会的一部分人是凯恩斯主义者，一部分人是货币主义者和"奥地利学派"。因此，我们就可以假定，充分而恰当的认知多样性可以增加这些代表之间协商出好结果的可能性。事实上，如果我们能够知道或至少足够准确地猜到代表大会将不得不处理什么问题，我们通常就应该多挑一些持不同观点的人。例如，如果我们知道未来五年内可能发生生态灾难，我们就应确保立法机构内包含的环境友好型人士比例高一些，高过他们占总人口的比重。

我们不确定能否以民主方式确保这种过度抽样。但是，我认为，在任何情况下，可行性问题都应该优先于正当性问题。实际上，在大多数情况下，我们无法事先预测认知多样性的相关维度，因为我们根本无法预测未来。我们也不知道相关的认知多样性究竟意味着什么，因为诸如凯恩斯主义者、货币主义者、奥地利学派或各种"环境友好"类型的分类通常太粗略，无法捕捉人们思考经济或环境议题的各种方式之间的差异。即使精致的事后社会学分析能够可靠地将某些特征与某些观点关联起来（例如，黑人女性素食者倾向于在问题 Z 上想到 X），但这仍然不能告诉我们，在不同背景下，他们面对不断变化的议题时会怎么看。政治问题在很大程度上就是无法预测的问题，我们不能事先知道谁会怎么看。对待这种问题的理性态度是，对于谁有最佳答案持不可知的立场，直到这个答案在公共论坛上得以尝试。对于政治问题，我们唯一可说的是，解决方案可能来自任何地方，不可能总是来自同一种人，亦即可以确定属于特定类别的人（白人、男性、共和党人）。

更重要的是，即使假设，一个人可以提前预见哪个问题可能被提上议事日程（毕竟很可能出现经济和环境问题）、可以认定何种认知特征对于提高这个问题的协商质量最为重要，人们还是不能保证这些认知特征对解决其他问题同样重要。因此，假如你过度抽取有经济头脑的人或环保主义者，以确保对一些经济或环境相关问题的协商是最好的，你也不能保证在处理完全不同的问题时，遵循这条路线的过度抽样能够保持认知多样性。事实上，如果对任何类别的人进行过度抽样，你可能已不知不觉地将这组代表同质化了，这对处理其他议题毫无好处。例如，不管对经济议题的认知如何多样化，有经济头脑的人往往倾向于对华尔街、金融机构与大公司过于宽容。不同风格的环保主义者都倾向于不考虑财政成本（但愿这两个例子都是我自己瞎编出来的）。既然不可能按照每个可能出现的新议题重组代表大会，既然每个议题都可能需要完全不同的认知多样性，那么，最终较为理性的处理方式是，把群体中每个人视为一个潜在认知多样性的独特来源，并在立法机构中为大型群体尽量保留大量独特视角。

什么选择机制最有可能保持大型群体的认知多样性呢？可供考虑的方案很多，包括配额、刻意划分选区和抽选。无论怎么做，重要的是，我们应该把代表理解为对全国人民的描绘性代表或镜像。换言之，因为我们关心代表大会的认知表现，我们有理由接受代表作为人民的缩微肖像这个概念，只要这个概念与作为选民代理人的代表观脱钩就行。这里的关键是，形成一个认知多样的群体，但其成员不一定只考虑以某种方式维护那些在年龄、性别、社会经济阶级和其他特征上与自己"相似者"的利益。在这个混杂了埃德蒙·伯克和反联邦主义者观点的思路中，议会拥有形形色色的代表而不仅仅是有产白种老男人是十分有意义的。这不是因为这些个体更可能维护年轻、无产、非白人和非男性人群的利益（尽管他们也可能这样做），而是因为他们可能增加了所在群体的认知多样性。这些人的世界观非常不同，给协商注入了不同的论点、想法和解释。这种差异对于包括代议群体在内的任何群体的集体解决问题能力都是一件好事。

从认识论角度为描绘性代表辩护等于提出了一种对代表的不同的规范性理解；在这个新代表观中，代表的正当性至少部分地取决于代表们的认知表现，而同意（Consent）的作用则被降至无关紧要的地位。* 不仅如此，这种对描绘性代表的辩护与现有的实践是

---

* 在西方主流代表观中，"同意"这个概念至关重要：选民参加选举就意味着，他们同意让当选者为他们做主。关于"同意"的重要性，见 Bernard Manin, *The Principles of Representative Government*, Cambridge: Cambridge University Press, 1997, pp. 79-93。——译者注

冲突的，这也并不奇怪。如果在规范层面上是正确的，这种认识论的思路将促使我们重新思考挑选代表的方式，用不同的眼光看待那些非选举产生，但却自称具有代表功能的实体。

对我们挑选代表方式最明显的影响之一是，对现行的选举做法提出质疑，因为选举也许不是在较小尺度上再现认知多样性的最佳方式（尽管在某些情况下选举可能做得很好）。实际上，选举保留了贵族风格，至少在历史上，其通行的选择标准往往给受教育程度更高和最富有的社会成员以更大机会，这些人倾向于保持权力并自我繁殖成为一个阶级。[1] 即使在理论上也不清楚选举原则能否与认知多样性的目标完全协调，因为最可能竞选官职的人往往都有某种共同特征（例如 A 型个性），这将会降低代表大会的认知多样性。因此，即使这些选举产生的议会成员个人能力很强，它们的认知多样性也不会很高。

人们通常基于公平而非认知理由提出用随机抽签代替选举。[2] 本文认为，抽签在认识论上似乎是个好的替代。抽签不会提高个人的能力水平，因为被选中者的预期个人能力必然是平均的，但它们会维护群体的认知多样性。除了其他明显优势（例如，它们的运行成本比选举低得多）以外，我们可以期望抽签在认知层面极大地改善代表之间的协商质量。[3]

安德鲁·雷菲尔德（Andrew Rehfeld）很不一样，他建议保留选举原则，但将选区构成随机化（Rehfeld, 2005）。为此，他建议，在年满 18 岁进行选民登记时，新选民被随机分配到 435 个虚拟选区。

---

〔1〕 对美国代议民主面临问题的有力批评和解决方案，见 O'Leary, 2006。

〔2〕 E. g., Elster, 1989, pp. 78-103; Mulgan, 1984, pp. 539-560; Goodwin, 1992; Carson and Martin, 1999; Duxbury, 1999; Stone, 2007; Sintomer, 2007.

〔3〕 另一方面，抽签在激励、动机和问责方面存在种种问题，因为随机挑选出来的人连任与否与他们在位时做了什么、没做什么毫无关系。因此，在产生认知多样性方面，选举也许只是次优选择。定期举办选举（每四年或五年）还确保在最低限度上实现统治者的更新（尽管频率比抽签慢），这对于防止代表变成一群思维相似的寡头至关重要。我在此提出一个合理假设，任何最初具有多样性的个体组成的群体，久而久之都会变得没有多样性，除非定期用新鲜血液予以更新。

这项改革旨在创造稳定、异质、非自愿的选区，形成全国选民的小型镜像，而不是按照目前的领土选区规范，以利益或身份为基础划分选区。对雷菲尔德来说，这一改革不仅使我们更接近建国者设计大领土选区的真正意图，也更接近正当的代表规范理想。对我们这里的目的特别有意义的是，根据雷菲尔德的说法，镜像选区将培育真正以公益为导向，而非以维护地方利益为导向的投票；也正因为如此，选民利益将与整体利益一致。请注意，从认识论角度来看，雷菲尔德的随机选民设想是有问题的。既然选区是随机构成的，它们每个都像是人民的微型版本。因此，他们的投票方式很可能相当相似。根据雷菲尔德的说法，这种相似性可以确保随机构成的选区将为全国性公益投票（在统计上，全国性公益就等于任何一个随机构成选区的公益），而不是为并不存在的地方利益投票。从这个角度来看，就挑选"合适"代表而言，相较传统刻意划分选区的做法，随机构成的选区毫无疑问是认知上的一大改进。然而，在集体层面，这种认知优势很大程度上被下述事实所抵消，即那些"恰当"的候选人加在一起，作为一个群体不会构成一个"恰当的"议会。由于在多数情况下，统计上类似的选区会投票给同一类型的人，在美国，国会最终将完全由白人男性共和党人组成。随机构成的选区可以改善公民意识和投票的"恰当性"，但它们也可能选举产生以相同方式思考的 435 个议员，由他们组成的一个认知同质化的国会。[1]

---

[1] Rehfeld（2005, Epilogue）考虑到这样一种批评：按他的设想，改为随机产生的选区后，第一届国会将高度同质化。不过，他确信，只要意识形态失衡受到起码的关注，久而久之问题会自然消失。在一个全由共和党控制的国会后，下一轮选举将带来全由民主党控制的国会。经过几次摇摆，国会将在意识形态光谱的中间地带稳定下来，因为党派的重要性将随着时间的推移而降低。对于少数群体的发声问题，雷菲尔德的方案是在随机产生的选区层面重新引入"配额"。他认为，通过改变拥有国会席位的资格条件，使得只有非洲裔美国人或妇女等少数群体可以在一定数量的选区参与竞选，就可以用可控的、透明的方式在代表大会层面重新注入某种程度的多样性。该建议比刻意重划选区的做法大有改进，因为那种做法会沿种族界限（而不是有人设想的性别界限）让选区高度同质化；尽管如此，从认识论角度来看，这种配额的问题在于，它假设一个人可以预先确定哪种多样性（种族、性别）有利于协商。正如我将在下文进一步解释的，这个预先界定的多样性是否准确反映所需要的认知多样性，这一点没有任何保证。

本文对以选举为代表产生的主要机制提出了质疑，不管其选区是现行那种，还是随机产生的虚拟选区；反过来，本文试图理解为什么非选举的、声称以全新方式代表人民意愿的机构越来越流行，并享有正当性，比如公民审议团、公民大会或者费什金"协商民调"。本文认为，通过在较小尺度上再现较大群体的认知多样性、进行协商，作为人民缩微肖像的全国性大会履行了代表的认知功能。有人谴责"微众"[1]（mini-populi）不正当、没有代表性，因为它们不是经选举产生的、无从问责的机构。对此，人们可以这么回应，至少就它们实际上或可以为被代表者做什么而言，这类"微众"实际上比许多选举产生的议会更具代表性。对于非选举产生的代表的问责问题，可以这么回答，选举并不是确保问责的唯一方式，甚至不是一种特别有效的方式。其他激励措施，例如同侪压力，维护自身声誉的愿望，或"自转型代表"（gyroscopic representatives）的内在动机[2]，都可以用来在非选举系统中确保最低程度的负责。

四、几种反对意见

对于以随机抽选的方式产生作为人民受托人的代表大会这个想法，存在一些反对意见，我现在加以讨论。第一个反对意见是，不管有关协商和代表的认知思路有多大意义，解决问题不是代表在议会中的全部任务。反对者可能会指出，议会中的许多讨论更多地涉及特定利益的讨价还价与保护。这样说的话，无疑是对描绘性代表论的支持，不过它支持的不是本文从认知角度提出的描

---

［1］ 这个词来自罗伯特·达尔（Robert Dahl, 1989, p. 340）。然而，达尔用它来分析只有咨询功能的公民大会，而最近很多理论家则希望赋予随机选择的群体以实际决策权。

［2］ 对古代雅典存在的其他问责机制的考察，见 Elster, 1999。关于"自转型代表"的概念，见 Mansbridge, 2003（p. 515）；对这个概念的部分认可和重新，见 Rehfeld, 2009（p. 231）。（译者注："自转型代表"的含义是，选民把票投给某位候选人的原因是，该候选人行为处事与他们一样；当选后，该代表不必去刻意了解选民意愿，只需按自己的意志行事即可，如同陀螺仪自转。）

绘性代表论，而是古典的描绘性代表论，即一个看起来像人民微型肖像的公民大会更可能同等代表所有利益。

作为对这一反对意见的回应，我只承认解决问题不是政治的全部，相互竞争利益之间的处置与妥协当然是代表的任务。但是，请注意，解决问题和处置利益冲突之间的分界线不是一成不变的。处理得当的话，协商实际上完全可能把一个原本被看作激烈利益冲突的问题（零和游戏）重塑为一个存在共同解决方案的问题（正和博弈）。我在此借用简·曼斯布里奇的一个例子，对它稍作调整。[1] 设想在图书馆工作的两个人在开不开窗户上意见不一。一个人想开窗呼吸新鲜空气。另一个人想继续关窗避免通风。在是否开窗这个分歧上，情况完全是对抗性的。这两个人的要求彼此冲突，但同样合情合理。然而，通过协商，这个问题可以用更合作的方式澄清和重新表述，即找到适当的室温，"适当"意味着双方都接受。问题不再是：我们应该打开窗户还是关闭窗户？相反，它变成：我们都感觉舒服的室温是多少？我们可不可以不通风而实现它？对第一个问题，没有双方都能接受的答案。第二个问题变为寻找对错回答的问题。在这种情况下，恰当方案可能很简单，比如打开相邻房间的窗户。[2]

然而，并不是所有的利益冲突都可以重塑为认识论问题。有时候，或许在大多数时候，政治是对各种同等合理的要求进行处置。本文的要点不是否认这一现实，只是强调对代表大会认知功能的认真对待涉及具体的代表概念。也许另一个代表概念更适合解释代表大会的其他职能。正如汉娜·皮特金首先提出的，代表概念有很多层面（Pitkin, 1967）。可能的情况是，没有一个论述可以统

---

〔1〕 这个例子又是她从政治理论家和管理理论家玛丽·帕克·福利特（Mary Parker Follet, 1942）那里借用的。

〔2〕 Follet, 1942 引自 Mansbridge, 2009, p. 15. 请注意，我对这个例子的用法与福利特和曼斯布里奇有点不一样，她们用它来说明最终的"整合方案"是某种谈判的结果（Follet, 1942）。在我看来，重组议题的关键恰恰就是从谈判转向协商，即从个人主要谋求促进自身利益，转向仅将各种利益作为寻求共同问题解决之道的因素而已。从理论上讲，没有任何利益动机但被赋予相同信息的公正观察者，也可以找到相同的加总方案。

一解释代表应该履行的所有职能。我在此提出了另一种看待代表的视角，它以新鲜的方式把两组经典的对立关系打散、重组，即作为代理人的代表与作为受托人的代表之间的对立，非描绘性代表与描绘性代表之间的对立。

另一个反对意见可能会认为，至少在真正民主地理解其受托人职能上，我过分强调了代表的独立判断。伯克把代表看作选举的寡头阶级，他们并不真有必要考虑选民的偏好。对代表角色更民主的理解是，他们的角色是公民的"倡言人"（e.g., Urbinati, 2006），应该保护其选民的利益，同时仍然完全自主行动和做出决定。在严格意义上的独立和严格意义上的受命之间，代表们的作为可以被理解为，不断查询选民的意见，并在作出判断时对后者加以考虑，因为代表的连任取决于选民对于代表掌权时的实际作为的满意度。我不否认这个反对意见的有效性。从认识论视角来看，代表必须对某些局部利益负责这一事实清晰地表明，选举所保障的问责制可能会产生反效果。当代表太关注其选民利益的短期满足时，作为一个群体，他们解决问题的能力可能会受到损害。在选举问责和认知表现之间可能要进行令人不快的权衡。

下一个反对意见提出了某种"同质国家"的可能性。想象有这么一个国家，其政治议程上只有一个或一类议题是至关重要的，且99%的居民在这个问题上的认知非常相似，只有1%是不同的。在这种情况下，很明显，我们让代表大会更具多样性的途径是，对少数群体进行过度抽样，而不是坚持描绘性代表。这当然没错。但我认为，至少对于自由主义传统的大众民主社会来说，这个情境本身很不可信。这种社会由具有不同生活经历和议题视野的不同个人组成，因此，在任何问题上都几乎无法想象会出现99%的同质性。唯一可以并应该期望出现这种同质性的领域，是基本宪法原则、基本社会价值观和文化规范。这些共享原则和价值观构成了民主认识论视角的背景，但它们在本文所关注的那种常规政治里并不是至关重要的。此外，由于我假设政治本质上是各种不同且无法预测的政治问题的交汇点，没有理由认为可以在一系列问题上发现这种一致性。所有这一切都意味着，期待任何社会在每个问题上都形成完全重叠和几乎一致的群体，是不现实的。无论如何，在我看来，举证责任似乎在反对者身上。只有当人民的静态类别可以被识别、所有政治问题可以被预测时，过度抽样才是有效、合理的。

还有一个反对意见，它针对的是基于认识论理由用抽签替代选举。即便对于代表大会的问题解决能力而言，认知多样性比个体能力更重要，抽签也可能会把平均能力大大降低，以至低于群体能力所必要的门槛；因此，与其要一个普通公民平均水平的代表群体，还不如要一个思维同质化的代表群体。这个反对者可以补充说，为了给代表大会注入一定程度的认知多样性，人们可以保留现行选举制度，并通过两种方式予以矫正，要么像很多欧洲国家当前的普遍做法那样，建立配额制度，确保各党派名单上有各种少数群体的位置；要么像美国那样，通过刻意重划选区，确保相同少数群体的代表当选。这就是简·曼斯布里奇倡导的"有选择的描绘性代表"。曼斯布里奇批评她所说的微型描绘性代表"太乌托邦"，她支持在某些情境下，针对历史上处于不利地位的群体适用有选择的描绘性代表。她的论点是，有选择的描绘性代表可以提高这些弱势群体利益的实质代表性，改善这些社群的自我形象，或增强政治体的事实正当性（Mansbridge, 1991: 1）。这些论点本身很有说服力，但曼斯布里奇也承认，其代价是与配额制、刻意划分选区一样，将某些人群刻板化、符号化了。有选择的描绘性代表还有一个具体的认知优势。在理论上，选举与配额制或恰当的选区设计相结合，的确可以让我们两全其美：选举产生的个体能力强，整个群体也有某种认知多样性。

我们如何回应这种反对意见呢？我们可以乐观地假设，选举的确会选出出类拔萃之辈。但仍然没有得到证实的是，如果一个认知多样的群体在解决问题时存在一道最低的能力门槛，普通公民的个人能力低于这道门槛。在这种情况下，个体能力平均但具有认知多样性的群体可能与个人能力强但思维同质化的群体难分高下，即使通过配额或刻意划分选区为后者注入一定量的认知多样性，依然如此。

其次，问题在于，配额和刻意划分选区这两种给代表大会注入认知多样性的方式都极为笨拙且有缺陷。在我看来，这些方法存在两个主要问题。一是在协商任何特定政治议题时，几乎无法预测什么样的认知差异是重要的。虽然配额制和刻意划分选区所依据的社会特征的确可能存在，但它们与某种认知差异有关，比如妇女和黑人的认知差异，而对于其他问题，所需要的认知多样性可能完全不同，比如动物爱好者和图书馆员的认知差异。我认为，对于大多数政治问题而言，我们无法预知哪种选民特性是相关的，也就是说，不知道适当的思维方式来自哪一类人。

再次，很难确定，为有选择的描绘性代表添加校正措施后，在认知多样性上，选举结果与没有这种措施的选举有多大差别。毕竟，如前所述，如果选举选出的确实是某种类型的人，对窄小的群体稍加扩大不一定能产生任何效果。

因此，最好的解决办法似乎不是做出选择，而是把选择留给机遇和大数法则。试图预测一位来自工人阶级街区的黑人妇女或一位白人农民能否提升对一个待定主题的协商质量，往好处说是很可笑，往坏处说是刻板化。因此，从认识论角度来看，有选择的描绘性代表（特别是完全基于过去受歧视的历史那种）不可能产生足够的认知多样性。支持刻意划分选区和配额也许有其他说得过去的理由，但我怀疑改进协商会议的认识论性质是其中之一。

最后，我来简要讨论一下对抽选的反对意见，这与本文的焦点，即所选代表的能力无关，而与他们的正当性有关。换言之，这个反对意见与抽选的民主缺陷有关。它认为，随机选择不是挑选代表的一种民主方式，因为它剥夺了公民的同意权和选择权。换言之，它切断了挑选代表与人民通过投票机制直接表达同意之间那道至关重要的关联。这个反对意见的指控非常严重，我在本文中无法充分回应。我只简要指出几种回应方式。

首先，可以回应说，存在基于抽签的民主制度范式，比如今天的陪审团制度或古代雅典的官员选拔制度。其次，可以说，人民实际的、直接的、明确的同意并不是代表正当性的唯一来源。也就是说，我们一般认为有些非选举机构，如最高法院或非政府组织，也具有某种代表性。与之类似，协商民调、公民审议团和共识会议的倡导者强调，这些制度创新具有非选举的正当性。对于最高法院来说，同意也可以说是真实的或实际的，尽管是间接的，只是在原初宪法原则层面表达的。请注意，没有理由认为不能根据抽选原则获得这种间接同意。至于非政府组织、公民审议团或共识会议，如果它们有某种正当性，也可能是基于某种心照不宣的实际同意，这也可以支持抽选的运用。最后，存在各种基于"规范性"概念而非实际同意的民主正当性理论（e.g., Estlund, 2008），借此也可以建构对抽选的辩护。关键在于，对于民主理论家来说，把非选举产生的制度与民主正当性连接起来，有各种概念性的途径，其中一些完全不需要实际上的同意。在我看来，其中一个可能是回到18世纪的"实质代表"（virtual representation）的概念上。这个概念不需要存在一个选举过程，并认为某些社会人士，如果他们的利益与其他人一致，就可以代表整体发声。[1] 我在这里没有更多空间来论证抽签和抽选的民主血统，但我并不认为，缺少人民对其代表实际的、直接的、明确的同意与民主正当性之间一定是无法调和的。

---

[1] 实质代表不仅仅在很大程度被18世纪不民主的英格兰接受，也被早期的美利坚共和国所接受，见 Wood, 1969, p.176。戈登·伍德（Gordon Wood）说，即使在独立之后，美国人也继续接受实质代表论，这（也许还有其他因素）可以解释美国人为什么拒绝给女性和未成年人选举权。当时的代表本质上仍然与选举人、非选举人和代表之间紧密的利益纽带相关，而不是与选举代表的权利相关，二者之间甚至本质上没有关联，Wood, 1967, pp.178-179。

结论

在本文中，我对代表概念提出了一种全新的规范性解释，它是让民主协商可行且同时至少保留了整体认知多样性某些特征的制度化手段。有了对代表的这种理解，我为描绘性代表提供了一个伯克式的辩护，即一个作为人民缩微肖像的代表大会可以最大限度提高自身所不可或缺的认知可靠性。不过，伯克认为，代表之间协商的认知质量实质上取决于代表个人的能力。他认为，拥有更好的教育和优秀智力的绅士议会将产生最好的结果，只要这些绅士们自由自主地做出判断。我的看法是，如果我们关心代表的协商质量，我们最好组建一个个体能力也许不足但集体更具认知多样性的代表大会。

除了制度意义和实践意义，这个结论对"理念政治"倡导者与"在场政治"倡导者之间的当代辩论可能也有规范意义。对于理念政治的倡导者而言，与所宣布的政策和计划相关的问责是评估代表正当性的重要因素。白人男性可以代表黑人妇女，反之亦然，因为重要的是那种"理念"的代表有能力捍卫。理念可以通过理由的运用来评估，这与肤色无关，与性别无关，不偏不倚。因此，我们在选择代表时应该关注如何找到那些具有好的理念和良好辩才的人，而不是具体的社会特征。然而，在场政治的倡导者认为，性别或种族组成绝非无关紧要，事实上关乎民主的正当性。在一定程度上，只有黑人可以代表黑人，只有女人可以代表女人。然而，在本文提出的认识论思路中，在场政治与理念政治无法分离，因为正如上文指出的那样，在成员具备所需要的充分认知多样性的协商环境中，才可能出现最好的理念。根据这种观点，说黑人妇女更适合代表黑人妇女是没有意义的。相反，在一个黑人少数族裔力量强大的国家，缺少黑人妇女的代表大会很可能无法具备其应有的认知多样性，这很可能会损害协商结果的认知质量。

参考文献

Ackerman, Bruce, 1981, *Social Justice and the Liberal State*, New Haven and London: Yale University Press.

Anderson, Elizabeth, 2006, "The Epistemology of Democracy", *Episteme* 3.1: 8–22. Ball, Terence, 1987, "A Republic—If you can keep it", in T. Ball and J. Pocock eds., *Conceptual Change and the Constitution*, Lawrence: University Press of Kansas.

Barnett, Anthony and Peter Carty, 2008 [1998], *The Athenian Option: Radical Reform for the House of Lords*, *Luck of the Draw: Sortition and Public Policy*, Charlottesville VA: Imprint Academic.

Bohman, James, 2006, "Deliberative Democracy and the Epistemic Benefits of Diversity", *Episteme* 3.3: 175–191.

Bolingbroke, Henry, 1997, *Political Writings*, Cambridge, UK: Cambridge University Press.

Burke, Edmund, 1968, *Reflections on the Revolution in France*, London: Penguin Books.

Callenbach, Ernest, 2004, *A People's Parliament. A Revised Blueprint for a Very English Revolution*, Charlottesville, VA: Imprint Academic.

Carson, Lyn, and Brian Martin, 1999, *Random Selection in Politics*, *Luck of the Draw: Sortition and Public Policy*, Westport, CT: Praeger.

Chatman, J., J. Polzer, S. Barsade, and M. Neale, 1997, "Being Different Yet Feeling Similar: The Influence of Demographic Composition and Organizational Culture on Work Processes and Outcomes", *Mimeo*, University of Texas at Austin.

Cohen, Joshua, 1989, "Deliberation and Democratic Legitimacy", in Alan Hamlin and Philip Pettit, eds., *The Good Polity*, Blackwell, Oxford: 17–34.

——1986. "An Epistemic Conception of Democracy", *Ethics* 97 (1): 26–38.

Cohen, Joshua and Joel Rogers, 1995, *Associations and Democracy. The Real Utopias Project*, Vol.1 (Ed. Erik Olin Wright), London: Verso.

Coleman, Jules and John Ferejohn, 1986, "Democracy and Social Choice",

Ethics 97 (1), pp. 6-25.

Dahl, Robert A, 1989, *Democracy and Its Critics*, New Haven, CT: Yale University.

Danoff, Brian, 2009, "Political Thought in the Early Republic: The Federalist-Antifederalist Debate", in Richard A. Harris and Daniel J. Tichenor eds., *A History of the U. S. Political System: Ideas, Interests, and Institutions*, Santa Barbara, ABC-CLIO.

Dowlen, Oliver, *The Political Potential of Sortition: A Study of the Random Selection of Citizens for Public Office (Luck of the Draw: Sortition and Public Policy)*, Charlottesville, VA: Imprint Academic.

Dovi, Suzanne, 2008, "Political Representation", in Edward N. Zalta, ed., *The Stanford Encyclopedia of Philosophy*, Winter 2008 Edition, URL = <http://plato.stanford.edu/archives/win2008/entries/political-representation/>.

Downs, Anthony, 1957, *An Economic Theory of Democracy*, New York: Harper: 1957. Duxbury, Neil, 1999, *Random Justice: On Lotteries and Legal Decision-Making*, Oxford: Oxford University Press.

Elster, Jon, 1999, "Accountability in Athenian Politics", in Adam Przeworski, Susan C. Stokes, and Bernard Manin eds., *Democracy, Accountability, and Representation*, Cambridge: Cambridge University Press, pp. 253-78.

——1989, *Solomonic Judgments: Studies in the Limits of Rationality*, Cambridge, New York: Cambridge University Press; Paris: Editions de la Maison des sciences de l'homme.

Estlund, David, 2008, *Democratic Authority. A Philosophical Framework*, Princeton: Princeton University Press.

——1997, "Beyond Fairness and Deliberation: The Epistemic Dimension of Democratic Authority", in Bohman and Regh eds, *Deliberative Democracy: Essays on Reason and Politics*, Cambridge, MA: M. I. T. Press.

——1998, "The Insularity of the Reasonable: Why Political Liberalism Should Admit the Truth", *Ethics* 108 (January 1998), 252-75 (253).

Farrar, Cynthia, James Fishkin, Donald Green, Christian List, Robert Luskin, and Elisabeth Levy Paluck, 2010, "Disaggregating Deliberation's Effects: An Experiment within a Deliberative Poll", *British Journal of Political Science* 40, pp. 333-347.

Fishkin, James, 2009, *When the People Speak. Deliberative Democracy and Public Consultation*, Oxford: Oxford University Press.

——2005 (with Robert Luskin), "Experimenting with a Democratic Ideal: Deliberative Polling and Public Opinion", *Acta Politica* 40 (3), pp. 284-298 (15).

——2002, "Considered Opinions: Deliberative Polling in Britain", *British Journal of Political Science* 32, pp. 455-487.

——1997, *The Voice of the People: Public Opinion and Democracy*, New Haven. Yale University Press.

——1991, *Democracy and Deliberation: New Directions for Democratic Reform*. New Haven: Yale University Press.

Follet, Mary Parker 1942 [1925], "Constructive Conflict", in H. C. Metcalf and L. Urwick eds., *Dynamic Administration: The Collected Papers of Mary Parker Follett*, New York, Harper: 30-49.

Goodin, Robert and Christian List, 2009, "Epistemic Aspects of Representative Government", Working Paper, Accessed at http://www.bsos.umd.edu/umccc/goodin.pdf.

Goodwin, Barbara, 1992, *Justice By Lottery*, Chicago: The University of Chicago Press.

Gould, Carol, 1996, "Diversity and Democracy: Representing Differences", In *Democracy and Difference: Contesting the Boundaries of the Political*, ed. Seyla Benhabib, Princeton: Princeton University, pp. 171-186.

Habermas, Jürgen, 1984 [1977], *The Theory of Communicative Action*. Vol. 1. "Reason and the Rationalization of Society", Trans. Thomas McCarthy, Boston, Beacon Press.

Hardin, Russell, 2004, "Representing Ignorance", *Social Philosophy and Policy*, 21, pp. 76-99.

Hong, Lu and Scot Page. 2009, "Interpreted and Generated Signals", *Journal of Economic Theory* 144 (5): 2174-2196.

——2004, "Groups of Diverse Problem Solvers Can Outperform Groups of High-Ability Problem Solvers", *Proceedings of the National Academy of Sciences*, 101 (46), pp. 16385-89.

——2001, "Problem Solving by Heterogeneous Agents", *Journal of Economic Theory* 97 (1), pp. 123-63.

Landemore Hélène, Forthcoming 2012, "Democratic Reason: The Mechanisms of Collective Intelligence in Politics", in H. Landemore and J. Elster eds., *Collective Wisdom: Principles and Mechanisms*, Cambridge, Cambridge University Press.

——2010, "La raison démocratique: les mécanismes de l'intelligence collective en politique", *Raison Publique* 12, *pp.* 9-55.

Leib, Ethan, 2005, *Deliberative Democracy in America: A Proposal for a Popular Branch*, Pennsylvania: Pennsylvania State University Press.

Madison, James, Alexander Hamilton and John Jay, 1987, *The Federalist Papers*, ed. Isaac Kramnick, Harmondsworth: Penguin.

Manin, Bernard, 1997, *The Principles of Representative Government*, Cambridge: Cambridge University Press.

Mansbridge, Jane with J. Bohman, S. Chambers, D. Estlund, A. Føllesdal, A. Fung, C. Lafont, B. Manin, and J. Marti, Forthcoming 2010, "The Place of Self-Interest and the Role of Power in Deliberative Democracy", *Journal of Political Philosophy*.

Mansbridge, Jane, 2009, "Deliberative and Non-Deliberative Negotiations", April 6: HKS, Working Paper No. RWP09-010. Available at SSRN: http://ssrn.com/abstract=1380433.

—— 2003, "Rethinking Representation", *American Political Science Review* 97 (4), pp. 515-528.

——1999, "Should Blacks Represent Blacks and Women Represent Women? A Contingent 'Yes' ", *The Journal of Politics* 61, pp. 628-57.

Martí, José Luis, 2006, "The Epistemic Conception of Deliberative Democracy Defended", in Samantha Besson and José Luis Martí, *Democracy and Its Discontents. National and Post-national Challenges*, Burlington, VT, Ashgate, pp. 27-56.

Mulgan, Richard G, 1984, "Lot as a Democratic Device of Selection", *Review of Politics* 46, pp. 539-560.

Page, Scott, 2007, "Diversity Trumps Ability Theorem", In *The Difference: How the Power of Diversity Creates Better Groups, Firms, Schools, and Societies*: 131-174, Princeton: Princeton University Press.

Pennock, J. Roland and John Chapman, eds., 1968, *Representation*, New York: Atherton Press.

Pitkin, Hanna Fenichel, 1967, *The Concept of Representation*, Berkeley: University of California.

Phillips, Anne, 1995, *Politics of Presence*, New York: Clarendon.

Phillips, Anne, 1998, "Democracy and Representation: Or, Why Should It Matter Who Our Representatives Are?", *Feminism and Politics*, Oxford: Oxford University, pp. 224-240.

Raz, Joseph, 1990, "Facing Epistemic Diversity: The Case of Epistemic Abstinence", *Philosophy and Public Affairs* 19, pp. 3-46.

Rehfeld, Andrew, 2010, "On Quotas and Qualifications for Office", in Ian Shapiro, Susan Stokes, Elisabeth Woods, and Alexander Kirschner eds., *Political Representation*, New York: Cambridge University Press.

——2009, "Representation Rethought", *The American Political Science Review* 103 (2), pp. 214-230.

——2008, "Extremism in the Defense of Moderation: A Response to My Critics", *Polity* 40, pp. 254-271.

——2006, "Towards a General Theory of Political Representation", *The Journal of Politics* 68 (1).

——2005, *The Concept of Constituency: Political Representation, Democratic Legitimacy and Institutional Design*, Cambridge: Cambridge University Press.

Richardson, Henry, 2002, "Representative Government", in *Democratic Autonomy*, Oxford University Press, Chapter 14, pp. 193-202.

Rosenblum, Nancy, 2008, *On the Side of Angels: An Appreciation of Parties and Partisanship*, Princeton: Princeton University Press.

Schumpeter, Joseph, 1976, *Capitalism, Socialism, and Democracy*, London: Allen and Unwin.

Sintomer, Yves, 2007, *Le Pouvoir au Peuple: Jury Citoyens, Tirage au Sort, et Démocratie Participative*, Paris: La Découverte.

Stone, Peter, 2010, *The Luck of the Draw: The Role of Lotteries in Decision-Making*, Oxford: Oxford University Press.

——2009, "The Logic of Random Selection", *Political Theory* 37, pp. 375-97.

―――2007, "Why Lotteries Are Just?", *The Journal of Political Philosophy* 15 (3), pp. 276-295.

Storing, H. J. ed., 1981, *The Complete Anti-Federalist*, Chicago: University of Chicago Press.

Sunstein, Cass, 2009, *Constitution of Many Minds: Why the Founding Document Does Not Mean What It Meant Before*, Princeton: Princeton University Press.

―――2003, *Why Societies Need Dissent*, Cambridge, MA: Harvard University Press.

―――2002, "The Law of Group Polarization", *Journal of Political Philosophy* 10 (2), pp. 175-195.

Sutherland, Keith, 2008, *A People's Parliament: A (Revised) Blueprint for a Very English Revolution*, Charlottesville VA: Academic Imprint.

Talisse, Robert, 2009, *Democracy and Moral Conflict*, Cambridge: Cambridge University Press.

Thaler, Richard H. and Cass R. Sunstein, 2008, *Nudge: Improving Decisions About Wealth, Health, and Happiness*, Caravan Books.

Thomas, D. A. and Robin Ely, 1996, "Making Differences Matter: A new paradigm for managing diversity", *Harvard Business Review* 74 (5), pp. 79-90.

Urbinati, Nadia, 2006, *Representative Democracy: Principles and Genealogy*, Chicago: University of Chicago Press.

―――2000, "Representation as Advocacy: A Study of Democratic Deliberation", *Political Theory* 28, pp. 258-786.

Waldron, Jeremy, 1999, *The Dignity of Legislation*, Cambridge, MA: Cambridge University Press.

Watson, W., K. Kumar, and L. Michaelsen, 1993, "Cultural Diversity's Impact on Interaction Process and Performance: Comparing Homogeneous and Diverse Task Groups", *Academic Management Journal* 36, pp. 590-602.

Williams, Melissa, 1998, *Voice, Trust, and Memory: Marginalized Groups and the Failings of Liberal Representation*, Princeton: Princeton University Press.

是的,我们可以(补回来):对批评的回应

海伦·兰德摩尔[*]

Hélène Landemore (2014), "Yes, We Can (Make It Up on Volume): Answers to Critics", *Critical Review*, 26: 1-2, 184-237.

【摘要】 群众总是聪明的,这个想法也许违反直觉。现代西方的专家和官僚坚信只有极少数人具备政治能力。正如我在《民主的理由》一书中所做的那样,我在本文中为下述相反观点作了辩护:多样的多数通常比精选的精英更聪明,因为他们为政治难题的解决和预测带来了不同的认知工具、视角、探索方式和知识。在本文中,我做了以下几件事:批评程序民主派,替自己的认识论辩护;批评经验主义者,为自己的模型思维辩护;批评那些把基本价值多样性看作政治本质特征的评论人,为回避基本价值多样性辩护;为群众智慧辩护,尽管要面对选民无知和系统性偏见的事实;以及在规范意义上论证民主相对于市场机制的优先性。此外,我还处理了以下三点:对我使用洪路和佩奇形式模型验证结果提出的一些挑战,从认识论角度看选拔代表的恰当方式,以及协商在解决问题过程中的作用。最后,我提出了未来研究的三个路径。

---

[*] 本文受益于泽夫·伯杰(Zev Berger)、约翰·布洛克(John Bullock)、杰弗里·弗里德曼(Jeffrey Friedman)、斯科特·佩奇(Scott E. Page)和伊恩·夏皮罗(Ian Shapiro)颇具教益的评论,以及两位非常出色的研究助理马克西米利安·科瑞恩(Maximilian Krahé)和艾瑞恩·皮内达(Erin Pineda)。

我首先感谢杰弗里·弗里德曼组织本次研讨会讨论我的著作，感谢保罗·冈恩（Paul Gunn）组织的美国政治学会小组讨论会，催生了我这篇有些冒险的评论。我还要感谢本卷的参与者，感谢最初的小组讨论会上对我的书作出极富思想性评论的人，包括格里·高斯（Gerry Gauss）和汤姆·霍夫曼（Tom Hoffman）。这显然是一种荣誉和荣幸，在这个平台上为书中一些想法辩护，我觉得也可能是在冒险。[1]

由于我需回应九份精心准备的评论，以及更多的提问与批评（好在其中一些问题与批评以很有意思的方式互相重叠在一起），我将先简要重述本书的主要论点，消除一些误解，然后把若干批评综合成外部与内部两类反对意见予以回应。

我说的外部反对意见是指那些不以本书论点为批评对象的意见，但我不是说这些意见不相关、没意思或不合理。相反，它们提出了大家普遍关注的广泛问题，比如方法论、认识论或政治等方面的问题，我很高兴有机会处理它们。我把下述看法或批评视为外部批评意见：民主的核心问题是程序性的，而不是工具性的；我这种演绎式的推论无法"证明"现实民主国家是明智的；我的论说没有解释基本价值的多样性——这是现实民主制度的一个特征，但我在书的开端便有意回避了；我没能足够严肃地对待与"选民无知"有关的经验证据；[2] 以及我应该讨论政府的规模和范围问题而不是其形式问题，尤其是在涉及它与市场的关系之际。

我所说的内部反对意见是指，以本书核心主张之概念内洽性为目标的批评，包括，我错误地使用了斯科特·佩奇和洪路有关"多样性胜过能力定理"的形式模型验证结果，这将使我所谓"数量胜过能力定理"难以成立；我的论点只是暗示有多样性的少数之治；基于我的大前提，我应该支持对认知少数的过度抽样，而

---

[1] 说冒险是因为，由于 *Critical Review* 很大度，我无法借口篇幅有限来为自己回应批评不力辩白。

[2] 我将这种意见视为外部反对意见，因为我对有关选民愚昧经验文献的批评是书中的一个次要论点，我未将它视为自己的核心分析性主张。

不是支持随机抽选代表;最后,在我的一个关键实例(纽黑文大桥抢劫困境)中,发挥认知作用的不是协商。如果这些内部反对意见成立,这本书的核心论点就很有问题。幸运的是,正如我希望展示的,我认为我的论点经得起这些反对意见的考验。最后,我将考虑三个可能的深入研究路径:理念和信息的起源,专家和外行之间的认知分工,以及少数民主派的理性认知立场之谜。

一、本书论点

在处理这些反对意见之前,我先简单重复一下本书的主要论点。它的核心是一个简单的模型:在某些我认为说得过去的条件下,与不太包容的政治决策过程相比,包容的政治决策过程将会是什么样的。我考虑的不同制度是一人之治(独裁)、少数之治(寡头)和多数之治(民主)。

在我看来,我这本书的主要价值在于创建了一个简化而又相对缜密的框架,用于比较各类基本"政体"的属性,因此,我没有将分权的决策机制(比如市场)与夹杂着民主制与寡头制特性的"混合政体"纳入我的比较框架。市场确实提供了比集权的政治机制更好的信息聚合方式。尽管我会触及这个想法(如我的某些批评者期待的那样),但在本书中我关心的是如何避免混淆我所提出的这个简洁的"政体"框架。

因此,我在书中比较了一人之治、少数之治和多数之治。当然,过去有人做过这个工作。问题在于不是特别认真,更不要说使用现代社会科学的工具了。马基雅维利是最早公开谴责那些拿苹果与橘子进行比较的政治分析家的人,后者偷巧又拙劣地把暴民统治或无法无天的多数之治拿来与罕见的开明君主进行对比,然后得出结论说,君主比人民聪明、智慧得多(McCormick, 2011)。马基雅维利认为,为了进行有意义的比较,需要控制一些因素。

因此,我在书里试图进行恰当的比较,尽管采取的不是马基雅维利所明确设想的那种经验性研究。与之相反,我抽象地建立了一人、少数和多数之治的模型。在这个过程中,我试图"控制"动机因素,我假定决策者,无论是一个、少数还是多数,都追求群体的整体利益而不是他们自己或小集团的私利。我还假定,所有人都能接触到等量的原始信息。请注意,这两个假设都隐含了对民主的不利因素,第一个假设排除了寡头会追求自身利益这个有根据的担忧,而第二个假设也牺牲了民主在通过投票收集公共偏好知识上的优势。与三政体框架一样,这些假设明显过度简化了现实,不过它们还不足以——像某些批评者指出的那样——削弱本人论点的现实相关性。反过来,相关性与现实主义问题引出一个更根本的问题:什么样的社会科学与政治理论是值得追求的?我将在下文对这些问题进行更详细的讨论。在此之前,请跟随我的思路前行。

在导言中,我把我的模型称为"理想型",这是一个不够精确、有点混淆的概念,我现在对此有点后悔。不管怎么说,这个模型的结果支持下述主张,作为一种包括协商阶段与整合阶段的包容性决策规则,民主比包容性低的决策规则更可能为解决政治问题产生更好的解决方案和预测。在我看来,"政治"问题包括多种多样的、无法预测的、十分棘手的集体问题和分配议题,对它们不存在明确一致、立竿见影、容易识别的先验解决方案,却要求集体求解。因此,多数行动比少数更好,因为一个充分包容的决策过程,更可能把相关视角和探求方式带入到解决问题的过程中去,更可能带出各种相关信息、各种解释和各种预测模型,用以做出正确的预测。在适当条件下,对于协商解决问题和整合各种预测而言,可以预期更广的包容性与更大的认知多样性相关,后者反过来又与更好的问题解决和预测相关。

为了证明这一点,我主要依赖洪路和佩奇的形式模型验证结果:认知多样性在创造新的集体智慧属性上发挥核心作用。事实证明,尤其是对解决问题而言,一群足够聪明但想法不同的人,比一群非常聪明但想法相同的人更好。更准确地说,"多样性胜过能力定理"是这样的:在恰当条件下,"随机选择的问题解决者集合优于个体最优的问题解决者集合"(Hong and Page, 2004, 16, 388; Page, 2007, 163)。让我暂停在这里,强调这个结果非常违法直觉,而且本质上很令人惊讶。在条件适合的情况下,你最好与一群随机选择但想法不一的人而不是一群爱因斯坦在一起。谁会这么想?在我看来,这个结果可能会真正改变我们对什么能让群体变得聪明的看法;我相信,它对我们应该如何思考为我们作决策的政治实体有很大影响。

我的论辩的第二步是我对佩奇和洪路的补充:在对复杂多变的政治问题性质缺乏了解的情况下,实现认知多样性"最廉价"(即最简单、最经济)的方法是在(协商)群体中囊括所有人。我的论点是,囊括每个人是获取所有相关视角、探索方式、解释、预测模型和信息的唯一途径,这些也许在某个时刻(虽然你不会提前知道何时)至关重要。这个论点的意义之一在于,在不可能囊括每个人的情况下,替代方案是将问题解决者的群体限定为具有更大认知多样性的代表性样本:一组由抽签挑选出来的代表。因此,这个"数量胜过能力定理"从认识论角度为民主提供了一个强有力的支撑,其中我的主要创新是支持包容的理念及其工具性的,尤其是其认识论的属性:在恰当条件下,在决策过程中囊括每个人,会让这个群体更有可能获得恰当的(或至少更好的)答案。

这个论点的一个重要结果是将视线从传统焦点——公民个体——移开,后者让我们看不到民主的更大潜力。杰米·凯利(Jamie Kelly, 2014, 81)因此得出了正确结论:"兰德摩尔对当前民主理论辩论极为重要的贡献在于,为我们提供了一个框架,来思考认知多样性(我想加上"通过民主过程的包容性")如何以一种'几乎被人们忽视'的方式,为民主提供了认识论方面的支撑。"同样,对我颇为严苛的评论者保罗·夸克(Paul Quirk)也承认,本人研究路径的一个优点在于，它让我们超越过往企图改变公民的努力，转而聚焦作为一套包容性制度的民主的系统属性。

二、消除几个误解

我想在一开始就消除对本书论点的几种误解。

首先，这本书没有提供政治权威的规范性理论，即正当政治权威的理论。我在书中特别小心地避免某些评论家（幸运的是，我们这个群体里没有这种人）认为我说过的话，即政治纯粹是认知能力问题。这些评论家认为，像我［和大卫·埃斯特伦德（David Estlund）］这种从认识论角度谈民主的人（epistemic democrats）是强行把民主塞入一个还原论的框架，这实际上是在给民主"毁容"（Urbinati and Saffon, 2013; Urbinati, 2014）。对我自己而言，我要明确地说，我只考察了与民主正当性、合理性相关问题的很小一部分。如果硬说我的思路是在给民主"毁容"的话，这就等于说，只看立方体的一个侧面等同于将它简化为一个正方形。但这既不是道德意义上的毁容，也不是认识论意义上的扭曲。这是一种为了进行特定分析而采取的理想化或者简化；这里所谓的"特定分析"与正当性问题没有太大关系。

与之相关，我的一些批评者认为，就为民主论辩而言，所谓程序性的说法比从认识论角度讨论民主更关键。说民主程序具有外在或内在的价值，或者说替这种视角论辩是有用和有益的，我在书中都不反对。相反，我也认为，政治的某些方面根本与认识论无关，而是与协调、合作、单纯的偏好整合或利益（价值）的裁断相关。这样，我明确遵循下述观点，民主论辩的一部分与公平和其他固有理想相关，而不仅仅与认知表现有关。

其次，我在这本书中从未说过，民主是放之四海而皆准的答案。我明确说明，在任何中等复杂的社会中，认知分工都是必要的；只有对于符合上述定义的"政治"问题，民主才是较好的答案；而在相当多的其他议题上，授权专家处理可能是必要的。可以说，集体解决问题就是把该任务委托给那些看起来最合适的人，这当然是在就他们是谁的民主协商之后；比如，美国1912年的民主发明——联邦储备系统——就是如此。虽然美联储本身是一个相当精英主义的专家统治机构，但它是经过民主制度授权的。

如果现在重写这本书，我将套用杰克·奈特（Jack Knight）和詹姆斯·约翰逊（James Johnson）对民主的务实辩护，即在所有可行的制度中，民主是一套二阶优先（second-order priority）的制度（Knight and Johnson, 2011, 19）。[1] 在改造他们的想法使之适应我的认识论框架的同时，我会说，虽然民主可能不是我们直接解决所有社会、经济及其他问题和分歧的最佳方式，但它是一种最佳方式，让我们能找出可以做到这些的制度或程序。那些认为我意图将民主的力量扩展到脑外科或美联储工作的读者（比如夸克）其实误解我了。

虽是这么说，我的确在书中几处提到一个恐怕有点争论的观点：即一些我们认为是"技术性"的议题，或者我们认为我们知道谁是合适专家的议题，事实上不确定性（因而也就是"政治性"）要比我们承认的大得多。[2] 换句话说，我暗示"政治"的领地本质上是可以商榷的，我们目前把它划到社会范畴，但完全可以超越这个边界，扩大到不断变化的历史、文化和社会评价范畴。然而，这样的主张导致阿尔弗雷德·摩尔（Alfred Moore, 2014）无法确定我的最终立场，他认为，这本书提出但没有回答的一个

---

[1] 我在自己的书出版后才意识到，他们的论点非常接近我论证民主的认知优势时的想法（不过，奈特和约翰逊的论辩更宽泛，不限于认知相关议题，这也许是为什么他们最终拒绝"认知"这个标签的原因）：当我们需要做出集体决定又不知道该怎么办的时候，我们应该使用民主的方法。首先，我们彻底讨论这个问题，摆出我们的各种选项，然后，对拟议的解决方案一一进行投票表决。有些民主决策也许会将确定问题解决方案委托给部分人，不管是专家也好，志愿者也好，有时甚至可以让市场发挥作用，比如要解决的问题是预测或物品配置时，分权不失为一种选项。

[2] 为此，我在书中提到，在塞格琳·罗亚尔的杜威式总统竞选中，有一个涉及公民能力的激进提议：利息率应通过某种民主权威而不是独立的中央银行来设定。（译者注：塞格琳·罗亚尔是法国女性政治家，曾代表社会党参加2007年总统大选。）

问题是，专家和门外汉之间最终存不存在真正的区别。我同意摩尔的观点，这些边界比我们愿意承认的更加模糊，需要进一步考察我（在本文结论中稍微处理了一下）。无论如何，目前，所谓专家和外行公民之间恰当的认知分工仍然是一个悬而未决的问题，[1] 答案部分取决于仍在收集的证据。在这方面，我期待摩尔研究的完结、亚历山大·格雷罗（Alex Guerrero, 2013）的研究结论，以及更直接的经验研究，如菲利普·特洛克的"优质判断项目"成果，该项目将美国中央情报局专家的预测与普通公民的预测进行了跟踪对比。[2]

再次，我想谈谈协商在我论述中的地位。在我看来，包容的协商事实上让民主具备了寡头制所没有的认知优势，我只考虑"简单的协商"，即只能发生在很小一部分个体（最多几百人）之间的面对面协商，一些批评者（如夸克和索敏）和支持者（如莱文森）却误以为我在鼓吹大规模直接民主，这不是我在书中所捍卫的立场。在这一点上，凯利的理解更准确。事实上，我论点的意义在于，支持小的、直接的协商民主，或者在一个大型体系中可能存在的多层级代表，这种分权体系使得每个相关决策层级的协商机构都很小，足以在认识论上富有成效地解决问题。这可能会在一定程度上让我的自由放任主义批评者（如布伦南和索敏）高兴，但也可能进一步导致一些人认为这项工作不重要（如夸克）。

然而我按捺不住要说，我深信，进一步的研究，特别是与我所说的"分布式协商"（following Goodin, 2005）或其他人所称的"审议体系"（Parkinson and Mansbridge, 2012）作用有关的研究，将证明"包容的协商"的认知属性可以显著扩大。我正在做更多的应用研究（Landemore, 2014; Aitamurto and Landemore forthcoming），这些研究让我开始意识到直接民主的力量，我相信，如果有必要修改的话，我在书中所持的观点有必要修改为：为人民直接参与各级政府和各个

---

[1] 也见 Kitcher, 2011（尤其是第二章），但它并没有给出具体回应。

[2] 见 http://www.goodjudgmentproject.com/。

决策层级创造空间。虽是这么说，我在书里做的只是保守地维护代议制民主，而不是鼓吹直接民主，当然更不是大规模的直接协商民主。[1] 最后，在第 6 章和第 7 章，我的确为公投等大规模判断整合的认识论属性作了辩护。虽然诋毁者认为，仅公民的政治蒙昧和系统性偏见这两点，就可证明我书中的这部分站不住脚，并推断我们最多只能勉强接受通过小型民主和有限政府来解决问题，但我认为这还没有定论。

最后一点，我想谈谈"民主理由"的时间维度。当我的批评者指出现有民主国家存在系统性偏见时，他们（特别是布伦南、凯利和索敏）没有充分考虑到这一点。民主决策的历时性视角表明，作为一个社会，我们的许多不可否认的偏见可以随时间推移得到纠正。毕竟，在一些规范议题上存在道德或政治进步的例子。我们见证了民权运动，并在 2008 年达到了顶点：选出了一个黑人总统（这不是说它无法更上层楼了）；有关同性婚姻的民情演变；承认军队中的性骚扰是个严重问题；甚至包括最近由托马斯·皮凯蒂的著作（Piketty, 2014）激发的、有关经济不平等的辩论；以及马丁·吉尔根和本杰明·佩奇（Martin Gilens and Benjamin Page）关于美国体制对多数人的政策偏好缺乏回应性的最新研究。[2]

莱文森和布伦南指出一个悖论，即相信群体智慧的人主要是像我这样的"专家"，而普通大众对此充满怀疑、不愿相信。但这个所谓悖论并不足以反驳我的主张。我的回应是：让时间去检验。群众的偏见也许会逐渐消失（我相信这一点），[3] 哪怕政治蒙昧的水平长期维持不变。此外，我不相信一些批评者的下述说法：普通人非常怀疑群众智慧。假如没有日复一日、年复一年地被告

---

[1] 话虽如此，本书所辩护的代议制民主观念本身在几个方面相当激进，因为我认为代议制民主最好应该随机抽选代表，而不是选举代表。

[2] 这份研究发表以前，已经出现了一批有关美国政治中寡头制因素不断增强的研究（例如 Bartels, 2010; Hacker and Pierson, 2010; Schlozman, Verba, and Brady, 2012）。

[3] 这种偏见在积极分子的圈子中已经消失了。冰岛做了很多次人口准随机样本试验。法国有个非常受欢迎的平民主义活动家艾迪安·苏瓦德（Étienne Chouard），自 2005 年法国的公民投票以来，他带有抽选因素的直接民主设想已经在法国吸引了数百万粉丝。

知，群众是无知的、善变的、有偏见的、做决定通常不如专家那么好，他们怀疑并厌恶的（我想说，明智地）也许只是那些可能扰乱系统的野蛮实验。某些想法理论上有希望（例如，随机挑选的立法机构），并不意味着它们的实施没有成本，或者转型结果一定比有缺陷的现状更好。正如我在此书中和其他地方（Landemore and Elster, 2012）所说，智力是一回事，智慧是另一回事。这可以说是深深嵌入本书的伯克式信息，我希望在其他场合详细探讨。

三、认知民主 VS. 程序民主

现在让我谈谈第一个外部反对意见，即拉塞尔·缪尔黑德（Russell Muirhead）为民主提出的"程序"或"内在"论辩。其思路是这样展开的："如果能证明民主具有认识论属性，当然是有意义的，也许很重要；但这不可能是我们最初接受民主程序的主要理由。"在缪尔黑德（Muirhead, 2014, 125）看来，当我们作为个体和群体服从多数意志时，不是因为我们认为多数可能是正确的，而是因为遵守多数之治是"分歧状态下承认公民的政治平等的一种令人信服的方式"。或者如他在其文末更有力表达的："我们说过程重要，不是说政治没有更好或更坏，没有真假，没有对错。这只是说，我们重视民主不是因为我们相信一个政体能够做对事，相反，我们珍视民主是因为它反映了公民的平等……选举或同等对待公民，只是最有说服力的承认公民平等的方式（同上）。"缪尔黑德正是因此才捍卫他所说的民主程序论，而不是结果导向的认识论。[1]

我认为程序或内在思路的问题在于，我们不清楚对谁而言，这

---

[1] 我想说"程序"不是什么伟大的词。我自己在书中也用它，但它真的含混不清。认知民主派和缪尔黑德（Muirhead）这样的"程序论者"都是程序主义者，只不过方式不同。我这样的认知民主派相信民主程序的认知价值，它独立于其内在价值之外（并暗含补充之意）；而缪尔黑德这样的所谓程序论者也关心程序，但其重点是它表达、体现、象征或者"反映"了什么。

种论辩是"令人信服"的。从表面上看,只是对已经服膺公民人人平等的人,或几乎服膺民主的人,它才是"令人信服"的。我说"几乎",是因为"民主等于政治平等"这个等式在历史上并不总是明显成立,正如我们可以在早期的社会契约理论家,如霍布斯、洛克甚至卢梭那里看到的,他们都坚持政治平等,但最多只能算是有问题的民主派。因此,在民主制度史上,某些时候有必要将政治平等承诺转化为具体的民主程序,如多数决。当代程序主义者显然认为这种情况仍然必要或至少继续有效。

不管怎么说,在我看来,缪尔黑德文中那种替程序/内在论辩护的理由(又见 Schwartzberg, 2013, ch. 5, Urbinati, 2014,以及此前的出版物,如 Christiano, 2008 and Beitz, 1989)最好被看作某些民主人士的一种自我澄清,他们虽已服膺政治平等原则,但并不确定这项原则应转化为何种具体程序。他们认定政治平等依靠多数决来执行,也就是说,既不是绝对多数之治,也不是专家之治(这个结论仍有不少问题需要回答,我将在下文处理)。与之相比,更基本的问题在于,什么样的人会对政治平等原则提出质疑?程序论的各种说辞本质上无法回答这个问题,因为它们必须假定这一原则是成立的。正是这一点让程序论听起来有点像同义反复。如果有人问:"我们为什么要关注平等的投票权以及其他民主程序,如包容性的协商或多数决?"程序民主派的回答是:"因为我们相信政治平等并希望尊重它。"但如果问题是,"为什么我们要服膺政治平等?"他们的答案就难以捉摸,令人沮丧。这个原则完全被视为理所当然,或者被循环定义为民主的意义。因此,论证理由最终变成了自我引证,在政治平等的否认者或怀疑论者听来,民主没有任何值得赞赏的独立理由。这差不多就像如果有人问:"为什么单身汉单身?"回答却是:"因为他们未婚。"非民主派想知道的是,为什么他们应该接受政治平等原则,以及"非常令人信服的"体现这个原则的那些民主程序。不断重复说这是民主的要义,于事无补。除了程序的外在或内在价值,你还必须给他们一些其他理由。

与缪尔黑德的说法相反，认识论允许我们回答的是非常根本的问题。为什么政治平等原则的不可知论者或怀疑论者应该接受诸如包容性的协商或多数决之类的民主程序？不是由于多数决"非常令人信服地反映"或表达了公民平等，因为争论焦点恰恰是政治平等的可取性。最明显、实质上也是唯一的选择是下述工具论：如果协商过程包容每个人，并同等对待人们的投票，更可能获得良好的社会结果。认知论只是这种工具论的一个变体，它特别重视反映政治平等原则的决策程序具有哪些知识整合和真理追踪属性。

然而，缪尔黑德（2014，120）似乎认为，民主的工具性价值或认识论价值问题在当代几乎完全不再值得追问，因为在他看来，"政体问题在现代似乎至少暂时解决了"，但我认为这个诊断往好里说也只是看到了表层。想想在所谓民主国家兴起的形形色色的专家统治吧，其最突出的例子是独立的中央银行在经济管理中的作用；再看看统治民主国家公民生活的官僚机构、行政机构、最高法院等组织吧，在过去一个世纪中，它们的重要性不断提高。国际层面也出现了明显的民主赤字，因为信任各种专家和寡头仍然是普遍现象（见欧洲）。

缪尔黑德和我看待世界的方式也许不一样。在我看来，下述民主观不仅应该受到欢迎，而且是我们急需的：对民主的辩护应超越民主决策程序的表面价值，应展示在公益协商中包容每一个人，并平等对待每张选票（这相当于以政治平等为根基）会产生何种认识论意义上的收益。否则，正如保罗·冈恩（Paul Gunn, 2015, 64）在其文章中敏锐评论的那样，程序论者对结果论的恐惧，"实际上是把有关民主结果的问题留给民主的怀疑论者来回答"。

这也让我可以顺便回应一下布伦南，他认为我的书就像在给唱诗班布道（Brennan, 2014, 35）。恰恰相反，大多数对民主的辩护基于程序论，但其说服力不强，拙著旨在说服那些不接受程序论的人，用工具论来充实（而不是取代）民主信念；这样即便你在理论上部分地移除自然权利和超验论的现有框架，最终却仍然是一个坚定的民主派。从认识论角度为民主辩护，其好处恰恰不是要问政治平等问题。在这里，我再次发现自己与奈特和约翰逊对民主的务实辩护立场一致，他们的说法是：这种辩护"为民主之下的自由和平等提供一个独特的理由，这个理由植根于参与对民主过程之集体结果的积极影响"（Knight and Johnson, 2011, 20）。[1]

如果要为政治平等原则辩护而不视其为理所当然，就可能需要对它有所质疑。这让程序/内在民主派很不舒服，因为他们认为，如果认知民主派错了，那么我们对民主的忠诚就会崩溃。首先，我很想回答：那又怎么样？从什么时候开始，作为政治理论家，我们只能受制于碰巧与自己当下偏见一致的命题？程序论者的恐惧听起来像是在很不科学地支持动机推理（motivated reasoning）。其次，对民主程序的辩护是纯靠对政治平等的信奉（实际上只是一种信念）好些，还是加上坚实的认知论据更好？虽然认识论民主派总是被怀疑会为专家统治大开方便之门，但他们的论辩实际上为彻底关掉这扇门提供了一条途径，因为他们证明，从认识论角度看，在相同条件下，民主制度及其程序比专家统治更靠得住。

话虽这么说，正如我上文所指出的，我承认程序论主张也有长处。这是因为，首先，政治并不仅仅与单纯的认知分歧有关。其次，即使就认知分歧而言，在条件不成熟、无法预期认知表现的时候，我们可能仍然愿意执行或遵循民主程序，这要么是因为这套程序的教育属性，要么是因为它们所塑造的公民类型（希望将来能获得认知表现），要么是因为我们愿意暂时或在某件事上接受认知表现与其他价值观之间的折中。再强调一遍，我不想说，认识论依据是接受民主程序的**唯一**有效论据。然而，我认为至关重

---

[1] 他们继续说："说得更直白一点，我们捍卫的是特定的自由和平等概念，它们对民主决策也许是必要的；我们捍卫的并不是民主本身，因为它不过是实现自由和平等目标的工具"（Knight and Johnson, 2011, p.20n50）。

要的是，作为一个共同体，我们必须清醒地知道，我们愿意在认知表现与民主进程的其他非工具属性之间接受什么样的折中。

这也给我带来最后一个问题：在对民主这样一种集体决策程序进行全面论辩时，程序论与认知论的恰当关系是什么？换言之，我们如何论说认知表现与非工具性的外在属性，特别是在二者可能发生冲突的情况下？

缪尔黑德的答案是："程序性论证必须**处于民主论辩的核心**（Muirhead，2014，115，重点为我所加）。"我不完全确定这是什么意思，但我自己的观点是，即使认知论不是民主理由的"心脏"，至少也是起码的门槛。如果事实证明在各种政治议题上，像多数决这样的集体决策程序出现系统性的错误，那么死守它无疑是不理性的。否则，扔硬币就更有意义，因为扔硬币表达了对平等的尊重，就像给予某人在大众选举上无限小的影响力一样。[1] 所以，至少你会想要一个表达平等的程序，其认知表现至少与随机程序一样好，且偶尔更好。更基本的是，之所以期望一个最低限度的认识表现，是因为虽然政治可能关涉很多东西，例如表达对个人尊严和自主的尊重、冲突管理、和解或者认可等，但在我看来，关键在于它关乎如何帮助人们生活得更好。它关乎特定人群的养育、居住和保护更胜于其他任何东西。人们可以推测，要帮助人们生活得更好，至少需要一个足够好的集体决策程序。对"足够好"的一个合理解释是，**至少在一半时间里**，它能识别较好的结果。

我认为，多数自我声称的程序论者承认，任何有正当性的政治体系或者一套程序，都需要这种最低水平的认知表现（也见 Estlund，1997 and 2008；Brettschneider，2006 and 2007）。[2] 缪尔黑德本人

---

〔1〕 确实，正如埃斯特伦德（Estlund，1997 and 2008）指出的，不完全清楚为什么政治平等应该让人只接受多数决，而不是扔硬币或轮流坐庄等同样蕴含政治平等的其他一些程序。我不知道哪个程序论者曾对这个异议做过令人满意的回答。

〔2〕 我没有讨论错能糟到哪儿去，因为这个议题也许可以通过为对政治正当性的约束添加一些基本人权和自由权利来解决。

似乎也这么看。最终，对于什么论证比其他论证更核心的辩论，可能取决于对政治的"真实"本质的具体看法，不管是集体问题的解决（我拒绝贬低为单纯的行政，我认为缪尔黑德想迫使我这样做）也罢，冲突解决（我认为缪尔黑德这样的程序论者很容易无缘无故地抬高这一点）也罢，或者是别的什么东西。

一套对民主的全面论辩也许还有其他要件，这与对政治的其他理解方式相关。我自己的看法是，对一种政体或一套决策程序的合理化（justification）不同于对其正当化（legitimation）；例如，对多数决的合理化是否足以使之正当化？或对民主如何合理化、如何正当化？除非清楚了解两者之间的差异，否则我们将无法对两者理论化。[1]

四、对模型思维的辩护

贾森·布伦南（Jason Brennan）指出，像对民主的多数认知辩护一样，我的辩护也是先验性的或演绎性的，其基础是形式模型的结果（包括"聚合奇迹"，孔多塞会审团定理、洪路和佩奇的多样性胜于能力定理，及其他多样性定理），而不是经验性证据。他认为，这种路径不能令人信服地论证民主的认知优越性。与之相比，他指出，对民主的认知表现的批评大多是后验性的或推理性的，展示了大量有关公民政治愚昧和系统性偏见的经验证据，在他看来，这些证据很有说服力地证明民主不可能是聪明的。

布伦南声称"对民主进行的认知批评往往是后验性的、经验性的"（Brennan, 2014, 35），这令人困惑。据我所知，布伦南和索敏都认可唐斯"理性的无知"理论，以及与之非常相似的卡普兰"理性的非理性"理论，而这两种理论完全是从演绎开始的。它们基本都是理性选择理论的结果。再以另一位经典的犯规者为例，

---

[1] 这反过来很可能要求对政治正当性这个概念有更清晰的理解：它是不是不论何时何地都意味着某种特定的民主正当性，还是（在某时、某地）存在其他类型的政治正当性？

威廉·里克（William Riker, 1982）推导出政治学的基本信条：民主选择是不可能的、无条理的、无意义的，而其理论基础只有一个，即阿罗不可能定理，这个形式的、完全演绎出来的结果。事实上，在社会选择理论中，有一块领地专门从事各种演绎性的不可能定理的生产和研究，其主要结果（如果不是目的的话）似乎一直是用纯规范理由证明民主并不合格，至少在政治学系是这样。因此，我那些非常激烈的批评者不接受我这样的民主拥护者运用先验或（更准确的）演绎思维资源，自己却对这种资源大加利用，这很有讽刺意味。

也许布伦南可以这样回应，里克并不满足于把阿罗定理的结论用于分析民主，他用投票周期的历史例证来支持自己的演绎主张。同样，卡普兰使用调查数据的经验证据支持其"理性的非理性"理论。虽然里克的证据并不真能经得起检验（见 Mackie, 2003），但关于政治愚昧和系统性偏见的研究文献似乎更有说服力。

表面来看，布伦南的批评有两个基点：一是在方法论和认识论上坚持归纳法是社会科学的唯一"证明"方式；二是声称我的证明只是画饼充饥式的理想型理论。我的其他一些评论者同意这种看法。我想挑战这两个说法。

对于演绎法和归纳法在社会科学中的适当作用，我的观点是多元而务实的：如果我们关心的是如何**解释**社会现实中的现象（人们是否能够毋庸置疑地"证明"任何解释的有效性，这对我来说是很高的要求），就将需要混合方法，这部分取决于关注的对象。我认为演绎法和归纳法在对社会现象做出因果判断上都有用，都重要。

当然，不同的事物适用不同的方法。你无法用演绎法"证明"经验事实，同样无法用归纳法"证明"数学定理。所以问题就变成了，"民主是聪明的"这个命题的地位是什么？如果"民主是聪明的"是指我们在现实世界中称为民主国家的实际成功经验，即一个或一组经验事实，我在书中提出的演绎论点就什么也"证明"

不了。事实上，这是个归类错误。

不管怎样，展示现实民主国家的成功并不是本书做的。我试图在这本书中确立一个分析性的论点，解释民主在什么条件下可以是聪明的（这也许能部分解释现实民主国家为什么能运转，但几乎完全独立于他们实际经验的成败）。为了提供这种解释，我（以描述的形式）建立了一个民主制"模型"，并在其他条件相同的假设下，拿它与寡头制模型进行比较。[1] 基于这个模型，我能够提出一个在特定条件下支持该模型的演绎证据，并做了某些假设："（决策者）越多越聪明。"

反对者可能会接着问：演绎证明的要点何在？如何证明一个理想化的民主模式（在理想化的条件下比寡头制模型做得更好）"真能"帮助我们理解现实世界中的真正民主制是否行得通？我们最终感兴趣的难道不是后者吗？

我无法在此对模型思维做太多辩护。[2] 只强调一点，使用真实对象的模型（如简化或抽象再现）非常有助于解释我们的生活世界。它们尤其有助于我们对熟悉的可观察现象背后的机制进行合理的解释，比如飞机的飞行、市场的运作、集体行动的逻辑，或者在我的例子中，（真正）民主国家有望在问题解决和知识聚合上做得很好的理由。换句话说，对于经验现实而言，我的演绎思路是"假设生成"。

反对者可以坚持说：假设模型思维是有用的，你的理想化能走多远，以至于你的模型不会丧失与真实世界的相关性？例如，回避价值多样性并假设投票有普遍"公益"导向，是否要求太高，难以保持与政治现实的任何相关性？我想，这是布伦南说我太随

---

[1] 唯一改变的东西（或者说我唯一变动的东西）是决策者的数量。在比较中，我试图"证明"（在非经验意义上），只要满足某些条件并考虑政治选择的性质，民主模型比寡头模型表现得更好。这正是数量胜于能力定理的主旨。

[2] 请看 Michael Weisberg (2013) 对此的杰出研究。Scott E. Page（即将出版）也有一些非常有趣的想法；见他即将出版的 *Model Thinking*。对于模型在政治理论中的作用，请参见一项引人入胜的研究，见 Johnson, 2014。

便退入"理想型理论"时的主要顾虑。也许正是同样的担忧,导致夸克认为我对错了焦,焦点不应该是所谓"纯粹的民主",而应是我们在现实世界中实际面对的混合政体。

我不喜欢用"理想型理论"来概括我的工作,因为我并不关注理想型理论和非理想型理论各自支持者之间的辩论。[1] 这种辩论倾向于关注有关"正确的"正义原则的规范主张,但我的思路主要关注有关民主认知表现的因果故事。再说一遍,我更喜欢把我的方法看作遵循建模者的方式进行理想化。因此,我脱离某些现实特征所做的抽象,与控制易混淆因素的实际需要更相关,与"人应该什么样"的乌托邦设想无关,后者与"人实际什么样"相对照,可以说,这就是罗尔斯正义原则的"完全服从"假设的问题所在。[2]

例如,当我逃避基本价值观的多样性时(主要是因为我依赖的形式定理要求所有个体都具有一个共同目标或最低的背景共识),这样做旨在弄清楚在既定条件下认知工作在干什么。我并不明确要求或期待人们放弃基本价值方面的分歧。我只是试图确定,如果我们可以回避那种分歧或找到独立地(或许程序性地)解决分歧之道,民主的认知表现会发生什么。同样,我专注于"纯粹的"而不是"混合的"政体,为的是不必同时处理太多变量,而不是因为我期待现实中的人真可以生活在这种纯粹的政体中。

然而,这并不是说,我提出的理想化民主模型不能在某些方面提供有用的规范基准。这样一来,如果这种理想化民主模型真有可取的属性,我们就可以问自己,如何让现实民主更像它;或者,如果这是不可能的,我们又如何可以通过进一步的"反偏差"(Es-

---

[1] 关于理想理论的经典定义,见 Rawls, 1971。

[2] 所以有必要明确一点,我的民主模型并不是规范意义上的一个理想,即它不是民主应该有的样子。相反,它试图捕捉民主的某些最小的基本特征:一群多种多样、数目不小的决策者们试图通过各种对参与者一视同仁的协商与整合机制来解决问题。说这是"理想"(在规范意义上),有点像说奥尔森集体行动困境中的决策者是人应该如何行动的典范,只因为他们是抽象化、理想化代表,而不是有现实依据的历史人物。

tlund, 2014）来恢复一些理想属性。这就是为什么我可以这样说：至少在理论上，随机产生的代表比选举产生的代表可以让我们在认识论意义上做得更好。

我所做的理想化可能属于迈克尔·韦斯伯格（Michael Weisberg, 2013, ch.6）所说的"伽利略式理想化"之类：为了便于处理而简化（就像伽利略为了更清晰地理解运动规律而在其运动物体模型中忽略摩擦）。这也可以称为"极简主义理想化"，这种简化旨在识别对象属性的因果相关性，并忽略其他一切因素。"伽利略式理想化"比较实用主义，并随着科学进步而变得过时了，但极简理想化仍然必不可少，它有助于隔离利益理由，因此对解释关键属性至关重要。对我来说，这意味着，即使有可能重新引入基本价值多样性和其他复杂因素使民主的图景更加现实，这种模式的复杂性可能对于理解民主的认知属性背后的因果理由没什么用。

有人可能会说，在这方面，我做了**错误**（而不是非常正确）的简化，并通过剥离基本价值多样性，抹去了我们时代、各个时代通用的**那个**明确的政治特征。这就像在伽利略运动模型中假设没有重力，而不是假设没有摩擦。那么，为了捍卫我的理想化，我需要证明引入这种多样性不会显著影响对民主的认知属性的预测。我本人相信，民主的认识属性之强劲足以经受住引入相当数量的基本价值多样性的考验，但这需要进一步研究。因此，我认为值得尝试重新引入一定量的价值多样性、策略行为和其他干扰因素，来把模型复杂化，看看民主在更复杂的场景中是否仍然能在认知上独占鳌头。[1] 如果我能概括自己在"一个研究计划"（而不是一次性的推断）中做的事情，我想拿出简化的模型作为起点，然后由我或他人对它进行迭代与复杂化。

最终，该研究计划产生的假设将需要进行实证检验，因此，我

---

〔1〕 我正在与法国经济学家 Sasha Bourgeois-Gironde 合作开发一个更复杂的模型，重新引入策略行为和价值多样性元素。也见 Stephen Stich（2014a），他试图在满足基本价值多样性的前提下（我没有做到这点），为民主提供一种认知论辩。

的模型在这个意义上是以解释现实世界为导向的。在某个节点上，模型所允许我们构建的各种解释理论都需要进行实证检验或者至少是证伪检验。我对此毫不怀疑。事实上，正如夸克所说，我这本书的导言和结论鼓吹的就是这种实证检验。

最后，我要强调，本书的简化模型或多或少是有用的，无论它能导出多么复杂的模型。如果事实证明价值多样性彻底消解了民主的认知优势，并使寡头制更具认知优势，至少我们可以了解在什么条件下我们应该怀疑民主制对寡头制的认知优势。也许到那时候，程序/内在辩护的角色就更吃重了。

五、价值多元和分歧的事实

我的批评者坚持认为，一旦面对经验现实，我的各种前提和假设就会土崩瓦解，这表明我的理想化中不仅把现实中不相干的特征（如摩擦）去掉了，而且连重力也不见了。这里最大的问题是，我对基本价值多元主义的回避。

莱文森从经验角度担心我的理论只适用于同质社会，大概不适用于两极化的美国。[1] 缪尔黑德更宽泛地提醒了价值分歧在任何自由社会的中心性，这让人们有理由认为认知路径只适用于纯"技术"或"手段"问题（目的问题已经解决）。斯蒂克（Stich, 2014b）同样指出，我的模型无法适应价值多样性的经验事实，他甚至更为根本地指出，如果结果证明认知多样性和价值多样性之间存在本质的相关性，那么回避后者就可能会对前者的最大化这个目标产生反效果。

首先，指责我不接受**任何**程度的价值多样性是没有根据的。在为我称之为"政治认知主义"进行辩护时（Landemore, 2013, ch. 8），

---

[1] 桑迪·莱文森的文章对我的观点在总体上是相当支持的，但顺带提出了这个质疑："为了能够存活乃至繁荣，一个既定（未来）政治实体共享一个充足'价值观共识'的实际程度"到底是多高（Levinson, 2014, p. 99）。

我曾用不小的篇幅论说,人们需要区分不同层次的"价值"或"规范"。也许存在某些"基础性"或"基本"价值,人们对它们无法在认识论上进行评判(按照一个程序中立的正确标准,无法说其中某个价值比另一个"更真实"),但我认为,对于派生价值和与事实相关的价值,也许认知工具可以帮助我们得出一个规范意义上正确的答案。因此,我唯一回避的价值多样性是基础性或基本价值的多样性。

这让我得以驳斥缪尔黑德的说法,即认知思路只适用于非常狭隘的问题:为了实现程序已经界定的"目的",我们希望了解和使用什么技术手段?缪尔黑德(2014,119)把我的意思误读为,我坚信认知论只关乎如何理清事实真相。更一般地说,他误以为,我坚信政治仅仅与工具性的、技术统治的或者行政的合理性有关,与汽车修理工的那种合理性差不多。作为对比,他意图为程序论者赢得对下述崇高政治观的垄断地位,即政治是对"什么构成问题,什么才算解决问题"的分歧,这个分歧"让政治充满激情、能量和巨大风险",因为"民主政治不仅是'正确行事'的工具;也是对何谓正确行事的竞争"。

这种雄辩的修辞遮蔽了下述事实,当人们对什么构成问题及其解决方案存在分歧时,分歧可能恰好就是认知性的。构建问题的正确意义及其解决方案是困难的认知任务,可以存在较好和较差的答案。因此,我同意缪尔黑德的说法,政治是困难而复杂的,肯定比"电池耗尽"之类的情境(他想把我的理论限于此类问题)更困难、更复杂,因为,正如他所写到的,在政治中,"问题从来都不清楚,解决方案从来都不是最终的"。这种描述恰好符合我自己对政治的定义,即政治是一系列完全不可预测的复杂问题,没有事前就有明确共识的专家,也没有明确的技术修正方案(像仅仅换电池那么简单)。因此,与缪尔黑德的看法相反,"问题从来都不清楚,解决方案从来都不是最终的"这个事实并不意味着,它们不应该被当作认知问题来处理,即使我们必须试探性地接近它们，并充分认识到可能无法解决它们，需要不断重新尝试。

从这个角度来看，缪尔黑德的文章反复影射我把政治转变为"技巧"或"技术"是不完全公平的。在一定程度上，这与苏格拉底犯过的错误类似（我相信缪尔黑德不会介意这样比较），他曾指责普罗泰格拉未能意识到，政治不可能是科学研究的对象，并举证说，在雅典民主实践中，每个个体，无论年轻或年老、愚蠢或聪明，在城邦事务上都有发言权。如果政治类似于一门知识甚或技术，那么我们就会让无知者闭嘴，就像我们讨论造船时一样。

然而，正是苏格拉底本人对于政治究竟算哪种"知识"不得要领；关于这个问题，我同意诡辩派普罗泰格拉这位人类历史上的第一位民主理论家的看法。至少在某些方面，政治是一种知识，但这种知识只能在整个群体层面找到，因为它涉及的问题太复杂、太不确定，以至于共同体内的任何单一群体都无法回答。因此，普罗泰格拉（至少在我看来）不是一个傻瓜。雅典人不分资格地让每个人在公民大会上发言，他不否认这是事实。但是，在他看来，这并不能证明政治不是一门知识的对象。这只是证明政治是一门集体的，同时服务我们所有人的知识的对象。换句话说，我们让每个人都对政治议题有发言权，不是因为没有什么东西需要了解，而是因为有太多东西需要了解，同时又不确定需要了解什么，所以最安全的赌注是聚合每个人的信息、理由和天赋。

最后，我要说，与缪尔黑德所说的相反，搞清楚事实真相并非小事一桩。虽然它不是民主的认知理由的唯一方面，但它不应该被低估。分辨世界的真相似乎是任何社会生存和成功的重要前提。想一下多数决这类民主程序在准确评估总统候选人能力上的作用。据说，评估能力有一个广泛同意的标杆，即现任总统治下国家年度实际可支配收入的变化。如果是这样，在一次总统选举中，多数决的认知理由让我们得出的结论是："只要人们同意（该标杆），投票可以视为将预测赌注投给可将国家年度实际可支配收入最大化的那位候选人（Berger, 2014, 2）。"当然，如果这是真的，它可以说是不小的成就。

现在转向我书中所回避的基本价值多元化，我想在此梳理一下头绪。虽然人们总是把价值高度多元化作为自由多元社会的特征，但即使在美国，也可以说，存在一种共识的大背景，人们共享一些基本价值与原则，如自由、平等、休戚与共、人权和民主程序。就此而言，斯蒂克（2014a, 25）的下述判断是正确的，对我所假设的价值共识有一个可能的解释，即"罗尔斯式关于正义的政治理念"。但我会说，至少在相当长时间内，我们在很多当代社会都可以发现更厚重的价值共识观念。例如，法国讲究慷慨的福利国家与世俗主义原则，前者自第二次世界大战以来，后者自1905年以来，成为定义政治争议背景的共识价值，只是近年来才开始崩溃。在美国，可能较难找到社会价值的共识背景实例，但我觉得可以作为备选的是这样一些理念：个人责任、经济自由、机会平等、社会流动、种族融合、自助外加对确实需要帮助的人施以援手。在实际政策方面，社会保障（至少从新政以来）和富人应该多交税的看法对我来说似乎都是共识。

此外，虽然我在本书开头回避了基本价值多样性，但我并不完全同意这样的说法：我的模型在理论上无法与它相容，因为一个程序性的解决方案完全适用于我。这就是为什么我不完全确定斯蒂克为什么不接受我的建议：用宪法约定、协商妥协［罗伯特·古丁（Robert Goodin, 2003）称为"信念谈判"］[1]或多数决方式，在程序上解决基本价值方面的差异。任何一种方案都可以导致一个群体基于一套价值观进行协调，甚至可以把少数也团结起来直到下次选举，不管多么勉强。协商妥协（或投票）的理由是为了保持民主协商游戏的严肃性，使之有可能推进建设性地解决问题与实施治理。

换句话说，我对价值观共享背景的要求，不必达到哈贝马斯式

---

[1] 对古丁（Goodin, 2003, pp. 86-87）来说，"信念谈判"不仅仅是"同意保留不同意见"，而是"某种选定行动方针的做法，外加某种理据，以说明它如何产生预期的结果。在这个过程中，他们同意视某些信念为'仿佛是真实的'。但是，他们这样做时肯定使用的是虚拟语气，是试探性的、假设性的；命题仍需接受检验，如同在科学实验中一样"。

厚重"理性共识"的高度（亦即不要求每个人都同意源于完全一致前提的结论），甚至不必达到罗尔斯式稀薄"重叠共识"的高度。我的模型所要求的只是替价值议题找到一种常规的、程序明确的、务实的和临时的解决方案，为的是探索在这种背景下解决集体问题的认知方案。

最让我担心的反对意见来自斯蒂克，他认为价值多样性和认知多样性之间可能存在本质的相关性。例如，持共和党价值观可能与看待世界的某种方式相关，而民主党人不会这么看；这样一来，例如，当我们暂时接受一套民主党人的背景价值时，我们实际上就失去了认知多样性。这种可能的相关性是由佩奇（Page, 2007, 286-91）提出的，尽管他一带而过；对此，我必须承认我在书中没有明确考虑这个难题。我可以说的是，我同意斯蒂克的看法，在这一点上需要更多研究，它可能会以内部反对意见的方式削弱我的说法。从这个角度来看，我有点惶恐不安地期待看到两项研究的成果：一是自己正在进行的、重新引入价值多样性的认知民主新模型；二是斯蒂芬·斯蒂克关于同一主题尚未发表的论文（到目前为止，似乎可以证实认知表现在很多情况下得以保存）。

六、选民能力是否说得通？

布伦南、索敏和夸克认为，我没有足够认真地对待有关选民愚昧和系统性偏见的经验文献。这些文献提供的证据似乎证明，当把我的论点适用于美国民主或者任何民主时，其要求的一个关键前提不能成立，即民主公民符合集体智慧论所要求的最低能力标准。考虑到我曾花了一些时间来回应这些文献及其结论，我的批评者可能想说的是，我错在没被这套文献说服。在这一点上，我不确定重复我书中的驳论有多大意义；所以，请允许我在此只强调几个较新的看法。

我的批评者指出的经验问题有二：（1）选民的政治无知是通过经验调查（观察数据）测量的，即，要求公民的代表样本回答一些问题，比如"你的参议员的名字是什么？"或"日本的首都在哪里？"（2）公众与见多识广者在实际偏好和信念方面存在系统差异，即存在两种统计学意义上的公众，一种公众只具备参加投票所需的知识［斯科特·奥尔索斯的"开明偏好"法（Althaus, 2003）］，另一种公众具备经济学博士水准的知识［经济学布莱恩·卡普兰的"开明公众"法（Caplan, 2007）］。

布伦南说，奥尔索斯和卡普兰在这些调查基础上得出的结论，构成了一个通向最佳解释的推论：如果人们不能回答这些问题，或在知识更丰富的情况下回答不同，那就可以肯定，他们没有足够的能力参与投票。但麻烦在于，一个通向最佳解释的推论，或者布伦南所说的"不明推论式"（abduction），并不像他以为的那样，与我自己的演绎论证相比，构成对选民甚或对民主不利的压倒性"证据"。

首先，我仍然认为，批评者援引的证据受到精英偏见的影响，因为它选取特定的（进而完全非语境化的）事实或专家信念作为做出合格政治决定所需要的政治知识基准。我在此不重复我的论点（Landemore 2013, 198-206），但也许值得一提的是，卡普兰在反驳我对其论点的批评时（Landemore and Elster, 2012），对我的下述主张不持异议：他提出了谁拥有政治权威的问题（如掌握某种知识的精英）。相反，他声称我没有提出更好的选择。他说，"你看，你否认判断公民能力的标准要么是政治学家热衷测量的事实知识，要么是专家掌握的知识，但你没有拿出更好的标准"。这当然不符合事实。正如我所说，对于公民有没有能力做出好的、合格的决定，最终唯一适当的检验，不是他们在带有精英偏见并与付诸投票的任何实际问题无关的一些随机测验中得分多少，而是务实地检验他们通过民主协商和投票所做的决定如何帮助他们解决问题，从而在现实世界中生活得更好。如果事实证明结果是好的（或至少足够好）；如果我们至少大致同意，选民输入与集体输出之间有某种因果关联，我认为就有充分证据证明，中间选民足够聪明。

只要因果关联的驱动者是选民,我们的分歧就应该由民主结果的质量来决定,而不是通过测度那些有效输入的可疑替代品来决定。卡普兰、布伦南以及其他一些批评者试图在选民与民主产出之间画一条直线,"证明"民主只是"垃圾进,垃圾出";而我认为我的论据相当扎实。如果我提供了一个说得通的、由选民驱动的因果叙事,并在输出端产生了相当不错的(或至少不糟糕的)结果,那么我的批评者也应该同意,输入端的质量至少也不差。

当然,我没有为民主结果的优越性提供我自己的经验证据,尽管我提到现有研究支持下述主张:民主国家在一些标准上表现得很好(e.g., Spencer, 1998; Sen 1999; Lindert, 2003; Ober, 2008)。请允许我现在补充几项:一项雄心勃勃的观察式经济学研究[1](Acemoglu et al., 2014)声称,民主"推动了经济增长",它"通过鼓励投资,提升教育,诱导经济改革,改善公共物品供给,减少社会动荡",增加了未来的国内生产总值。心理学中的各种实验室试验表明,在各种任务方面,微型民主制胜过微型寡头制(e.g., Curseu et al., 2013)。田野实验表明,决策走民主路线的村庄优于决策参与不充分的村庄(e.g., Goeree and Yariv, 2011; Olken, 2010; Wantchekon, 2012)。

相反,布伦南和索敏所依赖的文献并没有从经验上"证明"民主不聪明。它最多只是证明个别公民不聪明。由此进一步展示公民输入的集体聚合不聪明,就纯属演绎了。关于选民无知的经验证据被导入一个连接选民偏好与集体结果的理性选择模型(大约就是中间选民定理),该模型再产生出一个结论:民主不可能是聪明的。既然输入的是垃圾,民主产出的肯定也是垃圾。但是,

---

[1] 该文章声称,除其他作用外,"民主通过鼓励投资,提升教育,引导经济改革,改善公共物品供给和减少社会动荡,增加了未来的国内生产总值"(Acemoglu et al., 2014)。最引人注目的是,作者声称"量化"了民主对国内生产总值的影响:"我们的核心估计表明,一个从非民主转向民主的国家,从长远来看(或大约在未来30年内),人均国内生产总值会提高20%。我们的研究结果表明,民主在经济发展初期对经济增长没有差异效应;不过,有证据表明,在那些教育水平较高的国家,民主更可能有助于提高国内生产总值。"

卡普兰、索敏和布伦南都没有提供经验证据证明，民主产出的是垃圾，因为他们的实证焦点放在输入上。他们真正证明的最多只是，美国民主有时选择了次优政策（根据他们自己的自由放任主义标准判断，比如美国经济政策过于保护主义），因此可以在一些议题上比目前表现得更好。对这个适用范围极为有限且合理的说法，我不作争辩。

鉴于目前对美国民主的研究状况，试图确定美国选民有没有足够的投票能力也许无关紧要。吉伦斯和佩奇（Gilens and Page, forthcoming）最近刚刚证明，在过去相当长的时间里，普通选民实际上对美国的政治结果没有什么影响。顺便说一下，特别有意思的是，在所有人中，恰好是本杰明·佩奇对这个经验结果贡献最大，因为正是他最早提出了本书涉及的"聚合奇迹"（与合作者罗伯特·夏皮罗一起），即大规模的公众作为一个整体是"理性的"，它拥有稳定一致的偏好，即便个体选民也并非如此（Page and Shapiro, 1992）。[1] 无论如何，这一类有关美国体系精英主义真面目的最新研究结果表明，就美国"选择了坏政策"而言，卡普兰及其追随者现在应该停止责备无知的群众。

把选民的无知放在一边，系统性偏见问题确实听起来有点道理，我不想否认它的存在，但我不一定同意卡普兰所作出的诊断（比如反市场的"偏见"，为失业者创造工作的"偏见"等）。话虽这么说，系统性偏见只在下述情况下才对我的论辩构成一个挑战，即选民在**所有可能的议题**上都出现了相互关联的系统性偏见，并且公众没有任何可能随着时间的推移消除自己的偏见。但是，相对于人们可以指出的每一系统性偏见个案，我们都可以找到数量上多得多的案例显示，在一个媒体足够多样的自由社会里，耳濡目染各种观点，公众可能会对称（或随机）地分布在正确答案

---

[1] 基于对选民向民主体制"输入"的经验测度，大量文献试图证明，一般选民是平庸的。佩奇和夏皮罗反其道而行之，他们极好地证明，如果你看的是输出，谨慎的乐观主义就是有道理的。

周围。比如,在政治职位选举中,有关某个议题上的相关偏见可能并不重要,因为人们会在很多议题上评估候选人。

例如,在公投中,对一个议题的系统性偏见确实是重要的,因为议题是一个一个决定的。对于这种情况,我认为,答案不是减少民主,而是增加公共协商。在某些情况下,我们可能会有兴趣走捷径,咨询专家(经济学家、最高法院法官);考虑到时间紧迫或认知分工的实际必要性,走捷径也许不失为一个好主意。但是,纯粹从认识论角度看,我认为,包容性的协商民主进程会让我们更安全些。稍微改改我书中的一段话说,"假设选民们对当下的议题了解很少;假设一个自由的社会,或至少一个鼓励不同意见和多元思考的投票环境……卡普兰设想最糟糕的情况是**系统性的**、彻头彻尾的、愚钝的民主制,因为在**所有政治议题上**平均错误率高、多样性低;但他的假设并不太合理"(Landemore, 2013, 197, 重点为修正部分)。[1] 我的观点更多地聚焦于群体的系统属性(数量带来的认知多样性)而非个体贡献,据此民主就能从"个人贡献导向"转向民主理性本位,使之比包容性小的体制更优越。

另一个反对者可能会质疑,如果事实表明,现实世界的真实民主运行良好实际上是因为它们的寡头制因素(精英控制、政党竞争等),我还可以在多大程度上依赖输出推断输入的质量。这是一个真正的好问题,也让我非常谨慎地对待宏观经验证据的吸引力。就实验室实验和协商民调所检验的"微民主"而言,我认为我提出的解释(用于协商的多样性胜于能力定理和用于聚合的多样性定理)是非常合理的。然而,对于实际的大众代议制民主来说,可能有太多变动因素,导致无法得出任何结论。例如,**所有**在某次大选中投票的公民都是无能的(无论这里的能力基于我们可以想象的什么标准),但是,由于精英之间的竞争,这次投票的结果

---

[1] 对卡普拉更详尽的批评,见 Elster and Landemore, 2008。

(获胜者的任期)总体上仍然是好的。[1] 在这种情况下,推断"结果好,因此选民合格",就是错误的。

从这个角度来看,夸克是站在一个比较好的位置上批评我,因为他认为美国是混合政体。要理清混合政体的哪些输出应归功于民主、哪些应归功于寡头制或技术统治,实在太复杂,几乎没有办法搞清楚,也许我们最好还是通过教育和信息水平这些中介来评估民主输入(选民的偏好和信念)的质量,而不是从输出端倒推回输入端。在这里,我仍然要说,在我看来,中介的选择带有严重偏见,不可尽信。

不过,考虑到现实世界里的民主实例都不太理想,甚至很有问题(如最近的研究所表明的),即使夸克等人没错,他们也依然没有证明选民在一个更多协商和真正民主的体系中照旧没有能力。因此,即使夸克、奥尔索斯和卡普兰的反绎推理能够成立,我也不认为他们像布伦南所说的那样,"对兰德摩尔发起了致命的挑战"。我们可以确定低水平信息与偏见就是内生于美国这种政体的各种制度吗?请考虑一下对激励因素重新进行适当调配的各种民主创新吧,不可协商民调(Fishkin, 2009)、公民大会(Warren and Pearse, 2008)、参与式预算(Touchton and Wampler, 2013)、众包实验(Aitamurto and Landemore, forthcoming)等。在这些情况下,奥尔索斯或卡普兰的说法突然都不成立了:人们非常知情;如果他们刚开始带有偏见,他们可以通过与他人交流论据来纠正偏见;他们可以发挥出相当高的论辩水平;假如民意调查员通过电话询问他们,他们肯定不会达到如此高的水平。

因此,与其喋喋不休地抱怨"民主"体制下的选民是如何令人绝望地无知,让我们想象一下更好的体制,即带有更多协商性

---

[1] 例如,由于精英之间的竞争(例如在政党之间)扫除了所有不称职的候选人,使得只有合格候选人获得主要政党的提名,这种情况有可能发生。这(如果我们也假设价值同质性,致使候选人的"能力"就是唯一的选择标准)将大致保证出现好结果,哪怕面对的是你能够想象出来的、最无能的公众(这只是因为假定选民将会选择的那组候选人都很强)。

的体制；在可能的情况下，这意味着为认知多样性留下更大空间的体制，在较小规模上（以直接的方式）充分利用各个决策层次的体制；如果没有这类可能性，这意味着探索分权与代议的新方式。我们需要的不是更少的民主和更多的专家，而是更好的制度。在我看来，在一个代表通过定向兜售、刻意划分选区等方式来选择自己选民的时代，普通公民的批评者对受害者苛责过甚。

七、小型分权政府

一些批评者问我为什么只关注统治的"形式"（一人、少数、多数），而不是它的范围（国家对市场的适当限制）。布伦南（2014, 54）似乎认为，人们应该担心正当政治权威的性质，这是一个更切近的重要问题。"与其辩论我们应该由愚蠢的多数还是聪明的少数统治，不如辩论是否还有大量我们应该完全放任自流的议题？"艾莱雅·索敏（Ilya Somin）同样建议用分权，即减少"票箱投票"，增加"用脚投票"，来解决大众民主国家的政治无知问题，她认为这个问题威胁着我的经验民主理由的合理性。她建议，如果一个人真正关心政府能够多么聪明，结论不是"越包容，越聪明"，而是"越小越好"。最后，说到政治实体本身的绝对规模问题，凯利（Kelly, 2014, 81）认为，我的民主模型事实上应该**在理论**上促使我主张"民主国家必须是小国，至少远远小于现在的大众民主国家"。这些批评者希望我赞成有限政府、扩大分权，我推测，还包括一个类似于瑞士而不是美国的民主模型。

首先，我完全承认，我的确没有在书中全面处理政府的适当规模问题。我还应该承认，各位批评者提出的扩大分权主张很有说服力。考虑到我没有深入讨论理想政府的干预范围，考虑到我并不把认知论辩主要看作是支持大众民主的论辩（因为论辩的大部分靠的是面对面协商的认知属性），我可能发现自己实际上与自由放任主义批评者有超乎他们想象的共识。坦率地说，我此刻并不知道我在这个问题上站在哪一边,但我对干预范围问题缺乏兴趣肯定不是出于反市场观点或是对集权的热爱。在我看来,把市场与政治决策程序(一人、少数或多数之治)混为一谈实在是个分类错误。

更具体地说,对于市场与国家各自限度的争论,依我所见似乎是个政治问题,需要通过一个政治决策程序解决(也许可以基于对市场方案的各种实验),不能一开始就交由哲学家或经济学家决定。我有关民主认知表现的叙述隐含了一个结论,它并不像我那些自由放任主义批评者希望的那样,政府**必须**是小政府;我的看法是,如果对于国家与市场的运作范围有较好或较差答案的话,那就应该通过一个民主的过程来确定适当的边界。

为什么我认为政治决策机制优于市场机制?自由放任主义者质问优先性问题,并且不太可能同意我的看法。在这本书中,我确实没有告诉他们我为什么隐含了这种观点。在书中,我要说的都包含在一段简短的反思中,即哈耶克与我的民主原初认知论辩没有多大关系。下面我就引用自己书中的一段话:

> 哈耶克关于个人分散的地方知识如何通过市场机制聚合成准确价格的理论,似乎是民主理性故事的重要部分。然而,仔细考察就会发现它不是。与协商和多数决(本书涉及的两个机制)不同,市场不会产生决定,也没有提供一种进行集体决策(同时被公众看作是集体决策)的途径。调节商品和信息市场那只看不见的手,的确与大数法则和"聚合奇迹"有关……但最终,市场不是一个政治决策程序。因此,它的确没有提供多数决的替代品,至少无法与作为替代物的一人之治或少数之治相提并论。(Landemore, 2013, 85—86)

我之所以这么快就断言市场不是一种替代机制,背后的直觉是,市场结果只是无数非政治个体决定无意识交汇的副产品。当人们购买和交易时，他们不考虑任何公益（也许要把纽约市市长朱利安尼要求纽约人在"9·11"后"去购物"排除在外）。市场对零碎信息的准确综合当然令人钦佩（只要满足有效市场的条件），但它只能间接用于集体目的。如果市场之外的某些能动者想要借助市场机制去谋取市场结果或市场预测，他们必须为此作出有意识的、**政治性**的决定，否则就算不上政治性决定，也没有任何政治上的正当性。（例如，在外交政策中利用预测市场，我在第6章和附录中讨论过这个话题）。

我无法在此更多地论证我对政治（集权）机制优先于市场（分权）机制的直觉，除非诉诸其他作者的权威，这些作者在我看来对相同问题给出了很有说服力的答案。在《民主的优先性》一文中，杰克·奈特和詹姆斯·约翰逊（2011, ch.3）证明，市场有效运作的条件非常有限（例如自由和平等的参与、充分的信息），而且无法由市场本身产生、监测或维护。因此，"没有明确的理由把市场作为最优或次优的社会协调的默认机制"，或者（我补充一点）最优或次优的知识聚合机制（ibid., 21）。[1] 相反，这种优先权属于一个集权的制度。换句话说，市场是衍生的制度，必须由先在的政治权威中心创建、维护并在程序上认可。奈特和约翰逊进一步认为，在集权的制度中，民主制度优先于非民主制度，因为它们在"促进制度选择的各种任务上，比市场之类分权机制做得更好"（ibid., 52）。[2] 基于他们的论点，我认为有正当的理由处

---

[1] 由于这个关键论点本身并没有为把优先权赋予更集权的制度提供理据，奈特和约翰逊也考虑了另外三种分权制度机制（"科斯谈判"、共同体以及技术官僚激励兼容计划）。他们还为拒绝赋予它们（单独或共同）的优先性提出了类似理由。

[2] 奈特和约翰逊（Knight and Johnson, 2011, p.52）实际上花了很大功夫比较民主和市场的表现，并得出结论："使用与我们用以衡量民主优先性相同的标准"，市场比民主决策的表现要糟糕。现有文献中有人试图论证，市场在时间上先于集权制度且离开后者也能维系下去。奈特和约翰逊用在我看来充分的理由驳斥了这种说法。在讨论制度形成和变迁时，有些人往往对市场格外青睐，信心满满；而奈特和约翰逊证明，有关制度形成最有力的说法（科斯谈判）"实际上粉碎了这类信心"（ibid., 69）；而且，如果未曾努力改变制度安排最初选定与随后运行的大环境，市场充其量只能很不完善地运行；因此，在事先确定第一阶优先项时，"与其他制度形式相比，市场并不是什么好选择"（ibid., 70）。

理书中所提出的，比市场和国家之间的适当边界在时间和逻辑上更优先的问题：谁有认知能力首先划分这些边界？

话虽这么说，我在知性上并不反对政治权威的下放，不管是下放给市场中的个体能动者，还是下放给下级政府；权力下放让投票影响力更直接，让投票对普通公民意义更明显，因此可以部分抵消理性的非理性问题与信息搭便车问题（如果它们获得经验证实）。

这把我带回到了"领域"问题：在什么地方、对于何种议题，民主是更好的解决方案？我只能在此重申我的答复：我不想（或声称）完全先验地解答这个问题；最终它要靠民主协商，靠试验各种市场方案。布伦南和索敏似乎把规范性的优先权赋予市场，而不是赋予为市场立规的集权制度；虽然我对此并不同意，但我发现批评者的下述建议相当有说服力：重新在更小或更分权的尺度上考虑民主制度。它在意识形态上符合我自己的信念，应该让更多权力回到人民手中，而不是像我们熟悉的大众代议制"民主"那样只给人民一点点权力。

八、多样性胜于能力定理的性质和功能

现在让我谈谈挑战我一般性论据一致性的内部反对意见。保罗·夸克提出了一个重要的批评，他批评了我对洪路和佩奇的形式模型研究结果的运用，特别对他们那个多样性胜于能力定理的运用。

首先，我要感谢保罗·夸克承认我论点鲜明，并且他的反应符合我最初对多数人的期望：完全不相信。毕竟，一个作者所得到的最糟糕反应莫过于，有人认为，你所说的都是显而易见的老生常谈；或者更糟的，人们已经知道或已经说过。夸克的困惑显示，他听到了某种新的、激进的说法；我在某个层面将这视为成功的标志。他举了一个非常愚蠢的推销员的例子来表达他的困惑，推

销员声称，虽然在每件产品上亏钱，他可以用销售量来弥补损失。这的确很荒唐。

夸克反过来让我想到，在维基百科问世之前，人们会公开嘲笑这个概念。"一个由门外汉以在线协作的方式写出的百科全书？这**永远不会奏效**。"冰岛最近试图通过各种参与式努力重写宪法，并挑选非职业政客担任主要起草者（Landemore, 2014）；对此，夸克很可能持强烈怀疑态度。他大概也会嘲笑"麦迪逊"项目的可行性，因为这个新近设计出来的工具将允许把立法工作外包给美国人民。[1]

我并不因此怪他。只有少数非常能干的人才具备政治能力，这是一个根深蒂固的直觉，也是西方文明信赖专家和官僚的基础。在这个传统中，民主的冲动很快就被遗忘了，直到18世纪晚期才再现，而且其理由并不特别令人信服。它似乎完全靠惯性传播，伴随它的是，为精英特权辩护的种种说法逐渐被人抛弃，例如，上帝就是这么说的，从来都是这样，精英们在道义上更优越，精英们知道得最多。不过，最后这种说法生命力特别强。在某种程度上，民主用间接策略克服它：即使专家知道得最多，也不要紧，因为我们人人平等，都有发言权（这多多少少是我之前处理过的程序论者的反驳方式）。但在集体智慧的决定因素上，社会科学现在已经开始提出了新见解。原来，集体智慧与个人能力关系不大（尽管这部分仍然是必要的），更关键的是人们处理问题方式的多样性。

无论如何，在仔细阅读夸克的批评之后，我认为他对我论点的主要指控如下。我使用了一个定理（洪路和佩奇的多样性胜于能力定理），而我并不理解，该定理源自基于代理的计算机模拟；结果，我严重误解了它的含义和意义。特别是我没有看出，该定理

---

〔1〕令人惊讶的是，夸克（Quirk, 2014, p. 147）承认，他并不完全反对有外行公民直接参与的计划，因为他很清楚加拿大英属哥伦比亚省公民大会的成功，他以肯定的态度引用了马克·E. 沃伦和希拉里·皮尔斯（Mark E. Warren and Hilary Pearse, 2008）对此作出的经典研究。

所依据的假设使之不能适用于现实世界的政治。具体来说，假设2（"运算条件"，Page，2007，160），也就是我理解的"足够聪明或不算很蠢"，在政治上完全未经证实。至于假设3（"多样性条件"，Page 2007，160），我的描述与佩奇的很不一样，并轻描淡写地忽略了它明显与政治无关的事实，尽管它明显"震撼人心"。该假设（经我的转化）受到指责的成分是，"**当他们被迫思考什么是最好的解决方案时，这种方案必须对于所有人来说都显而易见**"（Landemore，2013，102，重点为我所加）。

在此，我依次处理三个问题：（1）计算机模拟在洪路和佩奇研究中的作用；（2）他们的理论是否与真实世界有任何相关性，他们有没有这种相关性；（3）该理论诸项假设的含义和意义。

1. 计算机实验在洪路和佩奇研究项目中的作用

洪路和佩奇**证明了一个定理**，它为多样性胜于能力提出了一系列充分条件。因此，如果定理的各种条件成立，（假设它们没有逻辑缺陷）结果就成立。这个定理十分违反直觉，所以他们通过一个计算机的例子来模拟直觉。这样，计算机模拟意在其**展示性**，目的是为了帮助读者了解结果为什么成立。

然而，夸克（2014，135，重点为我所加）却说："（该文）的发现是，**在这个特别的系列计算机实验中多样性胜于能力**（作者的数学定理随后解释并导出了实验结果的各种条件）。"这句话恐怕是对科学实践的根本误解。作为类比，人们可以相应地说："这里的发现是，对于这个特定的直角三角形来说，长度为3的边的平方，加上长度为4的边的平方，正好等于长度为5的斜边的平方（毕达哥拉斯用数学定理解释和导出了实验结果的各种条件）。"

我重复一下：洪路和佩奇的计算模型是**一个更通用定理的例子**。夸克可以按照自己喜欢的方式批评这个例子。洪路和佩奇的选择很多很多。如果他们的论文是为政治理论家而不是更广泛的读者所写，他们本可选择一个夸克更喜欢的例子。不管怎么说，我之所以没有提到基于代理的计算机模拟，理由其实很简单：人们并不需要为了使用该定理，而去理解或求助于基于代理的计算机模拟。这个定理是独立于它们而存在的。

还有更重要的一点，即洪路和佩奇的定理是多样性胜于能力的诸多证明之一。他们在这一领域做了后续工作，乔纳森·本德和佩奇（即将出版）也是如此。其他人的工作也揭示了群体规模、多样性和集体表现之间的逻辑联系。特别是马克·利凯尔奇和奥克太·萨鲁库（Marco LiCalzi and Oktay Surucu, 2012）最近的一篇论文表明，集体多样性和中等水平的个人能力导向聪明的大群体，而且随着问题变得更加困难，扩大群体会产生更好的解决方案。这些结果似乎直接支持我自己的"数量优于能力定理"。

2. 定理不一定适用于现实世界

现在讨论夸克的另一个反对意见。他断言，该定理不适用于现实世界，洪路和佩奇本身决不会错到试图把仅适用于计算机模拟有限范围内的定理推而广之；但他的说法是没有根据的。首先，佩奇2007年出版了一本书，题为《差异：多元力量如何创造更好的群体、公司、学校和社会》，正如其副标题所示，这本书旨在把各种有关多样性威力的领悟推广到现实世界，包括多样性胜于能力定理。因此，虽然夸克集中讨论的那篇2004年技术性文章也许过于谨慎，没有明确作出这种推断，但2007年的书正是将只能通过设计型实验展示的形式模式结果推广到现实世界的一种努力。洪路和佩奇的思路是从基本理论开始，然后转向更多应用问题。

此外，如上所述，支持多样性胜于能力的理论结果，实际上在各种情况下都获得了实验研究的支持；另外，现在许多利润丰厚的公司已在借助现实世界里大规模、多元化的群众威力，这也从另一个侧面支持了该理论。经验证据表明，与夸克的说法相反，你的确可以以量取胜，**前提是你得有多样性**（以及足够的数量以引入或保持多样性）。有趣的是，这不仅对人而言是对的，对鸟而言，也是如此。研究表明，大鸟群比小鸟群更能解决野外的复杂问题（Morand-Ferron and Quinn, 2011）。

不过，夸克也有说对的地方，即洪路和佩奇并没有充分挖掘其研究潜力，将它推广至政治，尤其是民主协商方面来。我认为自己的工作正在努力这样做，这在很大程度上是由于他们树立起了鼓舞人心的榜样。最近，佩奇和我正在合作剖析民主协商、分歧与共识之间的联系（forthcoming in Politics, Philosophy, and Economics）。[1]

激发夸克批评的是一个很有意思的问题：多样性胜于能力定理的那些条件是否成立？它们能否经受得起我的改编？

3. 多样性胜于能力定理基本假设的意义和经验可信度

我在这里（正如我在书中一样）依据的是佩奇 2007 年书中的表述，而不是 2004 年那篇更技术性的文章。既然夸克承认，它有两个操作假设完全没有问题，[2] 我对它们不做进一步检验。据说两个脆弱的假设是：

（1）运算假设，或者有关个人对于手头的任务而言"足够聪明/不太愚蠢"的假设。

（2）多样性假设。

佩奇在他的书中对运算假设的表达如下：

条件 2：运算条件。每个解题者的局部最优都可以写入列表。换句话说，所有的解题者都是聪明的。（Page, 2007, 160）

佩奇引入条件 2 是为了具体说明条件 1，即问题的解并非显而易见或足够困难，以至于没有一个人总是知道答案（一位专家）。运算条件具体说明了我们处置困难的类型以及每位解题者所需的能力。佩奇以下述方式引入这个条件："我们假设的是，对任何解题者而言，问题都很困难。这个条件 2 涉及解题者的能力。所有可能的解题者必须具备某种解决问题的能力……我们不能让一群人文学者在化学实验室干活。"然后，佩奇进一步举出一个与统计问

---

[1] 如果说我这里希望展示什么的话，那就是，洪路和佩奇很有兴趣将其结果应用到现实世界环境中，我并不像夸克暗示的那样，完全不知道他们结果的实际意涵。

[2] 这两个没有问题的假设是，从中挑选问题求解者的候选库必须足够大，并且问题必须足够棘手，没有一位杰出专家能够解决它们。

题有关的例子:"解决一个统计学问题时,一群随机抽取的人将不会表现得比一群顶级统计学家强。**对于这个问题,大多数人不能满足运算假设,因为几乎任何解都会让他们不知所措**(Page 2007, 160,重点为我所加)。"

有了这个例子,我们就可以清楚地看出,佩奇通过运算条件或"所有解题者都是聪明的"这一想法想要表达的意思是,**对于解决手头的认知任务而言,他们足够聪明**。对于复杂的统计问题,普通人当然满足不了这个假设。不过,我之所以将这个假设转化到政治世界,是因为我认为,在**政治**问题上,可以假定人们都足够聪明,或者用我可能有点争议的说法,"不算太愚"。我的意思与佩奇的相似:"他们不应该比解题所需的水平笨。"我认为,公民总体上是否有处理公益问题的认知能力(即,足够聪明地投票,足够聪明地参与公共利益辩论,足够聪明能够形成有见识的相关意见),这既是教育问题,也是制度设计问题。关于现实民主国家中的选民是否合格这个独立又相关的问题,我在上文中已经在一定程度上处理过了。

我现在转向"多样性条件"。佩奇在其书中如此表达这个假设:

条件3:多样性条件。**全局最优值之外的任何解,对于某些解题者(数量不能为零)都不是局部最优**。(Page, 2007, 160)[1]

我在书中把多样性条件转化为:"第三个条件简单假定了这样一种局部最优的多样性,以至于解题者们的局部最优交织在一起包含了全局最优。换句话说,参与者的想法非常不同,**即便在被迫思考时,最好的解决方案对所有人都是显而易见的**(Landemore, 2013, 102, emph. added)。"

我不认为我的转化有什么地方违背了佩奇的原意,或者坦率地

---

[1] 佩奇(Page, 2007, p.160)继续说明:"这个条件并不是说,如果给定任何解,某些解题者马上就能跃升至全局最优。这个假设有点太强了,很少会出现这种情况。相反,我们的假设是,存在某些能够发现一项改进的解题者,即便该改进可能不大。"

说，与之有多大"不同"。事实上，它说的完全是一回事，即人们的想法彼此之间足够不同，但当他们被迫思考时，他们都能够识别最好的解决方案。特别是，（我话中的）重点部分传递的想法是，"对所有解题者来说，全局最优就是一个局部最优"。

真正困扰夸克的，与其说是假设中与多样性有关的那部分，不如说是假设中的另一部分，与人们看到最佳方案时认出它的能力有关。冈恩（2014，69）也有与夸克一样的怀疑，他认为"在现实政治世界中几乎从未有过这种情况：所有人都看得出某个解决方案的优越性"。

我感谢他们两个人让我有机会为这部分假设提出辩护，它的确值得更深入的考察。凑巧的是，在即将出版的《协商与分歧》一文中，佩奇和我对它进行了思考，所以让我稍微谈谈我们在这方面的进展。

在该论文中，我们定义了一个更一般化的要求，即解题者能够在面对解决方案时识别它们的价值。我们称之为"神器假设"（Oracle assumption），这里的神器是"一台机器、一个人或内在的直觉，它可以揭示任何拟议方案的正确排名"。我们引入它的另一种方式是，把它看作与哈贝马斯的一个说法类似："较佳论述的自然力量"将在理想语境中胜出（即"正确"答案的优越性将同样展现在所有人面前）。用形式模型的语言说，神器假设要求，如果选项 y 比 x 好，每个人的模型就必须也将选项 y 的排序置于选项 x 之上。[1]

在写这篇论文的时候，佩奇和我遇到了一个与夸克和冈恩类似的反对意见，即如果假设所有解题者或者协商者都能在看到正确或者较好的解决方案时"认出"它们，经历一个"发现时刻"，这可能会将我们分析框架的适用性仅限于数学、科学和工程领域，

---

[1] 个人不需要知道确切值，只需要足够接近就行。重要的是，神器假设并不意味着这些问题微不足道，解决方案也不是从一开始就显而易见的（这会违反其他假设）。如果的确如此，我们就不需要协商了。神器假设的含义只是，一旦更好的解决方案被提出或设计出来，它在每个人看来都是更好的方案。

而不适用于政治、社会、法律乃至刑事问题。神器在前面几个领域的确比较常见，但假定它们也存在于政治和社会问题的规范层面恐怕很成问题。

我们对这种担心的回应是，即使在一个更具社会或政治性质的情境下，只要时间充裕，事后来看，不同方案的相对（而不是绝对）价值也可以说是不言自明的。从这个角度来看，人们不应该犯我认为冈恩在分析我的纽黑文例子时所犯的错误，即混淆一个想法的简单性和一旦提出之后它所具有的不言而喻的优越性。正如佩奇和我坚持认为的，一个想法一经解释说明，就可以成为复杂问题的明显答案，即使它在协商前一点儿也不明显。[1] 冈恩（2014，72）还辩称，"仅仅因为解决方案可能来自任何地方……并不能推断，一旦它们出现于公共论坛之上，我们就可以发现它们"。这是对的，佩奇和我并不认为协商万无一失，但问题在于比较：如果我们不能在公共论坛上发现它们，那么我们不太可能在任何其他地方发现它们。

我们认为，在许多情况下，分歧而不是共识在政治中仍然如此盛行的原因，不是因为不存在神器，而是因为人们没有相同的价值观，或是因为他们有拒绝接受神器裁决的既得利益。例如，关于债务上限问题，人们可以认为，对共和党和民主党人来说，都只有一个可行方案，但共和党的既得利益使之变得不可能，直到最后一刻才找到"正确的"方案：提高债务上限。

我们还认为，随着数据、信息、模型的改善以及（我想加上）社会科学的进步，神器也改进了；因此，现代社会的各种可行技术也许会让神器在当代辩论中更可能发挥作用。此外，在所有其他方面都相同的情况下，参与者的见识越广，需要考虑的替代方案越少，对各种性能标准之相对重要性理解越透彻，神器假设越

---

[1] 心理学中与之等效的典型例子是华生任务（Wason Task）。通常人们在90%的时间里会得出错误的答案。然而，一旦有人向他们解释问题的解，他们在95%的时间里能够确认其真实性，这就是为什么群体比个人更适于解决问题（如果群体的一位成员找到了解决方案，他很快就能让其他所有人相信正确答案）。

可能被满足。

最后，我在书中对民主的辩护，并不假设问题的解决总是以共识结束，这就是为什么我要用两个完整的章节来讨论多数决。因此，我并不需要像夸克所指责的那样假设不存在分歧。

九、多数决的认知属性

现在让我转向第二类内部反对意见，靶子是我论点中有关整合的那部分，即这样一个提法：多数决具有的认知属性证明，应该给每位公民一张投票，并同等对待所有选票。布伦南说，洪路和佩奇的多样性定理（注意不要与多样性胜于能力定理混淆，后者用于问题求解）证明，只需包括一个多样化的样本，不一定要包括整个群体。因此，换句话说，我对完全包容性的辩护（数量优于能力定理）并不完全符合洪路和佩奇的多样性定理。

由布伦南和凯利提出的这种反对意见有三种可能的解释：

第一，囊括更多的人（更多的预测）可能会在认知多样性方面产生**边际收益递减效应**；超过一个门槛之后，你就没有足够的理由囊括每个人，尤其是这个群体规模非常大的时候。如果这样的话，为什么要选择该群体100%的人，而不是选择该群体15%的人呢？

由于一个非常简单的理由，这个版本的反对意见并不成立。边际收益递减与零边际收益非常不同。在实践的基础上，这种收益递减可能为不扩大决策参与人群提供了一个反证。然而，尽管如此，囊括群体中的每个人，并尊重大多数人的选择，仍会产生**更准确**的集体预测，不管差别是多么微小。只有非认知性的理由，也就是对时间、金钱和可行性的实际考虑，可以用来为只包括少数人而不是大多数人辩护。

第二，在某个点之后，囊括更多的人可能**完全**不会提高集体准确度。你将得到与只包括15%的人所产生的完全相同的结果。

这个想法更有趣。然而，严格地说，没有任何认知理由让我们偏向一个随机样本聚合起来的决策，而不是整个群体聚合起来的决策。在这里，我的反对者想说，如果我们可以在统计上获得与随机抽样相同的认知结果，就没有理由从囊括每个人开始，这是下述主张的另一种说法：如果少数是随机抽选的，我们可以满足于少数决。然而，请注意，一个随机样本的预测只是**在统计意义上**相当于大型群体的观点。每个具体决定都将存在不可避免的误差。所以从认识论上讲，除非所有条件都相同，否则我们仍然最好囊括每个人的预测，无论他们多么微小，而不是只囊括他们中的一个随机样本。如上所述，可能存在非认知性的实际理由，让我们更偏向随机样本的观点而非整个群体的观点，但是，严格的**认知**理由支持整个群体而非少数的预测。不过，作为转化较大群体观点的一种方式，多数决即使对大群体也仍然有吸引力，不仅仅是对小群体如此。

第三，囊括更多的人可能会损害群体的集体准确性（**平均收益递减**），原因是，思考问题的方式太多，人们可能盲从意见领袖，从而让人们的判断之间产生正相关关系。[1] 如果是这样，采纳大型群体中一个足够多样子集的中位预测岂不更好？

这是真带问题的反对意见。佩奇自己注意到，一个人无法拥有与特定视角相关的无限变量或维度（Page, 2007, 203）。随着预测者数量的增加，人们用于作出预测的变量数目可能在比重上仍然很小。这样一来，如果我们知道一个给定的问题只有三种可能的解释，几十人、几百人乃至几百万人参与，不会带来认识论的好处，事实上会更糟糕，还不如只有三个人，每个人做出其中一种解释。

此外，即使我们知道一个问题至少曾经有过很多可能的解释，因为大群体有很多人，民主国家的许多人也很可能只会盲从一些意见领袖的预测。因此可能存在一个上限，超过该上限，即使是多数的观点也会让我们的预测失去准确性。凯利（2014, 85）格外

---

[1] 我认为这个反对意见是由杰米·凯利（Jamie Kelly）提出的。

清晰地提出了这一点，他认为，至少在大型民主国家，"政治框架的性质和强势集团的存在影响着政治"，这导致我所假定的更大包容性与认知多样性的增加之间的相关性变得可疑了。在他看来，"框住"一个问题的方式只有那么多，一旦超出某个点，"再决定超过这个限制增加个体框架（frames）的数量，就肯定是一个愚蠢的错误"（ibid., 86）。此外，凯利认为，在我们知道的那些大众民主国家，由于政党和媒体控制着各种框架的传播，认知多样性实际有上限存在。

对政治问题的维度本体，我认为很难先验地说出个所以然来；能说的只是，我不明白为什么我们应该假设它只支持非常有限的解释，甚或"框架"。此外，即使我们假设，至少一些议题的维度数量比群体的人数还少，随着人数变多，为避免正相关而需要做的是，要么使用集群解释，要么基于不同的观点来解释（Page, 2007, 204）。如果一个人判断一位候选人的方式是既看他解决社会问题的能力，也看他解决财政议题的能力，他的解释就是集群解释。在我看来，下述假设是合理的：在大众民主国家，我们给选民提出的很多问题是足够复杂、足够多面的，让他们看到了许多种解释、集群的解释以及不同的观点，这反过来产生出大量足够多样的预测模型。至少在理论上，下面的假定并不算牵强：在各种议题上，解释模型的数目与大众民主国家中选民人数不相上下；在这种情况下，如果想要获得一个人群的多样性之全部好处，就没有任何明显的认知理由（虽然可能有很多与认知无关的理由）可以用来限制预测的数量。

凯利指出，在大众民主国家，由某类政党与媒体所支配的"框架"数量必然不多。他对"框架"的粗略定义是，"一种提出问题的特殊方式"；他承认这是一个宽泛的概念（2014, 90n8）。我想我需要更多地了解"框架"如何与认知多样性相连。凯利断言："框架的多样性与兰德摩尔关注的那种认知多样性息息相关……人口中的框架多样性将对她的论点产生重要影响"（ibid., 86），我认为这表面看来合情合理，但缺乏进一步的说明，我还是不太相信，框架问题对大众社会的认知多样性假设构成了一个无法克服的挑战。

如果以框架为由的反对意见只适用于协商式解决问题，而不是（偏好）汇总，我有一个简单的出路，把协商的可能性限于足够小的公民大会中。从这个角度来看，当凯利说我的论辩支持"小型民主"而不是大型民主时，他是对的。如果跨过一个纳入的上限，囊括更多的人只会降低群体解决问题的能力；那么，大规模协商很可能无法实现认知多样性的好处。我认为，此事现在还没有定论，因为对于大规模协商如何运行，以及从中可以期待哪些认知属性或其他属性，有关协商民主的文献仍然缺乏研究。

意见领袖的影响是一个严重的问题。虽然这是一个任何规模的群体都可能碰到的问题，但它更可能是大群体的问题，因为激励人们在其中努力进行独立思考的因素也许会比在更策略性的环境下（如小群体）来得少。如果大群体中的大多数人彻底地、不加批判地依赖这种社会提示，它的确会抑制多样性，群众就不可能比一群意见领袖更聪明，反倒可能更不聪明。

话虽这么说，意见领袖的影响不一定对人们解释模式的多样性构成威胁（不会比对孔多塞陪审团定理背景下独立性假设的威胁更大，Estlund, 1994 and Ladha, 1992）。在某些情况下，它实际上可能是个人能力的认知增强因素：例如，如果听取专家意见和与他人协商对个人的影响相同，那么，让他们将新的变量和数据整合到自己的预测模型中，并不会严重削弱其统计独立性（Landemore and Page forthcoming）。只要选民的解释模式仍是独特的、不同的，哪怕汇总起来的预测数目增大，也可以维持足够的认知多样性。

最后，我想借用乔纳森·本德和约翰·布洛克（Jonathan Bendor and John Bullock）2008年在本刊上将选民与民主精英（比较对阿尔弗雷德·摩尔的兴趣）进行对比时提过的一个观点，这个观点很容易转化为民主制与寡头制的比较。本德和布洛克针对意见领袖对孔多塞陪审团定理造成的问题进行了反思，因为他们认为，这类人的出现会减少选民判断的统计独立性（可以解释为认知多样性受限）。意见领袖的影响的确会在解决问题时减少独立思考者的有效数。然而，他们指出，只有当互依性大量存在时，1亿名选民才会变为10万个有效数。但在适当条件下，即使只有10万名独立判断的选民，也可得出一个令人满意的预测。下面就是他们的例子：

请考虑下述互依性的程式化集群模型。每个派系的人都分成若干个1000人的集群。所有集群在投票中是完全独立的（或它们之间负相关），且每个集群的能力水平为0.6。这样，在1亿选民中，将会有100 000个集群，系统的可靠度是0.97。因此，互依性可以导致独立思考者的有效数减少1000倍，但令人惊讶的是，孔多塞机制仍然运作得很好（Bendor and Bullock, 2008, 10）。

随后，他们指出，决策者的精英集团也不太可能完全独立。与一个大群体相比（哪怕其中只有少量独立思考的人），精英群体有头脑的人数会非常非常小，也许只有十几个或几十个。如果这个小集团的成员想法相似，他们的错误就将相互关联，有效头脑的数量就进一步减少。一方面是一个巨大的群体，但其中的意见领袖会将数百万有想法的人压缩至几十万有想法的人；另一方面是一个小小的精英群体，充其量只有十来个或更少有想法的人；哪个选择更好？这当然取决于各个群体中头脑的质量，但无论如何，大量普通头脑聚集在一起似乎比屈指可数的出类拔萃之辈更靠得住一些。我认为同样的推理适用于直接或代议制民主和寡头制之间的比较。

十、不是绝对数量而是认知模型的频率

我现在转向第三种内部批评，即实现认知多样性最大化的途径，不是通过包容每个人，而是通过对不同类型的认知模型超取

样（夸克）或"框架化"（凯利）。我的回应是，在政治中，任何特定决策群体在任期内（通常四到五年）都将面临高度不确定的议题，无法将各种心智概括为静态的"认知模型"（或"框架"）。这当然是一个假设，但我相信它有说服力：虽然不同的人可能生来便带有不同类型的认知工具箱且它们的分布是不均匀的，[1] 但心理学在这方面并没有给我们确定的说法。此外，即使各种智力类型之间存在引人注目的可分析差异，也不意味着我们每个人都不是所有这些类型的独特混合。最后，考虑到议题多种多样且千变万化，以及各种不同问题的不断变化，我认为，很难想象会出现两个人的想法恰巧一模一样、可归为一种认知模型的情况。由于所有这些原因，我不认为在概念上可以用这种方式定义认知模型，也不可能确定它们在特定人口中的出现频率。

同样，我对按这种预先设定的认知模型对人群进行超取样或欠取样的价值持怀疑态度。像复数投票一样，在某些议题上，这种或那种超取样也许可行（如在面对经济危机时，对受过经济学训练的人进行超取样），但在其他议题上，也可能适得其反（如当政治议程转向黑人妇女议题时）。总而言之，我认为，一个群体在认识论上最好假设每个人的认知模型都是独特的，这支持我有关认知多样性均匀分布的假设。这种观点的意义在于，在选择那些理应反映较大群体的认知多样性的代表时，我们最好采取随机抽样而不是超取样（Landemore，2012）。

十一、协商有用吗？

保罗·冈恩试图证明我使用的一个关键案例在好几个方面不起作用。我已经讨论过协商时较好方案的自明特征。我现在转向其他一些更成问题的反对意见，它们批评说，我的案例里起作用的

---

[1] 例如，霍华德·加德纳（Howard Gardner，1983）提出了八类智力：视觉-空间、言语-语言、逻辑-数理、身体-动觉、交往-交流、自知-自省、音乐-节奏以及自然-观察。

不是协商。这个例子指的是，纽黑文一个街区桥下经常发生抢劫，当地居民最终提出一个解决方案：由联邦拨款安装太阳能路灯。冈恩想说，最初各种方案（派警车驻守在桥上、邻居们在天黑后结伴走回家）的次优性，是通过试错揭示的，与协商无关。他还认为，最终找到更好方案的途径也不是协商。

没错，一些方案的次优性最终是在现实世界中通过试错，观察其效果而测度出来的。但是，协商者们自己查证支持或反对某个方案的经验证据，并不意味着这个过程不算协商，与最终得出相关结论无关。经验证据告诉我们各种解决方案的优劣，而试错实际上不过是我们对这个过程进行认知**解释**的别称。这个解释的任务受益于与思维各异的人们进行对话。更何况，虽然试错为拟议方案的无效性或不切实际性提供了经验支持，但它本身完全没有产生**新的**方案。正是协商激发了新的方案，其基础是经验证据、一些猜测以及对各种假想情境似然性的判断。

说到通过安装太阳能灯减少这座桥下的犯罪诱因这个具体想法，我坚持认为，这个方案是在协商过程中产生的，如果没有反复讨论就不会出现；在协商中，各自带有不同专长的人们讨论越来越深入，逐渐消除了对这个想法的反对意见，例如知道在横穿电气化铁路的桥上无法安装传统路灯的工程师、反复强调预算约束的会计师、了解联邦政府对绿色能源补贴的人，等等。

冈恩（2014，70）进一步指出，即使在这个简单的例子中，也不清楚问题是否解决了。毕竟，"纽黑文故事出现愉快结局，其前提是居民们把问题狭隘地定义为'法院街大桥上的犯罪'，而不是纽黑文的、康涅狄格州的、美国的、现代世界的或人类的犯罪问题"。但这是一个有失公允的批评。在不少情况下，我们必须将一个特定社群解决问题的参数作为恰当的参照系。否则，我们永远无法评估任何东西。因此，在该社群（这里的相关政治单位）所定义的参数内，该问题可视为已解决。也许还可以补充说，指望纽黑文某个街区的一小群公民以"解决"整个纽黑文地区的（更不要说美国的、世界的、人类的）犯罪问题为己任，这不免有点不着边际；即使在纽黑文，也显得带有怪怪的家长做派。

不过，我承认典型的政治情况通常比纽黑文的例子更复杂，这主要是因为我的模型中回避了多种价值观，在纽黑文的例子中也没有出现这样的价值观分歧，所有人都把遏制犯罪和提供铁路桥周围的安全状况作为基本目标。如果抢劫者（顽固的或邪恶的那种，一心只想维持自己的抢劫优势）也被纳入协商小组，那就可能永远都不会出现令人满意的方案了。

十二、进一步的研究路径

最后，作为结尾，请允许我指出书中提到，但没来得及深究的三条进一步研究途径。第一是冈恩提到的信息和观念从何而来的问题。在这本书中，我把信息和观念作为需要经过包容性协商处理、筛选的原始资料，但我很少讨论各种制度与渠道（例如媒体、政党、教育体系、当代科学共识等）在事实上是如何塑造、建构、筛选资料的。就此而言，正如冈恩所正确指出的那样，我这样的民主认知论如能嵌入更全面的政治认识论，将会受益良多。

阿尔弗雷德·摩尔（Alfred Moore）指出了另一条富有成效的新研究途径：专家和门外汉之间的政治边界及其之间恰当的认知分工。到目前为止，在我看来，大量民主创新（Smith, 2009）目前正在试验增加普通公民对政策和法律制定的参与（包括参与式预算、政策制定外包给群众、"微众"等），它们表明，在纯认知意义上，只要获得与"专家"相同的信息，普通民众完全有潜力与职业政治家或官僚竞争。菲利普·特洛克特的最新研究就更好了，他比较了拥有**内部信息**的中央情报局特工和只能到网上查询信息的一群外行所做的外交政策预测，结果表明，相对于所谓一窍不通的群众，专家们的更多知识、信息和技能不一定转化为任何系统性的认知优势。普通公民小组通常能比中央情报局分析师们更好地预测全球事件![1] 这引起了对摩尔下述说法的一些怀疑（直觉上似乎合理）："**只有当小群体未获准接触某些特殊信息，或了解其他人也接触不到这些信息时**，才能假定，认知多样性的集体效应优于少数绝顶聪明解题者组成的群体（Moore, 2014, 110, 重点为我所加）。"至少在某些情况下，即使让民主处于比我假设的情形更为不利的地位，即使允许专家拥有特殊"知识"或内部信息，支持民主理由的认知主张似乎仍可成立。

我的书中没有提及的最后一个问题是少数民主派之谜。缪尔黑德提到有些处于少数地位的党派分子一直持有异议，深信自己是对的、多数是错的，这就涉及该问题。从认知民主论的角度看，少数的异议是理性的吗？如果包容性协商与多数决的认识属性适用于此，应该出现的情形是：对于任何我处于少数的决定，我应该把这看作我错了的证据，并改变对议题的看法，与多数意见保持一致（对该效果更精妙的主张，也见 Ingham, 2013）。

在社会认识论领域，有一批文献处理"同侪分歧"问题（即那些认为自己同样知情、合理、能做出良好判断的个体之间的分歧），并探讨在这种情况下，从个人观点看，理性行动是坚持己见（"特立独行论"），还是在一定程度上修改自己的信念，至少降低对自己保持最初信念的信心（"循规蹈矩论"）。这些文献似乎直接与少数和多数民主派之间的分歧相关，为民主即数量作用的观念增添了质疑。认知同侪之间分歧的典型讨论只考虑二人情境，但少数和多数之间的分歧意味着，在议题的各面都有更多的认知同侪。数量重要吗？这是另一个值得探索的问题；在这个问题上，也许看似矛盾的是，我的直觉站在少数的观点一边（e.g., Lackey, 2013）。在我看来，只要民主多数的信念是基于充分不同的（甚至严格相互独立的）模式和信息形成的，每一个额外的同侪异议都有重要的认知意义。这并不是说，一个人只要处于少数地位就是

---

[1] See Philip Tetlock's, "The Good Judgment Project", at http://www.goodjudgment-project.com/.

错的；也不意味着，人应该因此而改变主意。数量的认识论相关性也不能证明多数的强制是正当的。尽管如此，我认为，持异议的人数往往有某种认知意义。我希望能够在不久的将来更多地讨论所有这些问题。

参考文献

Acemoglu, Daron, Suresh Naidu, Pascual Restrepo, and James A. Robinson, 2014, "Democracy Does Cause Growth", NBER Working Paper No. 20004, http://www.nber.org/papers/w20004.

Aitamurto, Tanja, and Hélène Landemore, Forthcoming, "Democratic Deliberation and Legitimacy in Crowdsourced Processes: The Case of the Law on Off-Road Traffic in Finland".

Althaus, Scott, 2003, *Collective Preferences in Democratic Politics*, New York: Cambridge University Press.

Bartels, Larry, 2010, *Unequal Democracy: The Political Economy of the New Gilded Age*, Princeton: Princeton University Press.

Beitz, Charles, 1989, *Political Equality: An Essay in Democratic Theory*, Princeton: Princeton University Press.

Bendor, Jonathan, and John G. Bullock, 2008, "Lethal Incompetence: Voters, Officials, and Systems", *Critical Review* 20 (1-2), pp. 1-24.

Bendor, Jonathan, and Scott E. Page, Forthcoming, "Optimal Groups for Tool Based Problem Solving".

Berger, William J, 2014, "Voting as Betting: An Endorsement of Landemore's Argument for Majority Rule", Paper Presented at the Annual Meetings of the Midwest Political Science Association, Chicago, April 5.

Brennan, Jason, 2014, "How Smart Is Democracy? You Can't Answer that Question a Priori", *Critical Review* 26 (1-2), pp. 33-58.

Brettschneider, Corey, 2006, "The Value Theory of Democracy", *Politics, Philosophy and Economics* 5 (3), pp. 259-78.

Brettschneider, Corey, 2007, "Democratic Rights: The Substance of Government", Princeton: Princeton University Press.

Caplan, Bryan, 2007, "The Myth of the Rational Voter: Why Democracies Choose Bad Policies", Princeton: Princeton University Press.

Christiano, Thomas, 2008, "The Constitution of Equality: Democratic Authority and Its Limits", Oxford: Oxford University Press.

Cur‚seu, Petru Lucian, Rob J. G. Jansen, and Maryse M. H. Chappin, 2013, "Decision Rules and Group Rationality", *PLoS ONE*, 8 (2), e56454.

Elster, Jon, and Helene Landemore, 2008, "Ideology and Dystopia", *Critical Review* 20 (3), pp. 273–89.

Estlund, David, 1994, "Opinion Leaders, Independence, and Condorcet's Jury Theorem", *Theory and Decision* 36 (2), pp. 131–62.

Estlund, David, 1997, "Beyond Fairness and Deliberation: The Epistemic Dimension of Democratic Authority", In *Deliberative Democracy*, ed. James Bohman and William Rehg, Cambridge, Mass.: MIT Press.

Estlund, David, 2008, *Democratic Authority: A Philosophical Framework*, Princeton: Princeton University Press.

Estlund, David. 2014. "Fighting Fire with Fire (Departments)", Paper presented at the Princeton University Workshop on "Epistemic Dimensions of Democracy Revisited", April 30.

Fishkin, James, 2009, *When the People Speak: Deliberative Democracy and Public Consultation*, Oxford: Oxford University Press.

Gardner, Howard, 1983, *Frames of Mind: The Theory of Multiple Intelligences*, New York: Basic Books.

Gilens, Martin, and Benjamin Page, Forthcoming, "Testing Theories of American Politics: Elites, Interest Groups, and Average Citizens", *Perspectives on Politics*.

Goodin, Robert, 2003, *Reflective Democracy*, Oxford: Oxford University Press.

Goodin, Robert, 2005, "Sequencing Deliberative Moments", *Acta Politica* 40, pp. 182–96.

Goeree, Jakob K., and Leeat Yariv, 2011, "An Experimental Study of Collective Deliberation", *Econometrica* 79 (3): 893–921.

Guerrero, Alex, 2013, "Toward a Taxonomy of Political Problems", Paper Presented at the Annual Meetings of the American Political Science Association, Chicago.

Gunn, Paul, 2014, "Democracy and Epistocracy", *Critical Review* 26 (1-2), pp. 59-79.

Hacker, Jacob, and Paul Pierson, 2010, "Winner-Take-All Politics: How Washington Made the Rich Richer and Turned Its Back on the Middle Class", New York: Simon and Schuster.

Hong, Lu, and Scott Page, 2004, "Groups of Diverse Problem Solvers Can Outperform Groups of High-Ability Problem Solvers", *Proceedings of the National Academy of Sciences*, pp. 16, 385-16, 389.

Ingham, Sean, 2013, "Disagreement and Epistemic Arguments for Democracy", *Politics, Philosophy, and Economics* 12 (2) (May), pp. 135-54.

Johnson, James, 2014, "Models among the Political Theorists", *American Journal of Political Science* 58 (3), pp. 547-60.

Kelly, Jaime, 2014, "Democracy as the Rule of a Small Many", *Critical Review* 26 (1-2): 80-91.

Kitcher, Philip, 2011, "Science in a Democratic Society", New York: Prometheus Books.

Knight, Jack, and James Johnson, 2011, "The Priority of Democracy: Political Consequences of Pragmatism", Princeton: Princeton University Press.

Lackey, Jennifer, 2013, "Disagreement and Belief Dependence: Why Numbers Matter", In *The Epistemology of Disagreement: New Essays*, ed. David Christensen and Jennifer Lackey, Oxford: Oxford University Press.

Ladha, Krishna K, 1992, "The Condorcet Jury Theorem, Free Speech, and Correlated Votes", *American Journal of Political Science* 36 (3), pp. 617-34.

Landemore, Hélène, 2012, "Collective Wisdom: Old and New", In Landemore and Elster.

Landemore, Hélène, 2013, "Democratic Reason: Politics, Collective Intelligence, and the Rule of the Many", Princeton: Princeton University Press.

Landemore, Hélène, 2014, "Beyond the Fact of Disagreement? The Epistemic Turn in Deliberative Democracy", Paper Presented at the Princeton University Workshop on "Epistemic Dimensions of Democracy Revisited", April 30.

Landemore, Hélène, and Jon Elster, eds., 2012, *Collective Wisdom: Mechanisms and Principles*, New York: Cambridge University Press.

Landemore, Hélène, and Scott. E. Page, Forthcoming, "Deliberation and Disagreement", *Politics, Philosophy, and Economics*.

Levinson, Sanford, 2014, "A Welcome Defense of Democracy", *Critical Review* 26 (1-2), pp. 92-100.

LiCalzi, Marco, and Oktay Surucu, 2012, "The Power of Diversity over Large Solution Spaces", *Management Science* 58 (7), pp. 1408-1421.

Mackie, Gerry, 2003, "Democracy Defended", Cambridge: Cambridge University Press.

McCormick, John, 2011, "Machiavellian Democracy", Cambridge: Cambridge University Press.

Moore, Alfred, 2014, "Democratic Reason, Democratic Faith, and the Problem of Expertise", *Critical Review* 26 (1-2), pp. 101-14.

Morand-Ferron, Julie, and John L. Quinn, 2011, "Larger Groups of Passerines Are More Efficient Problem Solvers in the Wild", *PNAS* 108 (38), pp. 15, 898-15, 903.

Muirhead, Russell. 2014, "The Politics of Getting It Right", *Critical Review* 26 (1-2), pp. 115-28.

Olken, Benjamin, 2010, "Direct Democracy and Local Public Goods: Evidence from a Field Experiment in Indonesia", *American Political Science Review* 104 (2): 243-67.

Page, Benjamin, and Robert Shapiro, 1992, *The Rational Public: Fifty Years of Trends in Americans' Policy Preferences*, Chicago: University of Chicago Press.

Page, Scott E, 2007, *The Difference: How the Power of Diversity Creates Better Groups, Firms, Schools, and Societies*, Princeton: Princeton University Press.

Page, Scott E. Forthcoming, "Model Thinking", Manuscript, Center for the Study of Complex Systems, University of Michigan.

Parkinson, John, and Jane Mansbridge, 2012, "Deliberative Systems: Deliberative Democracy at the Large Scale", Cambridge: Cambridge University Press.

Piketty, Thomas, 2014, "Capital in the Twenty-First Century", trans. Arthur

Gold-Hammer, Cambridge, Mass. : Harvard University Press.

Quirk, Paul, 2014, "Making It Up on Volume: Are Larger Groups Really Smarter?", *Critical Review* 26 (1-2), pp. 129-50.

Rawls, John, 1971, *A Theory of Justice*, Cambridge, Mass. : Harvard University Press.

Riker, William, 1982, "Liberalism Against Populism: A Confrontation between the Theory of Democracy and the Theory of Social Choice", *Long Grove*, Ill. : Waveland Press.

Schlozman, Kay Lehman, Sidney Verba, and Henry Brady, 2012, *The Unheavenly Chorus: Unequal Political Voice and the Broken Promise of American Democracy*, Princeton: Princeton University Press.

Schwartzberg, Melissa, 2013, *Counting the Many*, Cambridge: Cambridge University Press.

Smith, Graham, 2009, *Democratic Innovations: Designing Institutions for Citizen Participation*, Cambridge: Cambridge University Press.

Somin, Ilya, 2014, "Why Political Ignorance Undermines the Wisdom of the Many", *Critical Review* 26 (1-2), pp. 151-69.

Stich, Stephen, 2014a, *The Epistemic Case for Democracy Under Value Diversity*, Unpublished.

Stich, Stephen, 2014b, "When Democracy Meets Pluralism: Landemore's Epistemic Argument for Democracy and the Problem of Value Diversity", *Critical Review* 26 (1-2), pp. 170-84.

Touchton, Michael, and Brian Wampler, 2013, "Improving Social Well-Being through New Democratic Institutions", *Comparative Political Studies*.

Urbinati, Nadia, 2014, *Democracy Disfigured*, Cambridge, Mass: Harvard University Press.

Urbinati, Nadia, and Maria Paula Saffon, 2013, "Procedural Democracy, the Bulwark of Equal Liberty", *Political Theory* 41 (3), pp. 441-81.

Wantchekon, Leonard, 2012, "How Does Policy Deliberation Affect Voting Behavior? Evidence from a Campaign Experiment in Benin", http://citeseerx.ist.psu.edu/viewdoc/download?doi=10.1.1.304.4095&rep=rep1&type=pdf.

Warren, Mark E., and Hilary Pearse, eds., 2008, *Designing Deliberative Democracy: The British Columbia Citizens' Assembly*, Cambridge: Cambridge University Press.

Weisberg, Michael, 2013, *Simulation and Similarity: Using Models to Understand the World*, New York: Oxford University Press.

译后记

　　这本书是王绍光教授和我通力合作翻译的第二本民主理论译文集。八年前，王绍光教授着手编选"西方政治学者对当代选举式民主的反思"这一主题的文集，希望激发人们对民主理念实现方式的想象力。我们最终将这个推介工作分为上下两卷，第一卷为《选主批判：对当代西方民主的反思》（北京大学出版社 2014 年版），第二卷即本书《抽选的复兴》。

　　本书收录的各篇文章，均已获得各位作者或有关出版机构的授权，《古代智慧与现代困境：政局稳固与随机遴选公民》一文更是作者奥利弗·道莱恩专门为本书所写，在此特别感谢诸位作者的慷慨支持。其中部分译文已发表在《开放时代》2012 年第 12 期上，感谢该刊主编吴重庆先生及编委会全体成员。北京大学法学院强世功教授一直对我们这项工作给予无私支持。本书的翻译和出版获得北京大学国家法治战略研究院的资助，特此致谢！译者在翻译过程中还就其中的法语段落请教了白钢、魏南枝等学友，在此一并致谢。

　　全书由欧树军翻译，王绍光教授校对，欧树军统稿。

　　在此，我们要特别感谢当代世界出版社有限公司副经理刘海光先生对本书出版的支持，以及编辑部主任张阳女士耐心细致的编辑工作，谢谢你们！

欧树军
2017 年 4 月 28 日初稿
2023 年 4 月 12 日定稿

图书在版编目（CIP）数据

抽选的复兴 / 王绍光主编；欧树军译. -- 北京：
当代世界出版社，2023.6
　ISBN 978-7-5090-1706-7

　Ⅰ.①抽… Ⅱ.①王…②欧… Ⅲ.①政治思想史-
雅典（古国）Ⅳ.①D091.2

　中国版本图书馆 CIP 数据核字（2022）第 242963 号

书　　名：	抽选的复兴
出版发行：	当代世界出版社
地　　址：	北京市东城区地安门东大街 70-9 号
邮　　箱：	ddsjchubanshe@163.com
编务电话：	（010）83907528
发行电话：	（010）83908410
经　　销：	新华书店
印　　刷：	北京中科印刷有限公司
开　　本：	710 毫米×1000 毫米　1/16
印　　张：	23.5
字　　数：	300 千字
版　　次：	2023 年 6 月第 1 版
印　　次：	2023 年 6 月第 1 次
书　　号：	978-7-5090-1706-7
定　　价：	89.00 元

如发现印装质量问题，请与承印厂联系调换。
版权所有，翻印必究；未经许可，不得转载！